V&R

Kaspar von Greyerz

Von Menschen, die glauben, schreiben und wissen

Ausgewählte Aufsätze

Herausgegeben von
Kim Siebenhüner und Roberto Zaugg

Vandenhoeck & Ruprecht

Mit 2 Abbildungen, 2 Karten und 2 Stammbäumen

Bibliografische Information der Deutschen Nationalbibliothek
Die Deutsche Nationalbibliothek verzeichnet diese Publikation in der
Deutschen Nationalbibliografie; detaillierte bibliografische Daten sind
im Internet über http://dnb.d-nb.de abrufbar.

ISBN 978-3-525-30061-9
ISBN 978-3-647-30061-0 (E-Book)

Gedruckt mit Unterstützung der Berta Hess-Cohn Stiftung.

Umschlagabbildung: Gabriel Metsu, Briefeschreibender junger Mann am Fenster,
National Gallery of Ireland Collection
Photo © National Gallery of Ireland, Dublin.

© 2013, Vandenhoeck & Ruprecht GmbH & Co. KG, Göttingen/
Vandenhoeck & Ruprecht LLC, Bristol, CT, U.S.A.
www.v-r.de
Alle Rechte vorbehalten. Das Werk und seine Teile sind urheberrechtlich
geschützt. Jede Verwertung in anderen als den gesetzlich zugelassenen
Fällen bedarf der vorherigen schriftlichen Einwilligung des Verlages.
Printed in Germany.

Satz: textformart, Göttingen
Druck und Bindung: ⊕ Hubert & Co, Göttingen

Gedruckt auf alterungsbeständigem Papier.

Inhalt

Kim Siebenhüner und Roberto Zaugg
Dreizehn Aufsätze aus fünf Jahrzehnten. Ein Vorwort 7

La Préréforme à Colmar, 1535–1555.
Continuité ou rupture? 15

Basels kirchliche und konfessionelle Beziehungen zum Oberrhein
im späten 16. und frühen 17. Jahrhundert 28

Lazarus von Schwendi (1522–1583) and Late Humanism at Basel 53

Portuguese Conversos on the Upper Rhine and the Converso Community
of Sixteenth-Century Europe 68

Städtische Gesellschaft und Reformation in Oberdeutschland 96

Der alltägliche Gott im 17. Jahrhundert.
Zur religiös-konfessionellen Identität der englischen Puritaner 108

Secularization in Early Modern England (1660–c.1750) 129

Äußere Bedrängnis, innere Befreiung.
Der reformierte Widerstandsdiskurs des späteren 16. Jahrhunderts 143

Erfahrung und Konstruktion.
Selbstrepräsentation in autobiographischen Texten
des 16. und 17. Jahrhunderts 164

Ego-Documents. The Last Word? 182

Grenzen zwischen Religion, Magie und Konfession aus der Sicht
der frühneuzeitlichen Mentalitätsgeschichte 194

Alchemie, Hermetismus und Magie.
Zur Frage der Kontinuitäten in der wissenschaftlichen Revolution 210

Religion und Natur in der Frühen Neuzeit.
Aspekte einer vielschichtigen Beziehung 226

Erscheinungsnachweise 244

Schriftenverzeichnis 246

Register 252
    Ortsregister 252
    Personenregister 254

Dreizehn Aufsätze aus fünf Jahrzehnten

Ein Vorwort
von Kim Siebenhüner und Roberto Zaugg

Der vorliegende Band präsentiert dreizehn Aufsätze von Kaspar von Greyerz – eine Zahl mit der wir weder Glück noch Ungemach assoziieren, auch wenn Kaspar von Greyerz sich für den frühneuzeitlichen Glauben an die Magie dieser Zahl gewiß interessieren würde. Aus seinem über fünf Jahrzehnte gewachsenen Werk, das inzwischen fünf Monographien, zwölf Sammelbände und über einhundert Aufsätze umfaßt, haben wir dreizehn Beiträge ausgewählt und uns dabei an dem einfachen Gedanken orientiert, Gehaltvolles, Verstecktes und Vergessenes in angemessener Form bündeln zu wollen. Vieles von dem, was hier neu abgedruckt wird, hat die wissenschaftliche Debatte bereichert, ist an teils entlegenen Orten erschienen oder trotz seines Alters von Aktualität und verdient es deshalb, der Historikergemeinschaft und den interessierten Laien darüber hinaus neu vorgelegt und zugänglich gemacht zu werden.

Entstanden ist ein Band, der die intellektuellen Pfade von Kaspar von Greyerz und seine wissenschaftlichen Schwerpunkte zumindest teilweise, gewiß lückenhaft spiegelt. Auch wenn er anläßlich der Emeritierung erscheint, ist er mit Bedacht keine Festschrift – ein Genre, das Kaspar von Greyerz bisweilen eher ironisch zu kommentieren pflegt. Wir sind uns sicher, daß wir mit der Publikation dieses Aufsatzbandes seinem Wunsch entsprechen. Doch die Zusammenstellung der Beiträge liegt allein in unserer Verantwortung und vermag Kaspar von Greyerz' eigene Sicht auf seinen *itinéraire intellectuel* nicht zu ersetzen.

Unter den ausgewählten Aufsätzen sind fünf, die der Autor nicht auf Deutsch publiziert hat, vier davon sind auf Englisch, einer ist auf Französisch verfaßt. Die Vertrautheit mit drei Wissenschaftssprachen war und ist kennzeichnend für die Transnationalität seines Denkens und seiner wissenschaftlichen Praxis. Kaspar von Greyerz schrieb eine englischsprachige Dissertation zur späten Stadtreformation in Colmar, gefördert vom Institut für Europäische Geschichte in Mainz, betreut von Lewis W. Spitz und angenommen an der Stanford University 1978[1]. In fast umgekehrter Konstellation legte er seine Habilitationsschrift vor – verfaßt auf Deutsch, institutionell angebunden am Deutschen Historischen Institut in London und der Universität Bern zu einem Thema englischer Selbstzeugnisse

---

1 The Late City Reformation in Germany. The case of Colmar, 1522–1628, Wiesbaden 1980.

des 17. Jahrhunderts[2]. Diese Bewegung zwischen lokalen Archiven und internationalen Wissenschaftsinstitutionen, zwischen Quellenstudium und transnationalen Forschungsdebatten hat Kaspar von Greyerz' wissenschaftliche Arbeit bis heute geprägt. Sein Blick ging und geht immer über den deutschsprachigen Wissenschaftskontext hinaus.

Mit der Entscheidung, den Aufsatz zur »Préréforme à Colmar, 1535–1555« an den Anfang dieses Bandes zu stellen, haben wir ein »Frühwerk« und um genau zu sein den ersten wissenschaftlichen Aufsatz des damals jungen Nachwuchshistorikers ausgewählt. Er beschäftigt sich mit der kirchenpolitischen Haltung des Colmarer Magistrats in den Jahrzehnten vor der Einführung der Reformation im Jahr 1575 und berührt damit unmittelbar den Themenkomplex der Dissertation. Bernd Moeller, Martin Brecht, Hans-Christoph Rublack, Thomas A. Brady und andere hatten sich in den 1960er und 70er Jahren intensiv mit der deutschen Stadtreformation in der ersten Hälfte des 16. Jahrhunderts auseinandergesetzt. Kaspar von Greyerz rückte dagegen die »zweite Welle der urbanen Reformation«[3] in den Vordergrund, analysierte in seiner Dissertation und dem genannten Aufsatz Colmars Weg von den ersten reformatorischen Unruhen bis hin zur institutionellen Konsolidierung des reformierten Glaubens in der zweiten Hälfte des 16. Jahrhunderts und füllte damit eine Lücke der Reformationsgeschichte.

Colmar ist in Kaspar von Greyerz' Forschungen keine Fallstudie geblieben, sondern vielmehr zum Ausgangspunkt für eine Reihe von Arbeiten zum Oberrhein geworden, die Brücken zur jüdischen Geschichte, zur Geschichte des Humanismus und der konfessionellen Beziehungen der Region schlugen. Lange bevor er 1996 dem Ruf auf den Basler Lehrstuhl folgte, war auch schon die Geschichte Basels als Ort der frühneuzeitlichen Wissenschaft und des Humanismus in seinen Arbeiten präsent. In verschiedenen Hinsichten betrat er mit seinen Aufsätzen zur Geschichte des Oberrheins Neuland. Als 1984 der Beitrag zu »Basels kirchlichen und konfessionellen Beziehungen zum Oberrhein« erschien, war dieses Beziehungsgeflecht kaum erschlossen. Kaspar von Greyerz führte das nur »bruchstückhaft oder kaum Bekannte«[4] zusammen und legte eine Synthese vor, die die persönlichen Verbindungen und konfessionspolitischen Einflußnahmen der Akteure im territorialen Dreieck von Kurpfalz, Basel und Eidgenossenschaft deutlich machte.

Der 1992 erschienene Aufsatz über Lazarus von Schwendi (1522–1583), Diplomat, kaiserlicher General und politischer Autor, knüpfte eng an diese Geschichte der oberrheinischen Beziehungen an, indem er von Schwendis Kontakte zu den Humanisten des späten 16. Jahrhunderts insbesondere in Basel erhellte und der

---

2 Vorsehungsglaube und Kosmologie. Studien zu englischen Selbstzeugnissen des 17. Jahrhunderts, Göttingen und Zürich 1990.
3 The Late City Reformation in Germany (wie Anm. 1), S. 1, im Original auf Englisch.
4 S. 30 (in diesem Band).

Frage nachging, inwieweit sie dessen religionspolitische Haltung und Forderung nach religiöser Toleranz mitbestimmt hatten. In bemerkenswerter Weise erscheinen diese beiden Aufsätze heute modern, weil sie die Bedeutung von sozialen und intellektuellen Netzwerken für den Fluß von Ideen herausstellten und, ohne es so zu benennen, gleichsam *avant la lettre*, die Ansprüche der neueren Wissenschaftsgeschichte an eine *soziale* Geschichte des Wissens einlösten.

Mit dem Beitrag zu portugiesischen Conversos grub Kaspar von Greyerz eine Geschichte aus den elsässischen Archiven aus und verband sie mit den »großen Fragen« der sephardischen Geschichte nach Identität und Migration. 1547 wurde eine Gruppe von etwa 110 Conversos auf ihrem Weg von Lissabon über Antwerpen nach Venedig in Colmar und Umgebung festgesetzt und verhört. Mit der Analyse dieser Episode rollte Kaspar von Greyerz eine der zentralen Kontroversen der sephardischen Geschichte über die Existenz, das Ausmaß und die Kontinuität kryptojüdischer Religion auf. Diese Kontroversen sind heute verklungen – Kaspar von Greyerz' Fazit scheint uns jedoch weiterhin aktuell: »Zum einen oder anderen Zeitpunkt konnten die individuellen Überzeugungen vom engagierten Katholizismus, über einen rein äußerlichen Katholizismus oder Judaismus und innerem Schwanken bis zum voll ausgeprägten Agnostizismus reichen. Als kulturelles Phänomen ist Religion immer in beträchtlichem Maß in die Sorgen und Zwänge des täglichen Lebens eingebettet.«[5]

In diesem Urteil schwingt der historiographische Wandel mit, der seit den 1980er Jahren im Gange war. Kurze Zeit nach dem Erscheinen der »Late City Reformation« geriet die Reformationsgeschichte in eine Krise. Die Grundlagenforschung zur konfessionspolitischen Ereignisgeschichte und den Ursachen des reformatorischen Durchbruchs, an der Kaspar von Greyerz mit seiner Studie zu Colmar noch mitgewirkt hatte, erreichte eine Sättigung, und nachdem Historiker und Historikerinnen wie Natalie Zemon Davis und Robert Scribner schon seit Mitte der 1970er Jahre damit begonnen hatten, den populären Formen von Glaube und Frömmigkeit nachzugehen, wurde immer deutlicher, daß zur Deutung der Reformation auch ikonographische, anthropologische und alltagsgeschichtliche Ansätze herangezogen und Religion in einem umfassenderen Sinn thematisiert werden mußte.

Kaspar von Greyerz arbeitete zu diesem Zeitpunkt am Deutschen Historischen Institut in London und organisierte zusammen mit Robert Scribner und Michael Hunter ein Seminar am Institute of Historical Research, in dem viele der drängenden Fragen verhandelt wurden, die schließlich zur Transformation der Reformationsgeschichte in eine sozial- und kulturhistorische Religionsgeschichte beitrugen. Pilger, Hexen, Heilige – immer mehr widerspenstige und eigensinnige Gläubige begannen seit den frühen 1980er Jahren die Welt der Frühneuzeitforschung zu bevölkern. In diese Zeit fällt auch eine von Kaspar von

---

5 S. 90, im Original auf Englisch.

Greyerz am DHI veranstaltete Tagung und die anschließende Publikation von
»Religion and Society« (1984), in der Religion in programmatischer Weise als
kulturelles Phänomen definiert und der Forschungsdebatte entscheidende Anstöße verliehen wurden.

Während in Deutschland vor allem die Konfessionalisierungsforschung an
Fahrt gewann, brachte sich Kaspar von Greyerz in die entstehende Religionsgeschichte mit einer Arbeit zu Vorhersehungsglaube und Kosmologie in englischen Selbstzeugnissen des 17. Jahrhunderts ein und verdeutlichte damit, wie
fruchtbar die Frage nach religiösen Identitäten einerseits und die Nutzung von
autobiographischen Schriften andererseits für die Geschichte von Religion und
Konfession in der Frühen Neuzeit waren. Zwei der hier ausgewählten Aufsätze
stammen aus diesem Kontext und weisen zugleich über ihn hinaus. Anhand von
Tagebüchern und Autobiographien setzte sich Kaspar von Greyerz in »Der alltägliche Gott« mit der Identität der englischen Puritaner im 17. Jahrhundert auseinander und zeigte, wie Biblizismus, Wertschätzung der Predigt, Heiligung des
eigenen Lebens und ein Vorhersehungsglaube, der das calvinistische Dogma der
Prädestinationslehre zunehmend untergrub, ihren Glauben prägten.

Die Religionsgeschichte hat er immer als ein offenes und in vielfältige Richtungen anschlußfähiges Feld verstanden und genutzt. Dies gilt wohl besonders für
die Selbstzeugnisforschung und die Wissenschaftsgeschichte, die er in seinen Arbeiten in einen Dialog mit der Religionsgeschichte bringt, aber auch für die Konfessionalisierungforschung, wenn man etwa an den Band »Interkonfessionalität – Transkonfessionalität – binnenkonfessionelle Pluralität« denkt. In fast allen
Arbeiten auf diesem Feld hat Kaspar von Greyerz Probleme des langfristigen Wandels mit akteurszentrierten Perspektiven verbunden. Die alltägliche Erfahrung
des Einzelnen hat er stets als »heilsames Korrektiv«[6] gegen die Annahme allzu
linearer makrohistorischer Entwicklungen verstanden. Dennoch haben Fragen
nach langfristigen Dynamiken einen zentralen Platz in seinen Büchern und Aufsätzen eingenommen. Im Beitrag zu »Secularization in Early Modern England«
etwa schlug er den Bogen zur Säkularisierungsdebatte und verdeutlichte, daß es
im späten 17. und frühen 18. Jahrhundert in den englischen *middle and upper
classes* zwar durchaus Attacken gegen einen als populär etikettierten Wunderglauben gab und der Vorhersehungsglaube nachließ, die religiöse Landschaft jedoch so verzweigt war und selbst Vertreter der neuen Wissenschaften wie Robert
Boyle hartnäckig an physiotheologischen Positionen festhielten, daß von einer
einheitlichen Säkularisierung der englischen Gesellschaft keine Rede sein kann.

Mit dem Beitrag zur »Städtischen Gesellschaft und Reformation in Oberdeutschland« kehrte Kaspar von Greyerz 1999 noch einmal zu Reformationsgeschichte zurück. Er leitete damals ein größeres Selbstzeugnisprojekt, das sich
die Erschließung der noch unbekannten und unpublizierten Selbstzeugnisse in

---

6 Religion und Kultur. Europa 1500–1800, S. 65.

deutschschweizerischen Archiven und Bibliotheken zum Ziel gemacht hatte. Die Tatsache, daß das Projekt trotz reicher Erträge kein einziges autobiographisches Zeugnis zu Tage förderte, das Einblicke in die Motive der Akteure in der Frühzeit der reformatorischen Bewegung gab, formte den Ausgangspunkt für eine Synthese, in der der Autor in bestechender Kürze und Klarheit die unterschiedlichen Verläufe der Reformation in den Städten des Elsaß, Oberdeutschlands und Schwabens nachzeichnete und mit der Diskussion der Motive der Reformationsanhänger verband.

Seine Studie zu Vorsehungsglaube und Kosmologie im England des 17. Jahrhunderts stellte nicht nur einen Übergang zu einer kulturhistorischen Religionsgeschichte dar, sondern auch zur Selbstzeugnisforschung, die sich mittlerweile – und nicht zuletzt dank der Beiträge, die er zusammen mit Kolleginnen und Kollegen, sowie mit verschiedenen Generationen von Mitarbeitenden geleistet hat – als wichtiges Feld der Frühneuzeithistoriographie etabliert hat. In ihrer Entwicklung ist die Selbstzeugnisforschung sowohl enge Verknüpfungen zu (primär nicht-quantitativ arbeitenden) gesellschaftshistorischen Strömungen wie der *microstoria*, der historisch-anthropologischen Alltagsgeschichte und der im Rahmen der dritten Generation der *Annales* lancierten Mentalitätsgeschichte eingegangen, als auch eine andauernde Austauschbeziehung mit der durch den *linguistic turn* befruchteten Diskursgeschichte. In Jahren vehementer Konfrontationen zwischen den Verfechtern kultur- und sozialhistorischer Ansätze hat sich dieses – vielleicht gerade deshalb schnell expandierende – Forschungsfeld gewissermaßen zu einem geschichtswissenschaftlichen *middle ground* entfaltet, auf welchem neue Fragestellungen und methodologische Herangehensweisen auf den Prüfstand der historiographischen Praxis gestellt worden sind. Die verschriftlichten Zeugnisse des Selbst sind dabei zunehmend nicht nur als »Behälter« verwendet worden, aus welchen Historikerinnen und Historiker Informationen über eine Vielzahl externer Phänomene extrahieren können, sondern haben sich zugleich auch als eigenständige Studienobjekte durchgesetzt.

Die Publikationen, die Kaspar von Greyerz in den letzten zwanzig Jahren vorgelegt hat, spiegeln vielfältige Facetten der Selbstzeugnisforschung wider. Neben den in der Habilitationsschrift thematisierten providentiellen und kosmologischen Vorstellungen, hat er – vornehmlich für den deutschsprachigen und britischen Raum – verschiedene Perzeptionsmuster, Verhaltensdispositionen und Strategien der Selbstkonstruktion historischer Subjekte untersucht. Der von Max Weber postulierten, angeblich handlungsorientierenden Zentralität der Prädestinationslehre[7] und dem von Jacob Burckhardt entworfenen frühneuzeit-

---

7 Biographical Evidence on Predestination, Covenant and Special Providence, in: Hartmut Lehmann/Guenther Roth (Hg.), Weber's ›Protestant Ethic‹. Origins, Evidence, Contexts, Cambridge 1993, S. 273–84.

lichen Individuum[8] ist er dabei ebenso nachgegangen, wie den in diesen Texten geformten Alteritätsbildern[9], Zeitwahrnehmungen[10] und Konzeptionen von Vergnügen[11].

Die beiden für diesen Band ausgewählten Aufsätze aus der Selbstzeugnisforschung spiegeln ihrerseits zwei allgemeinere Positionen wider, die er im Verlauf der Jahre wiederholt vertreten hat. »Erfahrung und Konstruktion« bespricht das Verhältnis von Diskursgeschichte und Selbstzeugnisforschung. Dabei hebt von Greyerz einerseits die Relevanz dekonstruktiver Herangehensweisen hervor, plädiert aber gleichzeitig dafür, daß Selbstzeugnisse nicht bloß als Reproduktion vorgefertigter Diskurse gelesen werden sollten, sondern zum Teil durchaus Zugänge zu – wenn auch sprachlich und medial vermittelten – Erfahrungen eröffnen können. Wie gerade auch von Greyerz' letzte Monographie »Passagen und Stationen. Lebensstufen zwischen Mittelalter und Moderne« (Göttingen 2010) verdeutlicht, verschwinden die Menschen, die schreiben, bei ihm nie hinter dem Geschriebenen.

Vierzehn Jahre nachdem Kaspar von Greyerz im Band »Ego-Dokumente. Annäherung an den Menschen in der Geschichte« erste Zweifel am Begriff der »Ego-Dokumente« anmeldete[12], leistete er in »Ego-Documents: The Last Word« noch einmal einen reflektiven Beitrag zu der anhaltenden begrifflichen Debatte. In diesem Text rekonstruiert von Greyerz die Entwicklung des historiographischen Terminus der (breit gefaßten) »Ego-Dokumente«, diagnostiziert diesem – vor allem für die Frühe Neuzeit – operationelle Defizite und plädiert vor diesem Hintergrund für den enger definierten Selbstzeugnis-Begriff. Ob damit »the Last Word« gesagt ist – der Autor selbst signalisiert mit dem Fragezeichen im Aufsatztitel eine gewisse Skepsis – wird sich noch zeigen müssen. Angesichts der anhaltenden Vitalität der Selbstzeugnisforschung und der oft unterschiedlichen Definitionsansätze, die sich in den verschiedenen Wissenschaftssprachen herausgebildet haben und die sich immer wieder gegenseitig beeinflussen, wäre es wohl nicht undenkbar, daß diese Wortmeldung in den nächsten Jahren die Debatte eher vorantreiben als abschließen wird.

---

8 Spuren eines vormodernen Individualismus in englischen Selbstzeugnissen des 16. und 17. Jahrhunderts, in: Winfried Schulze (Hg.), Ego-Dokumente. Annäherung an den Menschen in der Geschichte, Berlin 1996, S. 131–45.
9 La vision de l'autre chez les auteurs autobiographiques anglais du XVIIe siècle, in: Robert Sauzet (Hg.), Les frontières religieuses aux XVIe et XVIIe siècles, Paris l992, S. 59–68.
10 Tagebuch und Zeitbewußtsein im 17. Jahrhundert. Englische Beispiele, in: Arndt Brendecke u. a. (Hg.), Die Autorität der Zeit in der Frühen Neuzeit, Münster 2007, S. 119–31.
11 Was it Enjoyable? Attitudes towards pleasure of English and German Early Modern Autobiographers, in: Kaspar von Greyerz/Hans Medick/Patrice Veit (Hg.), Von der dargestellten Person zum erinnerten Ich. Europäische Selbstzeugnisse als historische Quellen (1500–1850), Köln 2001, S. 183–98.
12 Vgl. Spuren eines vormodernen Individualismus (wie Anm. 8), S. 132 (Anm. 4).

Der Zusatz »The Last Word?« dürfte aber ebenfalls eine sehr persönliche Dimension haben und auf Kaspar von Greyerz' Umorientierung auf ein neues Forschungsfeld anspielen. Ein Blick auf seine jüngeren Publikationen läßt nämlich eine verstärkte Hinwendung zum Bereich der frühneuzeitlichen Wissenschaftspraktiken und Wissenskulturen in den letzten Jahren erkennen. Wohlgemerkt: Sondierungen in diese Richtung hat er bereits in früheren Jahrzehnten unternommen. Schon in seinen Untersuchungen zur Ideenzirkulation in den oberrheinischen Netzwerken der späten Reformation sind – wie eingangs erwähnt – methodische Elemente der Wissensgeschichte aufzuspüren. Prominenter tritt sein Nachdenken über die unscharfen Grenzen und die intensiven Übergänge zwischen Wissenschaft und religiösen Glaubensvorstellungen dann in seinen Studien zur englischen Mentalitätsgeschichte hervor, in denen er gezeigt hat, daß man auch bei prononciert protestantischen Autoren und im oft als Epoche der »wissenschaftlichen Revolution« gefeierten 17. Jahrhundert nicht einfach von einer säkularen »Entzauberung der Welt« sprechen kann[13]. Ganz in den Vordergrund seines Forschens sind die Wissens- und Wissenschaftsgeschichte allerdings erst gegen Ende der Nullerjahre gerückt, mit der Mit-Organisation einer Tagung zu »Religion und Naturwissenschaften im 16. und 17. Jahrhundert«. Die Einleitung zu den 2010 veröffentlichten Tagungsakten[14] und der in diesem Band neu abgedruckte Aufsatz »Religion und Natur in der Frühen Neuzeit« skizzieren auf fast programmatische Weise einige der Stoßrichtungen, die Kaspar von Greyerz seither verfolgt. Allgemein läßt sich sagen, daß seine jüngsten Arbeiten an der seit den 1980ern begonnenen und im letzten Jahrzehnt durch die Wissensgeschichte beschleunigten Öffnung der Wissenschaftsgeschichte hin zur Kulturgeschichte teilhaben. Die Verzahnung von Wissensgeschichte mit der Geschichte populärer Wissenskulturen stellt für ihn eine privilegierte Beobachtungsperspektive dar, die einerseits eine Überwindung des lange Zeit vorherrschenden Fokus auf die Gestalten »großer Denker« und ihrer unilateral im Lichte individueller Genialität gelesenen *opera* zu entwickeln mag, und andererseits eine analytisch verknüpfte Untersuchung von wissenschaftlichen Praktiken und Wissensordnungen ermöglicht. Weiterhin zentral sind zudem die Übergänge und gegenseitigen Beeinflussungen zwischen Theologie, religiösen Vorstellungen und wissenschaftlicher Wissensproduktion, wie sie etwa in der tief von Glaubensvorstellungen geprägten Wahrnehmung natürlicher Phänomene oder in der im göttlichen »Buch der Natur« lesenden Physikotheologie nachweisbar sind.

13 Vgl. die hier abgedruckten Aufsätze zur »Secularization in Early Modern England (1660–c.1750)« und zu den »Grenzen zwischen Religion, Magie und Konfession aus der Sicht der frühneuzeitlichen Mentalitätsgeschichte«.
14 Religion und Wissenschaft im 16. und 17. Jahrhundert. Eine Einführung, in: Kaspar von Greyerz/Thomas Kaufmann/Kim Siebenhüner/Roberto Zaugg (Hg.), Religion und Naturwissenschaften im 16. und 17. Jahrhundert, Gütersloh 2010, S. 9–31

Die hier versammelten Texte verbinden internationale Forschungsdebatten mit grenzüberschreitenden Vergleichen und reichem Quellenmaterial. Wissenschaftler und Wissenschaftsmanager, Lehrer und Coach, der Kaspar von Greyerz in Personalunion ist, gehört er zu jenen Professoren, die nie aufgehört haben, selbst in den abgelegensten Archiven zu forschen. Und das vielleicht auch deshalb, weil es die Erzählungen aus den Archiven sind, die es ihm immer wieder ermöglicht haben, das allzu Lineare zu brechen und »die Geschichte« mit Geschichten von Menschen, die glauben, schreiben und wissen zu durchkreuzen.

Unser herzlicher Dank gilt Pia-Mara Essich und Elisa Nanina Frank, die uns in verschiedenen Phasen der Entstehung des Manuskripts zur Hand gegangen sind. Vandenhoeck & Ruprecht hat das Publikationsprojekt von Anfang an kompetent und freundlich begleitet und vorangetrieben: Insbesondere Martina Kayser und Daniel Sander sei dafür herzlich gedankt. Ferner gilt unser Dank jenen Verlagshäusern, bei denen die hier abgedruckten Aufsätze ursprünglich erschienen sind und die uns die Wiederabdruckrechte in großzügiger Weise überlassen haben. Dieser Aufsatzband hätte ohne die finanzielle Unterstützung der *Berta Hess-Cohn Stiftung* (Basel) nicht erscheinen können: Auch ihr danken wir an dieser Stelle aufrichtig.

Basel, im Dezember 2012

Editorische Notiz

Grundlage der hier abgedruckten Beiträge sind die Erstveröffentlichungen. Die Texte wurden von den Herausgebern durchgesehen, vereinzelte Druckfehler oder offenkundige Versehen stillschweigend korrigiert und die Zitierweise hinsichtlich der deutschen und englischen Aufsätze vereinheitlicht. Einzelne Hinweise der Herausgeber im Anmerkungsapparat sind in eckigen Klammern gekennzeichnet.

La Préréforme à Colmar, 1535-1555

Continuité ou rupture?

»Colmar est une plaisante cité... Elle est située en une plaine fertile, loing des montagnes, du chemin d'une heure, ayant de toutz costez grand' quantité de vin et de bléd« – nous témoigne Sébastien Munster dans sa »Cosmographie« de 1555.[1] Les Colmariens du XVIe siècle vivaient surtout des produits de la terre; et c'était le vignoble qui »formait dans l'ancien Colmar la base de la richesse bourgeoise«.[2] Nous trouvons ainsi dans les rangs des 40 à 50 patriciens du XVIe siècle un nombre important de propriétaires de vignobles et de marchands de vin.[3] Ce patriciat joua un rôle influent à Colmar; au cours du XVIe siècle il dominait le Magistrat de la cité. Celui-ci, dirigé par l'Obristmeister, auquel étaient adjoints trois Stettmeister et le prévôt, régnait en coopération avec un Conseil de 20 (24) membres[4] sur une ville impériale d'environ 7 600 habitants.[5] Colmar était d'une grandeur modérée par comparaison à Strasbourg, Metz, Nuremberg et Augsbourg qui comptaient toutes plus de 20 000 habitants au XVIe siècle; mais elle correspondait au type le plus fréquent de la ville impériale de l'Empire germanique.[6]

1. Introduction

Rien ne semble distinguer, à première vue, le début de la Préréforme à Colmar du cours que prenaient les événements dans d'autres villes impériales.[7]

---

1 Cité d'après Jacques Betz, Colmar à travers les textes du XVIe, XVIIe et XVIIIe siècles, dans: Annuaire de la Société d'Histoire et d'Archéologie de Colmar 9 (1959), p. 7.
2 Lucien Sittler, Le Commerce du Vin de Colmar jusqu'en 1789, dans: Revue d'Alsace 89 (1949), p. 37–56, ici p. 40 et ss.
3 Ibidem.
4 Xavier Mossmann, Recherches sur la Constitution de la Commune à Colmar, Colmar 1878, p. 116.
5 Selon les chiffres encore bien provisoires de Henri Fleurent, Essai sur la démographie et l'Epidémiologie de la Ville de Colmar, dans: Bulletin de la Société d'Histoire Naturelle de Colmar 15 (1920–21), p. 45–111, ici p. 49 et ss.
6 Arthur Geoffrey Dickens, The German Nation and Martin Luther, London 1974, p. 179.
7 Il ne peut pas être dans notre intention de rendre ici compte d'une histoire détaillée de la Préréforme à Colmar de 1535 à 1555. Pour ceci, cf. Heinrich Rocholl, Die Einführung der Reformation in der ehemaligen freien Reichsstadt Colmar, Colmar 1876. Pour des comptes rendus plus sommaires, cf. Henri Strohl, Le protestantisme en Alsace, Strasbourg 1950,

Quand à partir de 1521 les villes membres de la Décapole alsacienne ont subi les premières secousses réformatrices, Colmar n'est pas restée à l'abri du mouvement. L'arrivée d'une nouvelle ère fut signalée à Colmar, de 1522 à 1524, par l'imprimeur Armand Farckall,[8] et ensuite par le prédicateur Bénédictin Hans. Ses prédications audacieuses stimulèrent la révolte qui, en hiver 1524/25, se préparait au sein de la bourgeoisie.[9] Elle atteignit son effervescence alors que la Guerre des Paysans se répandait en Alsace en avril et mai 1525. Le Magistrat qui réussissait à tenir sa commune à l'écart de la turbulence, profitait pourtant du climat social et religieux dans sa politique ecclésiastique: le clergé fut soumis aux obligations bourgeoises.

C'était un grand succès pour des autorités avides d'établir leur souveraineté indivise à l'intérieur de la cité. Mais le triomphe fut de courte durée. Au cours de la répression vigoureuse déclenchée à l'aube de la Guerre des Rustauds par la Régence Habsbourgeoise d'Ensisheim, les dirigeants de Colmar se virent forcés de restituer la plupart des anciens privilèges à son clergé.[10] Ce développement fut sanctionné en 1528 par des mandats impériaux contre Luther et ses adhérents que le bailli impérial de l'Alsace envoya aux villes de la Décapole, avec la demande de les faire lire en chaire.[11]

Mais la dispute au sujet des privilèges du clergé était loin d'être terminée. Sur le terrain d'une politique ecclésiastique traditionnelle, visant à diminuer les droits de la juridiction cléricale, le Magistrat n'était pas prêt à céder du terrain. Il perdit, pourtant, en 1535, un procès porté contre lui devant la Chambre Impériale de Spire par la Commanderie de Saint-Jean qui refusait de payer un impôt extraordinaire perçu dans tous les monastères de la ville.[12] Ainsi, quant aux privilèges du clergé et sur le plan de la spiritualité de la bourgeoisie, la situation de 1535 ne rappelait guère encore le climat religieux qui avait régné entre 1522 et 1525.[13] Cet état de choses se prolongerait-il?

---

p. 172–178; et Johann Adam, Evangelische Kirchengeschichte der Elsässischen Territorien bis zur französischen Revolution, Strasbourg 1928, p. 459–469; et l'article récent de Gabriel Braeuner, La Préréforme à Colmar (1522–75), dans: Annuaire de la Société d'Histoire et d'Archéologie de Colmar 25 (1975–76), p. 55–72.

8 Citons ici la dernière d'une série de contributions de L. Baillet sur A. Farckall: Lina Baillet, Amandus Farckall, le premier imprimeur de Colmar, dans: Gutenberg-Jahrbuch 43 (1968), p. 170–182.

9 Georges Bischoff, Colmar et la crise révolutionnaire de 1524–1525, dans: Annuaire de la Société d'Histoire et d'Archéologie de Colmar 25 (1975–76), p. 43–54.

10 Sur l'intervention directe du roi Ferdinand I de 1527, cf. Rocholl, Einführung der Reformation in Colmar, p. 59 (comme note 7).

11 Archives Municipales de Colmar (cités ci-dessous: A.M.C.), GG 144, 7.

12 Rocholl, Einführung der Reformation in Colmar, p. 25 et ss (comme note 7).

13 Nous faisons ici exception du mouvement des Anabaptistes, qui prospérait alors à Colmar: A.M.C., GG 168.

Introduction 17

Dans la même année la maison ducale de Wurtemberg envoya le pasteur Zurichois Erasme Fabricius en Haute Alsace avec la tâche de réformer l'Eglise dans ses territoires de Horbourg et Riquewihr. C'est ainsi que s'établit dans l'entourage immédiat de Colmar une nouvelle force politique et religieuse qui affaiblissait désormais l'influence exercée par les représentants des Habsbourg à Ensisheim sur la situation religieuse de Colmar.[14]

La Réforme à Horbourg-Riquewihr ne demeurait pas sans conséquences pour la Préréforme Colmarienne, et il n'est pas exagéré de dire qu'elle en inaugurait une nouvelle phase. Celle-ci se distinguait de l'étape antérieure par un manque étonnant d'initiatives populaires. Ce manque s'explique surtout par l'absence d'une personnalité réformatrice qui aurait mobilisé les paroissiens. Ainsi, l'introduction du culte protestant en 1575 fut, avant tout, l'œuvre de la majorité protestante au sein du Magistrat.[15]

Jürgen Bücking a expliqué ce bouleversement par les frustrations que le Magistrat avait dû subir face à la négligence affichée par le clergé du Chapitre de l'Eglise collégiale de Saint-Martin dans l'exercice de son devoir spirituel.[16] Nous ne croyons pas que cela suffit à expliquer les conditions de la réforme colmarienne, puisque Bücking sous-estime ainsi l'importance des causes actives de l'événement. Nous entendons par là, que même si la plupart des influences réformatrices avaient leur origine en dehors de la cité,[17] celles-ci ont pourtant dû rencontrer à Colmar un intérêt actif de la part de ceux qui, plus tard, ont introduit le culte protestant. Nos recherches nous suggèrent donc que, longtemps avant 1575, un nombre croissant de dirigeants colmariens a déjà adhéré, plus en secret qu'ouvertement, à la foi protestante.[18] Le fait que ces hommes ne se soient pas montrés plus actifs sur le plan religieux avant 1575 s'explique plus par des contraintes provenant de l'extérieur de la cité que par une éventuelle faiblesse de leur conviction religieuse. Parmi ces contraintes il faudrait surtout mentionner la reprise par les Habsbourg, en 1558, du baillage impérial de Haguenau, dans l'intention d'intensifier leur contrôle sur les affaires religieuses des villes de la Décapole.[19]

14 L'effet de »contrebalance« était facilité par le fait que le baillage impérial de l'Alsace à Haguenau était passé, en 1530, de la main des Habsbourg sous le contrôle des princes-électeurs du Palatinat. Cf. Joseph Becker, Geschichte der Reichslandvogtei im Elsaß, Strasbourg 1905, p. 85–90.
15 Nous partageons à cet égard l'avis de Jürgen Bücking, Johann Rasser (ca. 1535–1594) und die Gegenreformation im Oberelsaß, Münster 1970, p. 18–35.
16 Ibidem.
17 Rocholl, Einführung der Reformation in Colmar, p. 7 (comme note 7).
18 Le premier indice témoignant d'un pareil procès se trouve dans une lettre du chapitre de Saint-Martin à l'évêque de Bâle du 12 février 1560: Archives de l'Ancien Evêché de Bâle (cités ci-dessous: A. A. E. B.), Porrentruy, A 41; 3, 31 b.
19 Cf. les deux lettres assez menaçantes quant à un éventuel changement religieux à Colmar de la part de la Régence d'Ensisheim, adressées à Colmar en 1556 en vue de la reprise du baillage impérial par Ferdinand I: A. M. C., GG 29 a, 18 et 19.

Si ces contraintes avaient été largement inexistantes avant 1556–58, la question qui s'impose est: Pourquoi le changement religieux n'a-t-il pas eu lieu entre 1535 et 1555 quand apparemment moins d'obstacles auraient empêché les autorités colmariennes de l'introduire?

2. La politique ecclésiastique du Magistrat de 1535 à 1555

Depuis 1528 le Magistrat s'était montré fidèle aux mandats religieux de l'Empire.[20] Mais il estimait alors que des réformes de l'Eglise devraient suppléer cette politique de force. Il réagit donc sévèrement aux débauches d'un moine augustin nommé Jean Fritsch, quand celles-ci furent découvertes en 1537.[21] Il défendit aux Augustins, en outre, de sortir de chez eux, et leur ordonna de confier les affaires devant être réglées en dehors du monastère, à un économe.[22] Le moine Jean Fritsch, ainsi que le prieur et le provincial protestèrent contre cette mesure, mais le Magistrat ne modifia guère son ordre. Par contre, les autorités profitèrent de l'occasion pour élaborer une série d'articles de doléance concernant la vie des religieux de Colmar.

Dans le préambule de ce document le Magistrat précisa qu'il avait jusque-là renforcé les édits impériaux contre les Luthériens et les Anabaptistes en espérant, par voie de conséquence, inspirer aux moines une amélioration de leur conduite. Mais les moines, bien au contraire, auraient continué de s'opposer non seulement à leur règle et à leurs vœux, mais aussi à leurs supérieurs. Ensuite les autorités leur reprochèrent d'avoir négligé le culte et d'avoir calomnié leurs adversaires lors de la prédication. Aussi, selon l'accusation, les moines n'avaient-ils pas mis un terme à leur constant va et vient, ce qui déplaisait au Magistrat.

Pourquoi cette série d'accusations ? Le Magistrat s'expliqua lui-même: Il ne voulait pas se contenter de faire respecter par la commune les lois et mandats impériaux, mais il était convaincu qu'à une réforme de la discipline des laïques devrait correspondre une réforme de la conduite des religieux. Si ceux-ci n'étaient pas prêts à se réformer eux-mêmes, alors le Magistrat considérait de sa responsabilité devant Dieu d'imposer les réformes estimées nécessaires.

Les autorités décrétèrent ensuite les sept articles suivants:[23]

1) Les religieux sont tenus de mener une vie à l'honneur de Dieu, soit une vie chaste, en chantant, lisant, priant, et en observant le jeûne.

---

20 Il avait banni des Protestants (A. M. C., BB 45 (1515–1542), p. 86 et ss.) et poursuivi des Anabaptistes (A. M. C., GG 168).
21 Concernant »l'affaire Fritsch«, cf. Adeodatus Vermeulen, Der Augustiner Konrad Treger. Die Jahre seines Provinzialates (1518–1542), Rome 1962, p. 123–125.
22 A. M. C., GG 98, 2–5.
23 A. M. C., GG 146, 1.

2) En interdisant leurs allées et venues le Magistrat demande aux moines de confier leurs affaires financières à leurs curateurs séculiers ou à leurs économes.

3) Le Magistrat ne veut pas interdire les messes et prédications des religieux célébrées en dehors des monastères; mais il demande que celles-ci aient lieu avant le déjeuner et que les moines, à cette occasion, ne sortent qu'en groupe de deux.

4) Pour supprimer un autre abus, les autorités ordonnent que les pères-confesseurs des moniales soient âgés et pieux, et qu'ils habitent parmi leurs frères et non dans les couvents de religieuses.

5) Quant au concubinage perpétré par quelques moines, le Magistrat veut que ces derniers restent dans leurs monastères et cessent de fréquenter leurs maîtresses.

6) Concernant la calomnie des adversaires en chaire et par écrit,[24] les autorités déclarent qu'elles la considèrent comme une infraction aux mandats impériaux et comme désavantageuse pour leur réputation. Elles ordonnent que tous les prédicateurs de la ville prêchent clairement la parole de Dieu selon la Sainte Ecriture et selon les mandats impériaux, mettant un terme à tout bavardage inutile.

7) Bien que le Magistrat ait fait savoir aux monastères, depuis bien des années, qu'ils ne devraient plus accepter de novices sans le faire savoir aux autorités séculières, cet ordre a été ignoré. Le Magistrat répète donc sa vieille demande.

Ces sept articles furent présentés en forme d'arrêt aux monastères en juillet 1538, et acceptés par les Franciscains et, en partie, par les Dominicains. Ces derniers refusèrent les articles deux et sept. Par contre, le provincial et le prieur des Augustins-Ermites rejetèrent l'ensemble des articles.[25] Nous ignorons malheureusement comment le conflit s'est résolu.

L'intervention de 1538 n'était qu'un début. L'année suivante le Magistrat s'en prit à la prédication de Saint-Martin, qu'il voulait améliorer par la fondation d'une prédicature.[26] A la suite de négociations avec le Chapitre le Magistrat se mit à établir le programme suivant: – Le prédicateur serait choisi par un comité composé de membres du Chapitre et du Magistrat. Il serait entretenu conjointement par le Chapitre et le Magistrat, et engagé pour la durée de quatre à six ans. Il serait absous par le général de son ordre de l'obligation de porter sa robe et de loger au monastère de son ordre pour être logé dans la maison du prédicateur fournie par

---

24 Il s'agit en toute probabilité d'une référence au »Dialogorum libri duo...«, publié par le prieur J. Hoffmeister en 1538. Cf. Nikolaus Paulus, Der Augustinermönch Johannes Hoffmeister, Freiburg i. Br. 1891, p. 384.
25 A. M. C., GG 146, 1 (au verso).
26 On s'étonne que l'idée soit venue aussi tard aux Colmariens. Selon Gerhard Pfeiffer, Das Verhältnis von politischer und kirchlicher Gemeinde in den deutschen Reichsstädten, dans: Walther Peter Fuchs (éd.), Staat und Kirche im Wandel der Jahrhunderte, Stuttgart 1966, p. 86, seules deux villes impériales souabes n'avaient pas encore acquis de telles fondations au début du XVIe siècle.

la ville. Le choix tomba sur la personne de Jean Fabri, prédicateur des Dominicains de Wimpfen.[27] Fabri était un défenseur courageux de la foi catholique. Par cet engagement le Magistrat voulait contrebalancer par le moyen de la prédication les influences protestantes trouvant à Colmar un sol de plus en plus fertile.[28] Fabri commença à prêcher en automne 1539. Il gagna rapidement une bonne réputation. Déjà en février 1540, l'évêque de Strasbourg pria Colmar de lui envoyer Fabri comme prédicateur pour un colloque religieux tenu à Saverne.[29]

Jean Fabri prêcha à Colmar jusqu'en 1545 quand il se rendit à Sélestat, où il devint le prieur et prédicateur des Dominicains.

Jean Hoffmeister (1509?-1547), prieur et provincial des Augustins-Ermites, fut le digne successeur de Fabri à la chaire de Saint-Martin. Les prédicateurs qui après 1547 suivirent Hoffmeister furent probablement prébendés par le Chapitre. En tout cas, le Magistrat ne semble plus s'être occupé régulièrement du salaire du prédicateur après cette date. Son intérêt à la prédication, par contre, demeurait très vif. En 1549 il intervint auprès du Chapitre au sujet de la prédication quadragésimale, pour la dignité de laquelle il finit par payer un salaire additionnel aux prédicateurs, parce que le Chapitre refusait de couvrir les frais résultant de cette demande.[30]

La politique »interventionniste« du Magistrat Colmarien face à l'église trouva son point culminant en 1540 lors de »l'affaire Hoffmeister«. Par ses publications et ses prédications Jean Hoffmeister s'était fait une réputation solide, jusqu'aux confins de l'Alsace.[31] Come théologien de la controverse il ne se simplifiait pas la tâche. S'il était bon Catholique il ne montrait pourtant aucun intérêt à ignorer les abus répandus au sein de l'Eglise catholique. Il ne lui manquait pas non plus certains traits de médiateur.[32] Mais, comme controversiste il n'était pas l'homme du

---

27 Cf. la biographie de J. Fabri de Nikolaus Paulus, Die deutschen Dominikaner im Kampfe gegen Luther (1518–1563), Freiburg i. Br. 1903, p. 232–266.
28 A. M. C., GG 39; 4, 8, 13, 22 et surtout 6 (»Memoriale ad urbem«).
29 A. M. C., GG 39, 21. Le Magistrat répondit à l'évêque qu'il était prêt à envoyer Fabri, mais que l'évêque devrait le renvoyer aussi tôt que possible parce que les paroissiens étaient fort désireux d'entendre ses prêches: Paulus, Die deutschen Dominikaner, p. 236 (comme note 27).
30 Archives départementales du Haut-Rhin (cités ci-dessous: A.D.H.R.), Colmar, 4 G, 5–1 (Capitulum Kalendae Februarii, 1549). Une pareille intervention se répéta en 1557: A.M.C., GG 26, 5.
31 Paulus, Der Augustinermönch, p. 17 (comme note 24).
32 A cet égard, sur le plan dogmatique, August von Druffel, Der Elsässer Augustinermönch Johannes Hoffmeister und seine Korrespondenz mit dem Ordensgeneral Hieronymus Seripando, München 1879, p. 141, a cru pouvoir associer le dogme de la justification de Hoffmeister à celui du Cardinal réformiste G. Contarini. La réfutation de von Druffel par Paulus, Der Augustinermönch, p. 280 et ss. (comme note 24) n'est pas décisive. La question intéressante est donc à revoir.

compromis. Il ne sera donc pas surprenant qu'Hoffmeister et son ouvrage »Dialogorum libri duo...« aient été, en 1538, l'objet de la critique des autorités.[33]

En 1539, Hoffmeister se croyait appelé à répondre aux »Articles de Smalkalde« de Martin Luther par un pamphlet intitulé »Wahrhafftige Endeckung...«[34], où il se montra un peu trop zélé dans ses attaques contre l'adversaire. Il se produisit alors une rupture ouverte entre le prieur et le Magistrat qui décida de confisquer le livre de Hoffmeister, au printemps de 1540. Une supplique du prieur du 9 mars 1540 demeura sans résultat; il en fut de même pour celles qui suivirent, jusqu'en 1543.[35]

L'intervention de 1540 constitue le point culminant de la politique de réforme ecclésiastique que le Magistrat avait inaugurée en 1537. De 1540 jusqu'en 1555 et au-delà de pareilles initiatives ne se répétèrent plus.

Cela ne signifiait pourtant pas un changement abrupt du climat religieux au sein du Magistrat. En 1547, à la demande du Chapitre, le Magistrat reprocha sévèrement aux bourgeois leur négligence du culte catholique,[36] et en 1554 il se montra prêt à suivre une nouvelle demande, en interdisant à tous les Colmariens de se rendre aux prédications protestantes dans les villes et villages voisins.[37]

Si dans les démarches postérieures à 1540 la fonction des autorités fut plus policière que réformiste, leur vif intérêt pour la dignité de la prédication prouve que malgré les tendances protestantes croissantes au sein de la bourgeoisie, le Magistrat n'avait pas entièrement abandonné son ancienne politique de réforme. Si cette politique ne se manifestait plus à la manière ancienne, cela était aussi dû aux guerres de 1546/47 et de 1552 qui préoccupaient alors beaucoup les autorités.

Une analyse sommaire de la politique ecclésiastique du Magistrat colmarien de 1535 à 1547[38] nous permet de faire les remarques suivantes:

1) Un principe important de cette politique est la conviction des autorités que la moralité du clergé devrait correspondre à la discipline des laïques maintenue par le pouvoir séculier. Cette idée provient de la conception que les autorités avaient de leur devoir spirituel. Elles voyaient dans leur cité un ensemble corporatif, où tous les »Stände« devraient vivre à l'honneur de Dieu. En conséquence

---

33 Cf. note 24, ci-dessus.
34 »Wahrhafftige endeckung unnd widerlegung deren artickel, die M. Luther auff das concilium zu schicken vnd darauff beharren furgenummen«, réimprimé par Hans Volz (éd.), Drei Schriften gegen Luthers Schmalkaldische Artikel von Cochlaeus, Witzel und Hoffmeister, Münster 1932, p. 116-187.
35 A.M.C., GG 100, 2-6. Les lettres sont imprimées dans l'appendice de Volz, Drei Schriften, p. 190-197 (comme note 34).
36 A.D.H.R., Colmar, 4 G, 5-1 (Capitulum Kalendae Martii, 1547).
37 Ibidem (Capitulum Kalendae Augusti, 1554).
38 1547 marque la fin de l'ère des réforme actives. C'est l'année où J. Boner, auteur principal de cette politique, fut pour la dernière fois Obristmeister à Colmar; c'est aussi l'année de la mort de Jean Hoffmeister dernier prédicateur de grande qualité avant 1553, l'année de l'engagement de Jacques Klein.

le Magistrat déclara dans son document de 1538, qu'il relevait de sa propre responsabilité de veiller à la discipline et à la moralité de la commune. Le clergé, à son avis, faisait partie de l'ensemble des bourgeois. Il se manifeste ainsi une tendance importante de laïcisation dans l'ordonnance de 1538.[39]

2) Tenant compte du pouvoir politique détenu par le Chapitre de Saint-Martin le Magistrat n'osa pas lui imposer une telle ordonnance; pourtant, en regard de la décadence grandissante dans le mode de vie au sein du Chapitre, l'application d'une telle mesure eut pu sembler pleinement justifiée.

Le Magistrat chercha, toutefois, à influencer la prédication du clergé séculier attaché au Chapitre, et il est évident qu'il considéra, de 1539 jusqu'à la fin des années cinquante, le prêche comme le devoir principal de ce clergé.[40]

3) Soulignons, par conséquent, la grande valeur et l'importance que les autorités attribuaient à la parole prêchée. Il s'y manifeste un certain détournement du mystère du sacrement et une attitude plutôt »rationaliste« face aux formes du culte.

4) La loyauté aux mandats religieux de l'Empire qui définissait le cadre et les limites de la prédication de l'Evangile recommandée dans le mandat de 1538, servait aussi de justification aux autres démarches ecclésiastiques du Magistrat. D'un côté l'attachement très prononcé à cette loyauté reflète la problématique d'une résistance contre le pouvoir supérieur que l'on croyait instituée par Dieu. Ce ne fut que la paix d'Augsbourg de 1555 qui atténua partiellement cet épineux problème.[41] D'autre part la préoccupation des dirigeants colmariens face à leur loyauté aux mandats impériaux constitue une concession à la vigilance de la Régence d'Ensisheim.

5) Un élément, à première vue tout à fait nouveau, s'introduisit dans la politique ecclésiastique en 1540 par la confiscation du pamphlet du prieur J. Hoffmeister.

Pourquoi les autorités sont-elles intervenues dans ce cas?

Il est improbable que le Magistrat ait confisqué un livre tout simplement parce que son auteur osait attaquer Luther et les siens. C'était plutôt le ton du livre qui lui déplaisait. Le fait de la confiscation ne prouve nullement que les autorités se seraient rapprochées du protestantisme, comme l'entend H. Rocholl.[42] Il n'est pas non plus probable, comme le suppose N. Paulus, que des motifs personnels auraient incité le Magistrat à saboter la publication de l'ouvrage de Hoffmeister.[43]

---

39 L'élément n'est pas nouveau: Cf. Bernd Moeller, Kleriker als Bürger, dans: Festschrift für Hermann Heimpel zum 70. Geburtstag am 19. September 1971, éd. Mitarbeiter des Max-Planck-Instituts für Geschichte, Göttingen 1972, vol. II, p. 195–224, ici p. 195 et ss.
40 Cf. actes des négociations concernant le doyenné de SaintMartin de 1556–1558: A.D.H.R., Colmar, 4 G, 3–11 a; et A.M.C., GG 27, 2.
41 Cf. Gerhard Pfeiffer, Der Augsburger Religionsfriede und die Reichsstädte, Zeitschrift des historischen Vereins für Schwaben und Neuburg 61 (1955), p. 211–320, ici p. 214 et ss.
42 Rocholl, Einführung der Reformation in Colmar, p. 75 (comme note 7).
43 Paulus, Der Augustinermönch, p. 15 (comme note 24).

Le seul fait qui est raisonnablement mis en évidence par la démarche magistrale est la détermination des autorités à vouloir jouer un rôle de médiateur.

Cette détermination était-elle vraiment un élément nouveau dans la politique ecclésiastique colmarienne?

Il nous est possible de la déceler déjà dans l'ordonnance monastique de 1538 dont l'article six évoque la prédication des ordres religieux. Ainsi dans la phase de la Préréforme colmarienne que nous avons sous nos yeux, se profile le rôle grandissant d'une tendance vers la médiation. Le Magistrat ne voyait là rien d'incompatible avec l'autre constante de sa politique ecclésiastique: la loyauté aux mandats religieux de l'Empire.

La tendance médiatrice indique clairement une certaine influence de la pensée humaniste sur l'attitude des dirigeants de Colmar, et surtout sur celui que nous estimons avoir été le principal auteur de cette politique: Jérôme Boner.

Pour se faire l'auteur de cette politique J. Boner a dû trouver un écho favorable parmi ses collègues au Magistrat. Ainsi, si nous nous penchons sur le personnage de Boner nous ne le ferons pas sans nous intéresser au climat intellectuel du Colmar de l'époque. Quelques observations sur le successeur de Boner comme humaniste au sein du Magistrat, Matthieu Güntzer, indiqueront dans quelle mesure la politique de médiation de Boner a trouvé sa continuité entre 1547 et 1555.

3. Jérôme Boner et Matthieu Güntzer – Leur influence sur la politique ecclésiastique de 1535 à 1547

L'injure que l'humaniste Ringmann Philesius proférait en 1505 contre les Colmariens – il les traitait de »Kolbnarrhenses«[44] – ne rend pas vraiment justice au climat intellectuel de la ville au début du XVIe siècle. Mais il n'en reste pas moins vrai que l'humanisme n'a pu se répandre d'une manière aujourd'hui reconnaissable au sein de la bourgeoisie avant environ 1530. Jusque-là les représentants du mouvement humaniste se trouvaient surtout parmi les chanoines de Saint-Martin et les moines.[45] C'était le Chapitre qui entretenait une école latine. Il paraît que les autorités séculières s'en occupaient peu pendant le premier tiers du siècle. A part cela (ou pour cela) ce n'était qu'une »école insignifiante«.[46] Les

---

44 Charles Schmidt, Histoire littéraire de l'Alsace, Paris 1879 (réimprimé: Hildesheim 1966), vol. II, p. 93.
45 Les humanistes Sébastien Murrho († 1495) et Ringmann Philesius (1482–1511) étaient attachés, lors de leurs carrières, à Saint-Martin. Jacques Carpentari, doyen de Saint-Martin à partir de 1502 (A. D. H. R., 4 G, 3–11 a) et dont Beatus Rhenanus a loué la riche bibliothèque (Briefwechsel des Beatus Rhenanus, éd. Adalbert Horawitz et Karl Hartfelder, Leipzig 1886, n° 207), était leur successeur.
46 Schmidt, Histoire littéraire, vol. I, p. XXI (comme note 44).

différences à cet égard entre Colmar et la ville voisine de Sélestat ne pourraient être plus marquées.[47]

Il est donc vain de vouloir chercher de grands humanistes parmi les Colmariens du XVIe siècle. Pourtant, des hommes comme J. Boner et M. Güntzer étaient des personnalités politiques fortement influencées par l'Humanisme. En participant à la direction de la cité durant le conflit religieux de l'époque, ils ont joué un rôle important au niveau de la politique locale. Pendant toute la période de 1535 à 1555 Boner et Güntzer étaient membres du Magistrat. Leur formation humaniste leur conseillait la modération dans la dispute religieuse et les motivait en même temps pour s'attaquer à la réforme de l'Eglise existante.[48]

Nous ignorons l'année de naissance de Jérôme Boner.[49] Dans les actes de la ville il est mentionné pour la première fois en 1525 comme greffier du tribunal. De 1527 à 1551 il fut membre du Magistrat, et comme tel il remplit onze fois la charge de l'Obristmeister.[50] Pendant toutes ces années le rôle de Boner fut »celui du médiateur, du temporisateur«.[51] Comme humaniste J. Boner se fit sa réputation surtout par ses traductions d'œuvres anciennes.

J. Boner ne s'est jamais éloigné de la foi catholique; mais il était prêt à contrarier le pape et son entourage pour la poursuite de l'unité de tous les Chrétiens. Comme le suggère fortement la politique ecclésiastique pratiquée sous son égide, Jérôme Boner était un représentant typique de la »Via media«.

Qu'est-ce que la »Via media«? – La notion désigne une position de médiation et de conciliation assumée par des hommes du XVIe siècle qui préféraient ne pas s'identifier avec l'un des deux partis confessionnels. Selon K. Maeder[52] cette position s'exprimait essentiellement dans les trois formes suivantes:

1) L'attachement fidèle à la grande vision humaniste du »Christianismus renascens«.[53]

---

47 Cf. Paul Adam, L'humanisme à Sélestat, Sélestat 1960.
48 Selon Ernest Staehelin, Bâle et l'Alsace, dans: L'Humanisme en Alsace, éd. Association Guillaume Budé, Paris 1939, p. 30–41, ici p. 33, »l'humanisme auquel nous avons affaire à Bâle et en Alsace est un mouvement dans l'Eglise chrétienne, un mouvement de volonté et de tendances chrétiennes«.
49 Concernant J. Boner, cf. Gustaf Wethly, Hieronymus Boner – Leben, Werke und Sprache. Ein Beitrag zur elsässischen Literaturgeschichte, Strasbourg 1892; et Fernand J. Heitz, Messire Jérôme Boner, humaniste, diplomate et maire de Colmar, dans: Annuaire de Colmar 4 (1938), p. 111–136.
50 Lucien Sittler, Membres du Magistrat, conseillers et maîtres des corporations de Colmar. Listes de 1408–1600, Colmar 1964 (polycopié), p. 22.
51 Heitz, Messire Jérôme Boner, p. 115 (comme note 50).
52 Kurt Maeder, Die Via Media in der Schweizerischen Reformation. Studien zum Problem der Kontinuität im Zeitalter der Glaubensspaltung, Zurich 1970, p. 96.
53 Cf. le résumé très pertinent de cette vision que donne Augustin Renaudet, Humanisme et Renaissance. Dante, Pétrarque, Standonck, Erasme, Lefèvre d'Etaples, Marguerite de Navarre, Rabelais, Guichardin, Giordano Bruno, Genève, 1958, p. 168 et s.

2) Le refus des positions confessionnelles extrêmes, puisque celles-ci risquaient d'être un danger pour la paix chrétienne.

3) La conviction qu'une réconciliation des partis confessionnels demeurait une possibilité réalisable, à condition que la volonté de communication restât intacte des deux côtés.

Les représentants de la »Via media« étaient presque toujours des hommes cultivés, influencés d'une façon ou d'une autre par le mouvement de l'Humanisme. Erasme de Rotterdam, Boniface Amerbach, et Beatus Rhenanus en étaient des représentants typiques. A côté de ces célébrités les villes de l'Empire germanique comptaient alors un bon nombre de personnalités, moins connues aujourd'hui, qui jouaient un rôle non négligeable sur le plan local tout en s'inspirant de la même vision de la »Via media«.

Formellement, les représentants de la »Via media« étaient tous des catholiques. Pourtant, leur intention n'était pas la conservation de l'Eglise catholique de leur époque.

Ils envisageaient plutôt une »Restitutio Ecclesiae«, une restitution de l'Eglise primitive qui n'avait pas encore connu ce qu'ils considéraient comme des excès qui tracassaient l'Eglise catholique contemporaine. Cette vision ne leur permettait pas de consommer la rupture qui s'était ouverte entre l'ancienne et la nouvelle Eglise – en eux elle nourrissait au contraire un espoir de réconciliation.

Dans les milieux cultivés du Haut-Rhin l'Humanisme Erasmien – répandu par les disciples d'Erasme, par exemple Beatus Rhenanus, pour n'en citer que le plus éminent – a dû produire plus d'écho que les sources courantes ne le suggèrent à l'historien du XXe siècle. Souvent ce dernier a été mal informé par l'historiographie confessionnelle qui a sous-estimé l'importance de la »Via media«. La mystique rhénane du XIVe et XVe siècle, particulièrement éminente à Colmar, ainsi que l'influence de la »Devotio Moderna« sur le milieu humaniste alsacien[54] avaient ouvert le terrain alsacien à la réception du »Christianismus renascens« d'Erasme.[55]

C'est seulement au cours du procès de la »confessionnalisation« qui trouve son origine vers le milieu du XVIe siècle, que la »Via media« a lentement perdu sa raison d'être. Ses représentants se voyaient alors de plus en plus contraints de s'aligner avec l'un ou l'autre parti.

A Colmar ce rôle a en toute probabilité été joué par le partenaire puis successeur de J. Boner au sein du Magistrat, Matthieu Güntzer (1502–1564). Il fut membre du Magistrat de 1543 à 1563. Brillant élève de l'école humaniste de

---

54 Cf. Lewis William Spitz, The religious Renaissance of the German Humanists, Cambridge (Mass.) 1963, p. 8 et s.; et M. Vansteenberghe, Influences Rhénanes, dans: L'Humanisme en Alsace, éd. Association Guillaume Budé, Paris 1939, p. 10–27.
55 Cf. Gerhard Ritter, Erasmus und der deutsche Humanistenkreis am Oberrhein, Freiburg i. Br. 1937.

Sélestat, il avait atteint dans sa jeunesse le poste d'assistant de son maître Sapidus.[56] Plus tard, en 1521, il compléta ses études à l'Université de Wittenberg.[57] En 1529 il fut reçu bourgeois à Colmar. Malheureusement nous sommes assez mal informés sur le reste de sa vie.[58] Une lettre de 1540 nous le montre en contact avec Beatus Rhenanus.[59] Nous ne savons pas, cependant, comment interpréter la lettre de Martin Bucer à »Guntzero, Colmariae« de 1546.[60] S'agissait-il d'un contact unique ou bien les deux hommes se sont-ils connus plus intimement?

Notre connaissance de la position religieuse de Güntzer reste toute aussi fragmentaire. En 1566, dans une lettre adressée à Conrad Hubert de Strasbourg, B. Westheimer, prédicant à Horbourg, qualifia Güntzer d'apostat.[61] Güntzer aurait alors fait part à Westheimer de ses sympathies pour le protestantisme, ce qu'il n'osait pas confesser publiquement. Il est, par conséquent, très probable que, pendant les dernières années de sa vie, Güntzer fut un des »Nicodèmes secrets« dont parle le chroniqueur bâlois Christian Wurstisen.[62] En 1554 encore, le doyen du Chapitre de Saint-Martin loua Matthieu Güntzer comme un homme sincère, prudent, et capable de donner au Chapitre les meilleurs conseils.[63] Cette louange n'aurait sans doute pas eu sa raison d'être si Güntzer avait déjà adhéré au Protestantisme. Ceci suggère que Güntzer soit resté fidèle à l'Eglise catholique jusqu'en 1554 ou même encore au-delà. Nous ignorons dans quelle mesure il a activement continué la politique inaugurée par Jérôme Boner. Mais une chose est certaine: – C'est sous son égide que le Magistrat a gardé et souvent re-manifesté son ancien intérêt pour la qualité et le niveau de la prédication de Saint-Martin.

---

56 Lettre de Barthélemy Westheimer à Conrad Hubert du 13 juin 1566: Archives Municipales de Strasbourg/Archives Saint Thomas (cités ci-dessous: A. M. Strasbourg/A. S. T.), n° 162/III, p. 455–457.

57 Philippe Mieg, Notes biographiques et généalogiques sur les Güntzer de Colmar, de Sélestat et de Riquewihr, dans: Annuaire de la Société d'histoire et d'archéologie de Colmar 24 (1974–75), p. 159–179, ici p. 161.

58 Comme preuve de son activité littéraire nous ne possédons qu'un fragment de ses »Annales rerum memorabilium gestarum civitatis Colmariensis«, imprimé dans Armand M. P. Ingold, Miscellanea Alsatica, Paris 1897, vol. III, p. 55–68.

59 Lettre du 9 mai 1540: Briefwechsel des Rheanus, éd. Horawitz et Hartfelder, n° 336 (comme note 45).

60 Le même vaut pour les salutations pour André Boner que Martin Bucer ajoute à la fin de la lettre. Bucer a dû commettre une erreur quant au prénom de J. Boner: Cf. A. M. S. Strasbourg/A. S. T. n° 153/III, p. 375–378.

61 A. M. Strasbourg/A. S. T., n° 162/II, p. 455–457.

62 Christian Wurstisen, Basler Chronik, Bâle 1580, p. 652. (Cité d'après Philippe Mieg, Barthélemy Westheimer, pasteur à Mulhouse et à Horbourg, 1499–1567, dans: Annuaire de la Société d'histoire et d'archéologie de Colmar 6 (1956), p. 41–49, ici p. 46.)

63 A .D. H. R., Colmar, 4 G, 5–1 (Capitulum Kalendae Junii, 1554).

4. Conclusion

Dans la politique ecclésiastique du Magistrat colmarien de 1535 à 1555, nous pouvons déceler deux phases distinctes: Si le Magistrat a inauguré, en 1537, une politique de réforme ecclésiastique, qu'il a activement poursuivie jusqu'en 1547, il s'est ensuite contenté d'une politique de seule prévention des influences protestantes. Après 1555, cette vigilance a peu à peu glissé vers un climat d'indifférence au sein du Magistrat, pour atteindre jusqu'au Nicodémisme de quelques-uns de ses membres. Ce qui est resté, en 1555 et par la suite, c'est l'ancien intérêt du Magistrat pour la prédication. Celui-ci continua de jouer un rôle éminent dans les relations du Magistrat avec le clergé, jusqu'en 1575, l'année de la Réforme.

L'histoire de la Préréforme à Colmar est encore »un domaine en friche« (G. Braeuner). Aussi, ne pouvait-il pas être notre intention de présenter ici une prosopographie des dirigeants colmariens du XVIe siècle en considérant leur rôle au milieu de la dispute religieuse. Si nous avons pourtant avancé quelques tentatives de ce genre, nous l'avons surtout fait dans le but d'indiquer des directions de recherches à prendre dans l'histoire colmarienne et pour souligner que la »Via media« mériterait plus d'attention dans l'historiographie de la Réforme urbaine.

Basels kirchliche und konfessionelle Beziehungen zum Oberrhein im späten 16. und frühen 17. Jahrhundert

Kirchlichen Beziehungen fiel im hier angesprochenen Zeitraum eine eminente kulturelle Bedeutung zu. Freilich wurden sie nahezu ausschließlich von Theologen und von Vertretern der gebildeten Oberschichten gepflegt. Aus ihrer Untersuchung allein erhellt daher nur ein Teil der Zusammenhänge, die aus heutiger Sicht den Oberrhein der damaligen Zeit als einheitlichen Kulturraum erscheinen lassen. Kulturelle Beziehungen wurden von Vertretern aller gesellschaftlichen Schichten gepflegt und waren eingebettet in ein aspektreiches Beziehungsgeflecht, wie es der Historiker in seiner Vielfalt nur aufgrund einer interdisziplinären Untersuchung zu erfassen vermag. Befaßt er sich mit einem größeren zeitlichen und geographischen Raum, wie dem Oberrhein im späten 16. und frühen 17. Jahrhundert, so müßte er, um dieser Vielfalt gerecht zu werden, legitimerweise auf Vorarbeiten zurückgreifen können. Damit ist aber in bezug auf unser Thema ein gravierendes Forschungsdefizit angesprochen, welches es hier – wenigstens aus der Sicht von Forschungen zur Basler Geschichte – stichwortartig zu umreißen gilt.

Wenn auch die kirchlichen und konfessionellen Verhältnisse Basels im späteren 16. und frühen 17. Jahrhundert noch einer eingehenden Untersuchung bedürfen, so stellt die bisherige Forschung in diesem Bereich doch einiges – wenn auch z. T. reichlich fragmentarisches – Material zur Verfügung. Schwerer wiegt der Mangel an Forschungen zur Konfessionalisierung auf mittlerer und unterer gesellschaftlicher Ebene.[1] Insbesondere fehlen Untersuchungen zur Frage der Breiten- und Tiefenwirkung kirchlich-obrigkeitlicher Sozialkontrolle. Die Behauptung des Straßburger Theologen, Johannes Schmidt (1594–1658), viele protestantische Colmarer hätten um die Wende vom 16. und 17. Jahrhundert lange Zeit nicht gewußt, daß ihre neuen Prädikanten nicht mehr Lutheraner, sondern Calvinisten waren,[2] demonstriert die Notwendigkeit solcher Forschungen. Ebenso bedarf die Frage der regionalen Mobilität und ihrer möglichen Auswirkungen auf die angesprochenen konfessionellen Beziehungen einer eingehenden Unter-

---

1 Für die Pfalz, s. Bernard Vogler, Die Entstehung der protestantischen Volksfrömmigkeit in der rheinischen Pfalz zwischen 1555 und 1610, in: Archiv für Reformationsgeschichte 72 (1981), S. 158–195.
2 Johannes Schmidt, Gruendliche vnd vnvermeidentliche Widerlegung Der gifftigen Laesterschrifft, welche ein vngenannter Calvinist Anno 1634 ... feindseliger weise außgesprenget, Straßburg 1638, S. 45.

suchung.³ Hat Edgar Bonjour 1951 die Beziehungen Basels zur Eidgenossenschaft nach 1501 in einer präzisen Zusammenfassung dargestellt,⁴ so fehlt bis heute für den hier diskutierten Zeitraum eine ergänzende Studie, die sich Basels politische Beziehungen zum Oberrhein zum Gegenstand gemacht hätte. Um die Erhellung der wirtschaftlichen Aspekte dieser Beziehungen ist es nicht viel besser bestellt.⁵

Die vorliegende Darstellung kann daher in keinerlei Weise den nach wie vor notwendigen Gang ins Archiv ersetzen. Andererseits würde der Versuch, die genannten Forschungsdesiderate hier erfüllen zu wollen, den Rahmen der gestellten Aufgabe sprengen. Dennoch sollte kurz auf die bestehenden Forschungslücken hingewiesen werden, da dem folgenden implizit die – im Rahmen des gestellten Themas einstweilen noch unerfüllbare – Forderung zugrunde liegt, kirchen- und konfessionsgeschichtliche Belange seien in einen gesamtgeschichtlichen Kontext zu integrieren.⁶ Die folgenden Ausführungen, in denen versucht

3 Vgl. dazu Jürgen Brockstedt (Hg.), Regionale Mobilität in Schleswig-Holstein 1600–1900. Theorie, Fallstudien, Quellenkunde, Bibliographie, Neumünster 1979; Hans Georg Wackernagel, Basel als Zufluchtsort des Elsaß (15. bis 17. Jahrhundert), in: Annuaire de Colmar 2 (1936), S. 56–64, ersetzt eine derartige Untersuchung nicht, und versch. bisher vorliegende Aufsätze zur schweizerischen Einwanderung ins Elsaß (zuletzt: Paul Stintzi, Schweizer Einwanderung in das Elsaß, in: Jahrbuch der Schweizerischen Gesellschaft für Familienforschung 1978, S. 61–77) behandeln insbesondere die Zeit nach dem Dreißigjährigen Krieg.
4 Edgar Bonjour, Basel im Schweizerbund, in: Ders./Albert Bruckner (Hg.), Basel und die Eidgenossen. Geschichte ihrer Beziehungen zur Erinnerung an Basels Eintritt in den Schweizerbund 1501, Basel 1951, S. 145 ff.
5 Für den behandelten Zeitraum fehlen ähnliche, wie die seinerzeit durch Hektor Ammann vorgelegten Untersuchungen. Wir sind weiterhin auf Traugott Geering, Handel und Industrie der Stadt Basel. Zunftwesen und Wirtschaftsgeschichte bis zum Ende des 17. Jahrhunderts, Basel 1886, angewiesen, der sich vor allem auf Basels innere wirtschaftliche Verhältnisse konzentriert. – Hans Mauersberg, Wirtschafts- und Sozialgeschichte zentraleuropäischer Städte in neuerer Zeit. Dargestellt an den Beispielen von Basel, Frankfurt a.M., Hamburg, Hannover und München, Göttingen 1960, wirft nur einige wenige Streiflichter auf die wirtschaftlichen Rahmenbedingungen des hier behandelten Themas. – Günstiger liegen die Dinge in finanzgeschichtlicher Hinsicht, da sich die Ausführungen J. Cahns und R. Strittmatters in zeitlicher Hinsicht einigermaßen ergänzen: Julius Cahn, Der Rappenmünzbund. Eine Studie zur Münz- und Geldgeschichte des oberen Rheintales, Heidelberg 1901; Robert Strittmatter, Die Stadt Basel während des Dreißigjährigen Krieges. Politik, Wirtschaft, Finanzen, Bern 1977. – Allerdings zeigt der Vergleich des nachstehend Ausgeführten mit Strittmatters Darstellung der Basler finanziellen Verflechtungen mit der oberen Markgrafschaft Baden im späten 16. und frühen 17. Jahrhundert, daß sich in diesem Fall Kirchen- bzw. Konfessionspolitik und Finanzpolitik kaum in irgendwelcher Weise beeinflußt haben. Allenfalls könnte eine derartige Interdependenz in einer späteren Zeit im Falle Markirchs bestanden haben; s. dazu unten Anm. 108.
6 Zum Konzept einer »Gesamtgeschichte« (histoire totale), s. Grete Klingenstein/Heinrich Lutz (Hg.), Spezialforschung und »Gesamtgeschichte«. Beispiele und Methodenfragen zur Geschichte der frühen Neuzeit, Wien 1981; darin insbesondere Wolfgang Reinhard, Möglichkeiten und Grenzen der Verbindung von Kirchengeschichte mit Sozial- und Wirtschaftsgeschichte, in: ebd., S. 243–278.

wird, bisher bloß bruchstückhaft oder kaum Bekanntes zusammenfassend darzustellen, ohne allerdings spezifisch theologiegeschichtliche Fragen im einzelnen berühren zu können, sind deshalb in erster Linie als Grundlegung für weitere Forschungen zu verstehen. Für den angesprochenen Zeitraum gibt es bisher keine zusammenfassende Darstellung. Solche liegen bisher allein für die kirchlichen und gelehrt-kulturellen Beziehungen Basels zum Oberrhein (insbesondere zum Elsaß) in der *ersten* Hälfte des Reformationsjahrhunderts vor.[7]

1. Die Situation vor 1577

Nach der Mitte des 16. Jahrhunderts standen Basels kirchliche und konfessionelle Beziehungen zum Oberrhein zunächst im Schatten derjenigen Zürichs. Zwar bestand im linksrheinischen Bereich weiterhin ein gutes Einvernehmen zwischen Vertretern der Basler Kirche und den Prädikanten und Theologen der württembergischen Herrschaften Mömpelgard (Montbéliard) und Reichenweier. So schickte etwa der Reformator von Mömpelgard, Pierre Toussain (Tossanus, 1498–1573), seinen Sohn Daniel 1555 zu einem zweijährigen Studium nach Basel. Auch unterhielt der reformiert gesinnte, zunächst in Mömpelgard und später (ab 1542) in Reichenweier residierende Graf Georg von Württemberg gute Beziehungen zur Rheinstadt.[8] Aber angesichts der lutheranisierenden Tendenzen, die sich in Basel nach der Jahrhundertmitte Geltung zu verschaffen vermochten, zogen verschiedene Vertreter dieser Kirchen allmählich den Kontakt mit Zürich, und insbesondere mit Heinrich Bullinger (1504–1575), ihren Basler Verbindungen vor. Dies gilt insbesondere für die Freundschaft, die den Nachfolger Zwinglis mit dem Reformator Reichenweiers, Matthias Erb (1494–1571), verband und die durch Erbs Vermittlung bald auch die oberelsässischen Herren zu Rappoltstein mit einschloß.[9]

---

7 Gerhard Ritter, Erasmus und der deutsche Humanistenkreis am Oberrhein, Freiburg i. Br. 1937; Ernest Staehelin, Bâle et l'Alsace, in: L'humanisme en Alsace, hg. v. Association Guillaume Budé, Paris 1939, S. 30–41; Henri Strohl, Bâle et Strasbourg au siècle de la réforme, in: Revue d'histoire et de philosophie religieuses 9 (1929), S. 140–148; Ders., Amitiés entre réformateurs suisses et alsaciens, in: L'Alsace et la Suisse à travers les siècles, Straßburg 1952, S. 101–111; Hans Rudolf Guggisberg: Strasbourg et Bâle dans la Réforme, in: Strasbourg au cœur religieux du XVIe siècle, hg. von Georges Livet und Francis Rapp, Straßburg 1977, S. 333–340.
8 Friedrich Wilhelm Cuno, Daniel Tossanus der Ältere, 2 Bde., Amsterdam 1898, Bd. I, S. 24; zur Biographie Pierre Toussains s. Jean Viénot, Histoire de la Réforme dans le pays de Montbéliard, Bd. 1 (mehr nicht erschienen), Montbéliard 1900, S. 39 ff. – Heinrich Rocholl, Herzog(!) Georg von Württemberg und die Reformation im Ober-Elsaß, in: Kirchliche Monatsschrift 19 (1900), S. 475–482, 512–522, 561–578.
9 Beat Rudolf Jenny, Bullingers Briefwechsel mit dem Elsässer Reformator Matthias Erb (1539–1571), in: Heinrich Bullinger, 1504–1575. Gesammelte Aufsätze zum 400. Todestag,

Die Situation vor 1577

Nach dem Abschluß des Augsburger Religionsfriedens von 1555 mußten die Basler auch im rechtsrheinischen Bereich das Feld konfessionspolitischer Einflußnahme und kirchlicher Beziehungen zunächst den Zürchern überlassen. Im November 1556 teilte Thomas Platter seinem in Montpellier studierenden Sohn Felix mit, »der margraf von Baden Carolus hab schon allerding reformiert, nem vil praedicanten an …; item der pfaltzgrav zue Heidelberg hab auch reformiert«[10]. Damit eröffneten sich neue Wirkungsbereiche. Während aber Basels Einfluß sich zunächst weitgehend auf die obere Markgrafschaft beschränken mußte, gelang es der Zürcher Kirche unter Heinrich Bullinger, sich – wenn auch nur vorübergehend – einen bestimmenden Einfluß auf die bedeutsamen Vorgänge in der Kurpfalz zu sichern. Dort vollzog sich in den Jahren 1559 bis 1562 die Zweite Reformation, d.h. ein in der Übergangsphase philippistisch geprägter Umschwung zum reformierten Bekenntnis.[11] Am Heidelberger Hof von den Grafen zu Erbach und von Christoph Ehem unterstützt, wurde dieser Umschwung vom Theologen Pierre Boquin und vor allem vom theologisch versierten Medizinprofessor Thomas Erastus (1524–1583) vorangetrieben. Der Zwinglianer Erastus war es, der »im Hintergrund die Fäden in der Hand hielt«[12]. Ganz bewußt schritt man nun zur Neubesetzung der Heidelberger theologischen Lehrstühle durch Vertreter des reformierten Bekenntnisses.[13] 1561 gelangten Caspar Olevian und der Italiener Emanuel Tremellio nach Heidelberg, und im gleichen Jahr wurde aus Zürich der Schlesier Zacharias Ursinus berufen, der sich unter Kurfürst Friedrich III. (1559–1576) als der in diesen Jahren bedeutendste Pfälzer Theologe einen Namen machen sollte.

Die Bedeutung dieser Vorgänge erkannte man in Zürich sofort. Man hoffte dort, »weniger aus politischen Erwägungen, als im Interesse der reformierten Kirche« durch die Hilfe der Kurpfalz in den Religionsfrieden des Reiches einbezogen zu werden.[14] Der aus Baden im Aargau stammende Thomas Erastus wurde nun zum wichtigsten Verbindungsmann Zürichs in Heidelberg und, in den Wor-

---

hg. v. Ulrich Gäbler/Erland Herkenrath, 2 Bde., Zürich 1970, Bd. II, S. 57–86. – Zu Rappoltstein s. Louis Süss, Geschichte der Reformation in der Herrschaft Rappoltstein, Teil 1: Bis 1648 (mehr nicht erschienen), Zabern 1914; und Henri Strohl, Le protestantisme en Alsace, Strasbourg 1950, S. 165 ff. – Zu den Zürcher Kontakten Pierre und Daniel Toussains, s. Cuno, Daniel Tossanus, Bd. I, S. 58 (wie Anm. 8).

10 Felix Platter, Tagebuch (Lebensbeschreibung), 1536–1567, hg. v. Valentin Lötscher, Basel 1976, S. 259.

11 Dazu Carl Friedrich Vierordt, Geschichte der evangelischen Kirche in dem Großherzogthum Baden, 2 Bde., Karlsruhe 1847–1856, Bd. I, S. 457 ff.; Volker Press, Calvinismus und Territorialstaat. Regierung und Zentralbehörden der Kurpfalz 1559–1619, Stuttgart 1970, S. 221 ff.

12 Press, Calvinismus, S. 226–232, insbes. S. 227 (wie Anm. 11).

13 Ebd., S. 244–245; Vierordt, Geschichte der evangelischen Kirche, S. 464 (wie Anm. 11).

14 Dazu überzeugend Ruth Wesel-Roth, Thomas Erastus. Ein Beitrag zur Geschichte der reformierten Kirche und zur Lehre von der Staatssouveränität, Lahr 1954, S. 16.

ten Heinrich Bullingers, zur »reformationis pars maxima« in der Pfalz. Zwischen 1561 und 1567 galt Bullinger in Heidelberg »als die hervorragende theologische und kirchliche Autorität«[15]. Zusammen mit Ursinus betreute Erast die zunächst noch in kleiner Zahl in Heidelberg studierenden Zürcher und Schweizer Studenten.[16] Es gelang ihm auch, weiteren Zuzug aus der Schweiz zu erhalten. So wurden die Schweizer Theodor Marius und Valentin Winckler zu pfälzischen Pfarrern, ebenso 1560 Johannes Brunner aus St. Gallen, den Erastus bereits im folgenden Jahr mit einer philosophischen Professur zu versorgen vermochte.[17]

Die einflußreiche Stellung des Erastus geriet aber schon bald ins Wanken; kaum erschien die Zukunft der reformierten kurpfälzischen Kirche nach dem Augsburger Reichstag von 1566 als einigermaßen gesichert, so entbrannte in Heidelberg der Streit um die Frage der Kirchenzucht.[18] Die Einführung der presbyterialen Kirchenzucht nach Genfer Vorbild in die Pfälzer Kirche wurde vor allem von Caspar Olevian mit Unterstützung Boquins und Ursins und weiterer Theologen und kurfürstlicher Räte verfochten. Erastus und seine Freunde und Mitstreiter, die sich der Einführung der Kirchenzucht vehement widersetzten, büßten im Laufe dieser Auseinandersetzungen ihren kirchenpolitischen Einfluß völlig ein. Wenn auch die 1570 von Kurfürst Friedrich III. erlassene Kirchenzuchtordnung der Partei der »Disziplinisten« nicht die erstrebte kirchliche Autonomie zubilligte, so besiegelte sie trotzdem das Schicksal des seit 1566 rapide abnehmenden Einflußes der Zürcher Geistlichkeit auf die Pfälzer Kirche.

Wichtig ist nun aber im hier diskutierten Zusammenhang, daß Pfälzer Einflüsse in entscheidender Weise zum Zustandekommen der von Heinrich Bullinger verfaßten Zweiten Helvetischen Konfession von 1566 beigetragen haben.[19] Dieses Bekenntnis wurde von sämtlichen reformierten Orten der Eidgenossenschaft mit einer Ausnahme übernommen; nur Basel weigerte sich, der Confessio Helvetica Posterior beizutreten.

---

15 Gustav Adolf Benrath, Die Korrespondenz zwischen Bullinger und Thomas Erastus, in: Bullinger, 1504–1575 (wie Anm. 9), Bd. II, S. 87–141, insbes. S. 87–88 und 101; s. auch Wesel-Roth, Thomas Erastus, S. 44 et passim (wie Anm. 14).
16 Benrath, Bullinger und Erastus, S. 103 (wie Anm. 15); Ders., Briefe des Heidelberger Theologen Zacharias Ursinus (1534–1583), in: Heidelberger Jahrbücher 8 (1964), S. 93–141, hier S. 102–103 (Brief des Ursinus an Josias Simler in Zürich, 25.5.1565).
17 Benrath, Bullinger und Erastus, S. 93–94 (wie Anm. 15); Wesel-Roth, Thomas Erastus, S. 25–26 (wie Anm. 14).
18 Wesel-Roth, Thomas Erastus, S. 44ff. (wie Anm. 14); Benrath, Bullinger und Erastus, S. 110ff. (wie Anm. 15); Vierordt, Geschichte der evangelischen Kirche, Bd. I, S. 463–475 (wie Anm. 11); Press, Calvinismus, S. 246–255 (wie Anm. 11).
19 Dazu zusammenfassend Rudolf Pfister, Kirchengeschichte der Schweiz. Bd. II: Von der Reformation bis zum Zweiten Villmerger Krieg, Zürich 1974, S. 304–305; s. auch Joachim Staedtke (Hg.), Glauben und Bekennen. Vierhundert Jahre Confessio Helvetica Posterior – Beiträge zu ihrer Geschichte und Theologie, Zürich 1966.

Die Situation vor 1577

Diese Weigerung ist zum einen auf den Einfluß Simon Sulzers (1508–1585)[20] zurückzuführen, zum andern entsprach sie vor allem der von einer einflußreichen Fraktion im Basler Rat vertretenen politischen Linie.[21] 1548 als heroischer Pfarrer wegen seiner lutheranisierenden Tendenzen abgesetzt, gelangte Sulzer auf eine Pfarrstelle in Basel, wo er 1553 als Nachfolger des Oswald Myconius zum Antistes der Basler Kirche gewählt wurde. Im folgenden Jahr übernahm er die Basler Professur für Neues Testament. In den Worten Max Geigers stellte Sulzer seine Tätigkeit in Basel gänzlich in den Dienst »der einen Absicht, die oekolampadisch-reformierte Tradition der Basler Kirche abzubrechen und an lutherische Überlieferung und Glaubensweise anzuknüpfen«[22]. Zu Recht hat Hans Berner vor kurzem stärker die Rolle Sulzers als Exponent eines konfessionellen Kurses hervorgehoben, der sich im Einklang fand mit den sicherheitspolitischen Zielen und Vorstellungen führender Männer im Basler Rat, bei denen Sulzer – eher als bei der Pfarrerschaft – seinen eigentlichen Rückhalt fand. Dieses Sicherheitsbedürfnis bezweckte vor allem die Vermeidung konfessioneller Blockbildungen innerhalb der Eidgenossenschaft, weil man sich so eine freiere Hand in den Auseinandersetzungen mit dem Basler Bischof versprach. Zudem befürchtete man in Basel am Vorabend des Augsburger Reichstages von 1566, »das Bekenntnis könnte sich ungünstig auf das Verhältnis Basels zum Reich auswirken«[23].

Die damit angesprochene Konvergenz von Sicherheits- und Konfessionspolitik sollte weit über das Jahr 1566 hinaus Bestand haben; noch zwölf Jahre nach Sulzers Tod konnte Amandus Polanus sich 1597 beklagen, daß »einige Ratsherren und Kirchendiener von dem Sulzerischen Giftstoff noch nicht ganz frei seien«[24].

Simon Sulzers konfessioneller Kurs spiegelte sich auch in seinem Bestreben, die Übereinstimmung der Basler Konfession von 1534 mit dem Augsburgischen Bekenntnis von 1530 hervorzuheben.[25] Zudem wurden Nottaufe, Krankenkom-

---

20 Zur Biographie S. Sulzers s. Rudolf Thommen, Geschichte der Universität Basel, 1532–1632, Basel 1889, S. 115–116; Max Geiger, Die Basler Kirche und Theologie im Zeitalter der Hochorthodoxie, Zollikon-Zürich 1952, S. 12; und zuletzt Uwe Plath, Simon Sulzer, in: Der Reformation verpflichtet. Gestalten und Gestalter in Stadt und Landschaft Basel aus fünf Jahrhunderten, hg. v. Kirchenrat der Evangelisch-reformierten Kirche Basel-Stadt, Basel 1979, S. 43–48.
21 Dazu Hans Berner, Basel und das Zweite Helvetische Bekenntnis, in: Zwingliana 15 (1979), S. 8–39.
22 Geiger, Basler Kirche, S. 12 (wie Anm. 20); zum Folgenden s. auch Gottlieb Linder, Simon Sulzer und sein Antheil an der Reformation im Land Baden, sowie an den Unionsbestrebungen, Heidelberg 1890, S. 34–54.
23 Berner, Basel, S. 30 (wie Anm. 21).
24 Zitiert nach Thommen, Universität Basel, S. 117 (wie Anm. 20).
25 Karl Rudolf Hagenbach, Kritische Geschichte der Entstehung und der Schicksale der ersten Baslerkonfession und der auf sie gegründeten Kirchenlehre, Basel 1857, S. 92; der von Hagenbach erwähnte Brief S. Sulzers an Markgraf Karl II. vom 28. Febr. 1556 ist abgedruckt in Gottlieb Linder (Hg.), Sulcerana Badensia, Heidelberg 1886, S. 14–16. Sulzer be-

munion, Orgelspiel und volles Kirchengeläute (auch mit der Papstglocke aus der Konzilszeit) unter seiner Ägide in die Basler Kirche eingeführt. Besorgt unterrichtete Zacharias Ursinus 1568 Bullinger über das Gerücht, Sulzer und dessen Basler Kollege Huldrych Koch (Coccius, 1525–1585) seien drauf und dran, den ›Gnesiolutheraner‹ Flacius Illyricus nach Basel zu berufen, und verband diese Meldung mit dem Stoßseufzer »Gott beschütze uns und Euch vor solchen Nachbarn«[26]. Es blieb aber beim Gerücht.

Die Gunst der Stunde ermöglichte es Simon Sulzer, seinen Einfluß auch über die Mauern Basels hinaus zum Tragen zu bringen. Im Jahre 1556 berief ihn Markgraf Karl II. von Baden-Durlach (1553–1577) in das oberbadische Generalsuperintendentenamt. Mit dieser Berufung verband sich der Auftrag an den Basler Antistes, im badischen Oberland die Reformation durchzuführen.[27] Sulzer entledigte sich dieser Aufgabe in enger Verbindung mit den Lutheranern Jacob Andreae[28] in Tübingen und Johann Marbach in Straßburg. Besonders mit Marbach verbanden ihn enge Beziehungen.[29] So studierten Marbachs Söhne bei Sulzer und Marbachs Schüler und Schützling, Johann Pappus (1547–1610), der 1583 dessen Nachfolge als Präsident des Straßburger Kirchenkonvents antreten sollte, wurde 1571 in Basel zum magister artium graduiert.[30] Auch war Sulzer zu-

tont in diesem Schreiben (mit Hinweis auf den Beginn der markgräflichen Reformation in Lörrach): »Wyr habend uns auch beflyssen, an bemelts Ortt an Pärson zeschicken, das Volk an zeführen mit der Predig des Evangelij, die nebet andern herrlichen Gottes Gaben [...] der Augspurgscher Confession (wie auch wyr andere hie) glichfoermig gesinnet der Sacramenten und anderen Stucken halb«.

26 Benrath, Briefe, S. 110 (Ursinus an H. Bullinger in Zürich, 20.9.1568) (wie Anm. 16). – In der Tat bemühte sich Flacius, der sich von 1567 bis 1573 stellungslos in Straßburg aufhielt, um 1570 um die Niederlassung in Basel. Nach Johann Adam wurde dies durch den pfälzischen Kurfürsten hintertrieben. S. Ders., Evangelische Kirchengeschichte der Stadt Straßburg bis zur Franzoesischen Revolution, Straßburg 1922, S. 340.

27 August Baumhauer, Die Einführung der Reformation in der oberen Markgrafschaft, in: Die Markgrafschaft 15 (1964), S. 8–11; zum Folgenden s. auch Linder, Simon Sulzer, S. 62ff. (wie Anm. 22); zur institutionellen Reorganisation der oberbadischen Kirche: Otto Fehr, Das Verhältnis von Staat und Kirche in Baden-Durlach in protestantischer Zeit (1556–1807), vornehmlich im 18. Jahrhundert, Lahr 1931, S. 9–30.

28 Die Übernahme der württembergischen Kirchenordnung in die baden-durlachische Kirchenordnung von 1556, bei bloß geringfügigen Veränderungen, ist hauptsächlich auf Jacob Andreaes Einfluß zurückzuführen. S. Fehr, Baden-Durlach, S. 9 (wie Anm. 27).

29 S. Simon Sulzers Briefe abgedruckt bei Johannes Fecht (Hg.), Historiae Ecclesiasticae Seculi A. N. C. XVI. Plurimorum et Celeberrimorum ex illo aevo Theologorum epistolis ad Joannem, Erasmum et Philippum Marbachios, Durlach 1684 (im folgenden zitiert als: Fecht, Epistolae ad Marbachios).

30 Linder, Simon Sulzer, S. 57 (wie Anm. 22); zu den Söhnen Johann Marbachs, Erasmus (1548–1593) und Philipp (1550–1611), s. Anton Schindling, Humanistische Hochschule und Freie Reichsstadt. Gymnasium und Akademie in Straßburg 1538–1621, Wiesbaden 1977, S. 371; zu Johann Pappus, s. ebd., S. 363. – S. auch Hans Georg Wackernagel (Hg.), Die Matrikel der Universität Basel, Bd. II, Basel 1956, S. 196–197 und 207.

Die Situation vor 1577 35

sammen mit Huldrych Koch 1563 maßgeblich an der Beilegung des Straßburger Streites zwischen Johann Marbach und Girolamo Zanchi beteiligt, der im wesentlichen zugunsten Marbachs ausging und die Streitenden in der Abendmahlsfrage auf die Wittenberger Konkordie von 1536 festlegte.[31]

H. Berner hat hierzu angemerkt, der Basler Rat hätte seinem Antistes diese oberrheinische Tätigkeit wohl kaum gestattet, »wenn er sich davon nicht Vorteile versprochen hätte«[32]. Diese Beobachtung trifft sicher zu, obwohl es wohl nicht so sehr darum ging, die die Druckerherren wirtschaftlich begünstigende, offene konfessionelle Haltung Basels abzusichern.[33] Entscheidender waren wohl andere wirtschaftspolitische Überlegungen, die vor allem die Sicherung des freien Handels im Elsaß und Breisgau und damit auch der weiteren Versorgung Basels mit Getreide und Fleisch aus diesen Gebieten beinhaltete.[34]

In seiner doppelten Eigenschaft als Basler Antistes und markgräflicher Generalsuperintendent benützte Sulzer die Gelegenheit, zahlreiche der neu zu vergebenden Pfarrstellen mit eigenen Schülern und Männern seines Vertrauens zu besetzen. Mit der Rötteler Superintendentenstelle versah Sulzer 1559 den ihm vertrauten früheren Berner und Basler Professor, Thomas Grynaeus (1512–1564).[35] Von Johann Jacob Grynaeus (1540–1617), einem Sohn dieses Rötteler Geistlichen, sollte im Lauf der siebziger Jahre des 16. Jahrhunderts die

---

31 Linder, Simon Sulzer, S. 58–61 (wie Anm. 22); zur Kontroverse selbst: James M. Kittelson, Marbach vs. Zanchi. The Resolution of Controversy in late Reformation Strasbourg, in: The Sixteenth Century Journal 8 (1977), Nr. 3, S. 31–44. – Zu kritischen zeitgenössischen Reaktionen betr. Sulzers Rolle in der Beilegung dieses Konflikts, s. Rudolf Luginbühl (Hg.), Diarium des Christian Wurstisen, 1557–1581, in: Basler Zeitschrift für Geschichte und Altertumskunde 1 (1901), S. 53–145, hier S. 79; und Benrath, Bullinger und Thomas Erastus, S. 95 (wie Anm. 15).
32 Berner, Basel, S. 30 (wie Anm. 21).
33 Mit großer Wahrscheinlichkeit fand Sulzer bei den Druckerherren Unterstützung. Drucker wie J. Oporin und P. Perna fühlten sich dem Basler Milieu des evangelischen Radikalismus und Späthumanismus verbunden. Was Sulzer mit diesen Gruppen »gemeinsam hatte und was er ihnen weder übelnehmen konnte noch wollte, war die kritische Haltung gegenüber Calvin und seiner immer weiter ausgreifenden Glaubensbewegung«: Hans Rudolf Guggisberg, Das reformierte Basel als geistiger Brennpunkt Europas im 16. Jahrhundert, in: Ders./Peter Rotach (Hg.), Ecclesia semper reformanda. Vorträge zum Basler Reformationsjubiläum 1529–1979, Basel 1980, S. 50–75, hier S. 62. – Andererseits ist zu bedenken, daß weder die Drucker noch Basels Späthumanisten, von Ausnahmefällen wie Basilius Amerbach und Theodor Zwinger abgesehen, bei der zünftischen Obrigkeit der Stadt stets ein williges Gehör fanden; s. ebd., S. 57.
34 S. dazu Mauersberg, Wirtschafts- und Sozialgeschichte, S. 238 (wie Anm. 5); Strittmatter: Die Stadt Basel, S. 79 ff. und 139 (wie Anm. 5).
35 Albert Ludwig, Die evangelischen Pfarrer des badischen Oberlandes im 16. und 17. Jahrhundert, Lahr 1934, S. 17, 61 und 67; s. auch Linder, Simon Sulzer, S. 72–73 (wie Anm. 22). – Zur Genealogie der Familie Grynaeus, s. Carl Roth, Stammtafeln einiger ausgestorbener Basler Gelehrtenfamilien, in: Basler Zeitschrift für Geschichte und Altertumskunde 16 (1917), S. 393–403, insbes. S. 398–401.

Opposition ausgehen, die später Sulzers konfessionellen Bestrebungen ein Ende setzten. Bereits 1570 berief sich der junge Basler Pfarrer Heinrich Erzberger in seiner Weihnachtspredigt gegen Sulzer und dessen engen Mitarbeiter Huldrych Koch[36] auf das reformierte Erbe der Basler Kirche. Die Partei Sulzers hatte aber genügend Rückhalt, um diesen Angriff abzuwehren. Erzberger wurde suspendiert, nicht wieder eingestellt, und ist 1572 Pfarrer im elsässischen Mülhausen geworden. Dem Basler Antistes gelang es im Februar 1571 sogar, die Basler Geistlichkeit bei nur geringem Widerstand auf die vermittelnde Wittenberger Konkordie von 1536 zu verpflichten.[37]

Als entscheidender sollte sich der von Johann Jacob Grynaeus inszenierte Widerstand erweisen.[38] Der 1540 in Bern geborene Grynaeus studierte 1556–59 in Basel und wurde 1559 als überzeugter Lutheraner in Hauingen in der Markgrafschaft von seinem Lehrer, Simon Sulzer, ordiniert. Nach weiteren Studien in Tübingen wurde er 1564 als Nachfolger seines Vaters Pfarrer und Superintendent in Rötteln und in den nachfolgenden Jahren zum engen Vertrauten und Mitarbeiter Simon Sulzers und Huldrych Kochs. Als solcher wurde er auch von den lutherischen Theologen Jacob Andreae und Johann Marbach sehr geschätzt.[39]

Johann Jacob Grynaeus' Gesinnungswandel, der ihn vom überzeugten Lutheraner zum eifrigen Calvinisten werden ließ, läßt sich nicht genau verfolgen. Entscheidend wird wohl dabei der Einfluß seines Schwiegervaters Thomas Erastus gewesen sein, dessen Pflegetochter, Lavinia de Canonicis, Grynaeus 1569 heiratete.[40] Grynaeus trat 1573 zum ersten Mal offen gegen Sulzer auf. Doch schien der Basler Antistes diesem Ereignis noch keine größere Bedeutung beizumessen. Zwei Jahre später wurde Grynaeus – nicht zuletzt auf Betreiben Sulzers – Nachfolger des betagten Antistes als Basler Professor für Neues Testament.[41]

---

36 Zu Huldrych Koch (Coccius) s. Thommen, Universität Basel, S. 353–354 (wie Anm. 20); s. auch Platter, Tagebuch, hg. v. Lötscher, S. 83 (wie Anm. 10).
37 Zum Erzbergerschen Streit s. Hagenbach, Kritische Geschichte, S. 100ff. (wie Anm. 25); Linder, Simon Sulzer, S. 134–145 (wie Anm. 22); Luginbühl, Diarium, S. 117–119 (wie Anm. 31).
38 Zum Folgenden s. Fritz Weiß, Johann Jakob Grynaeus, in: Basler Biographien, 3 Bde., Basel 1900, Bd. I, S. 159–199; Fritz Buri, Johann Jakob Grynaeus, in: Der Reformation verpflichtet (wie Anm. 20), S. 55–58.
39 Ebd., S. 164; s. auch die Briefe S. Sulzers aus derselben Zeit in Fecht, Epistolae ad Marbachios (wie Anm. 29).
40 Diese Heirat kam durch die Vermittlung des an der Heidelberger Universität tätigen und mit Erast eng befreundeten Bruders, Simon Grynaeus (1539–1582), zustande. S. Weiß, Johann Jakob Grynaeus, S. 164 (wie Anm. 38); s. auch Wackernagel, Die Matrikel, Bd. II, S. 72 (wie Anm. 30).
41 Weiß, Johann Jakob Grynaeus, S. 165–166 (wie Anm. 38); Linder, Simon Sulzer, S. 77–86 (wie Anm. 22); zu J.J. Grynaeus' Gesinnungswandel s. auch Hagenbach, Kritische Geschichte, S. 139 (wie Anm. 25).

Die Situation vor 1577 37

Im Rahmen unseres Themas stellen die Jahre 1575–77 eine Art Zäsur dar.

Im gleichen Jahr, als Johann Jacob Grynaeus in Basel seinen Lehrstuhl übernahm, starb in Zürich Heinrich Bullinger. Schon bald sollte Grynaeus in Heidelberg eine ähnlich einflußreiche Rolle spielen wie einst Bullinger. Inzwischen, freilich, nahm die erste reformierte Periode der Kurpfälzer Geschichte durch den Tod Friedrichs III. 1576 ein jähes Ende. Unter dessen Nachfolger, Ludwig VI. (1576–83), wurde die Pfalz wiederum dem Luthertum zugeführt. Dabei spielten vor allem die Straßburger Theologen, allen voran Johann Marbach, wie schon in den Jahren 1556–59, eine wichtige beratende Rolle.[42] Der Einfluß der Basler Kirche am Oberrhein blieb von 1556 bis in die Mitte der siebziger Jahre auf die obere Markgrafschaft beschränkt, während weiter nördlich der lutherische Einfluß Straßburgs und Württembergs dominierend blieb. Erst durch die Colmarer Reformation im Jahre 1575 gelang es Basel, seinen kirchlichen und konfessionellen Einfluß auch auf linksrheinisches Gebiet auszudehnen.

Zwei weitere Ereignisse der Jahre 1575–77 sollten zudem den äußeren Konfessionalisierungsdruck auf Basels innere Verhältnisse deutlich verschärfen: Die Wahl des neuen Basler Bischofs, Jacob Christoph Blarer von Wartensee (1542–1608), der bald in unmittelbarer Nachbarschaft Basels eine dezidiert gegenreformatorische Politik betreiben sollte,[43] und die Verabschiedung der lutherischen Konkordienformel, deren Durchsetzung in der oberen Markgrafschaft dem sich nunmehr in Basel anbahnenden Umschwung zum Calvinismus diametral entgegenlief.

Der Versuch Simon Sulzers, in Basel die Konkordienformel einzuführen, schlug fehl. Bereits am 22. Oktober 1577 verbot der Basler Rat seiner Pfarrerschaft, diese Bekenntnisschrift zu unterzeichnen. Im Anschluß an die Synode der Basler Geistlichkeit von 1581, bei der Johann Jacob Grynaeus offen gegen die Konkordie und deren Verfechter auftrat, wurde dieses Verbot im April 1581 wiederholt. Einer der Gegner Sulzers, Christian Wurstisen, glossierte dieses zweite Verbot mit den Worten: »Ist aber leider khein nachtruck darbey; denn Sulcerus, der selbig hilfft darzu und weisset andere dahin, practiciert vil, und will in doch niemandt beissen.«[44]

Der Basler Antistes scheint also auch weiterhin Unterstützung bei führenden Männern der Stadt gefunden zu haben, auch wenn diese Sulzer in der Frage

---

42 S. dazu Bernard Vogler, L'Eglise Strasbourgeoise et les Eglises palatines, in: Georges Livet/Francis Rapp (Hg.), Strasbourg au cœur religieux du XVIe siècle, Straßburg 1977, S. 369–378.
43 S. Wilhelm Brotschi, Der Kampf Jakob Christoph Blarers von Wartensee um die religiöse Einheit im Fürstbistum Basel (1576 bis 1608). Ein Beitrag zur Geschichte der katholischen Reform, Freiburg i.Ue. 1956. – André Chèvre, Jacques-Christophe Blarer de Wartensee, prince-évêque de Bâle, Delémont 1963.
44 Luginbühl, Diarium, S. 124 (wie Anm. 31); s. auch Hagenbach, Kritische Geschichte, S. 134–140 (wie Anm. 25).

der offiziellen Anerkennung der Konkordienformel im Stich ließen. Jedenfalls dürften die beiden Verbote der Unterzeichnung dieses Bekenntnisses kaum als Schritte in Richtung des reformierten Lagers zu interpretieren sein, sondern doch wohl eher als Resultat derselben obrigkeitlichen Politik, auf die sich Simon Sulzer 1566 bei der Ablehnung des Zweiten Helvetischen Bekenntnisses stützen konnte. Als nämlich der Schlesier Johannes von Kitlitz 1578 in Zürich einer eigenen antiubiquitarischen Abendmahlsschrift Johann Jacob Grynaeus' *Bericht von dem heiligen Abendmahl* beidrucken ließ und sich dabei auf die Basler Konfession von 1534 berief, sah sich die Obrigkeit veranlaßt, eine offizielle Apologie erscheinen zu lassen: »Der Statt Basel Entschuldigung und Versprechen etlicher ihro hinderruchs und wider ihr angeordnete Censur in Religionssachen von dem heiligen Nachmal Christi durch den Truck aussgangner Schrifften und Büchlinen halben.«[45]

2. Basels kirchliche und konfessionelle Beziehungen zum Oberrhein nach 1577

Rasch verbreitete sich außerhalb der Rheinstadt Grynaeus' Ruf als begabter akademischer Lehrer. Bereits 1578 empfahl ihm Zacharias Ursinus einen Studenten aus der Oberpfalz[46] und zwei Jahre später meldete Grynaeus seinem vertrauten Freund Christoph Andreas Jugel in Nürnberg: »Nostra Academia mire floret. Multi nobiles Juvenes nobiscum versantur«. Unter diesen Vertretern des Adels befanden sich u.a. die Söhne reformierter Wetterauer Grafen, die später wichtige Positionen in der Kurpfalz einnehmen sollten, sowie der spätere Pfälzer Hofgerichtsrat Volrad von Plessen, mit dem Grynaeus einen vertrauten Umgang pflegte.[47]

In den frühen achtziger Jahren des 16. Jahrhunderts bahnte sich in Heidelberg ein neuer Konfessionswechsel an. Im Oktober 1583 starb der lutherische Kurfürst Ludwig VI. Der reformierte Pfalzgraf Johann Casimir übernahm sogleich die Vormundschaft über den minderjährigen Kurprinzen Friedrich IV. Ihm folgten nach Heidelberg eine große Zahl seiner reformierten Räte und Theo-

---

45 Carlos Gilly, Zwischen Erfahrung und Spekulation. Theodor Zwinger und die religiöse und kulturelle Krise seiner Zeit, in: Basler Zeitschrift für Geschichte und Altertumskunde 77 (1977), S. 57–137 (Teil 1), 79 (1979), S. 125–223 (Teil 2), hier: Teil 1, S. 114, Anm. 138.
46 Benrath: Briefe, S. 140 (Brief aus Neustadt a.d.H., 15.9.1578) (wie Anm. 16).
47 Siegmund Jakob Apinus (Hg.), Ioannis Iacobi Grynaei Clarissimi Olim Theologi Basil. Epistolae Familiares LXVI Ad Nobilem Virum Christophorum Andream Iulium I.V.D. et Consiliarium Norib. Scriptae, Frankfurt a.M. 1715, S. 14–18, 34–37 (Briefe aus Basel vom 9.7.1580 und 25.6.1582). – Zu Volrad von Plessen s. Press, Calvinismus, S. 372–374 (wie Anm. 11), und Wackernagel, Die Matrikel, Bd. II, S. 277 (wie Anm. 30). – Zu den von J.J. Grynaeus erwähnten Grafen, die sich unter dem Rektorat Theodor Zwingers (22.6.1581–30.4.1582) an der Basler Universität immatrikulierten, s. ebd., S. 303–304.

logen.⁴⁸ Wie Volker Press nachgewiesen hat, versuchte Johann Casimir zunächst auf der Linie der durch Zacharias Ursinus begründeten Pfälzer Irenik einen Ausgleich zwischen den Konfessionen zu erwirken. Dieser Versuch scheiterte jedoch – nicht zuletzt an der unversöhnlichen Haltung der Theologen beider Lager.⁴⁹ Bedeutsam war es nun, daß nach dem Tode des Ursinus im März 1583 der Hofprediger Daniel Tossanus entscheidenden Einfluß auf den Gang der Dinge gewann.⁵⁰ Es galt, Ursinus als theologischen Lehrer zu ersetzen, und Tossanus betrieb mit allen Mitteln der Beeinflussung die Berufung seines Vertrauensmannes Johann Jacob Grynaeus, den er einen »zweiten Hercules« nannte, »der uns den Gefallen erweisen wird, den Augiasstall auszumisten«⁵¹. Als Säuberungsmittel sollte sich die Heidelberger Disputation vom 4. bis 13. April 1584 erweisen, in der Grynaeus, sekundiert von Tossanus und Zanchi, den Lutheranern Philipp Marbach, Jacob Schopper und Wilhelm Zimmermann gegenüberstand. Der Sieg wurde durch den Kanzler Christoph Ehem der reformierten Partei zuerkannt.⁵² In den nachfolgenden Monaten wurde ein großer Teil der lutherischen Theologen aus kurpfälzischen Diensten entlassen.

Nicht ungern verließ Grynaeus jetzt Basel, um in Heidelberg als Vorsteher des Sapienzkollegiums und als Prinzenerzieher tätig zu werden. Mit großem Erfolg hielt er auch hier – wie schon in Basel – historische Vorlesungen.⁵³ Als Prinzenerzieher arbeitete er zusammen mit dem theologisch versierten Sachsen Otto von Grünrade und mit dem feingebildeten Georg Michael Lingelsheim aus Straßburg. Lingelsheim war eine »Hauptstütze des Heidelberger Späthumanismus« (V. Press). Martin Opitz verkehrte in seinem Haus, und er korrespondierte mit Männern wie Jacques Bongars, Hugo Grotius, Paolo Sarpi und Melchior Goldast. Grynaeus kannte Lingelsheim wohl schon in Basel, wo dieser zusammen mit Volrad von Plessen studiert hatte.⁵⁴ Zusammen mit Tossanus nahm sich Grynaeus

---

48 Zu diesen Vorgängen s. im einzelnen Press, Calvinismus, S. 322–325 (wie Anm. 11).
49 Ebd., S. 326–27.
50 Ebd.; s. auch Cuno, Daniel Tossanus, Bd. I, S. 162–166 (wie Anm. 8).
51 Cuno, Daniel Tossanus, Bd. II, S. 144 (Brief vom 9.3.1584) (wie Anm. 8); s. auch ebd., Bd. I, S. 167–168.
52 Ebd., Bd. I, S. 169–170; Press, Calvinismus, S. 331–332 (wie Anm. 11); Apinus, Grynaei Epistolae, S. 93–100 (Briefe Nr. XXXIV und XXXV) (wie Anm. 47). – J.J. Grynaeus scheint sich bereits 1581 bei den reformierten Glaubensgenossen als Disputant empfohlen zu haben; s. ebd., S. 38–40 (Brief vom 4.9.1582), wo eine Heidelberger Disputation des Grynaeus mit dem lutherischen Theologen Timotheus Kirchner i.J. 1581 erwähnt wird.
53 Thommen, Universität Basel, S. 124 (wie Anm. 20).
54 S. Alexander Reifferscheid (Hg.), Briefe G.M. Lingelsheims, M. Berneggers und ihrer Freunde, Heilbronn 1889. – Briefe des J.J. Grynaeus an G.M. Lingelsheim aus d. Jahren 1588 ff. sind abgedruckt in: Monumenta Pietatis & Literaria Virorum in re publica & literaria Illustrium selecta, 2 Teile, hg. v. Ludwig Christian Mieg, Frankfurt a.M. 1701, Teil 2, S. 129 ff. – Jacobi Bongarsi et Georgii Michaelis Lingelshemi Epistolae, Straßburg 1660, darin S. 95–321: Briefe Lingelsheims an Bongars aus d.J. 1600–1611. – S. auch Wackernagel, Die Matrikel, Bd. II, S. 312 (wie Anm. 30).

auch der Betreuung der Schweizer Studenten an.[55] Zu diesen gehörten u. a. Johannes Ulmer aus Schaffhausen, der Sohn des dortigen Antistes,[56] und der spätere Zürcher Professor Markus Bäumler.[57] Wie einflußreich die Stellung des Grynaeus in Heidelberg gewesen sein muß, zeigen auch seine späteren Kontakte mit Pfälzer Theologen und Räten nach seiner Rückkehr nach Basel im März 1586. Eine enge Freundschaft verband ihn weiterhin mit Daniel Tossanus bis zu dessen Tod 1602.[58] Der eine vertraute der Obhut des anderen Heidelberger bzw. Basler Studenten an. Im März 1599 promovierte der Sohn des Tossanus, Paul Tossanus, welcher später in pfälzische Dienste trat, in Basel zum Doktor der Theologie.[59] Neben Tossanus waren es vor allem die beiden jüngeren Pfälzer Theologen schlesischer Herkunft, Bartholomäus Pitiscus (1561–1613) und Abraham Scultetus (1566–1624), die mit Grynaeus bis weit über die Jahrhundertwende hinaus in vertraulichem Kontakt standen.[60] Scultetus gab 1612 ein Bändchen mit Briefen des Grynaeus heraus[61] und besuchte diesen 1617, kurz vor dessen Tod, in Basel.[62]

Unter den adligen kurpfälzischen Hofräten gehörte vor allem Otto von Grünrade, ein Vertrauensmann des Tossanus, zu den Korrespondenten des Grynaeus, neben Graf Ludwig von Sayn-Wittgenstein, dessen Söhne in Basel studierten.[63]

---

55 Cuno, Daniel Tossanus, Bd. II, S. 143 (D. Tossanus. an Joh. Konrad Ulmer in Schaffhausen, 16.2.1585) (wie Anm. 8). – S. dazu auch die Briefe des Berner Theologiestudenten Huldreich Trog aus Heidelberg an Jakob Forrer vom 26.9.1585 und 8.2.1586, in Hermann Hagen (Hg.), Briefe von Heidelberger Professoren und Studenten, verfaßt vor dreihundert Jahren, Heidelberg 1886, S. 74–76 und 83.
56 Cuno, Daniel Tossanus, Bd. I, S. 166, 185 und 187 (wie Anm. 8); Wackernagel, Die Matrikel, S. 263 (zu Joh. Ulmer) (wie Anm. 30).
57 Cuno, Daniel Tossanus, Bd. I, S. 290 (wie Anm. 8); s. auch Pfister: Kirchengeschichte, Bd. II, S. 416 (wie Anm. 19), und Wackernagel, Die Matrikel, S. 316 (wie Anm. 30).
58 S. die Korrespondenz D. Tossanus' mit J. J. Grynaeus in: Cuno, Daniel Tossanus, Bd. II, S. 93 ff. (wie Anm. 8). – Eine »fraterna conjunctio« hatte die beiden seit der Studienzeit D. Tossanus' in Basel 1555 verbunden, wie Grynaeus nach dem Tode seines Heidelberger Freundes an Lingelsheim berichtete; s. Monumenta Pietatis, Teil 2, S. 136–137 (Brief vom 18.2.1602) (wie Anm. 54).
59 Cuno, Daniel Tossanus, Bd. I, S.199 und 317 (dort auch weitere biographische Angaben) (wie Anm. 8). S. auch ebd., Bd. II, S. 94 und 113–115 (Briefe vom 14.7.[1594], 25.3.1599, 9.4. und 8.5.1600).
60 Gustav Adolf Benrath (Hg.), Die Selbstbiographie des Heidelberger Theologen und Hofpredigers Abraham Scultetus (1566–1624), Karlsruhe 1966, passim.
61 Abraham Scultetus (Hg.), Ioannis Iacobi Grynaei Clarissimi Theologi Basileensis Epistolarum selectarum ... libri duo, Offenbach 1612.
62 Benrath, Scultetus, S. 74–75 (wie Anm. 60); s. auch Ernst Staehelin, Kirchlich-menschliche Beziehungen im Zeitalter der Orthodoxie und des beginnenden Pietismus nach den Stammbüchern des Frey-Grynaeischen Institutes in Basel, in: Archiv für Reformationsgeschichte 37 (1940), S. 289–305 (Teil 1), 38 (1941), S. 133–150 (Teil 2), hier Teil 1, S. 298.
63 Apinus, Grynaei Epistolae, S. 156 (Brief vom 18.10.1589) (wie Anm. 47); Cuno, Daniel Tossanus, Bd. I, S. 322 (wie Anm. 8); Press, Calvinismus, S. 392, Anm. 76 und 77 (wie Anm. 11). S. auch oben Anm. 47.

Ein besonders wichtiger Verbindungsmann des Grynaeus und der Basler in Heidelberg scheint schließlich der Jurist und Hofgerichtsrat Hippolyt von Colli (1561–1612) gewesen zu sein. »Colli, der sehr vom Schweizer Protestantismus geprägt war, galt als einer der führenden Juristen der Zeit« (V. Press). Aus angesehener lombardischer Familie stammend, wurde er als junger Jurist – nach Studien in Basel und Italien – Professor der Institution in Basel und folgte darauf um die Jahreswende 1585/86 einem Ruf nach Heidelberg. 1589 wurde er Basler Syndicus, begab sich aber 1593 endgültig in pfälzische Dienste.[64]

Es ist von ganz besonderer Bedeutung für die kirchlichen und konfessionellen Beziehungen Basels zur Kurpfalz im späten 16. und frühen 17. Jahrhundert, daß über die bisher genannten theologisch gebildeten Juristen (wie Volrad von Plessen, Georg Michael Lingelsheim und Hippolyt von Colli) hinaus der größere Teil der in den achtziger und neunziger Jahren des 16. Jahrhunderts in Heidelberg bestallten Hofgerichtsräte nicht nur in Basel studiert hatte, sondern zum Teil auch noch untereinander verschwägert war. So wurden Lingelsheim und der 1600 bestallte frühere Basler Student Matthäus Mieg aus Straßburg zu Schwiegersöhnen des Michael Loefenius aus Trier, der ebenfalls in Basel studiert hatte.[65]

Im Gegensatz zu den kirchlichen und konfessionellen Beziehungen Basels zum Oberelsaß und der oberen Markgrafschaft gingen dieselben Verbindungen zur Kurpfalz wohl nie über den Rahmen einzelner, wenn auch z. T. wichtiger, persönlicher Kontakte hinaus. Denn während in der Zeit von 1560 bis 1619 die insgesamt bescheidene Zahl von je sieben Geistlichen aus Zürich und Schaffhausen in kurpfälzischen Diensten tätig war, blieb der Anteil der Pfarrer Basler Herkunft stets noch geringer. Auch hatten – im Gegensatz zu vielen juristisch gebildeten kurpfälzischen Beamten – nur wenige kurpfälzische Geistliche jener Zeit in Basel studiert.[66]

Die Rückkehr des Grynaeus von Heidelberg nach Basel und zu seinem dortigen Lehrstuhl im März 1586 gestaltete sich zum kleineren Triumph. Man hatte ihm nach dem Tode Simon Sulzers 1585 zusätzlich die Münsterpfarrei, verbunden mit dem Amt des Antistes, angeboten. Triumphierend schreibt Grynaeus an seinen Nürnberger Freund: »Die früher Vergifteten (infesti) drängen nun darauf,

---

64 Thommen, Universität Basel, S. 182–185 (wie Anm. 20); Press, Calvinismus, S. 463–464 (wie Anm. 11); Weiß, Johann Jakob Grynaeus, S. 192 (wie Anm. 38); Cuno, Daniel Tossanus, Bd. II, S. 115 (Brief vom 14.7.[1594]) et passim (wie Anm. 8).
65 Press, Calvinismus, S. 360–362, 469–470 (wie Anm. 11). S. auch Wackernagel, Die Matrikel, Bd. II, S. 231, 312 und 372 (wie Anm. 30).
66 S. Bernard Vogler, Le clergé protestant rhénan au siècle de la Réforme (1555–1619), Paris 1976, S. 35, 38, 59 (Carte 7: Universités fréquentées par le corps pastoral du Palatinat) und 75. – Die in der Pfalz um 1600 tätigen Pfarrer Zürcher Herkunft werden erwähnt in Werner Ganz, Beziehungen der reformierten Orte, insbesondere Zürichs, zur Pfalz, in: Zürcher Taschenbuch N. F. 25 (1935), S. 7–31, hier S. 12.

mir ihr Seelenheil anzuvertrauen, Gross sind die Veränderungen, die in meiner Abwesenheit seit dem Tod Sulzers und Kochs eingetreten sind.«[67]

Grynaeus nahm sogleich die weitere Reformierung der Basler Kirche in seinem Sinne in die Hand. 1590 veröffentlichte er unter dem Titel *Das geistliche und herrliche Kleinot der Kirche. Gottes in Stadt und Landschaft Basel* die Basler Konfession, den Basler Katechismus und die Basler Agende und betonte im Vorwort, daß die Basler Konfession mit der Zweiten Helvetischen Konfession »gentzlich übereinstimme«. Die Basler Konfession von 1534 versah er wieder mit den alten Randglossen, die die reformierte Abendmahlsauffassung betonten und von Simon Sulzer weggelassen worden waren.[68]

Gegen Ende des Jahrhunderts fand Grynaeus im Theologen Amandus Polanus von Polansdorf aus Troppau in Schlesien eine wichtige Stütze. In den Worten seines Biographen, Ernst Stähelin, wurde Polanus (1561–1610) »der eigentliche Mitarbeiter von Grynaeus in der Leitung der Basler Kirche, zumal in ihrer Rückführung in das reformierte Wesen und ihrer Durchdringung mit dem Geist einer stark calvinistisch geprägten Orthodoxie«[69]. Polanus wurde auf Betreiben des Grynaeus im April 1596 auf die vakante Basler Professur für Altes Testament und in die städtische Pfarrerschaft berufen. Noch im selben Jahr hat er sich mit Maria Grynaeus (1573–1605), der Tochter des Antistes, verheiratet. Bereits 1598 gelang es den beiden Leitern der Basler Kirche, die Pfarrerschaft von Stadt und Landschaft auf ihre orthodoxe Linie festzulegen.

Erwartungsgemäß verscherzte sich die Basler Kirche durch die von Grynaeus und Polanus betriebene Konfessionspolitik eine weitere Einflußnahme auf die kirchlichen Verhältnisse der Markgrafschaft. Markgraf Karl II., der 1556 Simon Sulzer mit der Durchführung der Reformation in der oberen Markgrafschaft beauftragt hatte, starb 1577. Die Vormünder seiner drei Söhne einigten sich 1584 auf eine Landesteilung. Der älteste Sohn Ernst Friedrich (1560–1604) erhielt die untere Markgrafschaft mit Pforzheim und Durlach. Dem mittleren, Jacob III. (1562–1590), wurde die Markgrafschaft Hachberg mit Sitz in Emmendingen zugeteilt; Jacob III. starb bereits 1590, wenige Wochen nach seiner Konversion zum Katholizismus. Nicht ohne eine gewisse Befriedigung notierte der protestantische Stadtarzt von Schwäbisch Hall dazu in seinem Tagebuch: »Marggraff Jacob von Hochberg [...] als er wöllen sein land wider deformieren und die päbstisch religion wider anstellen, ist er diarrhoea gestorben.«[70] An den jüngsten Sohn

---

67 Apinus, Grynaei Epistolae, S. 118 (Brief vom 15.2.1586) (wie Anm. 47).
68 Ernst Staehelin, Amandus Polanus von Polansdorf, Basel 1955, S. 31, Anm. 80.
69 Ebd., S.31; für das Folgende s. ebd., passim. – Für einige Streiflichter auf die damalige kirchliche Situation in Basel, s. auch den (allerdings den Basler Theologen wenig geneigten) Brief des markgräflichen Dichterpfarrers Paul Cherler an Philip Marbach vom 14. Sept. 1596 in Fecht, Epistolae ad Marbachios, S. 766–768 (wie Anm. 29).
70 Johann Morhard, Haller Haus-Chronik, hg. v. Historischen Verein für Württembergisch Franken, Schwäbisch Hall 1962, S. 30.

Karls II., Georg Friedrich (1573–1638) gingen in der Erbteilung von 1584 Sulzburg und die obere, an Basel grenzende Markgrafschaft. Bei der Volljährigkeit Georg Friedrichs im folgenden Jahre wurde die verwaiste Markgrafschaft Hachberg in einen nördlichen und südlichen Teil aufgespalten.[71]

Bereits kurz nach dem Tod Karls II. beschlossen die lutherischen Vormünder der drei Prinzen,[72] die markgräfliche Geistlichkeit auf die lutherische Konkordie zu verpflichten. Während diesem Vorhaben im badischen Unterland und in Hachberg kein Widerstand erwuchs, weigerten sich in der Basel benachbarten, oberen Markgrafschaft verschiedene Pfarrer, das Bekenntnis bedingungslos, d. h. ohne den Zusatz, anders denkende Personen und Kirchen verdammten sie nicht, zu unterzeichnen. Die Wortführer der Opposition waren der Superintendent von Schopfheim, Christoph Eichinger, und Theophil Grynaeus, der Bruder des Basler Theologieprofessors, der 1575 von diesem die Pfarrei Rötteln übernommen hatte. Während Simon Sulzer als oberbadischer Generalsuperintendent die Annahme der Konkordienformel betrieb, schürte Johann Jacob Grynaeus, der nach 1575 weiterhin das Superintendentenamt zu Rötteln bekleidete, im Hintergrund den Widerstand. Freilich sollte sich dieser als nutzlos erweisen, denn einige der zunächst opponierenden Pfarrer lenkten schließlich ein. Sieben bis zuletzt hartnäckig gebliebene Geistliche wurden abgesetzt, unter ihnen Theophil Grynaeus (1534–1583), der in Sissach auf der Basler Landschaft eine neue Stelle fand, und Christoph Eichinger. Er ging nach Mülhausen. Johann Jacob Grynaeus ließ sich im Mai 1579 auf sein eigenes Ansuchen hin des Superintendentenamtes in Rötteln entheben.[73]

Bei der Nähe und der Enge der personellen Verbindungen, die weiterhin zwischen den beiden Kirchen Basels und der oberen Markgrafschaft bestanden, war

---

71 Vierordt, Geschichte der evangelischen Kirche, Bd. II, S. 19–20 (wie Anm. 11); Werner Baumann, Ernst Friedrich von Baden-Durlach, Stuttgart 1962, S. 36–57; Ludwig, Pfarrer, S. 25–27 (wie Anm. 35).

72 Die Vormünder waren die Witwe Karls II., der pfälzische Kurfürst Ludwig VI., Pfalzgraf Philipp Ludwig von Neuburg und Herzog Ludwig von Württemberg. – S. Vierordt, Geschichte der evangelischen Kirche, Bd. II, S. 4, Anm. 3 (wie Anm. 11).

73 Linder, Simon Sulzer, S. 103–111 (wie Anm. 22); Vierordt, Geschichte der evangelischen Kirche, Bd. II, S. 4–5 (wie Anm. 11); Ludwig, Pfarrer, S. 24–25 und 62 (wie Anm. 35); Baumann, Ernst Friedrich, S. 16 (wie Anm. 71). – Zu korrigieren sind die Angaben Vierordts und Baumanns, wonach Theophil Grynaeus um 1577 als Superintendent von Rötteln auftrat. Dieses Amt bekleidete bis 1579 sein Bruder J. J. Grynaeus. – Dazu auch der Brief des Württemberger Theologen Lucas Osiander an Johann Marbach vom 24.10.1577 in Fecht, Epistolae ad Marbachios, S. 564–565 (wie Anm. 29): »... In Marchionatu Badensi omnes subscripserunt, praeter paucos admodum in ditione Rötelensi, quos proculdubio solus perturbavit D. Joannes Jacobus Grynaeus, qui neque calidus est neque frigidus. Datum est & illis, sed breve, deliberandi spacium. Illustrissimus meus Princeps [= zugleich baden-durlachischer Vormund! – KvG] dicebat mihi: ›Man kan und soll dises Werck von aines Reidigen Schaafs oder zwayer wegen nicht ersitzen lassen‹«

es nun freilich unvermeidlich, daß baslerische Einflüsse sich auch weiterhin innerhalb der oberbadischen Geistlichkeit bemerkbar machen konnten.[74] Nach wie vor unterhielten einzelne Pfarrer freundschaftliche Beziehungen zu Johann Jacob Grynaeus.[75] Noch im Jahre 1595 sah sich Markgraf Georg Friedrich, ein überzeugter und eifriger Lutheraner, veranlaßt, seine Geistlichen zu ermahnen, treu an der Konkordie festzuhalten. Daß er allen Grund zu dieser Ermahnung hatte, zeigt der Fall des Baslers Ambrosius Socin (1558–1615), der erst 1599 seiner Pfarrstelle in Badenweiler enthoben wurde, nachdem er während 12 Jahren im Dienste der Markgrafen gestanden und sich kontinuierlich geweigert hatte, die Konkordienformel zu unterzeichnen. Entlassen wurde er auf Betreiben des Generalsuperintendenten Johann Weininger (1549–1629).[76]

Unter Johann Weininger hielt die lutherische Orthodoxie württembergischer Prägung endgültig Einzug in die obere Markgrafschaft. Die Beziehungen zwischen der Geistlichkeit hüben und drüben verschlechterten sich zusehends. Als sich 1598 in dem unmittelbar vor den Toren Basels gelegenen Dorf Weil in der Herrschaft Rötteln der markgräfliche Rat Werner Eglinger mit Sara Brand, der Tochter des verstorbenen Basler Oberzunftmeisters Bernhard Brand, verheiratete, nahm Weininger die Gelegenheit zum Anlaß, vor den versammelten Basler Honoratioren gegen die Basler Calvinisten, insbesondere Johann Jacob Grynaeus und Amandus Polanus, vom Leder zu ziehen. In publikumswirksamer Weise behauptete Weininger, seine Basler Gegner würden sich in ihrer Abendmahls- und Prädestinationslehre, sowie in ihrer Christologie, eindeutig als Teufelsbündler zu erkennen geben. Dieser Vorfall mußte freilich Grynaeus, Polanus und die Ihren beunruhigen, zumal er dazu angetan war, die Position der im städtischen Rat noch immer vorhandenen »Sulzeraner« zu stärken. Da Weininger seine Predigt sogleich post festum in Tübingen publizieren ließ, so daß sie auch kurz danach in Basel zum Verkauf angeboten wurde, entspann sich ein Flugschriftenstreit, der erst um 1600 sein Ende fand.[77] Zumindest im kirchlich-konfessionellen Bereich hatte damit, um im Bild zu bleiben, die Basler Ehe mit der oberen Markgrafschaft endgültig Schiffbruch erlitten. »Es war eine Kluft entstanden, die erst zwei Jahr-

---

74 So stammten versch. Rötteler und Schopfheimer Superintendenten bis ins 17. Jahrhundert hinein aus Basel. Andere hatten zumindest dort studiert; s. Ludwig, Pfarrer, S. 61–69 (wie Anm. 35).
75 So z. B. Pfarrer Meledonius in Efringen (s. ebd., S. 35) und der nachstehend erwähnte Ambrosius Socin.
76 Kaspar von Greyerz, The late city Reformation in Germany. The case of Colmar, 1522–1628, Wiesbaden 1980, S. 149; Hagenbach, Kritische Geschichte, S. 152 (Anm.) (wie Anm. 25), dort fälschlicherweise als Georg Andreas Socin bezeichnet.
77 Zum ganzen Handel, s. J. R. Linder, Der Weiningersche Handel in den Jahren 1598–1600. Ein Beitrag zur Geschichte der Streitigkeiten zwischen den Lutheranern und Reformierten, in: Zeitschrift für die historische Theologie 39 (1869), S. 405–432; und vor allem auch Staehelin, Amandus Polanus, S. 76–78, 84–86 (wie Anm. 68).

hunderte später überbrückt wurde. Die badischen Studenten der Theologie suchten nun andere Universitäten auf, zuerst Tübingen, später Straßburg.«[78] Der Basler Kirchenhistoriker Rudolf Hagenbach hat 1857 diese Hochzeitsepisode und ihre Folgen mit einer seiner nie versiegenden militärischen Metaphern bedacht:

»War nun so der Krieg mit den Lutheranern wieder in vollem Schwunge, so war es für die Basler gerathen, sich den Hinterhalt dadurch zu decken, daß sie nun um so enger an die reformierten Glaubensbrüder sich anschlossen, und einstweilen die noch nicht förmlich angenommene helvetische Konfession wieder ins Auge faßten, um im Nothfall in diese Batterie sich zurückziehen zu können.«[79]

Zunächst blieb es allerdings beim Rückzug auf die linksrheinische Seite, wo Basel in Colmar bis 1628 weiterhin seinen kirchlichen und konfessionellen Einfluß geltend zu machen vermochte. Die durch Markgraf Ernst Friedrich in den achtziger Jahren des 16. Jahrhunderts in der unteren Markgrafschaft von Durlach aus durchgeführte Zweite Reformation blieb eine Episode.[80] Sie hätte bei längerer Dauer der Basler Kirche und Theologie einen neuen rechtsrheinischen Einflußbereich eröffnen können. Im Jahre 1600 berief Ernst Friedrich den Basler Philologen und Theologen Ludwig Lucius (1577–1642) ins Rektorat des 1586 eröffneten Gymnasium illustre in Durlach. Lucius nahm schon bald »eine führende Stellung im kulturellen Leben der Markgrafschaft ein«, zumal sich »seine Befugnisse […] über die Landesakademie hinaus auf das gesamte Schulwesen und die Kirche der unteren Markgrafschaft« erstreckten, so daß dem Calvinisten ein weiter Wirkungskreis offenstand.[81] Auch stand um 1603 der Arzt Valerius Polanus, ein Bruder des Basler Theologen, in Durlach in Verbindung mit Markgraf Ernst Friedrich.[82] Aber Ernst Friedrich starb bereits 1604, und sein jüngerer Bruder Georg Friedrich, der nun die ganze Markgrafschaft Baden-Durlach in seiner Hand vereinigte, führte das Land wieder in den Schoß des Luthertums zurück.[83]

Als die führenden Häupter Colmars 1575 in dieser oberelsässischen Reichsstadt die Reformation einführten, traten sie in gewisser Weise das Erbe der damals und auch noch später ungeklärten konfessionellen Verhältnisse in der benachbarten oberen Markgrafschaft an.[84] Das Werben, das sich sogleich seitens

---

78 Ludwig, Pfarrer, S. 27–28 (wie Anm. 35).
79 Hagenbach, Kritische Geschichte, S. 153 (wie Anm. 25).
80 Dazu Baumann, Ernst Friedrich (wie Anm. 71); Vierodt, Geschichte der evangelischen Kirche, Bd. II, S. 29–39 (wie Anm. 11).
81 Baumann, Ernst Friedrich, S. 30 (wie Anm. 71). – Zu L. Lucius, s. auch Wackernagel, Die Matrikel, Bd. II, S. 383 (wie Anm. 30).
82 Staehelin, Amandus Polanus, S. 50 (wie Anm. 68).
83 Vierodt, Geschichte der evangelischen Kirche, Bd. II, S. 39 (wie Anm. 11).
84 Der folgende Abschnitt ist absichtlich kurz gehalten, da ich die hier relevanten Zusammenhänge bereits a. a. O. ausführlich dargestellt habe; s. von Greyerz, The late city Reformation, S. 111 ff. (wie Anm. 76), dort auch die einzelnen Belege.

der Württemberger, Straßburger und Basler Theologen um die neu entstandene Kirche entspann, wurde von der Colmarer Obrigkeit einstweilen zugunsten Basels entschieden. Der Basler Antistes, Simon Sulzer, erhielt den Auftrag, die Colmarer Kirche mit ihrem ersten Prädikanten zu versorgen. Dieser Schritt war von einiger Bedeutung, wenn auch die Colmarer Führungskräfte bis in die neunziger Jahre des 16. Jahrhunderts hinein bestrebt sein sollten, eine relativ offene und irenische Kirchenpolitik zu betreiben. Im Auftrag an den Basler Antistes fanden kulturelle, geistige, personelle und familiäre Beziehungen zwischen der oberelsässischen Reichsstadt und Basel ihren Ausdruck, die bis ins Spätmittelalter zurückreichten und nie abgebrochen waren. Der Horburger Pfarrer Bartholomäus Westheimer (1499–1567), der in den 1560er Jahren seinen reformatorischen Einfluß auf die Colmarer geltend zu machen wußte,[85] und die Colmarer Stadtärzte jener Zeit, der später in Bern tätige Thomas Schoepf (1520–1577) und Johann Jacob Wecker (1528–1586), um nur drei Beispiele zu nennen, fühlten sich mit Basel und dessen Führungsschicht eng verbunden.[86] Und es war wohl kein Zufall, daß den Basler Ratsherrn Lux Gebhardt, der der Colmarer Obrigkeit die guten Dienste Simon Sulzers schmackhaft zu machen versuchte, familiäre Beziehungen mit der oberelsässischen Stadt verbanden.[87]

Als bedeutsam sollte sich zudem die Tatsache erweisen, daß die von Simon Sulzer 1575 und 1577 aus der oberen Markgrafschaft nach Colmar entsandten Prädikanten, Christian Serinus (1540–1603) und Emanuel Betulejus († 1588)[88] beide einem ausgesprochen reformierten Milieu entstammten, dessen prägender Einfluß sich wieder zu Wort melden sollte, als die beiden früheren Basler Studenten der Obhut ihres Lehrers, Simon Sulzer, entwachsen waren. Als Meister und Rat von Colmar sich nach 1577 weigerten, ihren Geistlichen die Unterzeich-

---

85 S. ebd.; und Philippe Mieg, Barthélemy Westheimer, pasteur à Mulhouse et à Horbourg, 1499–1567, in: Annuaire de Colmar 1956, S. 41–49.
86 Von Greyerz, The late city Reformation, S. 116 und 110, Anm. 76 (wie Anm. 76). Betr. J. J. Weckers Zusammenarbeit mit seinem Schwager Theodor Zwinger in Basel, s. jetzt auch Gilly, Zwischen Erfahrung und Spekulation, Teil 2, S. 186–187, insbes. Anm. 200 (wie Anm. 45).
87 Archives Municipales de Colmar, GG 151, 23 (Brief des Lux Gebhardt an Meister und Rat zu Colmar, 2. Juni 1575). Lux Gebhardt war verheiratet mit Helena Surgant aus Thann; deren Schwester Dorothea war verehelicht mit Jörg Vogel († 1564), einer der ersten Colmarer Ratsherren, die im Vorfeld der Reformation von 1575 offen für den Protestantismus votierten (s. dazu von Greyerz, The late city Reformation, S. 114 (wie Anm. 76)). – Eine Großnichte Jörg Vogels, Barbara Kriegelstein, hat 1579 Werner Gebhard von Basel geheiratet. – S. den Stammbaum der Kriegelstein v. Wandelburg in Fritz Vischer-Ehinger, Die Familie Vischer in Colmar und Basel, Basel 1933, Anhang; und Edouard Metzenthin, Anciennes familles Colmariennes. Les Kriegelstein et leur origine, in: Annuaire de Colmar 1954, S. 67–76.
88 Zu Serinus und Betulejus, s. von Greyerz, The late city Reformation, S. 127–131 (wie Anm. 76); dort auch Hinweis auf weitere Literatur.

nung der Konkordienformel zu gestatten, geschah dies zweifelsohne im Einverständnis mit Serinus und Betulejus. Gegenüber Herzog Ludwig von Württemberg entschuldigten sie sich mit der Erklärung, sie verträten eine noch junge und schwache Kirche und verstünden von den vielen subtilen Schulzänken oder Disputationen der Theologen nichts. Sie hätten ihre Kirche allein aufgrund der Augsburgischen Konfession von 1530 reformiert und begehrten, »inn unserer Stadt [...] noch in alter Einfaldt zu bleiben«[89].

Dennoch rekrutierte die Colmarer Obrigkeit weiterhin Geistliche im nunmehr lutherischen Straßburg und in Württemberg. Daß die Tage einer derart offenen Kirchenpolitik gezählt sein mußten, zeigte der Abendmahlsstreit vom Winter 1589/90, in welchem vor allem Christian Serinus und der soeben aus Württemberg berufene, frühere Augsburger Prädikant Johann Georg Magnus (ca. 1544-ca. 1607) aneinandergerieten.[90] Dank seiner guten Beziehungen zur städtischen Führungsschicht, deren Kontrolle die protestantische Kirche Colmars unterstand, war es für Serinus ein leichtes, den Streit zu seinen Gunsten zu entscheiden und die Geistlichkeit im Einvernehmen mit den maßgebenden Laien Colmars auf ein philippistisches, in der Abendmahlslehre und Christologie bereits stark reformiert geprägtes Bekenntnis festzulegen.[91] Die beiden Prädikanten, die sich weigerten, dieses Bekenntnis anzunehmen, Johann Georg Magnus und der kurz zuvor aus Straßburg hergeholte David Hiemeyer, wurden entlassen. Eine weitere Rekrutierung von Geistlichen in Straßburg und Württemberg kam nun nicht mehr in Frage.

Durch den Basler Studenten Leonard Serinus, einen Sohn des Colmarer Pfarrers, auf die Vorgänge in der oberelsässischen Stadt aufmerksam gemacht, schaltete sich um die Jahreswende 1589/90 der Basler Antistes, Johann Jacob Grynaeus, in diese ein. Es ist wohl weitgehend auf seinen, von da an in Colmar wachsenden Einfluß zurückzuführen, daß der wegen seiner reformierten Gesinnung aus markgräflichen Diensten entlassene, bereits erwähnte Ambrosius Socin im Jahre 1600 in Colmar eine neue Wirkungsstätte fand.[92] Hier schwang er sich in kürzester Zeit zum führenden Geistlichen auf. Unter Socins Führung vollzog sich rasch das endgültige »alignment« der Colmarer mit der Basler Kirche. Wurden auch im ersten Drittel des 17. Jahrhunderts verschiedene refor-

---

89 Archives Municipales de Colmar, GG 153, 13 (Meister und Rat zu Colmar an Herzog Ludwig von Württemberg, 12.11.1579).
90 Von Greyerz, The late city Reformation, S. 131–148 (wie Anm. 76).
91 Das Bekenntnis (später »Deklarationsschrift« genannt) wurde vom Colmarer Stadtschreiber Andreas Sandherr mit Hilfe des Pfarrers Christian Serinus entworfen; s. ebd., S. 134. – Das Original befindet sich in Archives Municipales de Colmar, GG 158, 26; es wurde von Schmidt, Widerlegung, S. 140–147 (wie Anm. 2) abgedruckt.
92 Von Greyerz, The late city Reformation, S. 149–151 (wie Anm. 76); und Theophil Burckhardt-Piguet, Aus der Socin'schen Familiengeschichte, in: Beiträge zur vaterländischen Geschichte 12 (1888), S. 295–342, hier S. 304–308.

mierte Geistliche aus der Kurpfalz und Pfalz-Zweibrücken angestellt, so blieb doch die Basler Ausrichtung der Colmarer Kirche auch nach dem Tod Ambrosius Socins (1615) und des Basler Antistes J. J. Grynaeus (1617) weiterhin bestehen. Als 1628 die protestantische Kirche der Stadt durch kaiserliches Edikt aufgehoben wurde, emigrierte ein bedeutender Teil der städtischen Führungsschicht nach Mülhausen und Basel.[93] Die vier Jahre später erfolgte Restitution des Protestantismus in Colmar bewog nur wenige dieser Exultanten zur Rückkehr, zumal sich die Restitution unter der Führung der orthodox-lutherischen Straßburger Kirche vollzog.

Hatte bereits die oben erwähnte Weiler Hochzeitspredigt von 1598 das Ende des Basler Einflußes auf die kirchlichen und konfessionellen Verhältnisse der oberen Markgrafschaft signalisiert, so wurden spätestens durch die Pfälzer Katastrophe 1620 auch die Verbindungen Basels zur Kurpfalz abgeschnitten. Der in den Dreißiger Jahren des 17. Jahrhunderts zwischen dem Basler Antistes, Theodor Zwinger, und dem Präsidenten des Straßburger Kirchenkonvents, Johannes Schmidt, über die Restitution der protestantischen Kirche in Colmar entbrannte Flugschriftenstreit schließlich besiegelte auf Jahrzehnte hinaus das Schicksal des Basler kirchlichen und konfessionellen Einflußes am Oberrhein.[94]

Allein in der kleinen oberelsässischen Reichsstadt Mülhausen, seit 1515 ein »zugewandter Ort« der Eidgenossenschaft, blieb dieser Einfluß ohne Unterbruch bis ins 18. Jahrhundert erhalten. Hier hatte man von Anfang an die Konfession, Gottesdienst- und Synodalordnung Basels übernommen. In den fünfziger Jahren des 16. Jahrhunderts unternahm der Rat sogar Versuche, die sich diesem Ansinnen widersetzende Geistlichkeit in einzelnen Punkten auf die damalige lutheranisierende Linie der Basler Kirche festzulegen. Der Einfluß der mehrheitlich reformiert gesinnten Pfarrerschaft scheint jedoch bestimmend geblieben zu sein; 1566 nahmen Obrigkeit und Pfarrer ohne Zögern das Zweite Helvetische Bekenntnis an und 1573 fand der Basler Gegner Simon Sulzers, Heinrich Erzber-

---

93 Dazu Philippe Mieg, Les réfugiés colmariens à Mulhouse au temps de la Contre-Réforme 1628–32, in: Annuaire de Colmar 1950, S. 45–56; Heinrich Rocholl, Die Vertreibung evangelischer Bürger aus der freien Reichsstadt Colmar und ihre Aufnahme in Basel. Ein Geschichtsbild aus der Zeit der katholischen Gegenreformation 1628–1630, in: Beiträge zur vaterländischen Geschichte N. F. 14 (1896), S. 307–345; Vischer-Ehinger, Familie Vischer, S. 82–106 (wie Anm. 87).

94 [Theodor Zwinger], Kurtze Verantwortung und Erklaerung vber die Predigt von H. Doctor Johann Schmiden, Predigern vnd des Kirchen-Convents Praesidenten zu Straßburg, In des Heyligen Reichs Statt Colmar gehalten, Anno 1633, Durch einen Liebhaber der Wahrheit, Anno 1634. – Auf dem Titelblatt des Ex. Universitätsbibliothek Basel, Ki Ar., G. IV, 3, No. 24, steht in zeitgenössischer Handschrift: »Auctor est Theodorus Zwingerus S. Th. Dr.« – Schmidt: Widerlegung (wie Anm. 2).

ger († 1576), Aufnahme in Mülhausen.⁹⁵ Ein Einlenken auf den Sulzerschen Kurs hätte sich ohnehin aus bündnispolitischen Gründen als voreilig erwiesen, denn die sog. Finingerschen Händel der achtziger Jahre des 16. Jahrhunderts⁹⁶ kosteten die Stadt 1586 ihr Bündnis mit den katholischen Orten der Eidgenossenschaft und führten im folgenden Jahr zur gemeinsamen militärischen Intervention Berns, Zürichs, Schaffhausens und Basels, welche die oberelsässische Stadt vollends der Vormundschaft dieser reformierten Orte unterordnete.⁹⁷

Die Finingerschen Händel ließen die Mülhauser Kirche nicht unberührt. 1583 und 1587 entließ die Obrigkeit insgesamt vier unbotmäßige Pfarrer.⁹⁸ Während Johann Jacob Grynaeus im Gefolge der eidgenössisch-reformierten Truppen in Mülhausen Versöhnungspredigten hielt, wurde sein Vertrauensmann David Zwinger zum Nachfolger des soeben abgesetzten Oberpfarrers ernannt.⁹⁹ Ihm stand der gleichzeitig berufene Johannes Lind († 1616) zur Seite, der 1581 als markgräflicher Pfarrer entsetzt worden war, weil er sich geweigert hatte, die Konkordienformel zu unterzeichnen.¹⁰⁰ Die konfessionellen Entwicklungen in den Kirchen Basels und Mülhausens liefen von da an gegenseitig aufeinander zu. Auch in Mülhausen hielt in der Folge die reformierte Orthodoxie Einzug: 1623 wurde sogar der Stadtarzt Friedrich Flach entlassen, da er gegen den Willen der Pfarrerschaft und Obrigkeit am Augsburgischen Bekenntnis festhielt.¹⁰¹

Die damit vollzogene, völlige Angleichung an Basels kirchlichen und konfessionellen Kurs spiegelt sich auch im Abstammungsort der vierzehn, zwi-

---

95 Adam, Evangelische Kirchengeschichte, S. 561 ff. (wie Anm. 26); Strohl, Protestantisme en Alsace, S. 144–145 (wie Anm. 9). – Zu H. Erzberger, s. oben und Wackernagel, Die Matrikel, Bd. II, S. 120 (wie Anm. 30).
96 Dazu Philippe Mieg, Les causes et les origines de la révolte des Fininger de 1587, in: Bulletin du Musée historique de Mulhouse 63 (1955), S. 47–87 (Teil 1), 64 (1956), S. 43–92 (Teil 2), mit Angaben zu weiterführender Literatur.
97 Raymond Oberlé, Mulhouse et la Conféderation Helvétique à la fin du XVIᵉ et au début du XVIIᵉ siècle, in: L'Alsace et la Suisse à travers les siècles, Straßburg 1952, S. 139–154.
98 Es handelte sich dabei (1583) um Johann Jacob Freuler aus Basel und Johann Steiner aus Zürich sowie (1587) um den Oberpfarrer Sebastian Menckel aus Mülhausen und Heinrich Haffner aus Stein am Rhein. S. Marie-Joseph Bopp, Die evangelischen Geistlichen und Theologen in Elsaß und Lothringen von der Reformation bis zur Gegenwart, Neustadt a. d. Aisch 1959, Nummern 1461, 5035, 3433 und 1930.
99 Dazu Mieg, Les causes, Teil 2, S. 75–76 et passim (wie Anm. 96); und Weiß, Johann Jakob Grynaeus, S. 182 (wie Anm. 38). Zu David Zwinger aus Bischofszell (Thurgau), früher Pfarrer in der Kurpfalz und in Bischofszell und seit 1582 in Mülhausen, s. Bopp, Die evangelischen Geistlichen, Nr. 5841 (wie Anm. 98). – Möglicherweise entstand die Verbindung Zwingers zu Johann Jacob Grynaeus über dessen Bruder, Simon Grynaeus; vgl. dazu den Brief Simon Grynaeus' aus Heidelberg an Abraham Musculus in Bern vom 29.6.1577, in: Hagen, Briefe, S. 34–35 (wie Anm. 55).
100 Vgl. Bopp, Die evangelischen Geistlichen, Nr. 3203 (wie Anm. 98).
101 Raymond Oberlé, La République de Mulhouse pendant la Guerre de Trente Ans, Paris 1965, S. 20–21.

schen 1587 und 1630 in Mülhausen wirkenden Geistlichen. Genau die Hälfte (7) stammte aus Basel, drei waren geborene Mülhäuser, und eine überwiegende Zahl (11) hatte an der Basler Universität studiert.[102]

3. Schlußfolgerungen

Im Lichte des hier Dargelegten gewinnen die kürzlich von Volker Press entwickelten Überlegungen zum Einfluß des Reichsstadtbürgertums auf die territoriale Konfessionalisierung der zweiten Hälfte des 16. Jahrhunderts zusätzliches Gewicht.[103] Während in der Kurpfalz der erfolgreich fortschreitende territorialstaatliche Ausbau des Bildungswesens und die damit verbundene Konsolidierung einer bürgerlich-territorialen Führungsschicht um die Wende vom 16. zum 17. Jahrhundert den Verzicht auf die weitere Rekrutierung von Beamten, die aus dem reichsstädtischen Bürgertum stammten und häufig in Basel studiert hatten, ermöglichte, so war es vor allem die zunehmende Konfessionalisierung, die Baslern vom gleichen Zeitpunkt an den weiteren Zugang zu markgräflichen Pfarr- und Beamtenstellen erschwerte.

Vor allem die eng ineinander verschränkten Faktoren der territorialstaatlichen Entwicklung und der Konfessionalisierung haben am Oberrhein (wie anderswo auch) die Zergliederung der Landschaft in kulturelle Regionalbereiche vorangetrieben – wenn wir einmal von der in verschiedener Hinsicht atypischen Colmarer Spätreformation absehen. Nicht nur die Basler Obrigkeit versuchte im Grunde bis ins späte 16. Jahrhundert hinein, sich dieser Entwicklung entgegenzustemmen, sondern auch – freilich unter jeweils verschiedenen konfessionellen Vorzeichen – die beiden Vorsteher der Basler Kirche jener Zeit, Simon Sulzer und Johann Jacob Grynaeus. Bei Sulzer ergab sich diese Haltung zwangsläufig aus seinem lutheranisierenden Kurs; aber auch bei Grynaeus läßt sich, wenigstens was seine Haltung in den achtziger Jahren des 16. Jahrhunderts betrifft, deutlich eine oberrheinische (oder gar rheinische – unter Einschluß der Niederlande) konfessionspolitische Konzeption erkennen.[104] Kein Wunder, daß solche

---

102 Diese Angaben stützen sich auf Marie-Joseph Bopp, Die evangelischen Gemeinden und Hohen Schulen in Elsaß und Lothringen von der Reformation bis zur Gegenwart, 2 Teile, Neustadt a.d. Aisch 1963–1965, Teil 2, S. 358 ff.; Dies., Die evangelischen Geistlichen (wie Anm. 98); Wackernagel, Die Matrikel, Bd. II und III (wie Anm. 30).
103 Volker Press, Stadt und territoriale Konfessionsbildung, in: Franz Petri (Hg.), Kirche und gesellschaftlicher Wandel in deutschen und niederländischen Städten der werdenden Neuzeit, Köln 1980, S. 251–296.
104 Für Sulzer verweise ich auf die obige Diskussion der Ablehnung der Zweiten Helvetischen Konfession durch Basel; bei Grynaeus kommt diese Tendenz deutlich zum Ausdruck in einem undatierten [1586] Schreiben an Kaspar Peucer in Scultetus, Grynaei Epistolarum selectarum, Teil I, S. 155–161, hier S. 158 (wie Anm. 61): »... Expertus autem es, Christum

Konzeptionen von Exponenten der lutherischen Kirche als Bedrohung empfunden wurden. Das alte kulturelle Zusammengehörigkeitsgefühl erscheint deshalb bereits stark ins Negative gewendet, wenn die lutherischen Straßburger Geistlichen 1609 ihre Weigerung, weiterhin für verstorbene Calvinisten Leichenpredigten zu halten, mit der Argumentation begründen, falls man die Zügel gegenüber den Calvinisten lockern wolle, so könne man ihnen ebenso gut eine Kirche einräumen;

»kan man jnen aber eine Kirch einräumen, so kan man wol auch gar Calvinisch werden und mit den Zürchern und andern Schweitzern von oben herab, mit den Heidelbergern aber und Niderlendern von unden auf, allerdings sich vergleichen und die unruhige Ubiquisten, wie sie uns nennen, gäntzlich abschaffen.«[105]

Der Dreißigjährige Krieg hat dann dem angesprochenen Zergliederungsprozeß endgültig zum Durchbruch verholfen. Basel war gezwungen, sich zunächst in wirtschaftlicher[106] und dann auch in politischer Hinsicht stärker als bisher auf seine helvetischen Affinitäten zu besinnen. Wenn Basel im Laufe der zwanziger Jahre des 17. Jahrhunderts in kirchlich-konfessioneller Hinsicht eindeutiger als je zuvor in den kulturellen Raum der reformierten Eidgenossenschaft eingebunden wurde, so war dies wohl am wenigsten ein Resultat der kirchlichen und konfessionellen Entwicklung in dieser oberrheinischen Stadt selbst. Die Eingliederung ins eidgenössisch-reformierte Lager nahm nämlich genau zu dem Zeitpunkt ihren Anfang, als im Basel der achtziger Jahre des 16. Jahrhunderts in den Auseinandersetzungen mit dem Bischof die Nachteile der Isolierung, die man sich durch seine allzu eigenständige Konfessionspolitik eingehandelt hatte, deutlich zutage treten sollten.[107]

non solum suam causam hactenus egisse: sed etiam teipsum & alios servos suos, & ornasse vera gloria, & defendisse: & iam in florentissima Germanjae nostrae regione ad Rhenum sita, veritatis vexillum altius in sublime sustulisse, ac Nehemiam nostri aevi fortissimum Ducem Joannem Casimirum, Comitem Palatinum, excitavisse ut ecclesiae nutritium constanter & sincere, vna cum quibusdam aliis Principibus & Politarchis agat.«
105 Zitiert nach Adam, Evangelische Kirchengeschichte, S. 392 (wie Anm. 26).
106 Es ist ein Verdienst der Arbeit Strittmatters, Die Stadt Basel (wie Anm. 5), die versorgungspolitische Reorientierung Basels im Dreißigjährigen Krieg zu eidgenössischen Märkten hin deutlich werden zu lassen.
107 Fritz Grieder, Das bischöflich-baslerische Bündnis von 1579 mit den sieben katholischen Orten, in: Basler Stadtbuch 1964, S. 24–52; Bonjour, Schweizerbund, S. 184–187 (wie Anm. 4); Berner, Basel, S. 39 (wie Anm. 21). – Dies bedeutete freilich keineswegs, daß man nun in Basel bereit gewesen wäre, seine bisherige Sicherheitspolitik gänzlich aufzugeben. Als es 1604–1685 zu von Bern vorangetriebenen Bündnisverhandlungen zwischen den reformierten Orten und der Kurpfalz kam, verliefen diese nicht zuletzt angesichts des Widerstands Basels und Schaffhausens im Sande; s. Ganz, Beziehungen, S. 20 (wie Anm. 66). – Ähnlich verhielt sich Basel auch, als Bern und Zürich 1612 mit dem badischen Markgrafen Georg Friedrich über den Abschluß einer »nachbarlichen Vereinigung« berieten; dazu Bonjour, Schweizerbund, S. 191 (wie Anm. 4).

Durch die erwähnten neuen wirtschaftlichen und politischen Notwendigkeiten verstärkt, fand dieser Prozeß im Laufe des Dreißigjährigen Kriegs seinen Abschluß.[108]

---

108 Die kirchlichen Beziehungen Basels zum Oberrhein im späteren 17. und im 18. Jahrhundert beschränkten sich auf einzelne kleinere Orte. So wurden z. B. die deutsch-reformierte Kirche von Markirch in den Vogesen und die Hugenottengemeinde zu Welsch-Neureuth b. Karlsruhe regelmäßig durch Basler Geistliche versorgt. – Dazu Walter Meyrat, Die Unterstützung der Glaubensgenossen im Ausland durch die reformierten Orte im 17. und 18. Jahrhundert, Bern 1941, S. 99–100, 106–107. – Zu den früheren Beziehungen Markirchs zu Basel s. auch Philippe Mieg, Les réfugiés lorrains et de Sainte-Marie à Mulhouse et en Suisse au XVIIe siècle, in: Lorraine, Alsace, Franche Comté, Straßburg und Paris 1957, S. 13–36. Miegs Ausführungen weisen auf die nicht unwichtigen Beziehungen in den Vogesen hin. Neben anderen vermögenden Baslern besaß z. B. auch der bedeutende Staats- und Geschäftsmann Andreas Ryff (1550–1603) Bergwerkanteile in Markirch. S. Andreas Ryff, Reisebüchlein, hg. und eingel. v. Friedrich Meyer mit einem Beitrag von Elisabeth Landolt, in: Basler Zeitschrift für Geschichte und Altertumskunde 72 (1972), S. 5–135, hier S. 7.

Lazarus von Schwendi (1522–1583) and Late Humanism at Basel

Lazarus von Schwendi was an outstanding personality not only of the entourage of Habsburg emperors from Charles V (1519–1558) to Maximilian II (1564–1576) but, in more general terms, of German history in the second half of the sixteenth century. A diplomat, politician and famed political writer, noteworthy commander-in-chief of the imperial troops in Hungary, able administrator of his Upper Rhenish estates, intellectual, correspondent and friend of many first-rate humanists: Schwendi's biography gives expression to several important concerns of his age. In historiography, however, he has become a rather neglected figure. Although his career and ideas have recently been scrutinized in a few articles, the last book-length biography dates as far back as 1933 and, what is more, is clearly not the last word on Schwendi.[1] At the same time, the treatment of Schwendi in recent, more general accounts of the period has remained very uneven.[2]

Lazarus von Schwendi was born in 1522 at Mittelbiberach as the illegitimate son of Apollonia Wencken and Ruland von Schwendi, a member of Upper Swabia's lower nobility. He was legitimized by Charles V in 1524.[3] It was about in the autumn of 1545, following his attendance of schools and studies in Basel and Strasbourg, that he found employment at the imperial court of Charles V, whom he served as diplomat, commissary, counsellor and military leader during the next decade.[4] Two years later, he wrote his short treatises propagating military reform, a tract *Vom Betrug der Musterung* and *Vasguillus*, a satirical dialogue directed against abuses prevalent in mercenary units calling for the enforcement of

---

1 Lina Baillet, Schwendi, lecteur de Machiavel, in: Revue d'Alsace 112 (1986), pp. 119–197; Wolf-Dieter Mohrmann, Bemerkungen zur Staatsauffassung Lazarus' von Schwendi, in: Helmut Maurer/Hans Patze (eds), Festschrift für Berent Schwineköper. Zu seinem siebzigsten Geburtstag, Sigmaringen 1982, pp. 501–521; Roman Schnur, Lazarus von Schwendi (1522–1583). Ein unerledigtes Thema der historischen Forschung, in: Zeitschrift für historische Forschung 14 (1987), pp. 27–46. – Johann König, Lazarus von Schwendi, Röm. Kaiserl. Majestät Rat und Feldoberst 1522–1583. Beitrag zur Geschichte der Gegenreformation, Schwendi 1934.
2 He is duly mentioned, for example, by Winfried Schulze, Deutsche Geschichte im 16. Jahrhundert, 1500–1618, Frankfurt a. M. 1987, pp. 228, 230, and 261 f., but there is not a single reference to him in Horst Rabe, Reich und Glaubensspaltung. Deutschland 1500–1600, Munich 1989.
3 König, Schwendi, pp. 19–20 (as in n. 1).
4 Ibid., pp. 25–46. For the date of his entry into imperial employ, cf. Baillet, Schwendi, p. 125 (as in n. 1).

rigorous discipline.⁵ These writings initiated a series of memoranda devoted to military and politico-religious matters Schwendi was to circulate during the next 35 years. From 1555 he served another Habsburg, Philip II of Spain, in the Low Countries, notably in the war with France, and made the acquaintance of William of Orange, Egmont, and Horn.

Tired of serving the king of Spain and progressively dissatisfied with Spanish policy in the Low Countries, Schwendi left Brussels and went to Vienna in 1564. There, Emperor Maximilian II, of whom he subsequently became a trusted counsellor, appointed him to the post of commander-in-chief of the imperial troops facing the archenemy in Hungary. The Hungarian campaign, which he handled with a good measure of success, ended with the truce concluded at Adrianopolis on 17 February 1568, upon which the emperor gratefully accorded Lazarus von Schwendi the title of a baron of Hohenlandsberg (near Colmar in Alsace). A year later, Schwendi retired to his Upper Rhenish estates.⁶ Legend has it that he took with him some Hungarian Tokay grapes, still grown in Alsatian vineyards today. Holding his sword and a tokay grape: this is how he adorns the Schwendi-fountain at Colmar. From 1569 onwards, he spent the remainder of his life chiefly on the Upper Rhine, actively involved in imperial politics as a writer of several noteworthy memoranda and as a counsellor of Maximilian II.

Before retiring to the Upper Rhine, Schwendi made himself known at court and beyond as the author of a number of tracts concerned with military reforms, the first of which have already been mentioned.⁷ From 1566, he repeatedly ventilated in these memoranda the idea of compulsory military service and proved himself a faithful follower of Machiavelli in these matters.⁸ In his *Discourse and Reflection of the Present Situation and Condition of the Holy Empire, Our Beloved Fatherland* of 1570 he called not only for a curtailment of foreign recruiting within Germany by the imperial Diet to be held at Speyer, but also demanded the reorganization of the cavalry and reform of the *Kreistruppen,* so as to permit a concerted military reaction against surprise attacks.⁹

---

5 Baillet, Schwendi, pp. 129–30 (as in n. 1). The first of these writings appeared in 1550 as a memorandum on "Ob doch mittel gefunden mecht werden, darin der Betrug in der musterung, das verderben der Teutschen, abgeleint werde." See König, Schwendi, p. 78 (as in n. 1).
6 König, Schwendi, pp. 51 et passim and 261–62 (as in n. 1). See also Mohrmann, Bemerkungen, p. 503 (as in n. 1).
7 For the following, see König, Schwendi, chap. 3, pp. 74 et passim (as in n. 1).
8 Ibid., p. 80.
9 Ibid., pp. 80–85. A new and improved edition of this memorandum has been made available by Maximilian Lanzinner, Die Denkschrift des Lazarus von Schwendi zur Reichspolitik (1570), in: Johannes Kunisch (ed.), Neue Studien zur frühneuzeitlichen Reichsgeschichte, Berlin 1987, pp. 141–185.

Although these writings on military questions, notably as far as their debt to Niccolò Machiavelli is concerned, afford some interesting perspectives on Schwendi's relationship to humanist writing, they are not, however, the main object of this article.[10] Schwendi also made himself a renowned political propagandist of religious toleration and, upon the emperor's request, wrote an important memorandum on toleration addressed to Maximilian II in 1574. It is primarily in relation to Schwendi's thought on religious and ecclesiastical policy that the points of contact with Late-Humanism, with which this article is concerned, must be sought. I shall therefore concentrate, first, on the memorandum of 1574. Secondly, I will deal with Schwendi's contacts with humanists and, more particularly, with exponents of Late-Humanism at Basel. This will be followed by an analysis of Schwendi's correspondence and friendship with the Basel physician and professor of medicine, Theodor Zwinger (d. 1588) and will end, fourthly, with a brief conclusion.

1.

The spread of Protestantism in the Holy Roman Empire was not curtailed overnight by the Peace of Augsburg of 1555. Protestantism continued its advance for another two or three decades, especially under Maximilian II, who vacillated between a firm commitment to Catholicism and embracing Lutheranism and thus made a rather weak figure as far as his policy in religious matters is concerned.[11] It was only after Rudolf II (1576–1612) acceded to the throne that the Counter-Reformation could gain momentum.[12] Maximilian II, in fact, made significant concessions to the Protestants, especially to the Protestant nobility of Austria, to whom he granted religious freedom within their dominions and estates in 1571, including, three years later, even the freedom of worship at their residences in Vienna.[13] In Germany, during Maximilian's reign, the Reformation was introduced in the five imperial cities of Colmar, Hagenau, Aalen, Essen and Dortmund, and only failed in Aachen, because it came too late and was suppressed on Rudolf

---

10 On Schwendi's reading of Machiavelli, cf. Baillet, Schwendi (as in n. 1). Her article rests on a thorough analysis of Schwendi's marginal glosses in a copy of a French translation of Machiavelli's *Discorsi*.
11 Grete Mecenseffy, Geschichte des Protestantismus in Österreich, Graz 1956, pp. 47–48; Paula Sutter Fichtner, The disobedience of the obedient: Ferdinand I and the Papacy 1555–1564, in: The Sixteenth Century Journal 11 (1980), pp. 25–34, esp. pp. 30–32.
12 Lewis W. Spitz, Imperialism, Particularism and Toleration in the Holy Roman Empire, in: Alfred Soman (ed.), The Massacre of St. Bartholomew: Reappraisals and Documents, The Hague 1974, pp. 71–95, esp. p. 74.
13 Mecenseffy, Protestantismus, pp. 50–53 (as in n. 11).

II's orders.[14] At this stage, of course, it would have been unrealistic to expect the Protestant camp to make any really meaningful concession in favor of religious unity. On the contrary, matters got complicated even further on account of the Palatinate's *revirement* from Lutheranism to Calvinism, for the Reformed persuasion was not covered by, and included, in the religious settlement of 1555. The temporary and quite provisional solution reached at the imperial Diet of 1566 (crucial for the survival of Calvinism in the Palatinate and beyond) politicized Protestantism as a force in imperial politics as a result of weakening it in terms of doctrinal unity and coherence. The tensions between the two competing Protestant and Catholic faiths were thus enhanced.[15] Hopes for their eventual reunion dwindled especially after the St. Bartholomew's Massacre of 1572, for it seriously discredited Catholicism even in the eyes of so far irenicallyminded Protestants.[16] These developments, taken together, provided the background to Lazarus von Schwendi's discourse on religious tolerance of 1574.

In the wake of the Diet of Speyer of 1570, where his reform proposals failed to win the decisive princely support, it began to dawn on Schwendi that the divisions among the Empire's estates could not be overcome on the basis of the religious settlement of 1555 and of the *modus vivendi* regarding Calvinism found at the imperial Diet of 1566. This new consciousness of his was the main problem he addressed in his *Denkschrift* of 1574; and in so doing, as Lewis W. Spitz has pointed out, he became "the most prominent of the German statesmen to give theoretical expression to the desirability and need for religious toleration and liberty".[17]

---

14 Kaspar von Greyerz, The Late City Reformation in Germany. The Case of Colmar, 1522–1628, Wiesbaden 1980. Cf. also idem, Stadt und Reformation: Stand und Aufgaben der Forschung, in: Archiv für Reformationsgeschichte 16 (1985), pp. 6–63, esp. p. 32, for additional literature on Aachen and Dortmund.
15 Martin Heckel, Reichsrecht und 'Zweite Reformation'. Theologisch-juristische Probleme der reformierten Konfessionalisierung, in: Heinz Schilling (ed.), Die reformierte Konfessionalisierung in Deutschland. Das Problem der 'Zweiten Reformation', Gütersloh 1986, pp. 11–43, esp. pp. 19–23. On the Palatinate, see also Volker Press, Calvinismus und Territorialstaat. Regierung und Zentralbehörden der Kurpfalz 1559–1619, Stuttgart 1970, pp. 221 et passim.
16 Spitz, Imperialism, pp. 82–83 (as in n. 12).
17 Ibid., p. 93, and König, Schwendi, pp. 123–124 (as in n. 1). For the following I have used Des Lazarus von Schwendi Denkschrift über die politische Lage des deutschen Reiches von 1574, ed. Eugen von Frauenholz, Munich 1939, the only available, but not an entirely satisfactory edition. Schwendi continued to advocate religious toleration after 1574, notably before and during the Diet of Regensburg of 1576. Cf. König, Schwendi, pp. 146–150 (as in n. 1), and Hugo Moritz, Die Wahl Rudolfs II.: Der Reichstag zu Regensburg (1576) und die Freistellungsbewegung, Marburg 1895. On sixteenth-century politics of toleration in the Holy Roman Empire more generally, see Winfried Schulze, Concordia, Discordia, Tolerantia: Deutsche Politik im konfessionellen Zeitalter, in: Kunisch, Neue Studien (as in n. 9), pp. 43–79.

In this justly famous memorandum Schwendi compares the religious problems of his day to a glimmering fire, which any wind might turn into a major conflagration – as was to happen in 1618 with the outbreak of the Thirty Years' War. He rejects any attempt to restore confessional unity by force and points to the examples of the Low Countries and France, where "neither force, nor punishment or tyranny" has so far been successful in suppressing Protestantism.[18] A major cause of this, in his eyes, is the unreformed and deplorable state of the Roman church, which long ago had left the path prepared by "the old, unadulterated (*ungefelschte*), Catholic apostolic religion, as Christ and the apostles have taught it."[19] He thus repeats his stifling criticism of the corruption of the Catholic church of his day, already fully developed in his *Discourse* of 1570 mentioned above, where he squarely put the blame of the growing disunity of Germany since the late Middle Ages on the papacy and its involvement in the Holy Roman Empire.[20] It is a praiseworthy fact, therefore, that Maximilian II, to whom the memorandum of 1574 is addressed, "is no blind devotee of Roman religion like many other rulers, who do not see or understand anything beyond that which they are told by their father confessors."[21] Considering the potentially dangerous divisions within the Empire, the proud resilience of Protestantism, and the lamentable state of the Catholic church, Schwendi concluded that the only way out of this situation was offered by the establishment of universal toleration, paralleled, for all that, by a stricter censure by secular authority of confessional polemic, especially that published in print. Schwendi had not given up all hope for an eventual reunion of the churches. He was certain, however, that it would not take place during Maximilian's reign, that is, in any foreseeable future, while a remedy to the potentially explosive problems of confessional strife was urgently needed and overdue.[22]

Lazarus von Schwendi's two most renowned memoranda of 1570 and 1574 largely give expression to the crucial experiences he made while serving the king of Spain in the Low Countries. Not only did his acquaintance with Philip II's opponents – William of Orange, Egmont and Horn – during these years force him eventually to take a more distanced and increasingly critical view of the shortcomings of Spain's religious policy of repression; at the same time, he was able

---

18 Des Lazarus von Schwendi Denkschrift, ed. Frauenholz, pp. 17–19 and 31 (as in n. 17). Schwendi practiced what he preached. In 1573, when he was reprimanded by the Habsburg counsellors of the Alsatian bailiff of Hagenau for having installed a Lutheran provost (*Schultheiß*) at Türkheim, he replied, "Es sei seines thuns und befehls nit, ihm oder anderen in ihr gewissen zu gribeln." Cited from Johann Adam, Evangelische Kirchengeschichte der Elsässischen Territorien bis zur Französischen Revolution, Strasbourg 1928, p. 410.
19 Des Lazarus von Schwendi Denkschrift, ed. Frauenholz, p. 21 (as in n. 17).
20 Lanzinner, Denkschrift (1570), pp. 157–58 (as in n. 9).
21 Des Lazarus von Schwendi Denkschrift, ed. Frauenholz, p. 21 (as in n. 17).
22 Ibid., pp. 27–28.

to accumulate some first-hand experience regarding the actual thrust of the advance of Protestantism in France, including the apparent impossibility of suppressing it.²³ The connection between this decisive phase of his biography and his later memoranda is made evident by a letter Schwendi wrote to Maximilian II on 5 December 1569, in which he argued that the French example provided sufficient proof for the fact that it would be entirely futile to try to reverse the spread of Protestantism in Germany by force. This was why "willy-nilly the freedom of conscience will at least have to be conceded. Leniency and a measure of toleration would therefore be the best expedients for keeping peace and unity in the beloved fatherland."²⁴

It is almost a truism to underline the fact that such thinking obviously reflects the influence on Schwendi of the French *politique* thinkers of the 1560s, such as the French chancellor Michel de l'Hôpital, who pursued a policy of religious toleration during those years.²⁵ Like the most famous of the French *politiques,* Jean Bodin, was to do in his *Six Livres de la République* of 1576, Schwendi's ultimate aim was to invigorate central power. With his call for religious toleration he did in no way intend to serve particularistic interests identical to those pursued by most German princes of his day. On the contrary, his aim was to strengthen the arm and prestige of the emperor.²⁶ Unfortunately, there is no room here to discuss the thesis advanced by Wolf-Dieter Mohrmann and Roman Schnur that Schwendi's thinking on these matters ultimately had a secularizing effect, although it would be tempting to contrast this thesis with Schwendi's marginal glosses in Machiavelli's *Discorsi* examined by Lina Baillet.²⁷

"The whole political development from the Augsburg Diet of 1518 to that of 1555," as Lewis W. Spitz has written in one of his earlier articles more than thirty years ago, "can best be understood as the advance, coupled with strategic retreats, of Charles toward the goal on which he was determined – the restoration of the unity of the church under the aegis of a universal empire."²⁸ In trying to

---

23 König, Schwendi, pp. 56 and 132 (as in n. 1); Mohrmann, Bemerkungen, p. 503 (as in n. 1).
24 Cited from König, Schwendi, p. 135 (as in n. 1).
25 Eugen Dollmann, Die Probleme der Reichspolitik in den Zeiten der Gegenreformation und die politischen Denkschriften des Lazarus von Schwendi, Ansbach 1927, pp. 108–113; Schnur, Schwendi, pp. 38–39 (as in n. 1). On the French *politique* thinkers, cf. also John Hearsey MacMillan Salmon, Society in Crises. France in the Sixteenth Century, London ²1980, pp. 146 ff.; Quentin Skinner, The Foundations of Modern Political Thought, 2 vols., Cambridge 1978, vol. 2, pp. 239 ff.; Roman Schnur, Die französischen Juristen im konfessionellen Bürgerkrieg des 16. Jahrhunderts. Ein Beitrag zur Entstehungsgeschichte des modernen Staates, Berlin 1962.
26 This is the main theme of Mohrmann, Bemerkungen (as in n. 1).
27 Ibid., p. 521; Schnur, Schwendi, p. 40 (as in n. 1). See also Balliet, Schwendi, esp. pp. 158–159 (as in n. 1).
28 Lewis W. Spitz, Particularism and Peace: Augsburg 1555, in: Church History 25 (1956), pp. 110–126; the citation is on p. 111.

strengthen imperial power, Lazarus von Schwendi did not follow the same path, nor did he share Charles V's medieval notion of a supranational *imperium* united by one faith. In his eyes, as his discourses of 1570 and 1574 make sufficiently clear, the Holy Roman Empire and the German nation were practically identical notions.[29] In 1574 he warned the emperor that the conflagration, which he feared might be brought about by the religious problem, could be fanned by foreign powers to their own benefits, if they were allowed too much influence within Germany. The *politiques,* incidentally, had expressed similar warnings for France.[30]

It must be clear, for all the reasons just indicated, that Schwendi was deeply influenced by the humanist political thinking of his French contemporaries. But is this all that can be said about the influence of humanism on Schwendi's thought? What about his references to the exemplary nature of apostolical Christianity, as mentioned above, or his holding fast to the idea of reunion of the competing faiths at a more propitious time in the future? These sound so obviously Erasmian in origin that it might be worthwhile to look for additional common ground between Schwendi's politico-religious thought and sixteenth-century humanism. In discussing his ideas of toleration, Roman Schnur has recently drawn our attention to the fact that from 1569 onwards Schwendi spent most of his life on the Upper Rhine, midway between two important intellectual and cultural centers of his day, Strasbourg and Basel.[31] What kind of intellectual milieu did Schwendi encounter there – particularly at Basel? Whom amongst Basel's late humanists did he know and with whom was he associated? These are the questions to which we shall now turn.

2.

As a youth, Lazarus von Schwendi was a pupil of one of the Latin schools of Protestant Basel, where the humanist Simon Grynaeus (1494–1541) was among his teachers. He continued his education at Strasbourg, where he was one of the students of the famous humanist educator, Johannes Sturm.[32] This provided

---

29 Cf. for example, Des Lazarus von Schwendi Denkschrift, ed. Frauenholz, p. 7 (as in n. 17): "Damit aber auff jetzigen standt und wesen des Reiches und der teutschen Nation, von welcher jetzigen und stendigen Regierung und erhaltung in disem Bedenken geredt und gehandelt würdt, gelangen mag." See also Mohrmann, Bemerkungen, p. 508 (as in n. 1).
30 Des Lazarus von Schwendi Denkschrift, ed. Frauenholz, pp. 24–26 (as in n. 17); Schnur, Schwendi, p. 44 (as in n. 1).
31 Schnur, Schwendi, p. 39 (as in n. 1).
32 On Grynaeus, cf. Peter G. Bietenholz, Simon Grynaeus, in: idem/Thomas B. Deutscher (eds), Contemporaries of Erasmus. A Biographical Register of the Renaissance and Reformation, 3 vols., Toronto 1985–1987, vol. 1, pp. 142–146. For pertinent comments on Schwendi's teachers and the dates of his residence in Basel and Strasbourg, cf. Baillet, Schwendi, p. 123 (as in n. 1). On the Strasbourg academy and Johannes Sturm, see Anton

Schwendi with some solid grounding in humanist learning. Significantly, it was to Johannes Sturm that he turned for advice in 1572 in search of a tutor for his son Hans Wilhelm. The scholar recommended by the former Strasbourg teacher was Hugo Blotius (d. 1608), who took charge of his pupil first in the Low Countries, then abroad, in Padua, Florence, Rome, and Venice. The baron of Hohenlandsberg thus had access to "one of the most diligent correspondents of the age" (R. J. W. Evans), who became the Habsburg court librarian in Vienna in 1575 and subsequently an important figure in the network of personal and epistolary contacts which formed the backbone of the *respublica litteraria* of late humanism.[33] Schwendi was also a correspondent and friend of the Huguenot scholar and Saxon ambassador at the French court during the 1570s, Hubert Languet (1519–1581). It was on account of the latter's recommendation that the young Sir Philip Sidney associated with Schwendi while spending several months in Vienna in 1573. Sidney, a pupil and patron of John Dee and Giordano Bruno, was a keen adept of the humanist learning of his day and notably of the irenical movement associated with it in the Netherlands.[34] Next to Languet and Sidney, I should also mention the Silesian imperial physician Johannes Crato von Crafftheim (1519–1585), with whom Schwendi entertained a regular correspondence.[35] Schwendi was on familiar terms with a whole series of learned physicians. Among them was also the well-known Thomas Erastus, who treated him during the last years of his life and who dedicated his last work to him, which was published at Basel in 1581. It was there that Erastus (d. 1583) lived and taught after retiring from his Heidelberg chair in 1580. This staunch Zwinglian and ruthless opponent of the Paracelsans of his day was a close friend of Schwendi's one-time teacher, Simon Grynaeus, and the father-in-law of the theologian Johann Jacob Grynaeus, who was to be instrumental in establishing Calvinist orthodoxy in Basel during the last two decades of the sixteenth century.[36]

Schindling, Humanistische Hochschule und Freie Reichsstadt. Gymnasium und Akademie in Straßburg, 1538–1621, Wiesbaden 1977.

33 König, Schwendi, pp. 238–39 (as in n. 1); Baillet, Schwendi, p. 124, note 10 (as in n. 1); Robert John Weston Evans, Rudolf II and his World. A Study in Intellectual History, 1576–1612, Oxford ²1984, p. 146.

34 Evans, Rudolf II, pp. 121–22 (as in n. 33); Schnur, Schwendi, pp. 34–35 (as in n. 1).

35 Cf. the references below to the correspondence between Schwendi and Theodor Zwinger. It contains numerous allusions to these contacts. See also Johann Franz Albert Gillet, Crato von Crafftheim und seine Freunde, 2 vols., Frankfurt a. M. 1860.

36 Ruth Wesel-Roth, Thomas Erastus. Ein Beitrag zur Geschichte der reformierten Kirche und zur Lehre von der Staatssouveranität, Lahr 1954, esp. pp. 4–10; Rudolf Thommen, Geschichte der Universität Basel, 1532–1632, Basel 1889, p. 281. See also Kaspar von Greyerz, Basels kirchliche und konfessionelle Beziehungen zum Oberrhein im späten 16. und frühen 17. Jahrhundert, in: Martin Bircher u. a. (eds), Schweizerischdeutsche Beziehungen im konfessionellen Zeitalter. Beiträge zur Kulturgeschichte 1580–1650, Wiesbaden 1984, pp. 227–252. [Vgl. den Beitrag in diesem Band].

These are only a few of the many scholars and learned men through whose acquaintance Lazarus von Schwendi entered the orbit of Late Humanism. His numerous contacts and their significance for his intellectual biography still are in need of additional thorough elucidation.[37] It was necessary here to refer to at least some of them to make clear that Schwendi's humanist contacts in Basel were part of a much larger network linking the Upper Rhine, where he resided alternatively at his estates of Kientzheim (near Colmar) and in the Breisgau, at Burkheim (near Breisach) and Kirchofen, with Vienna and Prague in the East, and with Strasbourg, the Low Countries and England in the North and Northwest.[38]

Many educated people in Germany, as Robert Evans has suggested, "displayed no firm doctrinal commitment for a surprisingly long time after Lutheran, Calvinist, and Tridentine Catholic orthodoxies impressed themselves firmly upon the political and ecclesiastical fabric of the country." And in this connection, he has particularly referred to the humanist circles, which formed at Augsburg and Prague in the later sixteenth century.[39] The case of Basel before the coming of Calvinist orthodoxy provides another striking example. Thanks to the research of Hans R. Guggisberg, Carlos Gilly, Antonio Rotondò, Hans Berner, and others, there is no need to rehearse this case in detail.[40] Basel's pastors from 1553 onwards were headed by Simon Sulzer (1508–1585), who was no friend of the Zwinglianism or Calvinism adhered to by the other Protestant cities of the Swiss confederation. Instead, not without a measure of success, Sulzer tried to orient Basel's religious life toward German Lutheranism. This policy remained relatively undisputed within this city for many years and only began to fail during the 1580s. The usual openness of Basel's ecclesiastical situation at that time favored the late flowering of humanism in the Upper Rhenish city or, to put it more precisely, of a doctrinally uncommitted, in many ways Erasmian, humanism. Such scholars and intellectuals as Sebastian Castellio (1515–1563), that early

---

37 Some suggestive comments on their extent are offered by Schnur, Schwendi, pp. 30–36 (as in n. 1).
38 For Schwendi's Upper Rhenish possession, cf. Timotheus Wilhelm Röhrich, Mittheilungen aus der Geschichte der evangelischen Kirche des Elsasses, 3 vols., Paris 1855, vol. 3, pp. 63–65; Mohrmann, Bemerkungen, p. 501, note 1 (as in n. 1).
39 Robert John Weston Evans, Culture and Anarchy in the Empire, 1540–1680, in: Central European History 18 (1985), pp. 14–30, esp. p. 17.
40 Hans Rudolf Guggisberg, Basel in the sixteenth century. Aspects of the city republic before, during and after the Reformation, St. Louis (MO) 1982, pp. 37 ff.; Antonio Rotondò, Pietro Perna e la vita culturale e religiosa di Basilea fra il 1570 e il 1580, in: idem, Studi e ricerche di storia ereticale italiana del Cinquecento, Turin 1974, pp. 273–391; Carlos Gilly, Zwischen Erfahrung und Spekulation. Theodor Zwinger und die religiöse und kulturelle Krise seiner Zeit, in: Basler Zeitschrift für Geschichte und Altertumskunde 77 (1977), pp. 57–137 (part I), 79 (1979), pp. 125–223 (part II); Hans Berner, Basel und das Zweite Helvetische Bekenntnis, in: Zwingliana 15 (1979), pp. 8–39.

herald of religious toleration, or the printer Pietro Perna and the professor of medicine, Theodor Zwinger, were some of its more noteworthy representatives. Theodor Zwinger, as Carlos Gilly has demonstrated in an outstanding, albeit lengthy, article, was the central figure of Basel's intellectual and cultural life during this period, when both the city's university as well as its printers could still count on a truly international audience. Like Sebastian Castellio, albeit perhaps a more reticent kind of person, Zwinger was an advocate of religious toleration, and a critical, but ultimately favorable, adept of some of the basic philosophical proposals of Paracelsus.[41]

3.

When Lazarus von Schwendi took up residence on his Upper Rhenish estates in 1569, following his campaign in Hungary, Theodor Zwinger soon became a trusted humanist friend and correspondent. The letters exchanged between the two men during the 1570s, which have survived to this day, give abundant testimony of the closeness of their association.[42] In 1575, when Zwinger published his two-volume compilation of "poetical philosophy" from ancient Greek and Latin authors, he revealed in his dedication of this work to Lazarus von Schwendi that a common humanist acquaintance, the imperial personal physician Crato von Crafftheim, had originally brought them together.[43] Crato's letters to Zwinger regularly seem to have been sent to Schwendi, who served as intermediary during those years.[44] However, quite frequently he also had the opportunity to hand over Crato's letters personally to the Basel physician, who apparently was a frequent guest on the estates of Kientzheim and Burkheim. Schwendi repeatedly invited Zwinger to come and see him again and frequently dispatched a servant with a horse to carry Zwinger down the Alsatian highroad. Sometimes he even sent his coach.[45] He clearly relished the doctor's company. At the end

---

41 Gilly, Zwischen Erfahrung und Spekulation, part I, esp. pp. 58–61 (as in n. 40).
42 This correspondence is kept at the Universitätsbibliothek Basel, Handschriften-Abteilung (hereafter: UB Basel Hs.) as part of the "Frey-Grynaeische Sammlung". There are 18 letters from Schwendi to Zwinger, mainly from the years 1573–1576, and one letter from Zwinger to Schwendi of 22 April 1573.
43 Theodor Zwinger, Morum Philosophia Poetica ex veterum utriusque linguae Poetarum thesauris cognoscendae veritatis & exercendae virtutis, Basel: Episcopius, 1575, vol. 1, p. 70.
44 See, for example, Schwendi to Zwinger, 30 May 1573 (UB Basel Hs., Fr. Gr. Ms. I,4, fol. 7); 26 February 1574 (ibid., Fr. Gr. MS. II, 26. Nr. 324); 20 October 1574 (ibid., Fr. Gr. Ms. II, 26, Nr. 329); 11 June 1575 (ibid., Fr. Gr. Ms. I, 12, Nr. 337).
45 For example ibid., Fr. Gr. Ms. II, 26 Nr. 323 (10 December 1573); Nr. 327 (27 July 1574); Nr. 333 (26 March 1576).

of January 1575, he wrote: "I hope that you will come and see me during the coming month so that I may have and enjoy your most learned and wise presence and conversation."[46]

What was this conversation about? As far as the extant correspondence can indicate, it was about the latest political and religious developments in the Holy Roman Empire. But it could also center on books: "De biblioteca instituenda rebus historicis et politicis libris libenter tuo consilio uterer," the baron informs his friend on one occasion.[47]

Schwendi was in fact the owner of a sizeable library, which he continuously strove to enlarge and update. Zwinger, to all appearances always well informed about the latest works on the market, frequently sent books down to Kientzheim, either works newly published in Basel or recently published books which had reached this Upper Rhenish city from France.[48] Schwendi also announced that he intended to instruct a (Basel?) printer and bookdealer to provide him with all the new and appropriate political and historical works from the Frankfurt and Lyon fairs, except for those "quae sunt Medica, Theologica, Juridica etc." He added that he was looking for the German edition of Matthioli's new herbarium.[49] Andrea Matthioli's *Herbal* was "the most important natural history of plants since Dioscorides" and was first printed in Czech and German translations by Jiri Melantrich at Prague.[50]

In May 1576 Schwendi asked Zwinger whether he might be able to find at a Basel bookdealer's (amongst other works) a French history of the civil war, "which appeared about 15 years ago," as well as the *Reveille Matin* including "aliquod adhortationes et orationes ad Concordiam," and the *Anti-Machiavelli* recently published at Geneva.[51] This is a clear indication of the keen interest Schwendi took in contemporary French affairs of state. The *Reveille Matin* and the *Anti-Machiavelli* (by Innocent Gentillet, Geneva 1576) were Huguenot manifestos highly critical of Valois rule published in the wake of the St. Bartholomew's Massacre.[52] In short, the correspondence between Lazarus von Schwendi and Theodor Zwinger is an interesting and elegantly written testimony to a lively exchange of ideas and books and to a close friendship between the baron of Hohenlandsberg and the

---

46 Ibid., Nr. 331 (31 January 1575).
47 Ibid., Nr. 324 (26 February 1574).
48 Ibid., Nr. 328 (3 September 1574), and Nr. 329 (20 October 1574).
49 Ibid., Fr. Gr. Ms. I,12, Nr. 337 (11 June 1575). A year earlier Schwendi made similar requests to Hugo Blotius, then in Italy. Cf. König, Schwendi, pp. 211–212 (as in n. 1).
50 Evans, Rudolf II, p. 118 (as in n. 33). Schwendi knew Mathioli personally, for he had consulted him as a physician: Felix Platter, Tagebuch (Lebensbeschreibung), 1536–1567, ed. Valentin Lötscher, Basel 1967, p. 398, 30a.
51 UB Basel Hs., Fr. Gr. Ms. II,26, Nr. 334 (2 May 1576).
52 Salmon, Society in Crisis, p. 189 (as in n. 25).

Basel doctor and professor of medicine.[53] Naturally, Schwendi must also have been in touch with other noteworthy representatives of Basel's cultural and intellectual life. His correspondence with Theodor Zwinger reveals an association with a "Dr. Felix." This is, of course, the well-known autobiographer and medical author Felix Platter, a physician and colleague of Zwinger's in the university's medical faculty.[54] Another man who was familiar with Schwendi and, at the same time, intimately connected with Basel's intellectual life through his studies there, as well as through his marriage to the daughter of a Basel medical professor, was Johann Jacob Wecker. He was the city physician of Colmar from 1566 to his death in 1586, who frequently had the occasion and opportunity to see, and converse with, the baron at his nearby estate of Kientzheim.[55] However, the main intermediary between Schwendi and Basel's Late Humanism was undoubtedly the learned Theodor Zwinger.

In the sixteenth and seventeenth centuries the plague frequently was the cause of individual conversion. So it was, too, in the case of Theodor Zwinger, at least as far as his scientific outlook is concerned. In the wake of the great plague of 1563–64 Zwinger read and scrutinized Paracelsus's writings on the plague and its causes, as far as he could get ahold of them. As a result, he gradually came to accept Paracelsus's methodological insistence on experience as a basic category of natural philosophy.[56] Mainly, although by no means exclusively, an Aristotelian and a disciple of Galen by training, Zwinger thus developed a growing interest in the neoplatonic-hermetic and magical traditions of Renaissance thought and encouraged the Basel printer Pietro Perna, with whom he was closely associated, in his related endeavors. Between the late 1550s and the turn of the century, Perna and Henricpetri, a fellow printer, as well as Perna's son-in-law, Konrad Waldkirch, published (to mention only a few authors) Plotinus's *Enneades* with Marsilio Ficino's commentary, Pico della Mirandola's as well as Ficino's collected works, the *Discussiones Peripateticae* of the Italian neoplatonic scholar Francesco Patrizi, Agrippa von Nettesheim's arcane works and treatises on magic, a collection of cabalistic texts by Johannes Reuchlin, Leone Ebreo, and others, and, last but not least, the works of Paracelsus and of numerous late sixteenth-century Paracelsans. During about the last fifteen years of his life Theodor Zwinger was involved on a regular basis as an important consultant in these publishers',

---

53 Schwendi to Zwinger, 11 April 1577: UB Basel Hs., Fr. Gr. Ms. II,26, Nr. 336.
54 See Platter, Tagebuch, ed. Lötscher (as in n. 50).
55 Greyerz, Late City Reformation, p. 110, note 76 (as in n.14). Cf. also Zwinger to Schwendi, 22 April 1573: UB Basel Hs., Fr. Gr. Ms. I,11, fol. 411. This contains Zwinger's initial recommendation of Wecker to Schwendi. I hope to be able to deal with the association between Wecker, Zwinger, and Schwendi shortly in a separate article.
56 For the following see Rotondò, Pietro Perna (as in n. 40) and Gilly, Zwischen Erfahrung und Spekulation, esp. part I (as in n. 40).

and notably Perna's, work. It made Basel an intellectual center of the Paracelsan Renaissance of those years.[57]

Affiliated with the Paracelsan Renaissance, although not always identical with it, was the interest of learned men in alchemy. A noted specialist of the intellectual history of the period has called it "the greatest passion of the age in Central Europe."[58] Paracelsan alchemy was a form of theosophy, a way of acquiring wisdom through searching God in the study of his work, coupled at least among the more philosophically minded Paracelsan alchemists, with the more general aim of a moral and spiritual rebirth of mankind. Particularly numerous among the adepts of alchemy were the members of the professional group of physicians. The majority of them lived and worked in various European university towns and notably, too, at the courts of Prague, Vienna, and Kassel.[59] One of these medical doctors, during his stay at Basel, from 1571 to 1574 and again from 1577 onwards, strongly encouraged Theodor Zwinger in his arcane pursuits. This was William Aragosius (Guillaume Aragose), an exiled Huguenot, former personal physician to the kings of France and imperial court physician at Vienna from November 1574 to Maximilian II's death in 1576, after which Aragosius again took up residence in Basel.[60] He was not a wholehearted Paracelsan, but was well versed in alchemy and a specialist regarding the cabala and hermeticism. He was very closely associated with Zwinger's son Jacob.[61] At Basel, Aragosius was one of several French alchemists, most of them Huguenot refugees, a circle which included such luminaries as François Hotman, the famous author of the *Francogallia*, a manifesto of political resistance.[62]

Let us return, however, to Lazarus von Schwendi, for he, too, was associated with William Aragosius as we are told by three extant letters from Schwendi to the French doctor at Basel from October 1580.[63] Written by Schwendi in French, they indicate that their author not only consulted Aragosius as a physician, but likewise enjoyed his "conseil et conversation." And it is interesting to note in this

---

57 Cf. for example Alexandre Koyré, Paracelse (1493–1541), in: idem, Mystiques, spirituels, alchimistes du XVIe siècle allemand, Paris 1971, pp. 75–129; Allen G. Debus, The Medico-Chemical World of the Paracelsians, in: Mikulas Teich/Robert Young (eds), Changing Perspectives in the History of Science. Essays in Honour of Joseph Needham, London 1973, pp. 85–99; Charles Webster, From Paracelsus to Newton. Magic and the Making of Modern Science, Cambridge 1982; Evans, Rudolf II, passim (as in n. 33).
58 Evans, Rudolf II, p. 199 (as in n. 33).
59 Ibid., pp. 203–207.
60 Gilly, Zwischen Erfahrung und Spekulation, part I, pp. 117–118 (as in n. 40).
61 Peter G. Bietenholz, Basle and France in the Sixteenth Century. The Basle humanists and printers in their contacts with Francophone culture, Geneva 1971, p. 71; Gilly, Zwischen Erfahrung und Spekulation, part II, pp. 125–26 (as in n. 40).
62 Gilly, Zwischen Erfahrung und Spekulation, part I, p. 73 (as in n. 40); on Hotman see Donald Reed Kelley, François Hotman. A Revolutionary's Ordeal. Princeton 1973.
63 UB Basel Hs., Fr. Gr. Ms. II,23, Numbers 451, 452, 453.

connection that Schwendi also entertained friendly relations with Toxites, the city physician of Hagenau from 1572 and one of several exponents of the Paracelsan Renaissance at Strasbourg.[64]

The preceding paragraphs have made it clear that Schwendi entertained friendly relations with a number of humanists on the Upper Rhine, not least, as we have seen, with Theodor Zwinger and William Aragosius at Basel. It is noteworthy that these contacts fall into the same period as Schwendi's call for religious toleration from 1569 onwards. This obliges us to inquire into their possible significance for Schwendi's politicoreligious thought.

4.

Notwithstanding his close association with Protestant and especially Reformed humanists, Schwendi remained a Catholic to his death. In his last will he ordered that his burial should take place in the Catholic church of Kientzheim and, amongst many other stipulations, the establishment of an anniversary mass. He also had his son brought up in the Catholic faith.[65] Considering his lifelong endeavor to strengthen the authority and power of the emperor, he may have sorely missed, for all his obvious closeness to Protestant thinking, a central authority in Protestantism. This is suggested by the exception he took in his memorandum of 1582 on the problems of the estate of the counts (*Reichsgrafenstand*). As many counts, notably those of the Wetterau area in Hesse, had recently steered their small territories from Lutheranism into the fold of Reformed Protestantism, Schwendi criticized the fact that the Reformed church lacked a generally recognized authority.[66] On the other hand, as we have seen, Schwendi was highly critical of the state of the Catholic church of his day. Although his Catholicism is well attested, it is almost impossible, therefore, to assume that he could have been a faithful and loyal member of his church.

Erich Meuthen has pointed out that Late Humanism was chiefly characterized by two tendencies. On the one hand, the practical, moral implications of the humanist heritage led to the assumption of a mediating attitude in the confessional strife and, beyond this, to a lack of dogmatic stringency coupled with

---

64 König, Schwendi, pp. 258–259 (as in n. 1). Cf. also Miriam Usher Chrisman, Lay Culture, Learned Culture. Books and Social Change in Strasbourg, 1480–1599, New Haven 1982, p. 274.
65 König, Schwendi, pp. 231–232 (as in n. 1).
66 Georg Schmidt, Die 'Zweite Reformation' im Gebiet des Wetterauer Grafenvereins. Die Einführung des reformierten Bekenntnisses im Spiegel der Modernisierung gräflicher Herrschaftssysteme, in: Heinz Schilling (ed.), Die reformierte Konfessionalisierung in Deutschland. Das Problem der 'Zweiten Reformation', Gütersloh 1986, pp. 184–213, esp. p. 199.

attempts to reach an undogmatic supraconfessional position. On the other hand, late humanist learning could tend to become a part of contemporary natural philosophy, which also enabled it to eschew the religious conflict.[67] There can be no doubt that Schwendi was strongly influenced by the French *politique* thinkers regarding the role of toleration. The evidence examined here suggests, as a corollary to this thesis, that his adoption of, and continued adherence to, *politique* arguments in favor of religious toleration was helped considerably and sustained by his becoming part of the network of correspondents and personal acquaintances of late humanism. His association with Basel humanists may have played a particular role in this respect, for, at least in the case of Theodor Zwinger and William Aragosius, the two main tendencies of late humanism, as outlined by Erich Meuthen, were inseparably intertwined.

It is true, of course, that not all of Schwendi's educated friends and acquaintances were Paracelsans or Erasmian advocates of toleration. Thomas Erastus, as we have seen, was a Zwinglian dyed in the wool, as well as a vociferous anti-Paracelsan polemicist. François Hotman, although an alchemist, is not known for having swerved from his strict Calvinism. And another Basel alchemist, Guglielmo Grataroli, even tried to denounce all and sundry of the religious dissidents then living in his town.[68] Nonetheless, the pursuit of Paracelsan theosophical science generally tended to imply a certain distance vis-à-vis the established churches.[69] Theodor Zwinger, as has been established convincingly by Antonio Rotondò, combined this kind of distance with a firm advocacy of religious toleration.[70] Considering the closeness of his friendship with Theodor Zwinger, it is impossible to think that it would not have helped Lazarus von Schwendi in developing and sustaining his argument for religious toleration from 1569 to his death in 1583.

---

67 Erich Meuthen, Charakter und Tendenzen des deutschen Humanismus, in: Erich Angermeier (ed.), Säkulare Aspekte der Reformationszeit, Munich 1983, pp. 217–266 and 266–276 (discussion), esp. pp. 227–28.
68 Gilly, Zwischen Erfahrung und Spekulation, part I, p. 73 (as in n. 40).
69 Cf. for example, ibid., 72.
70 Rotondò, Pietro Perna, pp. 286–294 and 402 (as in n. 40).

Portuguese Conversos on the Upper Rhine and the Converso Community of Sixteenth-Century Europe

Widespread crusading zeal, popular and learned eschatology coupled with a deep-seated fear of the Turks, as well as rampant anti-Judaism in late medieval and sixteenth-century Spain, Portugal and Germany formed part of the background to the arrest and interrogation of a substantial group of Portuguese conversos, or New Christians, in mid-sixteenth-century Alsace, with which this article is primarily concerned. It is worth looking at this background in more detail, and indeed, albeit rather briefly, at the Iberian origins of the converso community, before we turn our attention to the Upper Rhine.[1]

1. Introduction

Medieval Spain has been characterized as a kind of 'open society' in which the members of three distinctive religious groups (Christians, Muslims and Jews) co-existed in relative harmony.[2] This slowly began to disintegrate during the second half of the fourteenth century, when popular Christian crusading piety and growing anti-Judaism led to the creation of the first conversos.[3] Largely promoted by mendicant preachers, there was an unprecedented popular drive for the forcible baptism and conversion of Jews during urban riots erupting in Cas-

---

1 Earlier versions of this paper have been read at the Institute of Historical Research, London, and at the universities of Newcastle-upon-Tyne, East Anglia at Norwich and Freiburg im Breisgau. I should like to thank the respective audiences, as well as Bob Scribner and Jim Casey for their helpful comments. I am particularly grateful to the German Historical Institute, London, and its director, Professor A. M. Birke, for a special grant enabling me to revise and complete this essay.

2 Henry Kamen, Inquisition and Society in Spain in the Sixteenth and Seventeenth Centuries, Bloomington 1985, pp. 1–4. Ernst Schulin, Die spanischen und portugiesischen Juden im 15. und 16. Jahrhundert. Eine Minderheit zwischen Integrationszwang und Anpassung, in: Bernd Martin/Ernst Schulin (eds), Die Juden als Minderheit in der Geschichte, Munich 1981, pp. 88–90, places greater emphasis than Kamen on the aspects of dissension and strife.

3 For this and the following, see Kamen, Inquisition and Society, pp. 7–9 (see note 2); Schulin, Die spanischen und portugiesischen Juden, pp. 88–90 (see note 2); Léon Poliakov, Geschichte des Antisemitismus, vol. 4, Worms 1981, pp. 1–34; John H. Elliott, Imperial Spain 1469–1716, Harmondsworth 1978, pp. 106–107; Cecil Roth, A History of the Marranos, New York ³1959, pp. 31–33; Angus MacKay, The Hispanic-Converso predicament, in: Transactions of the Royal Historical Society, 5th series, 25 (1985), pp. 159–179.

tile, Catalonia and Aragon in 1391. Many Jews found themselves forced to submit to the ordeal in order to save their lives. These conversions were followed by additional baptisms of Jews during the ensuing decades and by the rapid social rise of a great number of converso or New Christian families. They made inroads into the nobility, the royal administration and the ecclesiastical hierarchy. Before long, this aroused aristocratic and popular resentment, as well as new riots, as in Toledo in 1449, which included the pillage of a converso tax-farmer and New Christian merchants.

Not unexpectedly, the adherence to the Christian faith on the part of a number of conversos was largely superficial. Although, during the decades following the events of 1391, there were undoubtedly relatively unforced conversions out of inner conviction or even from economic motives, it is also evident that many New Christians secretly continued to adhere to the religion of their ancestors.[4] This problem caused increasing concern and was soon to provoke calls for the establishment of a special tribunal to punish unorthodoxy and apostasy within the converso community. This concern was shared by the Catholic kings and, in 1478, resulted in the establishment through papal approval of the Castilian Inquisition. Nine years later, King Ferdinand was successful in introducing the same body, albeit against stiff opposition, in Aragon and Catalonia.[5]

During the first two decades of its existence the Spanish Inquisition staged a full-blown purge of the converso community. It is estimated that about 2000 victims, most of them New Christians, were burnt at the stake for heresy and apostasy during this period, and many more were 'reconciled' with the Mother Church, a process which not only involved public humiliation but also the confiscation of all the property of those condemned by the Holy Office.

Meanwhile, the alleged judaizing of New Christians combined with the social and economic pre-eminence of many converso families ensured the survival and, in some quarters, the intensification of old resentments. This resulted in the dissemination of previously only localized statutes of the 'purity of blood' (limpieza de sangre) throughout the whole country.[6] Spaniards with Jewish ancestry were

---

4 Roth, A History of the Marranos, pp. 34–51 (see note 3); but see also Benzion Netanyahu, The Marranos of Spain: From the Late Fourteenth to the Early Sixteenth Century, New York 1966; Schulin, Die Juden als Minderheit, pp. 92–94 (see note 2).
5 For this and the following, see Kamen, Inquisition and Society, pp. 18 et passim (see note 2); Jean-Pierre Dedieu, Les Quatre temps de l'Inquisition, in: Bartolomé Bennassar (ed.), L'Inquisition Espagnole, XVe-XIXe siècle, Paris 1979, pp. 15–41; Elliott, Imperial Spain, pp. 107–108 (see note 3).
6 Elliott, Imperial Spain, pp. 106–107 and pp. 221–222 (see note 3), and (summarizing more recent research) Kamen, Inquisition and Society, pp. 114–133 (see note 2). See also Jerome Friedman, Jewish conversion, the Spanish pure blood laws and reformation: a revisionist view of racial and religious antisemitism, in: The Sixteenth Century Journal 18/1 (1987), pp. 3–29. Lack of space prevents me from explaining my reservations regarding Friedman's attempt to apply the Spanish 'pure blood' view of race to Reformation Germany.

henceforth to be excluded from many municipal offices, from a good number of universities, from cathedral chapters and from some religious orders. The limpieza de sangre statute decreed in 1547 by the cathedral chapter of Toledo, as the culmination of many earlier such statutes proclaimed since 1449, was to become authoritative throughout Spain and subsequently gained papal (1555) and royal (1556) approval. A modern form of anti-semitism had acquired official sanction. By that time, however, a considerable number of conversos had already left Spain.

In 1492, following the final victory in the holy war against Islam through the surrender of Granada, the last Moorish bastion in Spain, the Catholic kings decreed on 30 March that Spain's remaining Jews were either to convert to the Christian faith or leave the country within the next four months.[7] As a result, about 120,000–150,000 Jews (out of a total of perhaps 200,000 Spanish Jews), including many conversos, fled their native country. Many emigrated to Italy and to Muslim countries, but the majority crossed the frontier into Portugal.[8]

There was no Inquisition as yet in Portugal and, although there was rampant anti-Judaism, King Manoel (1495–1521) was initially willing to extend his protection over the Jews of the land. However, Spanish pressure was brought to bear on him on the eve of his marriage to Isabella, daughter of the Catholic kings. In 1497, as a direct result of these Spanish representations, he moved to have all Jewish children baptised. Later in the same year he also subjected the entire adult Jewish population to forcible conversion. Portugal's Jewish population thus suffered 'a general conversion of unexampled comprehensiveness'.[9] Inevitably, many Portuguese New Christians secretly continued to practise Judaism. Some also quickly rose to social prominence. This situation aroused widespread suspicion and resentment and led to a general massacre of conversos in Lisbon in 1506.[10] In a country consisting of only 1.5 million inhabitants at the beginning of the sixteenth century, the 'massive penetration' (A. J. Saraiva) by New Christians into all ranks of society, as well as the great wealth and influence of the converso upper

---

7 The crucial motive behind this decision was the concern of the Catholic kings that Jews might continue to encourage the apostasy of conversos. See Maurice Kriegel, La prise d'une décision: l'expulsion des juifs d'Espagne en 1492, in: Revue historique 160/525 (1978), pp. 49–90.
8 The number of Spanish Jews emigrating to Portugal has often been exaggerated. See António José Saraiva, Inquisiçao e Cristaos-Novos, Porto ²1969, p. 37. Jonathan I. Israel, European Jewry in the Age of Mercantilism, 1550–1750, Oxford 1985, p. 7, n. 1, assumes that 'even 70,000 may well be too high'.
9 Roth, A History of the Marranos, pp. 54–73 (see note 3), (the quotation is on p. 60). See also Meyer Kayserling, Geschichte der Juden in Portugal, Leipzig 1867, pp. 97–134; and Israel S. Révah, Les Marranes portugais et l'Inquisition au XVIe siècle, in: Richard D. Barnett (ed.), The Sephardi Heritage. Essays on the History and Cultural Contribution of the Jews of Spain and Portugal, New York 1971, pp. 479–526, esp. pp. 483–485.
10 See Roth, A History of the Marranos (see note 3); and especially João Lucio d'Acevedo, Historia dos Christãos Novos Portugueses, Lisbon 1921, pp. 59–61.

class, presented a source of constant friction between Old and New Christians.¹¹ In addition, suspicions about the secret judaizing of conversos continued to run high and were not always unjustified. While King Manoel, despite his earlier actions, extended a measure of protection over Portugal's New Christians, his successor King João III (1521-1548) was more dependent on the advice of his clergy and undoubtedly impressed by Charles V's determined religious policy in Spain and the Low Countries.¹² This prompted him to establish an Inquisition on the Castilian model in 1531. However, not least due to several successful diplomatic interventions by Portuguese New Christian envoys at the papal see in Rome, the Portuguese Inquisition did not come into operation before 1539/40. The first Portuguese autos da fé, during which a number of alleged judaizers lost their lives, were held at Lisbon and Evora in 1540/42.¹³

During the 1530s the history of the Portuguese converso community thus entered a new phase – that of large-scale emigration. This took place in the face of periodical official restrictions. Official bans on New Christian emigration were imposed from 1499-1507, in 1521, 1532, 1535, 1547 and 1567, for periods of three to ten years. However, it was not impossible to circumvent them.¹⁴ The emigration of Portuguese New Christians reinforced already existing, and led to the creation of new, converso settlements in most European commercial centres, including some overseas. The role this commercial network was to play in the economy of the sixteenth, and especially the seventeenth century is quite astonishing. The Portuguese merchants manning this network, who were frequently related to each other through ties of kinship, managed to monopolize the import of precious stones into Europe and – at one time or other – largely controlled the sugar and spice, and later also the tobacco trade between the Portuguese and Spanish colonies and the old world.¹⁵

---

11 Révah, Les Marranes portugais et l'Inquisition, p. 483 (see note 9), assumes that in 1495 the Jews may have amounted to as much as one tenth of the entire Portuguese population, although this estimate may be too high, as Révah maintains that at least 83,000 Spanish Jews entered Portugal following the expulsion of 1492 (ibid., pp. 482-483). Compare also with n. 8 above.
12 Kayserling, Geschichte der Juden, p. 168 (see note 9); d'Azevedo, Historia dos Christãos Novos Portugueses, p. 63 (see note 10).
13 For accounts of the three-party struggle over the establishment of the Portuguese Inquisition involving King João III., the pope and cardinals and the Portuguese conversos, see Kayserling, Geschichte der Juden, pp. 184-256 (see note 9); d'Azevedo, Historia dos Christãos Novos Portugueses, pp. 67-109 (see note 10); Saraiva, Inquisiçao e Cristaos-Novos, pp. 47-73 (see note 8); and the succinct summary, in: Révah, Les Marranes portugais et l'Inquisition, pp. 497-508 (see note 9).
14 Roth, A History of the Marranos, pp. 196-197 (see note 3).
15 See especially Hans Pohl, Die Portugiesen in Antwerpen (1367-1648). Zur Geschichte einer Minderheit [= Vierteljahrschrift für Sozial- und Wirtschaftsgeschichte, Beiheft no. 63], Wiesbaden 1977, pp. 212-215.

Emigration led many Portuguese New Christians to Italy and the Levant. Many places in Italy also served as intermediate stations en route to the Levant.[16] The first large New Christian community in Italy formed at Ancona, an important port on the Adriatic assuring trade with Turkey. The Portuguese colony there flourished under the protection afforded by the tolerant Renaissance popes. It was, however, virtually extinguished with the advent of the Counter-Reformation, when the fanatical Pope Paul IV moved in the Roman Inquisition. A new colony emerged thereafter at Ferrara but it was suppressed in the early 1580s, when the Dukes of Este felt they could no longer withstand papal pressure and initiated an inquisitional purge. Another important settlement, which survived that of Ferrara despite the occasionally vacillating attitude of the authorities, existed in Venice.

Other Portuguese conversos emigrated directly to the Levant, where they invariably returned to Judaism.[17] The most important place of refuge within the Ottoman Empire was Salonica, closely followed by Constantinople and Adrianople. Other settlements formed in Palestine, Cyprus, Egypt and in the Balkans. For reasons of safety many emigrants bound for Italy or the Levant chose the detour via Antwerp, where the foremost Portuguese colony of western Europe had formed from small beginnings in the first quarter of the sixteenth century, despite increasing obstacles placed in the way of its expansion by Charles V.[18] The importance for the prosperity of Antwerp of her rich Portuguese merchants was such that the city's magistrates extended their most tolerant protection over them, widespread rumours regarding their unorthodoxy notwithstanding.[19] There clearly were some judaizers within this colony almost from the beginning, but it must be added that some Portuguese New Christian emigrants settled in

---

16 For this and the following, see Roth, A History of the Marranos, pp. 204–209 (see note 3); Cecil Roth, The History of the Jews of Italy, Philadelphia 1946, pp. 289 et passim; Brian Pullan, The Jews of Europe and the Inquisition of Venice, Oxford 1983.
17 Moise Franco, Essai sur l'Histoire des Israelites de l'Empire Ottoman depuis les origines jusqu'à nos jours, Paris 1897, pp. 35–51; Bernard Lewis, L'islam et les non-musulmans, Annales E.S.C. 35 (1980), pp. 784–800; Mark A. Epstein, The leadership of the Ottoman Jews in the fifteenth and sixteenth centuries, in: Benjamin Braude/Bernard Lewis (eds), Christians and Jews in the Ottoman Empire: The Functioning of a Plural Society, 2 vols, New York 1982, i, pp. 101–15, esp. pp. 108 et passim.; Aryeh Shmuelevitz, The Jews of the Ottoman Empire in the Late Fifteenth and the Sixteenth Centuries: Administrative, Economic, Legal and Social Relations as Reflected in the Responsa, Leiden 1984.
18 Pohl, Die Portugiesen in Antwerpen, pp. 63–64 (see note 15). After 1648, if not earlier, it ceded its pre-eminence to the Sephardi colonies of Amsterdam and Hamburg: Ibid., vii–viii.
19 Ibid., pp. 25–26 and p. 36; Jan-Albert Goris, Etude sur les colonies marchandes méridionales (Portugais, Espagnols, Italiens) à Anvers de 1488 à 1567, Université de Louvain, Recueil de Travaux d'Histoire et de Philologie, 2ème série, 4ème fascicule, Louvain 1925, pp. 9–10.

Antwerp and elsewhere in Christian Europe primarily for economic rather than religious reasons. In particular, it has rightly been pointed out that it would otherwise be difficult to explain why Charles V's in the main religiously motivated restrictions on New Christian settlement in Antwerp could so largely go unheeded during the 1540s and 1550s.[20]

On 17 April 1530, in the wake of the Turkish siege of Vienna, Charles V appointed at Mantova his counsellor Cornelis Schepper as imperial commissary, who was to pursue judaizing New Christians in Habsburg Italy and Flanders. Schepper in turn conferred the function of vice-commissary for Flanders on Johann Vuystinck – an event referred to in one of the imperial mandates of 1544 discussed below.[21] In the following year, Vuystinck had four Portuguese conversos arrested upon their arrival in Antwerp, but soon saw himself forced to drop the charge of judaizing. However, this was the prelude to several long trials to follow during the 1530s and 1540s.[22] Some of these were to shed a dubious light on the New Christians' Levantine connections. Rumours arose that apostate converso merchants actually assisted the arch-enemy of Christendom by proliferating ammunitions and the art of manufacturing them.[23] In 1540, therefore, a new commission was appointed at (Spanish) Milan with the task of investigating New Christian migration, an initiative which was to produce a number of arrests and confiscations.[24] Against the background of further steady emigration via Antwerp, the emperor renewed Johann Vuystinck's mission in 1544. Furthermore, in 1549 and again in 1550, Charles V ordered the Antwerp authorities to banish all

---

20 See Roth, A History of the Marranos, pp. 219–220 (see note 3); the argument regarding Charles V's policy is made by Pohl, Die Portugiesen in Antwerpen, p. 64 (see note 15). I support it against Israel S. Révah's contention that 'la politique suivie par Charles-Quint à l'égard de ces Portugais d'Anvers obéit à des impulsions diverses...': Idem, Pour l'histoire des Marranes à Anvers: Recensements de la "Nation Portugaise" de 1571 à 1666, in: Revues des Etudes Juives, 4th séries, 2/122 (1963), p. 124.
21 On Cornelis Schepper (Cornelius Duplicius Scepperus), see Allgemeine Deutsche Biographie, vol. 31, Leipzig 1890, pp. 93–97.
22 See Goris, Etude sur les colonies, pp. 561–576 (see note 19).
23 Roth, The History of the Jews, pp. 199–200 (see note 16). In Italy 'much interest was aroused in 1515 by a report that some Jews had discovered an improved method of manufacturing saltpeter, the main ingredient of gunpowder.' This rumour apparently persisted although, in Germany at any rate, an authoritative guide to artillery, gunmaking and the production of munitions was readily available in print from 1529 onwards: see Miriam U. Chrisman, Lay Culture, Learned Culture: Books and Social Change in Strasbourg, 1480–1599, New Haven 1982, p. 187.
24 Roth, A History of the Marranos, p. 200 (see note 3). In Shlomo Simonsohn (ed.), The Jews in the Duchy of Milan, vol. ii (1477–1566), Jerusalem 1982, these activities are documented only for the period from 1547 onwards, ibid., in docs 2528, 2529 and 2554 (from 1547/1548) we get a glimpse of 'Jan Vuystring' (Johann Vuystinck) at work as 'Commissario sopra Marrani'. See also idem (ed.), vol. i, pp. xxxvi–xxxvii.

Portuguese New Christians who had settled there after 1543 – a measure whose execution fell far short of the desired effect.[25]

Anywhere in sixteenth-century Europe allegations of secret judaizing and co-operating with the Turk would have been regarded as very serious indeed. They doubtless were in Germany, where anti-Judaism, which had resulted in the clearance of Jews from most cities, continued its work of expulsion unabated during most of the Reformation period.[26] In Germany anti-Judaism had fused with the widespread popular as well as learned expectations of the imminent end of the world.[27] In many quarters this was in turn exacerbated by the military threat posed by the Turks and heightened by the astrologer Johannes Lichtenberger's well-known prophecy that the final victory over the Turks would be won on the banks of the Rhine.[28] In fact, in 1530, Martin Luther made it clear in an attempt to interpret the apocalyptic visions in Ezekiel 38 and 39 that the Antichrist, whose reign was to initiate the last days, was Pope, Turk as well as Jew in one person.[29]

Such, then, in a nutshell, was the climate surrounding the arrest of three groups of Portuguese conversos on the Upper Rhine in 1547. The great majority of them had left Lisbon in January or February of the same year.[30] In Antwerp, they were apparently told that they would not be allowed to stay and settle. They travelled in three different groups, consisting of thirty-five members each, in the two parties later arrested at Colmar and Heiligkreuz, and of forty-one members in the group to be stopped at Herrlisheim; all in all twenty-nine men, thirty-seven women and forty-three children from a few months to fifteen years of age

---

25 Goris, Etude sur les colonies, pp. 575–585 (see note 19); Pohl, Die Portugiesen in Antwerpen, pp. 63–64 (see note 15).
26 See Israel, European Jewry, pp. 10–34 (see note 8).
27 Heiko A. Oberman, Wurzeln des Antisemitismus: Christenangst und Judenplage im Zeitalter von Humanismus und Reformation, Berlin 1981, p. 53.
28 Stefano Caroti, Comete, portenti, causalità naturali e escatologie in Filippo Melantone, in: Scienze, credenze occulte, livelli di cultura, Florence 1982, pp. 393–426, esp. p. 398 and p. 411; Dietrich Kurze, Popular astrology and prophecy in the fifteenth and sixteenth centuries: Johannes Lichtenberger, in: Paola Zambelli (ed.), Astrologi hallucinati. Stars and the End of the World in Luther's Time, Berlin 1986, pp. 177–193, esp. p. 187. See also John W. Bohnstedt, The Infidel Scourge of God. The Turkish Menace as seen by German Pamphleteers of the Reformation Era, in: Transactions of the American Philosophical Society, n.s., 58 (1968), part 9; Carl Göllner, Turcica, vol. III: Die Türkenfrage in der öffentlichen Meinung Europas im 16. Jahrhundert, Bibliotheca Bibliographica Aureliana, vol. LXX, Bucharest 1978, esp. pp. 173–186; and Winfried Schulze, Reich und Türkenfrage im späten 16. Jahrhundert: Studien zu den politischen und gesellschaftlichen Auswirkungen einer äußeren Bedrohung, Munich 1978, esp. pp. 52–66.
29 Oberman, Wurzeln des Antisemitismus, pp. 154–155 (see note 27).
30 The following main section of this article is chiefly based on archival material from Archives Municipales de Colmar (hereafter AMC), GG 170.

Introduction

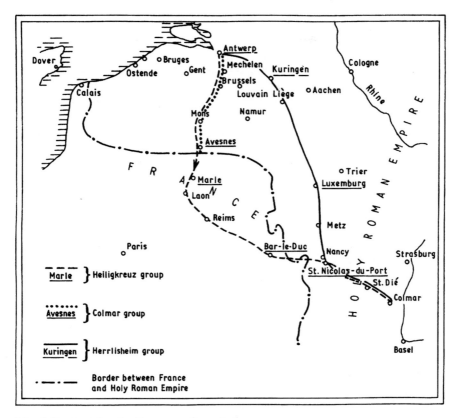

Map 1: Routes taken by Conversos from Antwerp

(Map 1).³¹ They had chartered two horse-drawn carts per group and carried with them only laisser-passers issued by the Regent of the Low Countries, money and some bundles of clothes and personal belongings: Hot on the heels of these groups was the imperial vice-commissary, Johann Vuystinck from Utrecht, intent on arresting them before they reached the relative safety offered by the Swiss cities of Mulhouse and Basel.³²

---

31 These three groups are hereafter referred to as the Colmar, Heiligkreuz and Herrlisheim groups. The small town of Heiligkreuz, south of Colmar, is today called Sainte-Croix-en-Plaine. Boys from sixteen years of age were interrogated together with the other male adults.
32 Little information is available on Vuystinck's background. He was a descendant of a well-established Utrecht family of lawyers and jurists: *Nieuw Nederlandsch Biografisch Woordenboek*, vol. I, Leiden 1911, cols 1506–1508. For further details, see below.

2. Johann Vuystinck's Mission

The first thirty-five conversos were arrested at Vuystinck's instigation at Heiligkreuz, now called Sainte-Croix-en-Plaine, at that time a small town under Colmar's jurisdiction.[33] The vice-commissary then presented himself to the Colmar authorities on 12 July 1547, requesting that another party of New Christians just passing through be likewise arrested. A third group was apprehended upon his insistence, one or two days later, by the nobleman Friedrich von Hattstatt, seigneur of the small neighbouring town of Herrlisheim.[34] So as to assure himself of the full co-operation of Colmar's magistrates and city council, Vuystinck produced no less than two imperial and one royal mandate.

In the first and lengthiest of the three mandates, issued at Metz on 20 June 1544, Emperor Charles V expressed his grave concern about intelligence he had received regarding the increasing number of 'false Christians now fleeing to the Orient to join the Turk and other enemies of Christendom and false Christians settling in great numbers within his own territories, who will eventually end up in the lands of the arch-enemy, as many have already done in the past'.[35] He further voiced considerable anger about apostate merchants who had secretly delivered arms to the Turk and declared that he had thus appointed the imperial captain of Ratisbon, Georg von Loxau, as a commissary authorized to pursue these false and apostate Christians throughout the imperial and Habsburg territories in Germany and Italy, in order to wipe out what he considered a full-blown conspiracy. The warrant included in this mandate invested the commissary with the power to pursue and prosecute with all the legal means at his disposal (including corporal punishment and confiscation of property) all false Christians (mentitos et simulatos Christianos), including whosoever assisted them on their journey. Loxau was to be on the lookout especially for merchants 'who deliver these noxious weapons to the Turk' and for their merchants' bales, which they allegedly marked with forged insignia. The emperor also stressed that no credence should be given to the *laisser-passers* these apostates had secured by posing as good Christians.

The second mandate, issued under the same date, appointed Johann Vuystinck as imperial vice-commissary with essentially the same tasks and authority as assigned to Georg von Loxau.[36] The latter's commission, as it appears, was of a

---

33 This took place 'a few days' before 12 July 1547: see the letter the Colmar authorities sent to the nearby Habsburg Regency at Ensisheim on 14 July 1547: AMC, GG 170/5.
34 This sequence of events is suggested by AMC, GG 170/8.
35 The original Latin and a German version of this mandate are in AMC, GG 170/2. The German version is printed in: Moses Ginsburger, Des Marranes à Colmar, in: Revue des Etudes Juives 83 (1927), pp. 52–62.
36 AMC, GG 170/3. The German version is printed in: Ginsburger, Des Marranes à Colmar (see note 35).

strictly honorary nature. The third mandate, issued by King Ferdinand at Worms on 20 April 1545, was a reinforcement of the above imperial decrees for the Habsburg homelands subject to the king's control. Vuystinck was to make sure that 'we are not led into grave danger and misfortune by those baptized Jews who have relapsed ... into their old Jewish errors and who are known to find themselves en route to the Ottoman Empire.'[37]

3. The Common Sense of the Colmar Authorities

The charges pressed by Johann Vuystinck against the conversos he had arrested in and near Colmar included those of judaizing and co-operating with the Turk. They were doubtless regarded as very grave in a country where, as we have seen, apocalyptic visions of an impending invasion by the Turkish Antichrist had gained widespread currency, and in a region such as Alsace, whose population frequently had produced substantial proof for its fear of, and deep-seated hatred against the Jews.[38] Thus, as fears of Turkish agents and spies ran high – some harmless travellers were arrested under such suspicions in the most remote parts of Bavaria – marginalized groups such as gypsies, Jews and conversos ranked high up on the 'list' of suspects.[39] In the 1540s, the Colmar authorities received a warrant for the arrest of an alleged Turkish agent, a forty-three-year-old Dutchman, formerly a Christian named Ferdinand from Antwerp, who had now adopted the name of 'Mahumeth Abdullas' and, as the warrant explained, was circumcised according to Turkish custom. It can hardly be doubted that this man was in fact of converso descent.[40] It is unlikely, therefore, that Colmar's authorities did not share some of Johann Vuystinck's suspicions, although, it is true, they

---

37 AMC, GG 170/4.
38 By the early sixteenth century most Alsatian imperial cities had expelled the Jews. See Georges Weill, Recherches sur la démographie des juifs d'Alsace du XIVe au XVIIIe siècle, in: Revue des Etudes Juives 130 (1971), pp. 51–89.
39 Hans Joachim Kissling, Türkenfurcht und Türkenhoffnung im 15./16. Jahrhundert, in: Südost-Forschungen 23 (1964), p. 9; Curt R. Vincentz (ed.), Die Goldschmiede-Chronik: Die Erlebnisse der ehrbaren Goldschmiede-Ältesten Martin und Wolfgang, auch Mag. Vincentz, Hannover 1918, p. 120 (on allegations of Jewish spying in favour of the Turks, Prague 1543); Joachim S. Hohmann, Geschichte der Zigeunerverfolgung in Deutschland, Frankfurt a. M. 1981, pp. 16–21 (on gypsies); see also Bohnstedt, The Infidel Scourge of God, p. 10 (on gypsies) and p. 15 (the particularly acute fear of the Turk of the 1540s) (see note 28).
40 AMC, EE 21/36. I owe this reference to Georges Bischoff, who has published a transcript of the warrant in Mémoire Colmarienne, ed. Société d'Histoire. .. de Colmar, no. 2 (April 1980), 6–7 (mimeographed). Bischoff suggests that the undated document was written 'in about 1543'.

had not interfered previously with the passage of many other carts bound southward and chartered by migrant New Christians.[41]

As the legal machinery thus swung into action, all members of the converso group arrested at Colmar had to undergo the most punctilious search. They were searched for money in the presence of the city's provost and court clerks, who drew up a careful inventory. Most of the money was discovered on sixty-three-year-old Caterina Lopes in a waistband hidden under her clothes. Smaller sums were found in boots, shoes and sewn into the lining of trousers and other clothes. On Monday, 18 July 1547, the city's magistrates appointed Caspar Henschelot, a Colmar goldsmith, as interpreter. To all appearances, the ensuing interrogation was conducted in Spanish.[42] The same procedure was subsequently used for the groups arrested at Heiligkreuz and Herrlisheim. On 26 July Johann Vuystinck submitted the written proceedings of the interrogatoria he had conducted and requested that the city take charge of further legal proceedings against the New Christians. However, neither the search for money nor the interrogation had yielded any spectacular results. Hence the city's authorities grew slightly weary of the whole affair. This must have been heightened by only thinly disguised criticism of their role, voiced by the Burgomaster of neighbouring Basel.[43] Yet, faced with the imperial mandates originally presented by Vuystinck, Colmar's magistrates felt unable to decide themselves about the fate of the prisoners they had helped to arrest, and thus turned to the imperial court assembled at Augsburg on the occasion of the lengthy imperial Diet held there in 1547–8.

They first wrote to their syndic attending the Augsburg Diet, from which letter we learn that Johann Vuystinck firmly considered the arrested New Christians to be apostates and was keen on seeing them punished. The letter also points to considerable dissension between Colmar's authorities and the vice-commissary who wanted to impose upon the city and its officials the further examination of the suspects by torture. Referring in this letter to the imperial mandates produced by Vuystinck, the Colmar authorities went right to the heart of the matter, as they saw it:

'These mandates hold us responsible for the corporal and financial punishment of these and other Marranos. However, we have learned from scrutinizing the several trials this commissary has previously held at Milan and elsewhere in His Imperial

41 Such traffic is referred to in the letters AMC, GG 170/5 and GG 170/1.
42 AMC, GG 170/9. The fact that the New Christians spoke Spanish is referred to in a plea on their behalf by the prior of the abbey of Lure (Haute-Saône) of 17 July 1547: AMC, GG 170/10.
43 See the letter from Basel's Burgomaster Adelberg Meyer of 18 July 1547: AMC, GG 170/11. The conversos arrested at Colmar were carrying letters for one Franz Bonet of Basel (see ibid.); Fernando Gomes of the Colmar group was to receive twenty crowns from F. Berlingeto at Basel: AMC, GG 170/18 (statement by the carter Johann Bruder).

Majesty's homelands, that the Marranos [involved in these trials] were subsequently released. We are being told, furthermore, that they are allowed to live and move about freely and securely and are exempted from taxes at Antwerp, which is also situated in His Imperial Majesty's homelands, whence they pass through here in great numbers. What is more, several years ago those willing to settle in Italy or elsewhere all passed through here with all their possessions and not one of them was ever arrested except for these poor people, who have many small children and otherwise nothing but their provisions. It seems very doubtful to us, therefore, whether we should try them at all.'

The syndic, Balthaser von Hellu, was then instructed to intervene at court on the city's behalf, 'so that we can rid ourselves of the burden, trouble, labour and costs we would have to face, since the money they [i.e. the New Christians] brought with them has already been used up, and so that we will not suffer public rebuke from some of our neighbours for having proceeded unfairly against them'.[44] At the same time the Colmar authorities sought legal advice from Dr Theobald Bapst at the nearby University of Freiburg im Breisgau. But the written opinion they received essentially strengthened the commissary's rather than the city's position.[45] As a result, the magistrates hurriedly dispatched their courier to the court in Augsburg with a message resembling that previously sent to the syndic, albeit couched in more diplomatic terms, and requesting the emperor's advice on whether they were to examine the suspects under torture. The messenger returned in the early days of September with the following imperial instructions: the prisoners were to swear an oath declaring that they were indeed true and not renegade Christians or Marranos and that they had no intention of journeying to Turkey, whereupon they could be released with all their possessions. The suspects were thus set free on 12 September 1547, after almost ten weeks of captivity.[46]

I do not know what became of them following that day, whether they safely reached Basel, Zürich and northern Italy. It is certain, however, that they turned their backs on their Upper Rhenish ordeal with little or no money left, after everybody from the commissary and his Colmar lawyer down to the interpreter, the city's sergeants and messenger, had been paid off generously from the sum originally confiscated. In addition, the conversos' Flemish carters had been released and paid off from the same money in mid-July.

The inventories drawn up following the body search are extant for the Colmar and Herrlisheim groups. Due to their drafting, however, it is very difficult to

---

44 AMC, GG 170/1 (letter of 2 August 1547). For the term 'Marranos' see the discussion on pp. 88–92 below.
45 AMC, GG 170/29.
46 AMC, GG 170/25 (dated Augsburg, 31 August 1547). A copy of the oath (Urfehde) taken by the Heiligkreuz group is in Archives Departmentales du Haut-Rhin, Colmar, 25-J (Sainte-Croix-en-Plaine), no. 79.

assess the exact value of the conversos' possessions. While relatively little money turned up among the members of the Herrlisheim group, it is clear that the sum of about 740 ducats found in the possession of old Caterina Lopes was a considerable amount. It represented five to six times the amount each group had to pay for its transport from Antwerp to Zürich.[47] With the possible exception of the Herrlisheim group, the New Christians in question were certainly not poor. This can be substantiated through an analysis of the interrogation proceedings, which we now examine in more detail.[48]

4. The Interrogation

The commissary Johann Vuystinck had drafted a set of twenty-four questions for the interrogation of the men, and a shorter series of thirteen questions for the women. These covered a wide range of topics, including the geographical origin and names of parents of the suspects, their destination, occupations and connections with New Christians at Antwerp and in Portugal, their age, and last but not least, their religion.

Direct or indirect evidence regarding the geographical origin of the conversos is available for only thirty out of sixty-six adult men and women. This amounts to only six out of a total of thirty-seven women. The quality of the available information improves once we concentrate the analysis on male adults only. The geographical origin is known for twenty-four out of a total of twenty-nine men. The information is practically complete regarding the Colmar and Heiligkreuz groups (see Appendices 1 and 2). The overwhelming majority (if not all) male adult conversos of the Heiligkreuz group were born at Monforte, where they must have known each other on a daily basis long before they set out on their journey. The evidence suggests, further, that the kernel of this group, the families of Fernando Nuñes and Gabriel Lopes, moved to Lisbon some time before they embarked for Antwerp. For the Colmar group we know in all but one case that the men were either born or baptised at Portalegre, a town situated a one-day journey from Monforte. The evidence, however, is too sketchy in the case of the Herrlisheim group to warrant any specific conclusions, except perhaps the suggestion that this group was quite possibly the least coherent in respect of the geographical origin of its members. In general, the resulting picture (see Map 2) suggests that there were quite possibly many more personal, and perhaps also kinship con-

---

[47] AMC, GG 170/8 (Herrlisheim inventory); GG 170/15 (Colmar inventory). See also GG 170/16 (bill presented by the Flemish carters of the Colmar group).

[48] For the following, if not indicated otherwise, see AMC, GG 170/18, 19 and 20, and the charts in appendices 1 and 2 illustrating the composition of the Heiligkreuz and Colmar groups.

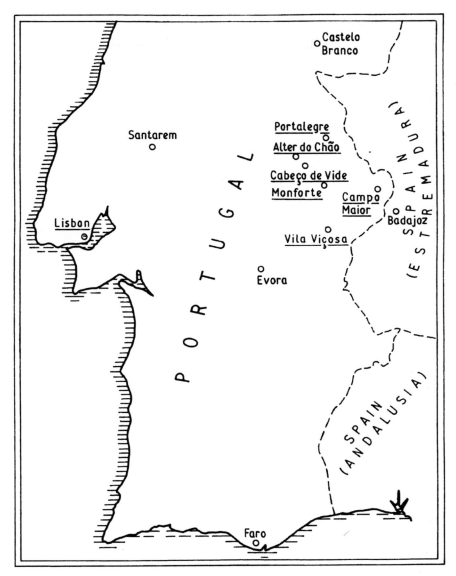

Map 2: Origins of Conversos

nections between the three groups, and also within each group, than the available material reveals. The extant information, including the fact that the suspects spoke Spanish, also suggested that these conversos' families had quite possibly crossed the border into Portugal coming from Spain in 1492.[49]

When we look at the age and family structures of the three groups, it is striking that the few really old people, between sixty and seventy years of age, were all widows, whereas the age of men (where known) does not exceed fifty years. The age of married women is only known in four out of a total of twenty-two cases. Most of the unmarried women, where age is indicated (seven out of nine), were in fact widows. Leaving aside the exceptional case of the widow Agnes Dias, whose age was only seventeen, we get a fairly harmonious picture. All remaining six widows were between fifty and seventy years of age. The age is known in 89 per cent of the adult men for the Colmar group, and only 33 per cent for the Herrlisheim group. The mean age of men in the first two groups is fairly similar: 27.5 years for the Colmar and 29.1 years for the Heiligkreuz group. However, the latter group clearly consisted of two distinct generational subgroups of male adults, the older one with a mean age of 45 years, the younger with a mean age of only 19.3 years. Most of the eight unmarried men and six unmarried women were closely related to the remaining members of their respective groups. It would appear, then, that due to kinship ties interrelating the members of each group, and the largely common geographical origin of their members, each of the three groups (perhaps again with the exception of the Herrlisheim group) must have been held together by strong bonds of mutual solidarity.

There were, however, also some tensions. They resulted chiefly from the occupational hierarchy which seems to have been established within the three groups. When asked whether his three merchant partners in the Colmar group had bales of merchandise following them to Italy, the cobbler Gil Fernandes replied that his partners would never inform him about such things. The tailor João Dias told his

---

49 Mention of Portuguese place-names in the material cited in n. 48 is made as follows (B=birth/C=Christening/R=residence):

Alter do Chão: 1 (B)
Cabeço de Vide: 3 (B)
Campo Maior: 1 (B)
Lisbon: 5 (B) and 6 (R)
Monforte: 6 (B) and 1 (R)
Portalegre: 9 (B) and 2 (C)
Vila Viçosa: 3 (B) and 4 (R)

This list includes a number of individual cases where information is available both for the places of birth and subsequent residence. The only Spanish town (Badajoz) mentioned refers to thirty-five-year-old Isabel Dias (Heiligkreuz group), who was born there and later, following her marriage to Fernando Nuñes, lived in Lisbon.

interrogators that some of his partners in the Heiligkreuz group did not want to include him in their planning sessions.

Among the women, only two referred to specific occupations they had pursued outside the household. The eighteen-year-old Isabel Lopes, wife of the merchant-tailor Diogo Lopes, stated that she sold shirts and linen, and Gracia Dias, a fifty-year-old widow, declared that she could never have made a living in Antwerp from selling fish 'and other things'. In the case of the men, 75.5 per cent of their occupations are revealed by the interrogation proceedings. Excepting one merchant-jeweller, one smith (presumably a blacksmith) and a former sailor or captain of a ship, thirteen men were involved in the cloth trade and five in the leather trade. The occupational analysis of the three groups also suggests the great importance of occupational traditions established within certain families and, in two cases, points to the possibilities of social mobility offered by the cloth trade. The merchant-tailor Gabriel Lopes (Heiligkreuz group) had risen from his occupation to the post of the king's tax-farmer at Monforte where, according to his wife's testimony, he had been held in great esteem by the Portuguese nobility. The young tailor Luis Merglion, a son of Gabriel Lopes, was to become the personal tailor to the prince of Savoy at Milan and, thus, was to join his cousin Gonçalo Gomes, also a tailor, as a member of the princely household. Gonçalo was said to be the prince's treasurer.[50]

In general, the evidence discussed so far suggests that, while the members of the Herrlisheim group were not particularly well off, the families and individuals composing the Colmar and Heiligkreuz groups were not poor at all. In fact, the carters of the Heiligkreuz group alleged that they learnt from some of their colleagues that seven wagonloads of merchandise 'belonging to these and other Jews' were soon to follow along the route. Furthermore, repeated interrogation, in which the members of the above group contradicted themselves at first, revealed that Fernando Nuñes, Gabriel Lopes and his son Diogo, as well as João Lopes, had shipped a total of six bales ahead of them to Ancona. In addition, Gabriel Lopes testified that he had commissioned João Miquez at Antwerp with the sale of jewellery worth about 200 crowns.[51] The three merchants in the Colmar group likewise seem to have been men of some substance. This was revealed by members of the Heiligkreuz group when questioned about the New Christians they knew at Antwerp and in Portugal. They were obviously unaware of the fact that Nuño Lopes, Fernando Lopes and Fernando Gomes had been arrested next door at Colmar, and referred to these three as 'not poor', 'rich' and 'all three very

---

50 The prince in question was probably Emmanuel Philibert of Savoy. His mother, Beatrice, was the daughter of King Manoel of Portugal. On his later policy vis-à-vis the Jews, see Israel, European Jewry, p. 46–47 (see note 8).
51 AMC, GG 170/18. Gabriel Lopes had his bales shipped from Lisbon by Pedro Dias to the latter's brother, Ruy Dias, in Ancona.

rich'. Fernando Gomes, as it turned out, also had merchandise sent ahead of him to Francisco Berlingeto in Basel.[52]

Additional light is shed upon the social status of some of these New Christians through their Portuguese and, especially, Antwerp contacts which the interrogation forced them to reveal. Some of the names mentioned by Gabriel Lopes are the most notable on the entire list. Duarte Brandão was the founder of one of the leading New Christian banking families of Lisbon.[53] But he is, of course, surpassed in prominence by João Miquez (d. 1579) whom Gabriel Lopes had commissioned at Antwerp with the sale of jewellery.[54] He was the son of a personal physician of the Portuguese king, and related to the brothers Francisco (d. 1536) and Diogo Mendes (d. 1543), the foremost Portuguese New Christian merchant bankers of their day based, respectively, at Lisbon and Antwerp. Together with his aunt, Gracia Mendes (later, Beatrice de Luna), he made his way to Antwerp in 1536. Probably in July 1547, or soon after, he followed the rest of the family to Italy and, like Doña Gracia, eventually made his way to Constantinople.[55] There he married Diogo Mendes's daughter, who stood to inherit a good part of the family fortune, and reverted back to Judaism, adopting the name of Joseph Nasi. He was to rise to an influential position at the Sublime Porte during the reign of Sultan Selim II (1564–74). As Duke of Naxos, a title conferred on him by the Sultan, he recouped some of the losses the Mendes family had suffered at the hands of the kings of France through the confiscation of French cargoes bound for the Levant. He may also have been instrumental in bringing about the war between the Ottoman Empire and Venice which resulted in the Republic's loss of Cyprus in 1570, and he avenged himself on Spain by encouraging the revolt of the Netherlands.

Other distinguished contacts mentioned by members of all three groups include the brothers Nuñes Enriques and Enriques Nuñes, phenomenally rich Lisbon merchants, who left Portugal between 1543 and 1545, after the former had fallen into disgrace with King João III. Several members of the family eventually reached Salonica following stays at Venice and Ferrara. Nuñes Enriques died

---

52 See n. 43. The consignment had been shipped by Ieronimo Revelasso (Ravelascho) at Antwerp. Francisco Berlingeto was the latter's agent in Basel: AMC, GG 170/20 (statement by Fernando Gomes). On Ravelascho, see Goris, Etude sur les colonies, pp. 137–138 and p. 617 (see note 19).
53 James C. Boyajian, The New Christians reconsidered: evidence from Lisbon's Portuguese bankers, 1497–1647, in: Studia Rosenthaliana 13/2 (1979), p. 134.
54 See Cecil Roth, The House of Nasi: The Duke of Naxos, Philadelphia 1948; P. Grunebaum-Ballin, Joseph Naci, duc de Naxos, Ecole pratique des Hautes Etudes, 6e section, Etudes Juives, vol. XIII, Paris 1968; Franco, Essai sur l'Histoire des Israelites, pp. 55–68 (see note 17); Pullan, The Jews of Europe, p. 179 (see note 16).
55 On his stay in Antwerp in 1547, see Grunebaum-Ballin, Joseph Naci, pp. 39–40 (see note 54).

in Venice in 1548. His son, Enriques Nuñes, later became involved as 'Righetto Marrano' in a lengthy trial for alleged judaizing with the Venetian inquisition, from whose prisons he escaped in August 1573.[56]

Another interesting man among these Antwerp 'connections', chiefly due to his relatives, was Fabian Rodrigues, one of the three suitors of Clara de Torre of the Colmar group. He was mentioned by five of the prisoners belonging to all three groups of conversos in question, was said to be about twenty-eight years of age and to be the son of 'Doctor Donisio'. The latter can be identified as Denis Rodrigues, physician to Kings Manoel and João III and Queen Caterina of Portugal, who fled to London together with his three sons, later to settle temporarily in Antwerp in the 1530s. He is said to have died at Ferrara in 1541, and was burnt in effigy in the same year in one of the first Portuguese autos-da-fé. Another son of his, and thus a brother of Fabian Rodrigues, was the distinguished physician Manoel Brudo who, to all appearances, made his way to the Levant some time after 1544.[57] Tomé de Nis, also called Dr Dionysius, who together with other members of the Antwerp 'Portuguese nation', stayed at Cologne from 1578 to 1580, whence he journeyed to Venice, was perhaps a descendant of Dr Denis Rodrigues. He was without doubt a secret judaizer and 'ill-concealed Jewish practices' got most of his family, including his brother Felipe de Nis (otherwise Solomon Marcos), arrested by the Venetian Inquisition in October 1585.[58]

In some cases, however, I have been unable to identify other New Christians living at Antwerp and known to one or several members of the three groups of conversos. One such figure is 'Mondunado', who helped arrange the transport of the Herrlisheim group, together with Gaspar Peres and Diogo 'Deprosense'. 'Mondunado', it seems, paid for a substantial portion of the group's fare to Zürich.[59] Owing to the idiosyncratic orthography of Upper Rhenish clerks, Diogo 'Deprosense', said to have been a merchant in English cloth, may have been a 'de Proensa', and thus a relative of the merchant Lope de Proensa, who

---

56 This trial and the family's history have been studied in detail by Brian Pullan, A ship with two rudders: Righetto Marrano and the Inquisition in Venice, in: Historical Journal 20/1 (1977), pp. 25–58; and The Jews of Europe, pp. 217–220 (see note 16). See also Goris, Etude sur les colonies, p. 200 (see note 19).
57 See Cecil Roth, The middle period of Anglo-Jewish history (1290–1655) reconsidered, in: Transactions of the Jewish Historical Society of England 19 (1960), pp. 1–12, esp. pp. 4–6; Pohl, Die Portugiesen in Antwerpen, p. 107 (see note 15).
58 I have gleaned much of this family's history from the detailed account provided by Pullan, The Jews of Europe, esp. pp. 215–217 (see note 16). The unusual name of 'Dr Dionysius' suggests the possibility of a family connection between Dents Rodrigues and Tomé de Nis. The information on Tomé and Felipe de Nis's stay at Cologne, whence the latter joined his brother in Italy in or after 1582, is contained in: Gertrud Susanna Gramulla, Handelsbeziehungen Kölner Kaufleute zwischen 1500 und 1650 in: Forschungen zur internationalen Sozial- und Wirtschaftsgeschichte 4 (1972), p. 182, p. 343 and pp. 352–353.
59 AMC, GG 170/8.

was involved in the boat insurance trade.⁶⁰ All but one (Ieronimo Ravelascho) of the Antwerp acquaintances mentioned by our prisoners were New Christians. In only two cases do we know of the existence of ties of kin between these and the prisoners. The merchant Manoel Rodrigues, who primarily traded in sugar-oil from Madeira, was the brother-in-law of Jordin Dias (Herrlisheim group).⁶¹ Likewise Gabriel Peres (Colmar group) stated that his brother, Pedro Fernandes, and his sister Gracia lived at Antwerp.⁶²

This finally brings us to the last set of questions posed by the Colmar material. Why did these New Christians leave Portugal? What was their destination? And what do we learn about their religion? When questioned as to why they had left Portugal, most of them replied that dearth and the rising cost of living had driven them out of their country. At one point the commissary became impatient and asked the widow Agnes Albris why this had not prompted Old Christians to leave the country likewise. He received no answer. Alfonso Fernandes explained that inflation in Portugal had been so bad that he could no longer make a living as a cobbler. Actual 'famine' as a reason for having left Portugal only emerges in some of the answers given by members of the Herrlisheim group. Obviously, if fear of the Inquisition had driven some of these conversos away from home, only questioning under torture could perhaps have wrested from them this kind of admission.

The replies to questions about their destination by the members of the Colmar and Herrlisheim groups were fairly consistent. The Colmar group wanted to go to Italy and most of its members specified that their goal was to settle in Venice. As the widow Beancona Lopes explained, much praise of Venice coming from fellow-countrymen already established in that city had reached their ears and they intended to join them there. The members of the Herrlisheim group at least consistently replied that they were heading for Italy, even though not one of them could name a specific Italian city. Some of them perhaps shared Isabel Dias's (Heiligkreuz group) assumption that Italy was just one big city. Rather grave contradictions occurred, however, in the statements made by the members of the Heiligkreuz group. They were to raise serious suspicions on the part of the in-

60 See Goris, Etude sur les colonies, p. 26, n. 1, and p. 641 (see note 19).
61 AMC, GG 170/19 (statement by Jordin Dias). Manoel Rodrigues's wife's name was Anna. He cannot, therefore, be identical with the great Antwerp merchant Manoel Rodrigues d'Evora, although the Rodrigues d'Evora firm was likewise heavily involved in the sugar trade. On the latter, see Gramulla, Handelsbeziehungen Kölner Kaufleute, p. 339, p. 342, pp. 345–350 (see note 58); and Hermann Kellenbenz, Die Rodrigues d'Evora in Köln, in: Portugiesische Forschungen der Görresgesellschaft 6 (1966), pp. 272–290. Another Manoel Rodrigues, based at Antwerp, dealing in pearls in 1567, is mentioned by Pohl, Die Portugiesen in Antwerpen, p. 98 (see note 15). See also Valentin Vazquez de Prado, Lettres Marchandes d'Anvers, vol. 1, Paris 1962, p. 213: 'De nombreux Portugais, du nom de Rodrigues, se recontrent à Anvers, mais il est difficile de les identifier et de préciser leurs liens réciproques.'
62 AMC, GG 170/20.

terrogators as to the prisoners' possible Levantine connections. These suspicions arose when it came to light that most men in this group had shipped their bales of merchandise to Ancona rather than Milan, where they claimed they were heading. But they all insisted that their 'man in Milan', Gonçalo Gomes, was under instructions to have these bales brought back from Ancona to Milan. In view of the considerable distance between Milan and Ancona (about 400 km or 250 miles), and given that Ancona was the major port on the Adriatic assuring trade with the Levant, this did not seem to make much sense to Johann Vuystinck. Had it not been for the Colmar authorities' sheer weariness of the whole affair, these contradictions might have caused the 111 prisoners a great deal more trouble, even though the great majority had quite correctly replied, to questions concerning their religion.

According to the procedural guidelines established by Johann Vuystinck, the prisoners were also to be examined: about their faith and whether they were Old or New Christians; whether their parents had been Jews and, if so, when they were baptized; whether they themselves were Jews and circumcised; whether they confessed once a year and how often they received the Holy Sacrament; whether they knew any New Christians who had settled in Turkey and reverted back to Judaism; and – finally – as to whom they considered to be their God and Saviour-Abraham, Isaac or Jacob. Only the fifty-year-old Fernando Nuñes, who was born a Jew and baptized when he was about a year old, fell for this last question and testified that Jacob, Isaac and Abraham were his God (in the singular) and that Jesus Christ was his Saviour. All the others clearly stated that Jesus was their God and saviour. They were also adamant that they had never heard of any New Christians who had refuted their Christian faith. Some, such as Enrique Dias and Isabel Mendes, went so far as to claim that they did not even know any New Christians in Antwerp. All insisted that they had regularly gone to confession and received the Sacrament. Some indicated that they had last done so in Lisbon. The members of the Herrlisheim group had confessed and received the Eucharist at Antwerp; one of them apologized for having lost the written confirmation obtained from an Antwerp priest.[63]

Naturally, only those men and women over fifty years of age testified that they were born as Jews and baptized later on. The information they gave invariably points, allowing for some imprecise notions of time, to that fateful year 1497. Old Isabel Vas, who was at least seventy years old, was baptized after she had married and borne her first children. The sixty-five-year-old Senebra Dias said she was about fifteen when she was christened. The information given by forty-five-year-old João Lopes, that his father had been baptized about three years before he (João) was born, likewise points to that same year. Among these older people only Agnes Albris, who had been baptized when she was about ten, could not or

---

63 AMC, GG 170/18 (statement by Jordin Dias).

did not want to reveal her parents' identity and whether they had been Jews. She steadfastly claimed that she did not know who her parents were. Had they been the victims of the Spanish Inquisition or of riots in Portugal? There is no way of knowing, but there is a good chance that this old woman told the truth.

5. Was there a Marrano Subculture?

The Upper Rhenish incident discussed here has not entirely escaped historians of Judaism. Xavier Mossmann drew attention to it in 1866 in his brief history of the Jews of Colmar, and so did M. Ginsburger at a comparatively more recent date under the heading 'Des Marranes à Colmar'.[64] But can these Portuguese conversos really be called Marranos?

'All those who descend from Jewish fathers are called New Christians. In the time of Don Emanuel they were forced to become Christians. From them, for the most part, come the people that in Italy we call Marranos; the towns in Italy are full of them, and that rascal João Miquez comes of this accursed and fickle people.' This is how the Venetian patrician Antonio Tiepolo, in no uncertain words, described the term 'Marrano' in 1572.[65] On their release on 12 September 1547 the above conversos, as we have seen, had to swear an oath that they were good Christians and not Marranos. Although generally used during the sixteenth century – at least outside Italy – to describe only secret judaizers, the term 'Marrano' is in fact of rather obscure origin.[66] In recent scholarship it has become a widely accepted, although sometimes all too indiscriminately used, notion for secretly judaizing New Christians of Iberian origin and background. Some scholars, in particular Cecil Roth and Israel S. Révah, have seen in 'Marranism' a specific form of crypto-Judaism, a secret religion handed down and preserved from generation to generation, which had its main historical roots in early sixteenth-century Portugal.[67] In apparent agreement with Roth and Révah,

---

64 Xavier Mossman, Etude sur l'histoire des Juifs à Colmar, in: Revue de l'Est 25 (1866), pp. 105–129, pp. 238–302 (also published separately: Colmar and Paris 1866); Ginsburger, Des Marranes à Colmar, pp. 52–62 (see note 35). This is chiefly based on Mossmann's treatment, contains some misleading mistakes, but has the merit of making available in print the imperial mandates discussed above.
65 Quoted after Pullan, The Jews of Europe, p. 171 (see note 16).
66 See Arturo Farinelli, Marrano (storia di un vituperio), Geneva 1925. See also Révah, Les Marranes portugais et l'Inquisition, pp. 30–31 (see note 9).
67 See, in particular, Roth, A History of the Marranos, esp. pp. 170 et passim (see note 3), and Révah, Les Marranes portugais et l'Inquisition (see note 9). There is a succinct summary of the concept of a secret religion of Marranism in Israel S. Révah, L'hérésie marrane dans l'Europe catholique du XVᵉ et XVIIIᵉ siècle, in: Jacques le Goff (ed.), Hérésies et sociétés dans l'Europe pré-industrielle 11e–18e siècles: communications et débats du Colloque de Royaumont [1962], Paris 1968, pp. 327–339.

Jonathan I. Israel has referred to a 'resilient crypto-Judaism', which took root in Portugal.[68]

'New Christians', as must be pointed out, not only encountered suspicions directed against them by 'Old Christians', but also among Jews. When Rabbi Josel von Rosheim visited Antwerp in 1530 he is said to have uttered the cryptic remark: 'There are no Jews in this land.'[69] And Chaim Saruc, Venetian consul of the Levantine nation, declared as a witness before the Holy Office in 1580: 'A Marrano, as I said, is one who steers by two rudders: that is, he is neither Christian nor Jew.'[70] To the extent that conversos thus had to deal with Christian hatred, as well as with reservations on the part of the indigenous Jewry, one might be tempted to view Marranism as a subculture.[71] Indeed, it has been claimed that 'by the 1570s it is correct to speak of a mass crypto-Jewish subculture in Portugal ... contrasting with an effectively Christianized and mostly no longer identifiable convert element in Spain'.[72] Was there such a subculture and did the conversos we have encountered partake of it?

I.S. Révah has pointed out that other than by inquisitional records the secret Judaism of many conversos is evidenced by rabbinical responsa, by autobiographical accounts written by Marranos, as well as by the cases of innumerable conversos who eventually reverted openly to Judaism.[73] It must be clear, however, that the rabbinical responsa were of a frequently apologetical nature and should thus be used only with great circumspection. The same reservation applies to autobiographies, for their naturally limited number raises serious questions as to their representative nature regarding the New Christian community and experience as a whole. Révah's last point, therefore, merits more of our attention. Why did many conversos, sometimes generations after the initial forcible conversion of their ancestors, revert to Judaism? And can we infer from this return to Judaism a previously unbroken tradition of crypto-Judaism as I.S. Révah seems to suggest in the case of the 'Portuguese nation' of Antwerp?

The return to Judaism in the period following 1600, as J.C. Boyajian has claimed, can in many cases 'be attributed to considerations of convenience and financial and family interests'.[74] Although the same author elsewhere risks getting carried away with this argument, and thus throwing the baby out with the bathwater, he nevertheless points to an essential weakness of the above notion of a Marrano subculture. While Révah has argued that 'barring a small kernel of Catho-

---

68 Israel, European Jewry, p. 24 (see note 8).
69 Quoted after Poliakov, Geschichte des Antisemitismus, p. 99 (see note 3).
70 Quoted after Pullan, The Jews of Europe, p. 209 (see note 16).
71 Ibid., pp. 79–80.
72 Israel, European Jewry, p. 25 (see note 8).
73 Révah, Les Marranes portugais et l'Inquisition, pp. 45–46 (see note 9).
74 Boyajian, The New Christians reconsidered, esp. pp. 148–55 (the quotation is on p. 149) (see note 53).

lic families', the Portuguese New Christians of Antwerp during the period 1571 to 1666 were all judaizers maintaining a close religious relationship with the Jews of Antwerp and Hamburg, the detailed research carried out by Hans Pohl casts some serious doubts on the continuity of crypto-Judaism at Antwerp inferred by Révah.[75] In line with other recent research, Pohl's findings support the assumption that a converso's decision over his or her religious orientation was ultimately an individual one – even members of individual New Christian families could violently disagree among themselves on this issue.[76] The decision could develop and mature in stages, and these often at least partly represented not only a response to spiritual needs but also a reaction to the constraints and/or the opportunities imposed or offered by a given social and economic environment. Thus the individual orientations at one stage or another could range from committed Catholicism, via purely outward Catholicism or Judaism and inner wavering, to a fully developed agnosticism. As a cultural phenomenon religion is always to a considerable degree embedded in the concerns and constraints of daily life.[77]

The claim that in Portugal, even before the 1570s, 'New Christians were effectively excluded from all honours and offices' and that this 'ensured the perpetuation of a rigid caste system which was bound to generate feelings of resentment and separate identity', does not really weaken the above considerations.[78] For the Portuguese Inquisition could only deploy its real power after 1568,[79] while purity-of-blood statutes did not exist in Portugal during the first half of the sixteenth century and only came into full use after the reunion with Spain in 1580.[80] As a result, a fair degree of intermarriage between New and Old Christians was still possible during this period, at least in those upper echelons of Portuguese society with which so much research on the converso community has been primarily concerned.[81]

The single most important source for the historian of the converso community are still inquisitional files. Their interpretation is hampered by the fact that they seldom reveal the actual religious convictions of an accused and that, con-

---

75 See Révah, Pour l'histoire, esp. pp. 128–129 (see note 20); and Pohl, Die Portugiesen in Antwerpen, pp. 331–48 (see note 15).
76 A good case in point is the dissension which arose among the Mendes sisters, João Miquez's aunts, at Venice in the early 1550s. Other similar cases are discussed by Brian Pullan: see Grunebaum-Ballin, Joseph Naci, pp. 45–65 (see note 54); and Pullan, A ship with two rudders, p. 38 (see note 56); and idem, The Jews of Europe, p. 201 et passim (see note 16).
77 See Kaspar von Greyerz, Introduction, in: Idem (ed.), Religion and Society in Early Modern Europe, 1500–1800 (1984), pp. 1–14.
78 Israel, European Jewry, p. 25 (see note 8).
79 On 7 June 1568 the last exemption of New Christians from confiscation of property by the Portuguese Holy Office expired: Révah, Les Marranes portugais et l'Inquisition, p. 514 (see note 9).
80 Saraiva, Inquisiçao e Cristaos-Novos, pp. 165–169 (see note 8).
81 See Boyajian, The New Christians reconsidered (see note 53).

versely, the possibility of Marranism often has to be inferred based on purely external evidence. Some of the new Christian acquaintances of our conversos, as we have seen, were clearly secret judaizers. But nothing can be inferred from this regarding the religious orientation of the New Christians in question, even though this issue was an obvious one for Johann Vuystinck and the Freiburg jurist Theobald Bapst. The latter's legal opinion, unfavourable to the arrested conversos, began with a reference to the New Christians' generally negative fama publica.[82] Johann Vuystinck's interrogation was, in his own words, directed either at those 'apostate Christians', or at those 'renegade, unbelieving Jews, who give themselves the false appearance of Christians'.[83] The testimony of the Flemish carters seemed to support the commissary's views, for most of them agreed that en route the conversos had been regarded everywhere as Jews, even though, as one of them added, they tried to appear as Italians. Another, more tolerant carter, emphasized, however, that his group had attended mass with him. But all of them claimed that the New Christians in their charge had prepared and eaten their food in their rooms at inns on the road and barred all outsiders from participation.[84] Is this, and the fact that members of the Heiligkreuz group had sent their merchants' bales ahead to Ancona, although they claimed to be heading towards Milan, sufficient grounds for characterizing the 111 conversos as Marranos? I think not.

To date, much research on the Portuguese New Christian community remains essentially divided, as has recently been pointed out, between adopting the often harsh rabbinical point of view as contained in the so-called responsa or else the outlook of seventeenth-century Marrano apologists.[85] A. J. Saraiva has argued that, within the Portuguese context, the concept of a 'New Christian' had a purely socio-economic significance, and that the notion of the judaizing converso was largely a figment of 'inquisitional imagination, nourished by the inquisitor's intention to despoil and eliminate the New Christians'.[86] Against this (and similar views expressed on the earlier Spanish situation by Ellis Rivkin), I. S. Révah and others have re-emphasized 'the reality of Marrano religion', pointing to the resilience of the Spanish Jewish refugees of 1492, who 'were scarcely likely to sub-

---

82 AMC, GG 170/29. On T. Bapst, see Hans Winterberg, Die Schüler von Ulrich Zasius, Veröffentlichungen der Kommission für geschichtliche Landeskunde in Baden-Württemberg, Reihe B, vol. 18, Stuttgart 1961, pp. 15–61.
83 AMC, GG 170/7.
84 AMC, GG 170/8 (statement by the carter Johann Bruder), and ibid., GG 170/9 (statements by the carters of the Colmar group). For parallels regarding 'secret meals' in the trial of Felipe de Nis at Venice, see Pullan, The Jews of Europe, p. 215 (see note 16).
85 See Frank Talmage, To Sabbatize in Peace: Jews and New Christians in sixteenth century Portuguese polemics, in: Harvard Theological Review 124/3 (1981), pp. 265–285, esp. pp. 266–267.
86 Saraiva, Inquisiçao e Cristaos-Novos (see note 8).

mit tamely to forced Christianization in Portugal' (J.I. Israel), as well as to the concomitant lack of real coercion in Portugal during the period 1497–1536, to which Révah attributes crucial spiritual importance in establishing a henceforth unbroken tradition of crypto-Judaism.[87]

In the light of the above discussion, it is difficult to agree with either of these positions, not least because as Hans Pohl's and Brian Pullan's research on Portuguese conversos at Antwerp and Venice has clearly demonstrated, the religious experience and outlook of New Christians cannot be neatly separated from their economic and social role. Both planes interacted in an individual's attitude towards religion. Crypto-Judaism, as has rightly been argued, 'did exist, but did not survive just as a consequence of the unfailing loyalty of Jews to Judaism'.[88] It was, ultimately, based on varying individual experiences and decisions and, in the words of Brian Pullan, is 'best not portrayed in terms of any collective resolve',[89] or, as we might add, as a kind of innate response to a coherent and resilient subculture of Marranism.

6. Subcultural Theory and the Conversos

If the notion of an essentially religious subculture of Marranism thus rests on rather uncertain assumptions, this should not deter us from viewing the 'converso predicament' of sixteenth-century Europe as a case of a socially defined subculture.[90] The 'predicament' in question constitutes, in fact, an almost classic illustration of the labelling theory of deviance. Labelling theorists propose that defining what is deviant rests on social criteria and that the process of definition is socio-political by nature, rather than based exclusively on a relatively unchanging set of norms.[91] In the case at hand this theoretical proposition is al-

---

87 See Révah, Les Marranes portugais et l'Inquisition, esp. pp. 36–37 and pp. 41–59 (see note 9); and Israel, European Jewry, p. 24 (see note 8). See also Gérard Nahon, Les Sephardim, les Marranes, les inquisitions péninsulaires et leurs archives dans les travaux récents de Israel S. Révah, in: Revue des Etudes Juives 132 (1973), pp. 5–48.
88 Pullan, The Jews of Europe, p. 204 (see note 16).
89 Ibid., p. 242; a similar point is also made by MacKay, The Hispanic-Converso predicament (see note 3).
90 The notion of predicament in this context is borrowed from MacKay, ibid.
91 The classic statement is by Howard S. Becker, Outsiders: Studies in the Sociology of Deviance, New York 1963, p. 9: 'Social groups create deviance by making the rules whose infraction constitutes deviance, and by applying these rules to particular people and labelling them as outsiders.' See also Edwin M. Schur, Labelling Deviant Behavior: Its Sociological Implications, New York 1971. (A 'moderate' labelling approach and still among the most convincing works within this school of thought in that Schur does not a priori preclude an etiological, i.e. normative, interpretation of certain aspects of deviance.) Also Walter R. Gove (ed.), The Labelling of Deviance: Evaluating a Perspective, Beverly Hills ²1980.

most graphically made evident by the role of the Colmar authorities: they finally decline to co-operate with the inquisitorial Johann Vuystinck, and their action highlights the extent to which the commissary's outlook is based on socio-political criteria, rather than on generally accepted norms. Vuystinck's role, in fact, directly corresponds to that of the 'entrepreneur' as described by Howard S. Becker: 'Deviance... is always the result of enterprise. Before an act can be viewed as deviant, and before any class of people can be labelled and treated as outsiders for committing the act, someone must have made the rule which defines the act as deviant.'[92] This is precisely what Vuystinck did.

There are two reasons why the sociology of subcultures does not prove very helpful in an interpretation of the 'converso predicament'. First, it has from its inception focused primarily on juvenile delinquents rather than on subcultures generally and, second, much of it is based on a normative approach to deviance; it is, in other words, assumed that deviance is, so to say, inherent in someone's (or a group's) behaviour.[93] The above discussion of Marranism has clearly, albeit indirectly, elucidated the limitations of this approach for the historian.

In short, although it is difficult, as we have seen, to maintain that there was a religious subculture of Marranism, we may clearly speak of a socially defined converso subculture in sixteenth-century Europe. Subcultural theory has frequently come under scrutiny for its alleged failure to provide unambiguous criteria for a definition of the boundaries separating a given subculture from the surrounding dominant culture.[94] It will be evident from the preceding discussion that the subculture of conversos or New Christians does not require such historical-theoretical scrutiny, for conversos were ultimately regarded as outsiders by Jews as well as Old Christians.

---

92 Becker, Outsiders: Studies in the Sociology, p. 162 (see note 91).
93 See David M. Downes, The Delinquent Solution: A Study in Subcultural Theory, London 1966; Fritz Sack, Die Idee der Subkultur: Eine Berührung zwischen Anthropologie und Soziologie, in: Kölner Zeitschrift für Soziologie und Sozialpsychologie 23 (1971), pp. 261–82, esp. pp. 270 et passim; Mike Brake, The Sociology of Youth Culture and Youth Subcultures, London 1980; David Downes/Paul Rock, Understanding Deviance. A Guide to the Sociology of Crime and Rule Breaking, Oxford 1982, chap. 6.
94 See J. Milton Yinger, Contraculture and subculture, in: American Sociological Review 25 (1960), pp. 625–35, esp. pp. 628–629; Michael Clarke, On the concept of "sub-culture", in: British Journal of Sociology 25 (1974), pp. 428–441; Günter Wiswede, Soziologie abweichenden Verhaltens, Stuttgart ²1979, pp. 126–127.

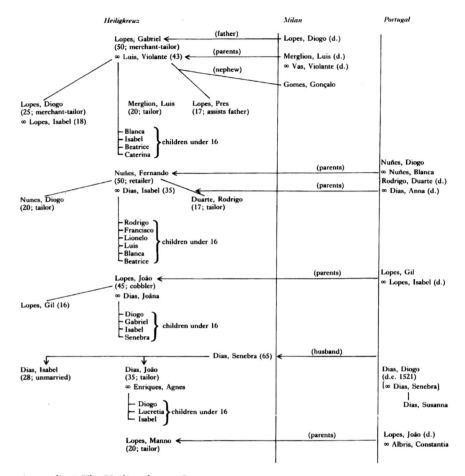

Appendix 1: The Heiligenkreuz Group

Subcultural Theory and the Conversos

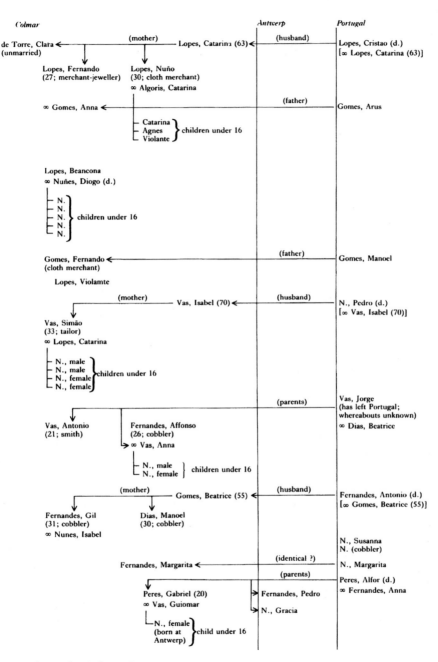

Appendix 2: The Colmar Group

Städtische Gesellschaft und Reformation in Oberdeutschland

Was brachte – zugespitzt gefragt – Bewohner deutscher und schweizerischer Städte, die am Vortag hoch vor dem Heiligenaltar gebetet hatten, dazu, am Tag danach das entsprechende Heiligenbild zu zerstören? Welche religiösen und, wenn Sie wollen, mentalen Motive führten auf entscheidende Weise zum nachdrücklichen Engagement von Stadtbewohnern für die Reformation? Trotz des veritablen Booms der Stadtreformationsgeschichte in den Siebziger- und Achtzigerjahren können wir diese Frage heute immer noch nicht mit wirklicher Sicherheit beantworten. Es fehlen uns dazu bis heute die richtigen Quellen. Mit diesem einleitenden Wort der Skepsis möchte ich darauf hinweisen, daß selbst die sicherlich bemerkenswerten Leistungen der Reformationsforschung der letzten Jahrzehnte uns heute noch nicht in die Lage versetzen, den Vorgang der Stadtreformation in seiner ganzen Vielschichtigkeit historisch würdigen zu können.

Meine Absicht hier und heute ist vergleichsweise viel bescheidener. Ich möchte vor allem drei Aspekte der städtischen Reformation in Oberdeutschland etwas genauer ausleuchten. Mit »städtischer Reformation« meine ich in erster Linie die reichsstädtische Reformation. Mit Oberdeutschland den Raum Schwabens, Badens und des Elsaß, wobei ich mir einige wenige Seitenblicke auf die schweizerische Entwicklung erlauben werde. Zunächst werde ich versuchen, den Verlauf der reichsstädtischen Reformation in Oberdeutschland auf der längeren Zeitschiene, d.h. zwischen ca. 1522 und 1575, zu skizzieren, weil dadurch gewisse phasenspezifische Eigentümlichkeiten deutlich werden sollen. An zweiter Stelle möchte ich die Frage der Motive der Träger reformatorischer Bewegungen sowie Aspekte der konfessionellen Ausrichtung der oberdeutschen Stadtreformation im Spannungsfeld zwischen Luthertum und Zwinglianismus berühren und drittens werde ich auf die Frage äußerer Einwirkungen, insbesondere auf das Verhältnis einzelner Städte zum Haus Habsburg eingehen. Es versteht sich von selbst, daß ich nicht den Anspruch vertrete, damit bereits sämtliche wesentlichen Aspekte meines Themas eingefangen zu haben. Vielmehr habe ich mich bewußt aus Zeitgründen dafür entschieden, bestimmte Aspekte und Fragen nur am Rande oder gar nicht zu berühren. Dies gilt nicht zuletzt etwa für den Aspekt der Institutionalisierung der Reformation im ehegerichtlichen, schulischen und karitativen Bereich.

1.

Zu den bedeutenderen unter den frühen evangelischen Reichsstädten des oberdeutschen Raums gehörten Straßburg, Konstanz und Memmingen. Die ältere Forschung wertete die frühe Reformation in Straßburg, die dort innerhalb der Stadtbevölkerung bereits um die Mitte der 1520er-Jahre eine große Zahl von Anhängern zu mobilisieren vermochte, primär als das Werk der herausragenden, durch Martin Bucer angeführten Reformatoren dieser elsässischen Reichsstadt. Doch die jüngeren Arbeiten von Thomas Brady und anderer, vor allem amerikanischer Historikerinnen und Historiker, haben uns gezeigt, daß erheblicher Druck von unten nötig war, bis der Rat am 20. Februar 1529 die Schöffen als Vertreter der Gemeinde versammelte und von diesen mit einer Mehrheit von etwa zwei Dritteln die Abschaffung der Messe beschließen ließ.[1] Eine grosso modo vergleichbare Situation finden wir auch in den anderen Städten des hier betrachteten Raumes, vielleicht am wenigsten ausgeprägt in Konstanz, weil dort von der Mitte der 1520er-Jahre an mit Thomas Blarer und Konrad Zwick Brüder der beiden Konstanzer Reformatoren Ambrosius Blarer und Johannes Zwick als entschiedene Reformationsfreunde im städtischen Rat saßen. Bereits 1528 wurde hier kein altgläubiger Gottesdienst mehr durchgeführt.[2] Anders wiederum sah die Situation in Memmingen aus, wo sich im Zuge des Bauernkrieges die reformatorische Bewegung mit der aufständischen der Bauern draußen vor der Stadt vermischte. Die Niederschlagung des Bauernaufstandes brachte zusammen mit einer Intervention des Schwäbischen Bundes die Entlassung des zwinglianisch gesinnten Stadtpfarrers Christoph Schappeler und auch die wachsende Hilflosigkeit des städtischen Rates mit sich, der der sich radikalisierenden reformatorischen Bewegung nicht Herr zu werden vermochte und schließlich im Dezember in die Abschaffung der Messe einwilligte.

Nirgendwo trat der städtische Rat in den Zwanzigerjahren des 16. Jahrhunderts und im Übrigen auch in den beiden darauf folgenden Jahrzehnten als Anführer pro-reformatorischer Bewegungen auf. Ich nenne hier nur ganz wenige Beispiele. Eines der spektakulärsten ist zweifelsohne die Reformation in Basel, die 1529 nur durch erheblichen Druck seitens der Handwerkerzünfte gegenüber einem mehrheitlich ablehnenden Rat zustande kam. Aber auch in Ulm, wo sich

---

1 Vgl. u.a. Thomas A. Brady, Jr., Ruling Class, Regime and the Reformation at Strasbourg, 1520–1555, Leiden 1978; Lorna Jane Abray, The People's Reformation. Magistrates, Clergy and Commons in Strasbourg, 1500–1598, Oxford 1985.
2 Hans-Christoph Rublack, Die Einführung der Reformation in Konstanz. Von den Anfängen bis zum Abschluß 1531, Gütersloh 1971, S. 20–42; Bernd Moeller, Johannes Zwick und die Reformation in Konstanz, Gütersloh 1961, S. 55–79; Bernd Moeller, Ambrosius Blarer, 1492–1564, in: Ders. (Hg.), Der Konstanzer Reformator Ambrosius Blarer, 1492–1564. Gedenkschrift zu seinem 400. Todestag, Konstanz 1964, S. 11–15.

die städtische Führung 1531 mit einer zwinglianisch gefärbten Zuchtordnung endgültig offen zur Reformation bekannte, spielte der Rat nach 1527 zunächst auf Zeit, nachdem er – als Konzession an die Neugläubigen – die städtische Kontrolle über Klerus und Klöster erheblich intensiviert und den Druck eines evangelischen Gesangbuchs erlaubt hatte. Ein Extremfall stellt in dieser Hinsicht Nördlingen dar, wo der Rat zwar im Bauernkriegsjahr 1525 die evangelische Predigt in der Stadt autorisierte, sich ansonsten jedoch während der nächsten 15 Jahre nicht öffentlich festlegte, obwohl er (in den Worten Hans-Christoph Rublacks) »den neuen Glauben öffentlich zuließ, so daß die Stadt – ihre Bürger – als evangelisch gelten konnten, wenn es auch nicht alle sein mochten, der Rat aber nicht protestantisch sein wollte«.[3]

Nach dem Augsburger Reichstag von 1530 und den ersten Anstalten zur gewaltsamen Unterdrückung des Protestantismus im Reich, die der Kaiser damals traf, trat die weitere Entwicklung der städtischen Reformation in eine neue Phase. In verschiedenen oberdeutschen Reichsstädten war der Übergang zur Reformation mit einer parallelen oder jedenfalls nahezu gleichzeitigen Assoziierung mit dem Schmalkaldischen Bund der protestantischen Fürsten und Reichsstädte verknüpft.[4] Bereits 1531 war dies bei Isny der Fall: dem Beitritt zum Schmalkaldischen Bund entsprach im Innern der Stadt die endgültige Abschaffung der Messe und die Entfernung der Bilder aus der St. Nikolauskirche. Im selben Jahr vollzog auch Ulm diesen Schritt, und Lindau ließ sich ein Jahr später von Wolfgang Capito aus Straßburg und dem Konstanzer Reformator Johannes Zwick eine evangelische Kirchenordnung geben, deren Einführung die Abschaffung der Messe mit sich brachte.

Nicht überall in Oberschwaben wirkte die offenkundige Aufbruchsstimmung der frühen 1530er-Jahre derart ansteckend. In Leutkirch etwa wurde die Wirkung der reformatorischen Bewegung durch das besondere rechtliche Verhältnis dieser kleinen Reichsstadt zur Zisterzienserabtei Stams im Tirol und (nach 1547) zur Abtei Weingarten gebremst und vor allem durch die vielen Ermahnungen des Rats durch den aus Leutkirch stammenden Johann Fabri, Pfarrvikar seiner Vaterstadt, Generalvikar der Konstanzer Diözese und später Bischof von Wien. Obwohl die Weberzunft hier ein ständiger Unruheherd war, kam es erst 1546 unter dem Schutz der Schmalkaldener zum offenen Protest der Neugläubigen gegen die Ratspolitik. Leutkirch blieb mehrheitlich katholisch, während die protestantische Minderheit in den Sechzigerjahren des 16. Jahrhunderts mit großer Mühe

---

3 Hans-Christoph Rublack, Eine bürgerliche Reformation: Nördlingen, Gütersloh 1982, S. 219.
4 Zum Schmalkaldischen Bund vgl. u. a. Thomas A. Brady, Jr., Phases and Strategies of the Schmalcaldic League. A perspective after 450 years, in: Archiv für Reformationsgeschichte 74 (1983), S. 162–181, sowie Ders., Zwischen Gott und Mammon. Protestantische Politik und deutsche Reformation, Berlin 1996.

von Abt Gerwig von Weingarten die Anstellung eines evangelischen Pfarrers zu erreichen vermochte.[5]

Derselbe Abt war es auch, der der reformatorischen Bewegung in Ravensburg Hindernisse in den Weg legte. Diese Stadt ist ein gutes Beispiel dafür, daß gewisse Grundvoraussetzungen einer städtischen Reformation die gesamte erste Hälfte des 16. Jahrhunderts hindurch Gültigkeit behielten. Erst bei der späten Stadtreformation (nach 1555) sollte dies dann anders werden. Zu diesen Grundvoraussetzungen gehörte ein breit verwurzelter Antiklerikalismus als Nährboden der Reformation, sodann eine fortgeschrittene Kontrolle der städtischen Organe über den Klerus und die kirchlichen Institutionen der Stadt und schließlich das Auftreten eines charismatischen, pro-reformatorischen Predigers. Letztere Rolle erfüllte in Ravensburg von Ende Juni 1544 an der Vikar zu Liebfrauen, Konrad Konstanzer. Er genoß den Schutz des Stadtschreibers, Gabriel Kroettlin, und offenbar einer Mehrheit des Rats. Dennoch gelang es Abt Gerwig Blarer von Weingarten, den weiteren Fortgang der Reformation erheblich zu behindern. Der sowohl von außen wie im Innern durch pro-reformatorische Kräfte stark bedrängte Rat erlangte erst durch den Beitritt zum Schmalkaldischen Bund im Frühjahr 1546 seine Handlungsfreiheit zurück und beschloß nun die endgültige Abschaffung der Messe innerhalb der Stadt.[6]

Der Sieg Karls V. über die Protestanten 1546/47 brachte für die Reformation in den oberdeutschen Reichsstädten gewaltige Rückschritte. In Ravensburg, zum Beispiel, gelang es den Äbten von Weingarten und Weissenau, die Kontrolle über die beiden Hauptkirchen der Stadt zurückzugewinnen. Den Protestanten blieb bloß die Karmeliterkirche. Die beiden Prädikanten, Konrad Konstanzer und Thomas Tilianus mußten die Stadt verlassen. Aus den Forschungen Erdmann Weyrauchs, Thomas Bradys und Jane Abrays kennen wir die Spannungen und Schwierigkeiten, in die Straßburg nach der Niederschlagung des Schmalkaldischen Bundes geriet. Unter den oberschwäbischen Reichsstädten wurde Konstanz am härtesten durch die Folgen des kaiserlichen Sieges betroffen. Seine unvorsichtige Weigerung, das Interim von 1548 anzunehmen, führte nicht nur zur habsburgischen Unterwerfung der Stadt, die ihre Reichsstandschaft verlor, sondern auch zu deren Rekatholisierung. In anderen Reichsstädten des oberdeutschen Raumes – auch in einzelnen katholischen wie Überlingen und Schwäbisch Gmünd – führte der Sieg Karls V. zu verfassungspolitischen Interventionen des Kaisers, die die Schwächung des zünftischen, in der Vergangen-

---

5 Hermann Tüchle, Die oberschwäbischen Reichsstädte Leutkirch, Isny und Wangen im Jahrhundert der Reformation, in: Zeitschrift für württembergische Landesgeschichte 29 (1970), S. 53–70, hier S. 54f. und S. 66–69.
6 Hans Georg Hofacker, Die Reformation in der Reichsstadt Ravensburg, in: Zeitschrift für württembergische Landesgeschichte 29 (1970), S. 71–125, hier S. 77–106; Alfons Dreher, Geschichte der Reichsstadt Ravensburg und ihrer Landschaft von den Anfängen bis zur Mediatisierung 1802, 2 Bde., Weißenhorn 1972, Bd. I, S. 386f.

heit besonders reformationsfreundlichen Elements zur Folge hatten. Auf die aus diesen Maßnahmen hervorgehenden sog. Hasenräte gehe ich hier nicht näher ein. Ich beschränke mich im Anschluß an Eberhard Naujoks und andere auf die Feststellung, daß ihre Institutionalisierung das patrizisch-kaiserfreundliche Ratsmilieu in den betroffenen Städten nicht unerheblich und über manche Generationen hinweg stärkte.[7] Der Sieg der Fürstenopposition gegen den Kaiser im Jahre 1552 brachte das kaiserliche Interim zu Fall und ermöglichte in vielen Städten die Rückkehr zum protestantischen Kultus. Zwar wurde im Augsburger Religionsfrieden von 1555 ein reichsstädtisches Reformationsrecht nicht explizit anerkannt, dennoch mußten nicht nur hinsichtlich der protestantisch gewordenen Territorien, sondern auch in Bezug auf die evangelischen Reichsstädte die faktisch bestehenden Verhältnisse anerkannt werden. Für die Städte Augsburg, Dinkelsbühl, Biberach, Ravensburg bedeutete dies zunächst die Tolerierung und schließlich – allerdings erst 1648 – die offizielle reichsrechtliche Anerkennung ihrer Bi-Konfessionalität.[8]

Durch das kaiserliche Interim und die Bestimmungen des Augsburger Religionsfriedens war die Dynamik der Stadtreformation zwar erheblich gebremst, doch noch nicht endgültig gebrochen. Hagenau, Colmar und Aalen gehörten zu den insgesamt sechs Reichsstädten, in denen sich die Reformation erst in den Sechziger- und Siebzigerjahren des 16. Jahrhunderts festzusetzen vermochte – in Hagenau freilich nur mit vorübergehendem Erfolg –, jetzt allerdings als Ratsreformation ohne deutlicheren kommunalen Anteil und als sektorale Vorgänge im Vergleich zu den reformatorischen Vorgängen der 1520er-Jahre. Die innerstädtische Einführung des protestantischen Kultus im Zuge dieser städtischen Reformationen hatte keineswegs die Abschaffung des katholischen Gottesdienstes in der betreffenden Stadt zur Folge.

Lassen Sie mich im Anschluß an diesen notwendigerweise knappen Überblick zur Frage nach den Akteuren und ihren Motiven übergehen.

---

7 Eberhard Naujoks, Obrigkeitsgedanke, Zunftverfassung und Reformation. Studien zur Verfassungsgeschichte von Ulm, Esslingen und Schwäbisch Gmünd, Stuttgart 1958, S. 120–126 und 148. Für Memmingen und Lindau s. auch Peter Eitel, Die oberschwäbischen Reichsstädte im Zeitalter der Zunftherrschaft. Untersuchungen zu ihrer politischen und sozialen Struktur unter besonderer Berücksichtigung der Städte Lindau, Memmingen, Ravensburg und Überlingen, Stuttgart 1970, S. 89; und für Ravensburg vgl. Dreher, Geschichte der Reichsstadt Ravensburg, Bd. II, S. 626f. (wie Anm. 6). Nur im katholischen Überlingen gelang es, die Veränderungen innerhalb einer Generation weitgehend rückgängig zu machen: vgl. Wilfried Enderle, Konfessionsbildung und Ratsregiment in der katholischen Reichsstadt Überlingen (1500–1618) im Kontext der Reformationsgeschichte der oberschwäbischen Reichsstädte, Stuttgart 1990, S. 130–134.

8 Paul Warmbrunn, Zwei Konfessionen in einer Stadt. Das Zusammenleben von Katholiken und Protestanten in den paritätischen Reichsstädten Augsburg, Biberach, Ravensburg und Dinkelsbühl von 1548 bis 1648, Wiesbaden 1983.

2.

Peter Blickle läßt mit dem Jahr 1525 bereits die durch ihn so benannte Phase der »Gemeindereformation« zu Ende gehen. Wenn etwa die Forderung nach Pfarrerwahl durch die Gemeinde einen unverzichtbaren Bestandteil dessen darstellte, was die Gemeindereformation ausmachte, dann läßt sich diese Chronologie nicht bestreiten. Genauso unbestreitbar ist es jedoch, daß die kommunalen Aspekte auch beim Fortgang der Stadtreformation nach 1525 bis in die 1540er Jahre hinein eine wichtige Rolle spielten. Sie wurden jedoch zunehmend einem Prozeß der Kontrolle und Disziplinierung durch innerstädtische sowie außerstädtische Kräfte unterworfen.

Lassen Sie mich in diesem Zusammenhang nochmals auf das Beispiel Ravensburgs zurückkommen. Es ist m. E. kein Zufall, daß dort die reformatorische Bewegung erst in den 1540er-Jahren an Bedeutung gewann. Voraussetzung für ihre breitere Entfaltung war die Verdrängung einzelner altgläubiger Ratsherren aus dem Kreis alteingesessener Familien durch homines novi aus den Zünften, wobei hier in mancherlei Hinsicht ein Vorgang nachvollzogen wurde, der sich anderswo bereits wenigstens ein bis zwei Jahrzehnte früher vollzogen hatte. Verfassungs- und reformationspolitische Verschiebungen verzahnten sich nun in wachsendem Maße. Während die reformatorische Bewegung 1541–45 die Protektion des benachbarten habsburgischen Landvogts, Hans Wilhelm von Laubenberg-Wagegg, genoß, gelangte 1544 das Amt des Bürgermeisters zum ersten Mal in zünftische Hand: Bartholomäus Hensler, Zunftmeister der Zimmerleute, war der erste zünftische Bürgermeister Ravensburgs. Nur wenige Wochen später hielt der Helfer Konrad Konstanzer seine erste reformatorische Predigt.

Heinrich Richard Schmidt hat in diesem Zusammenhang für die Jahre 1520–1529 überzeugend nachgewiesen, daß der Einfluß der städtischen Verfassung auf die jeweilige »Außenpolitik« einer Reichsstadt gegenüber Kaiser und Reich keinesfalls zu vernachlässigen ist. Das Beispiel Ravensburgs zeigt, daß dies auch noch in den 1540er-Jahren der Fall sein konnte, freilich unter anderen Voraussetzungen. Im Unterschied zu den 1520er-Jahren lagen nicht nur die reformationspolitische Position des Kaisers nunmehr klar zutage, sondern auch die konfessionspolitischen Optionen einer Stadt im regionalen und weiteren territorialen Umfeld. Doch dazu mehr im dritten Abschnitt meiner Ausführungen.

Entscheidende Akteure in Bezug auf die reichsstädtische Reformation der ersten Hälfte des 16. Jahrhunderts waren jedoch nicht nur die sich auf der Ebene der Gemeinde rekrutierenden und organisierenden reformatorischen Bewegungen, sondern in besonderem Maße auch die reformatorischen Prediger, um die herum sich reformatorische Bewegungen in ihrer Entstehungsphase gewissermaßen zu kristallisieren vermochten. Aus dem detaillierten Bericht des damaligen Stadtschreibers über die Unruhen in Colmar im Winter 1524/25 läßt sich zum Beispiel rekonstruieren, wie die noch bescheidenen Anfänge einer reformatorischen Bewegung orientierungslos ins Leere liefen, als der proreformatorische Prediger Hans (sein Nachname ist nicht bekannt) aus der Stadt weggewiesen wurde.[9] Vieles spricht für Wilfried Enderles These, die reformatorische Predigt sei die »conditio sine qua non einer gelungenen städtischen Reformation« gewesen.[10]

Durch was fühlten sich die Träger solch früher reformatorischer Bewegungen motiviert? Sicherlich stellte der im Adel, im Handwerkertum, unter den Bauern und nicht zuletzt auch innerhalb der pro-reformatorisch gesinnten Geistlichkeit der frühen 1520er-Jahre weit verbreitete und seit längerem fest verankerte Antiklerikalismus einen guten Beweggrund für reformatorisches Denken und Handeln dar. Vor allem Hans-Jürgen Goertz hat im letzten Jahrzehnt mit Nachdruck für diese Sichtweise geworben. Aber er muß gleichzeitig eingestehen, daß der Antiklerikalismus pro-reformatorischem Denken und Handeln zwar »Form und Richtung, nicht eigentlich den Inhalt« verliehen habe.[11] Wollen wir mehr über diesen »Inhalt« erfahren, sehen wir uns auf zeitgenössische Predigten und Flugschriften zurückverwiesen, also – mangels direkter Erlebnisberichte – auf indirekte Aussagen, die trotz aller intensiven Erforschung mit dem Nachteil behaftet bleiben, daß wir für das Verständnis der Rezeption, des eigentlichen Verständnisses von Predigten und Flugschriften durch die Zuhörer und das Lesepublikum, nach wie vor nicht um gewisse Vermutungen herumkommen.

Als Kern der reformatorischen Botschaft wird aus theologisch-kirchengeschichtlicher Sicht das neue Verständnis von Gesetz und Gnade hinsichtlich der Frage der Rechtfertigung des menschlichen Sünders vor Gott gesehen. Am radikalsten hat der Wittenberger Reformator Martin Luther diese Zusammenhänge neu gedacht. Wie weit haben diese nicht leicht verstehbaren und keineswegs griffigen theologischen Zusammenhänge Handwerker und Bauern als Träger reformatorischer Bewegungen inspiriert? Peter Blickle – und mit ihm auch Hans-Jürgen Goertz – hat verschiedentlich dafür argumentiert, daß für die Motivation der frühen reformatorischen Bewegungen eher kollektive Bezüge im Vordergrund gestanden hätten, daß mithin in diesem Zusammenhang das im Sinne genossenschaftlicher Bezüge und im Sinne von Brüderlichkeit verstandene Schriftprinzip eine gewichtigere Rolle gespielt habe. In der Flugschriftenforschung wird diese Sichtweise gestützt durch Mark Edwards, der betont hat, in den Flugschriften der frühen Reformationszeit habe die lutherische Recht-

---

9 Kaspar von Greyerz, »Liber or te seditionis inter nonnullos contra senatum...«. Die Colmarer Unruhen vom Dezember 1524/Januar 1525 aus der Sicht des Stadtschreibers Johannes Hummel, in: Heinrich R. Schmidt u. a. (Hg.), Gemeinde, Reformation und Widerstand. Festschrift für Peter Blickle zum 60. Geburtstag, Tübingen 1998, S. 371–389, hier 373 f.
10 Enderle, Konfessionsbildung und Ratsregiment, S. 39 (wie Anm. 7).
11 Hans-Jürgen Goertz, Antiklerikalismus und Reformation. Sozialgeschichtliche Untersuchungen, Göttingen 1995, S. 18.

fertigungslehre kaum eine Rolle gespielt. Nun ist Heinrich Richard Schmidt vor kurzem mit der These an die Öffentlichkeit getreten, die von Laien verfaßten Flugschriften der frühen Reformationszeit zeigten, daß die entsprechenden Autoren »Luther gut verstanden« hätten: »Sie haben seine Idee, der Mensch werde nicht aus eigener Kraft, sondern durch Gottes Gnade und aus Glauben gerecht, geteilt.«[12] Gleichzeitig betont er jedoch auch, daß die kollektiv verstandene Ethik der Brüderlichkeit und die individuell verstandene Theologie der Rechtfertigung sich keineswegs gegenseitig ausgeschlossen, sondern vielmehr sinnvoll ergänzt hätten. Die weitere Forschungsdiskussion wird zeigen, wie weit dieser Spagat trägt. Etwas irritierend wirkt dabei, daß Schmidts Kompromißvorschlag auf der Untersuchung der Flugschriften von bloß neun Autoren (darunter eine Autorin: Argula von Staufen) basiert. Die Frage ist angesichts der wahren Flut von Flugschriften, die aus der frühen Reformationszeit überliefert sind, wieviel Gewicht wir der Tatsache zubilligen wollen, daß es sich bei den neun untersuchten Autoren im Unterschied zur überwältigenden Mehrzahl der zeitgenössischen Verfasser von Flugschriften um Laien handelt.

Für den Nicht-Spezialisten könnten diese Erwägungen den (freilich durch Heinrich Richard Schmidt keineswegs intendierten) Schluß nahelegen, daß sich die frühe Stadtreformation auch in Oberdeutschland vornehmlich an Martin Luther orientiert habe. Dem steht die bald vierzigjährige These Bernd Moellers entgegen, daß der Erfolg der Theologie Huldrych Zwinglis und Martin Bucers gerade in der besonderen Art bestanden habe, wie die beiden Reformatoren in ihren theologischen Argumenten den Geist der freien Stadt aufgenommen hätten.

Zwingli und Bucer waren anfänglich stark durch das humanistische Reformdenken des frühen 16. Jahrhunderts beeinflußt. Ihr Kirchenbegriff verband sich von Anfang an mit dem politischen Postulat der »publica utilitas«, was sich bei Zwingli etwa darin äußerte, daß für ihn der reformatorische Auftrag von Anfang an unzertrennbar mit dem Kampf gegen das Söldnertum verknüpft war. Der Gedanke der Rechtfertigung stand für den Zürcher Reformator bei seiner Hinwendung zur Reform nicht im Vordergrund, sondern zunächst vor allem der erasmianische Gedanke der »imitatio Christi«, die Forderung also, daß der wahre Christ sich auch in seinem äußeren, sichtbaren Verhalten am Evangelium zu orientieren habe.[13] Durchaus folgerichtig war daher seine in den 67 Schlußreden vom Januar 1523 entwickelte Vorstellung, auch die Obrigkeit habe sich am Evangelium zu orientieren und wenn sie auf notorische Weise gegen diese Forderung verstoße, so hätten die Untertanen das Recht zum aktiven Widerstand. Martin

---

12 Heinrich Richard Schmidt, Die Ethik der Laien in der Reformation, in: Bernd Moeller (Hg.), Die frühe Reformation in Deutschland als Umbruch, Gütersloh 1998, S. 333–370, hier S. 369.
13 Fritz Buesser, Huldrych Zwingli. Reformation als prophetischer Auftrag, Göttingen 1973, S. 62 f.

Luther betonte dagegen die strikte Trennung zwischen der unsichtbaren Kirche der Gläubigen und der sichtbaren Kirche, die auf der Ebene des politischen Alltags einer strikten Trennung von geistlichem und weltlichem Reich entsprach. Daher sein in seiner Entschiedenheit sogar brutaler Widerstand gegen den Biblizismus der aufständischen Bauern von 1525.

James Stayer, Hans-Jürgen Goertz, Peter Blickle und andere haben verschiedentlich auf die Attraktivität zwinglischer Vorstellungen vom engen Verhältnis zwischen Gesetz und Evangelium im frühen Täufertum und, allgemeiner, unter den frühen Anhängern der Reformation und unter den Aufständischen von 1525 im ostschweizerischen und süddeutschen Raum hingewiesen.[14] Martin Brecht hat dagegen am Beispiel der Entstehung der Zwölf Artikel von 1525 in Memmingen die überragende Präsenz des Luthertums im süddeutschen Raum bereits in der frühen Reformationszeit nachzuweisen versucht.[15] Dieser Nachweis ist inzwischen vielfältig widerlegt – im städtischen Bereich schon allein dadurch, daß die zwinglische Vorstellung von der Einheit von politischer und kirchlicher Gemeinde überall dort auf fruchtbaren Boden fiel, wo die in Zürich initiierte Form des kirchlich-kommunalen Sittengerichts übernommen wurde, und das heißt in einer großen Zahl oberdeutscher und schweizerischer Städte. Zusätzlich widerlegt ist Brechts Nachweis durch die kaiserlichen und fürstlichen Bestrebungen vor allem der Zwanziger- und Dreißigerjahre des 16. Jahrhunderts, den Einfluß des Zwinglianismus im Reich aus politischen Motiven entschieden zurückzudrängen. Karl Siegfried Bader hat bereits vor vielen Jahren auf diese Bestrebungen hingewiesen.[16] Thomas Brady und Heinrich Richard Schmidt haben diesen Befund seither auf vielfältige Weise bestätigen können.

Am Vorabend des Augsburger Reichstages von 1530, wo mit der Präsentation des lutherischen Augsburger Bekenntnisses der reformatorische Alleinvertretungsanspruch des Luthertums auf Reichsebene zum ersten Mal symbolische Gestalt annahm, gehörte in Oberdeutschland noch die überwiegende Zahl der bereits protestantischen Reichsstädte in der einen oder anderen Weise zum zwinglianischen Lager: Allen voran Straßburg, Konstanz und Memmingen, sodann auch Ulm, Lindau, Kempten, Heilbronn, Reutlingen und Isny und – laut Heiner Schmidt – möglicherweise auch Nördlingen.

Seit den späteren 1520er-Jahren kristallisierte sich der Dissens innerhalb des Lagers der Evangelischen auf der kirchlich-dogmatischen Ebene in der Abend-

---

14 Zusammenfassend dazu Berndt Hamm, The Urban Reformation in the Holy Roman Empire, in: Thomas A. Brady, Jr. u. a. (Hg.), Handbook of European History 1400–1600, 2 Bde., Leiden 1994–1995, Bd. II, S. 193–216, hier S. 215.
15 Martin Brecht, Der theologische Hintergrund der Zwölf Artikel der Bauernschaft in Schwaben von 1525, in: Zeitschrift für Kirchengeschichte 85 (1974), S. 174–208.
16 Karl Siegfried Bader, Der deutsche Südwesten in seiner territorialstaatlichen Entwicklung, Stuttgart 1950, S. 181 f.; Ders., Die oberdeutsche Reichsstadt im alten Reich, in: Esslinger Studien 11 (1965), S. 23–42, hier S. 35.

mahlsfrage. Die vor allem durch Martin Bucer und den Landgrafen Philipp von Hessen betriebene Verständigung in dieser Frage erfolgte in der Wittenberger Konkordie von Ende Mai 1536. Sämtliche evangelischen Reichsstädte Oberdeutschlands – mit Ausnahme Konstanz' – schlossen sich ihr an. Damit intensivierte sich die sozusagen schleichende Lutheranisierung des oberdeutschen Protestantismus. Noch um die Mitte des Jahrhunderts war sie jedoch keineswegs abgeschlossen. Als 1555 im Augsburger Religionsfrieden das lutherische Bekenntnis (nicht jedoch das reformierte, d. h. zwinglianische oder calvinistische) zum ersten Mal reichsrechtliche Anerkennung fand, gehörten südlich der Rhein-Main-Linie nur Schwäbisch Hall, Heilbronn, Reutlingen, Rothenburg an der Tauber und Donauwörth zu den eindeutig lutherischen Städten. Die übrigen ganz oder partiell evangelischen Reichsstädte Oberdeutschlands nahmen zu diesem Zeitpunkt noch eine vermittelnde Position ein, wenn sie nicht – wie Mülhausen im Elsaß – ganz dem zwinglianischen Lager zuzurechnen waren.

Die Gründe für diese unterschiedliche dogmatische Entwicklung in der ersten Hälfte des 16. Jahrhunderts können hier nur stichwortartig genannt werden. Sie sind zum einen in einer gewissen Affinität zwischen der prononciert korporativen Verfaßtheit der oberdeutschen und schweizerischen Städte und Zwinglis Vorstellungen von der Verwirklichung des Evangeliums in der Welt zu suchen, zum andern sicherlich auch in der unterschiedlichen Kollektivbiographie der Wittenberger und der oberdeutschen Theologen. Hinsichtlich ihrer theologischen Ausbildung sind Martin Luther und seine engsten Wittenberger Mitarbeiter (mit Ausnahme Philipp Melanchthons) der Tradition der via moderna zuzurechnen, die meisten oberdeutschen und schweizerischen Stadtreformatoren hingegen der via antiqua.[17]

3.

Bereits der kurze Überblick über die Entwicklung der städtischen Reformation im Oberdeutschland des 16. Jahrhunderts im ersten Teil dieses Referats hat gezeigt, daß keine Reichsstadt in ihrer Entscheidung für oder gegen die Reformation völlig autonom war. Außenpolitische Zwänge und Rücksichtnahmen spielten je nach Lage einer bestimmten Stadt eine wichtige, manchmal sogar entscheidende Rolle. Heißt dies, daß überall am Ende der städtische Rat das Heft fest in der Hand hielt? Daß sich mit Wilfried Enderle folgender Schluß ziehen ließe: »Mißt man dem Druck der reformatorischen Bewegungen das entscheidende Verdienst an der Einführung der Reformation zu, wie das z. B. Brady oder auch Blickle tun, so unterschätzt man die Möglichkeiten der Obrigkeit. Gerade das Beispiel der katholisch gebliebenen Reichsstädte belegt, daß es durchaus

---

17 Dazu u. a. Heiko A. Oberman, Werden und Wertung der Reformation, Tübingen 1977.

möglich war, die Entstehung einer reformatorischen Bewegung zu verhindern, wie das in Überlingen der Fall war, oder auch, wie in einigen anderen katholischen Reichsstädten [gemeint sind: Rottweil und Schwäbisch Gmünd – KvG] sich gegen eine bereits entstandene Bewegung durchzusetzen.«[18] Ich denke, daß trotz der hier durch Enderle vorgenommenen Einschränkungen die Forschung der letzten Jahrzehnte im Blick auf die Zwanzigerjahre des 16. Jahrhunderts den weitestgehenden Konsens ergeben hat, daß in den wenigsten Fällen der städtische Rat bei der Einführung der Reformation die treibende Kraft war. Ebenfalls herrscht Konsens darüber, daß die Ereignisse von 1525 sowie die in den späten 1520er-Jahren einsetzende Konfessionalisierung die kirchenpolitische Position der Obrigkeiten – auch in den Städten – klar gestärkt haben. Deshalb, d. h. vor dem Hintergrund markanter Oligarchisierungstendenzen, die durch die Reformation und den Vorgang der Konfessionalisierung am Ende mit gefördert wurden, spielte bei der späten Stadtreformation der Druck von unten kaum noch eine wichtige Rolle.

Die habsburgische Präsenz in Oberschwaben und im Elsaß sowie von 1519 bis 1534 auch in Württemberg stärkte im Einzelfalle die altgläubigen Kräfte im Rat. Dies war in den elsässischen Reichsstädten der Fall, die dem elsässischen Zehnstädtebund angeschlossen waren, aber auch, so denke ich, zum Beispiel in Ravensburg vor den 1540er-Jahren angesichts der Nähe der habsburgischen Landvogtei, selbst wenn Enderle generell der Meinung ist, daß der »traditionell starke Einfluß der Habsburger« »gerade in den 1520er- und 1530er-Jahren« in Oberschwaben kaum zutage trat.[19] Außerhalb Oberschwabens spielte die habsburgische Nähe sowohl in Aalen wie im elsässischen Colmar eine wichtige ursächliche Rolle bei der zeitlichen Verlagerung des reformatorischen Geschehens von der ersten Hälfte des 16. Jahrhunderts in die 1570er-Jahre, als die höchst ambivalente Konfessionspolitik Maximilians II. die Räte der beiden Städte zur Einführung des protestantischen Kultus ermutigte.

Im oberschwäbischen Raum kam in den Zwanziger und frühen Dreißigerjahren des 16. Jahrhunderts hinzu, daß der Schwäbische Bund gewissermaßen einen verlängerten Arm Habsburgs darstellte, jedenfalls solange die Habsburger das Herzogtum Württemberg, aus welchem 1519 Herzog Ulrich durch den Schwäbischen Bund vertrieben worden war, kontrollierten. Bei der Niederschlagung des Bauernkriegs 1525 intervenierten die Truppen des Schwäbischen Bundes sowohl in Memmingen wie in Kaufbeuren. Während dieser Eingriff in Memmingen im Sinne einer Retardierung der Reformation bloß kurzfristige Folgen zeitigte, vermochte in Kaufbeuren die pro-reformatorische Partei erst in den 1540er-Jahren erneut Veränderungen zu bewirken, die – ähnlich wie im Falle Ravensburgs – 1546 mit dem Beitritt zum Schmalkaldischen Bund ihren Abschluß fanden.

---

18 Enderle, Konfessionsbildung und Ratsregiment, S. 47 (wie Anm. 7).
19 Ebd., S. 36.

Erfolg oder Mißerfolg der Reformation in der einzelnen Stadt hing also nicht allein von der Stärke der lokalen pro-reformatorischen Bewegung ab, sondern auch, und manchmal sogar in erheblichem Maße, von äußeren Einflüssen. In den frühen 1520er-Jahren übte Habsburg über das vorderösterreichische Regiment Druck im altgläubigen Sinne auf elsässische Reichsstädte aus, während Erzherzog Ferdinand zur selben Zeit seinen württembergischen Untertanen den Handel mit Reutlingen untersagte und auf diesem Wege zur Verzögerung des reformatorischen Umschwungs in dieser schwäbischen Reichsstadt beitrug. Die Interventionsmöglichkeiten, die der Bauernkrieg bot, wurden, wie wir gesehen haben, ebenso im Sinne der Stärkung der Tradition genutzt, nicht nur durch den Schwäbischen Bund unter Truchsess Georg von Waldburg, sondern auch im Elsaß durch den Herzog von Lothringen.

In den 1520er- und 1530er-Jahren wurde die Außenpolitik so manchen städtischen Rats, sofern es ihm gelang, gegen außen die Initiative zu behalten, durch Vorsicht diktiert, die zur Vermeidung ernsthafter rechtlicher, politischer oder militärischer Schwierigkeiten beitragen sollte. Dies erklärt freilich nicht nur, weshalb die Reformation im Einzelfall relativ lange brauchte, um sich festsetzen zu können, sondern genauso auch, daß die entscheidende Initiative in jenen Jahrzehnten in den meisten Fällen von zünftischer und gemeindlicher Seite zu erfolgen hatte.

Der alltägliche Gott im 17. Jahrhundert

Zur religiös-konfessionellen Identität der englischen Puritaner

Im deutschsprachigen Raum bleibt das populäre und zum Teil auch das wissenschaftliche Bild des englischen Puritanismus nachhaltig durch die Sichtweise Max Webers geprägt und beeinflußt, die dieser 1904/05 in seinem berühmten Aufsatz »Die protestantische Ethik und der Geist des Kapitalismus« entwickelte.[1] Für Weber bedeutete die protestantische Reformation des 16. Jahrhunderts nicht zuletzt die Ersetzung der bisherigen Form der kirchlichen Kontrolle über das Leben durch eine andere. »Und zwar«, um Weber zu zitieren, »die Ersetzung einer höchst bequemen, praktisch damals wenig fühlbaren, vielfach fast nur noch formalen Herrschaft durch eine in denkbar weitestgehendem Maße in alle Sphären des häuslichen und öffentlichen Lebens eindringende, unendlich lästige und ernstgemeinte Reglementierung der ganzen Lebensführung...«.[2] Aus dem Blickwinkel Max Webers erreicht die protestantische Verinnerlichung dieser »Reglementierung der ganzen Lebensführung« im englischen Puritanismus des 17. Jahrhunderts ihren Höhepunkt. Die Puritaner hätten aufgrund ihrer asketischen Lebensführung, systematischen Selbstkontrolle und der Umsetzung dieser Selbstkontrolle in ihrem Berufsleben in zukunftsträchtiger Weise den reformatorischen Gedanken, daß jeder durch Gott im Diesseits in eine konkrete Lebensaufgabe hineingestellt sei, verwirklicht.[3] Dem auf diesem Wege insbesondere durch die Puritaner ermöglichten »Geist des Kapitalismus« kam in den Augen Webers eine Scharnierfunktion zwischen Reformation und Entstehung der weitgehend säkularen, neuprotestantischen (um einen durch Ernst Troeltsch geprägten Begriff aufzunehmen) modernen Welt zu.[4] »Jener große re-

---

1 Max Weber, Die protestantische Ethik und der Geist des Kapitalismus, in: Die protestantische Ethik. Eine Aufsatzsammlung, Bd. 1, hg. v. Johannes Winckelmann, 7. durchges. Aufl., Gütersloh 1984, S. 27–277. Vgl. auch ebd., Bd. 2: Kritiken und Antikritiken, 4. erw. Aufl. Gütersloh 1982; Constans Seyfarth/Walter M. Sprondel (Hg.), Seminar: Religion und gesellschaftliche Entwicklung. Studien zur Protestantismus-Kapitalismus-These Max Webers, Frankfurt a. M. 1973; Richard Münch, Die Kultur der Moderne, Bd. 1: Ihre Grundlagen und ihre Entwicklung in England und Amerika, Frankfurt a. M. 1986.
2 Weber, Die Protestantische Ethik, S. 30 (wie Anm. 1).
3 Ebd., S. 126: »Die soziale Arbeit des Calvinisten in der Welt ist lediglich Arbeit ›in majorem gloriam Dei‹. Diesen charakter trägt daher auch die Berufsarbeit welche im Dienste des diesseitigen Lebens der Gesamtheit steht.«
4 Ernst Troeltsch, Die Bedeutung des Protestantismus für die Entstehung der modernen Welt (= Beiheft 2 der Historischen Zeitschrift), München ⁴1925, S. 25: »Der alte, echte Protestantismus des Luthertums und des Calvinismus ist als Gesamterscheinung trotz seiner antika-

ligionsgeschichtliche Prozeß der Entzauberung der Welt, welcher (…) alle magischen Mittel der Heilssuche als Aberglaube und Frevel verwarf«, fand nach Weber im Puritanismus seinen Abschluß: »Der echte Puritaner verwarf ja sogar jede Spur von religiösen Zeremonien am Grabe und begrub die ihm Nächststehenden sang- und klanglos, um ja keinerlei ›superstition‹, kein Vertrauen auf Heilswirkungen magisch-sakramentaler Art, aufkommen zu lassen. Es gab nicht nur kein magisches, sondern überhaupt kein Mittel, die Gnade Gottes dem zuzuwenden, dem Gott sie zu versagen sich entschlossen hatte. Verbunden mit der schroffen Lehre von der unbedingten Gottferne und Wertlosigkeit alles rein Kreatürlichen enthält diese innere Isolierung des Menschen einerseits den Grund für die absolut negative Stellung des Puritanismus zu allen sinnlich-*gefühls*mäßigen Elementen in der Kultur und subjektiven Religiosität – weil sie für das Heil unnütz und Förderer sentimentaler Illusionen und kreaturvergötternden Aberglaubens sind – und damit zur grundsätzlichen Abwendung von aller Sinnenkultur überhaupt. Andererseits aber bildet sie eine der Wurzeln jenes illusionslosen und pessimistisch gefärbten Individualismus, wie er in dem ›Volkscharakter‹ und den Institutionen der Völker mit puritanischer Vergangenheit sich noch heute auswirkt«.[5]

Dieses Zitat wirft im Lichte der neueren Forschung eine Reihe von Fragen auf, die hier nicht alle aufgegriffen werden können und sollen. Auf die Frage, was ein »echter Puritaner« sein könnte, soll am Ende dieser Ausführungen eingegangen werden. An dieser Stelle ist zunächst und vor allem davon auszugehen, daß in den Augen Max Webers für das Wesen des »echten Puritaners« nicht zuletzt der Einfluß der »schroffen Lehre von der unbedingten Gottferne und Wertlosigkeit alles Kreatürlichen« konstitutiv ist, d. h. der Einfluß des Prädestinationsdogmas. Damit ist im folgenden die vor allem von den Genfer Reformatoren und Theologen Johannes Calvin und Theodor Beza vertretene Lehre vom doppelten, sowohl Erwählung wie Verdammnis beinhaltenden, göttlichen Dekret gemeint, d. h. die in ihren Ursprüngen paulinische Lehre, daß Gott in seinem ewigen und unabänderlichen Ratschluß den Großteil der Menschheit zur ewigen Verdammnis bestimmt und nur den kleineren Teil zum ewigen Heil auserwählt

---

tholischen Heilslehre durchaus im Sinne des Mittelalters kirchliche Kultur, will Staat und Gesellschaft, Bildung und Wissenschaft, Wirtschaft und Recht nach den supranaturalen Maßstäben der Offenbarung ordnen (…). Der moderne Protestantismus seit dem Ende des 17. Jahrhunderts ist dagegen überall auf den Boden des paritätischen oder religiös indifferenten Staates übergetreten und hat die religiöse Organisation und Gemeinschaftsbildung im Prinzip auf die Freiwilligkeit und persönliche Überzeugung übertragen (…). Er hat ferner grundsätzlich neben sich ein völlig emanzipiertes weltliches Leben anerkannt, das er weder direkt noch indirekt durch Vermittlung des Staates mehr beherrschen will.«
5 Weber, Die protestantische Ethik, S. 123 (wie Anm. 1).

hat.[6] Der hier verwendete Begriff des »Prädestinationsglaubens« bezieht sich daher auf das *doppelte* Dekret, während mit dem Begriff des »Erwählungsglaubens«, sofern er alleine steht, nur der Glaube an die Erwählung durch Gott gemeint ist. Dem populären und zum Teil auch dem wissenschaftlichen Verständnis des englischen Puritanismus hat sich diese Sichtweise bis heute stark eingeprägt.[7] Einschränkend ist freilich hinzuzufügen, daß dieses Verständnis nur auf den Puritanismus der ersten Hälfte des 17. Jahrhunderts zutreffen kann, zum einen, weil sich der Puritanismus seit den vierziger Jahren desselben Jahrhunderts ohnehin in verschiedene, in der Lehre differierende Richtungen aufzuspalten begann, zum andern, weil die Prädestinationslehre nach der Mitte des 17. Jahrhunderts nur noch von radikaleren Calvinisten wie den sog. Independenten und den »particular Baptists« (unter ihnen John Bunyan) weiterhin hochgehalten wurde ansonsten aber versickerte. Die Presbyterianer, wie zum Beispiel der von Weber oft zitierte Theologe Richard Baxter (1615–91), waren keine einheitlichen Anhänger des Prädestinationsdogmas, obwohl sie sich, was ihre kirchliche und gesellschaftliche Bedeutung in ihrer Zeit betrifft, als Haupterben des vorrevolutionären Puritanismus bezeichnen lassen.[8]

Erst recht hatten die tonangebenden anglikanischen Theologen der Restaurationszeit nach 1660 wenig für den Prädestinationsgedanken übrig. Der der offiziellen Church of England nahestehende presbyterianische Kaufmann Ralph Thoresby notiert bezeichnenderweise am 4. September 1681 in seinem Tagebuch über den Unwillen, den eine Predigt über die Frage der Erwählung und Verdammnis unter einzelnen, theologisch versierten Mitgliedern der anglikanischen Gemeinde von Leeds ausgelöst hatte: »at our town old Mr. Cook and Garbut, all worthy good men, yet at great enmity about general redemption, though

---

6 Vgl. z. B. ebd., S. 118; sowie Richard A. Muller, Christ and the Decree. Christology and Predestination in Reformed Theology from Calvin to Perkins, Durham (NC) 1986; Dewey D. Wallace, Jr., Puritans and Predestination. Grace in English Protestant Theology, 1525–1695, Chapel Hill (NC) 1982, wobei im Hinblick auf das Folgende zu betonen ist, daß es sich bei Wallaces Studie um eine ausschließlich theologiegeschichtliche Arbeit handelt.
7 Vgl. oben Anm. 1 sowie u a. Robert K. Merton, Science, Technology and Society in seventeenth-century England, Brigthon 1978 (zuerst 1938); David Little, Religion, Order and Law. A study in pre-revolutionary England, Chicago 1984 (zuerst 1969).
8 Dazu und zum folgenden Henning Graf Reventlow, Bibelautorität und Geist der Moderne. Die Bedeutung des Bibelverständnisses für die geistesgeschichtliche u. polit. Entwicklung in England v. d. Reformation bis zur Aufklärung, Göttingen 1980, S. 249ff. Vgl. auch Charles Lloyd Cohen, God's Caress. The Psychology of Puritan Religious Experience, Oxford 1986, S. 115: »Weber's evidence that Puritans valued the methodical exercise of one's calling draws heavily on Baxter, (...) whose theology departs from Weber's ideal type of Puritanism on a critical issue. The Westminster confession of 1647, whose ›authoritative words‹ served as Weber's source on the subject, enshrine what is sometimes called ›double predestination‹, a construction that makes God responsible for the decrees of both election and refutation. Admitting the former, Baxter threw out the latter.«

in my slender opinion, many were much to blame (as Alderman L. and honest Mr. S.) to leave the Church, especially considering it is the fundamental doctrine of the Church of England, asserted in the very Articles of it; and to oppose the contrary, King James sent over four eminent divines to the Synod of Dort, but now it is almost out of fashion.«[9] Wie sehr die Prädestinationslehre tatsächlich »aus der Mode gekommen« war, zeigen die skeptischen Äußerungen des bekannten Diaristen Samuel Pepys (1633–1703) zu einer im November 1661 gehaltenen Sonntagspredigt: »In the afternoon went and sat with Mr. Turner in his pew at St. Gregory's (...) and heard Dr. Buck upon ›Woe unto thee, Corazin‹, & c; where he started a difficulty which he left to another time to answer, about why God should give means of grace to those people which he knew would not receive them, and deny to others which he himself confesses, if they had had them, would have received them, and they would have been effectuall too. I would I could hear him explain this when he doth come to it.«[10]

In der zweiten Hälfte des 17. Jahrhunderts hat die Prädestinationstheologie in England keine wichtige Rolle mehr gespielt. Bevor wir zu Ralph Thoresbys Behauptung zurückkehren, König Jakob I. sei ein Verfechter derselben gewesen, soll hier die Frage nach dem puritanischen Prädestinations- und Erwählungsglauben vor allem in der ersten Hälfte des 17. Jahrhunderts, also nach der Breiten- und Tiefenwirkung des Prädestinationsdogmas gestellt werden. Machte es auf grundlegende Weise die Identität der vorrevolutionären Puritaner und Puritanerinnen aus? »Wenn wir unter Konfession nicht nur ein äußerliches Bekenntnis, wenn wir unter Konfession auch einen Wandel innerer Einstellung verstehen«, so muß der Historiker den Versuch wagen, wie Hans Krawarick jüngst zu Recht betont hat, »jene Indikatoren aufzuspüren, mit denen die Erforschung von Motivationen, äußeren und inneren Haltungsänderungen möglich ist.«[11] Der im folgenden zu diesem Zwecke benutzte Indikator sind zeitgenössische Selbstzeugnisse, d. h. Tagebücher und Autobiographien.

Wer als Historiker mit semi-literarischen Quellen arbeitet, hat es nicht leicht, weil von ihm der Nachweis des unfehlbaren Realitätsbezugs seiner Quellen und weitere, sein unübliches Tun rechtfertigende quellenkritische und methodologische Vorüberlegungen erwartet werden. Hier sei betont, daß das Selbstzeugnis im englischen Puritanismus eine nicht zu unterschätzende Rolle spielte, und daß es deshalb einen einzigartigen Einblick in die Glaubenshaltungen und Glaubensansichten der jeweiligen Autoren und Autorinnen gewährt. Im übrigen

---

9 The Diary of Ralph Thoresby, hg. v. Joseph Hunter, London 1830, Bd. 1, S. 97.
10 The Diary of Samuel Pepys, hg. v. Robert Latham/William Matthews, 11 Bde., London 1970–83, hier Bd. 2, S. 211 (10.11.1661).
11 Hans Krawarick, Neue Methoden zur Erforschung konfessioneller Strukturen der Frühen Neuzeit, in: Archiv für Kulturgeschichte 7 (1988), S. 375–410, hier S. 375.

möchte ich meine Vorüberlegungen an dieser Stelle auf wenige Stichworte beschränken.[12]

Die Entwicklung der englischen Autobiographik setzt erst wirklich im letzten Drittel des 16. Jahrhunderts, also vergleichsweise sehr spät ein, entfaltet sich aber dann sehr rasch und in einem erstaunlichen Ausmaß, so daß uns heute für das 17. Jahrhundert an die 100 Autobiographien und etwa 300 Tagebücher überliefert sind.[13] Im folgenden beziehe ich mich auf die Untersuchung einer Auswahl aus diesem Material von insgesamt fünfzig Tagebüchern und Autobiographien, wobei im Rahmen dieses Aufsatzes vor allem dem Puritanismus nahestehende Autoren und Autorinnen zu Wort kommen sollen. Sie rekrutierten sich vorwiegend aus den mittleren und oberen Schichten der damaligen englischen Gesellschaft. Es wird hier also keine die gesamte damalige Gesellschaft Englands der Stuartzeit einbeziehende Analyse beabsichtigt. Außerdem liegt der Schwerpunkt des Folgenden den Gattungsmerkmalen der vorwiegend benutzten autobiographischen Quellen entsprechend mehr auf Glaubens*ansichten* als auf Glaubens*praxis*.

Zum religiösen Leben der untersuchten Autoren und Autorinnen gehörte nicht zuletzt die Auseinandersetzung mit der Sünde und mit Fragen der persönlichen und kollektiven Heiligung, d. h. der »Verchristlichung« der eigenen Lebensführung und derjenigen der Familie sowie des Lebens der Nachbarn und der Gemeinde. Diesem Themenkreis werde ich mich zunächst zuwenden, um dann anschließend kurz das Verhältnis der englischen Puritaner und – darüber hinaus – der englischen Protestanten des 17. Jahrhunderts zum Katholizismus zu betrachten. Als Ausgangspunkt dazu bediene ich mich zunächst vorwiegend sogenannter spiritueller Zeugnisse.

Grundlegend in inhaltlicher Hinsicht für die Spielart des spirituellen Selbstzeugnisses ist die regelmäßige spirituelle »Buchhaltung«, wie sie in englischen Selbstzeugnissen durchgehend vom späten 16. bis zum späten 17. Jahrhundert immer wieder anzutreffen ist. Bereits in den frühesten uns bis heute bekann-

---

12 Ausführlicher hierzu und zum folgenden Kaspar von Greyerz, Vorsehungsglaube und Kosmologie. Studien zu englischen Selbstzeugnissen des 17. Jahrhunderts, Göttingen 1990. Außerdem stütze ich mich auf den folgenden Seiten auch auf meinen Aufsatz »La vision de l'autre chez les auteurs autobiographiques anglais du XVIIe siècle«, in: Alain Ducellier/ Robert Sauzet (Hg.), Les frontières religieuses aux XVIe et XVIIe siècles. Actes du XXXIe colloque international d'études humanistes, Paris 1990, S. 59–68.

13 Vgl. Greyerz, Vorsehungsglaube und Kosmologie, Einleitung u. Kap. 1 (wie Anm. 12); außerdem Elisabeth Bourcier, Les journaux privés en Angleterre de 1600 à 1660, Paris 1976; Paul Delany, British Autobiography in the Seventeenth Century, London 1969; Dean Ebner, Autobiography in Seventeeth-Century England, Den Haag 1971; Owen C. Watkins, The Puritan Experience, London 1972. Vgl. auch die einige wichtige allgemeine Bemerkungen zur Diaristik und Autobiographik enthaltende Einleitung der Herausgeber in An Astrological Diary of the Seventeenth Century. Samuel Jeake of Rye, 1652–1699, hg. v. Michael Hunter/Annabel Gregory, Oxford 1988, S. 1–81.

ten spirituellen Selbstzeugnissen Englands der Nachreformationszeit, in den Tagebüchern der puritanischen Geistlichen Richard Rogers und Samuel Ward aus den Jahren 1587-90 bzw. 1595-1630, wobei allerdings keine regelmäßigen, täglichen Aufzeichnungen überliefert sind, macht sie den Kern der vorliegenden Texte aus. Rogers überwacht seinen inneren, spirituellen Gewinn in Studium, Gebet und Meditation, lobt sich für entsprechende Erfolge und tadelt sich öfters für Konzentrationsmängel und für Rückfälle in den Zustand der Versuchung: »this after noone I felt a strounge desire to inioy more liberty in thinkkinge upon some vaine things which I had lately weaned my selfe from.«[14] Samuel Ward wirft sich unter anderem verschiedentlich seine sexuellen Neigungen (»adulterous thoughts«) vor, wie auch seine mangelnde Intensität und Hingabe im Gebet, seinen übertriebenen Ehrgeiz und sein zu ausgiebiges Ausschlafen.[15] Wie im Falle dieser beiden Autoren gelten auch in der Folgezeit solche und ähnliche Betrachtungen zumeist dem doppelten Ziel der geistlichen Stärkung gegenüber Anfechtungen im Glauben und sündhaften Versuchungen und der methodischen Ausgestaltung des eigenen Lebens, der systematischen Nutzung der vorhandenen Zeit.

In englischen spirituellen Zeugnissen wurde Zeit im 17. Jahrhundert in aller Regel nicht als immanente Gesetzmäßigkeit, sondern als die von Gott geschenkten Stunden und Tage verstanden. Vor dem Hintergrund der hohen Sterblichkeit der Zeit und der sich bis zu ihrem letzten Auftauchen in England 1665/66 immer wieder mit Gewalt zurückmeldenden Pest war die Forderung nach optimaler Zeitnutzung auch für Nicht-Puritaner mehr als ein bloßes Schlagwort. Wie die überlieferten Selbstzeugnisse zeigen, nahmen freilich Zeitnutzung und -ersparnis im Umfeld des Puritanismus, und auch noch unter Presbyterianern des späten 17. Jahrhunderts, besonders ausgeprägte Formen an. In seine autobiographischen Aufzeichnungen hat der presbyterianische Kaufmann Gervase Disney wohl kurz vor seinem Tod (1691) Lebensratschläge an seine Ehefrau aufgenommen. Dort findet sich neben anderen Maximen die Aufforderung:

»Redeem Time; I can from my own Experience tell thee, a Review in Riper-years of lost Time in youth, will prove sad, and cost dear; and be assured that Time's lost, that's spent either in Eating, Drinking, Sleeping, Visiting or Sportings, more than Neccessity requires.«[16]

Eine zentrale Rolle spielt dieser Gedanke, insbesondere die in geistlicher Hinsicht richtige, disziplinierte Einhaltung des »Sabbats«, d.h. die Sonntagsheili-

---

14 Two Elizabethan Puritan Diaries by Richard Rogers and Samuel Wald, hg. v. Marshall M. Knappen, Chicago 1933, S. 59 (12.9.1587).
15 Ebd., S. 103-23.
16 Some Remarkable Passages in the Holy Life and Death of Gervase Disney, Esq…, London 1692, S. 126.

gung, in den Aufzeichnungen des Studenten Sir Simonds d'Ewes (1602–50) aus den zwanziger Jahren des 17. Jahrhunderts. Am 23. Februar 1623 wirft er sich vor: »Still one idle begining drawes on manye consequents, for as I had not spent the precedent day well, nor the weeke, soe neither did I this blessed Lords day, for all which I beseech my good God to forgive mee.«[17] In solchen und ähnlichen Äußerungen scheint die von Max Weber verschiedentlich angesprochene innerweltliche Askese der Puritaner auf. Die Frage, die allerdings an dieser Stelle noch offen bleiben muß, ist freilich, ob diese Askese tatsächlich als Ausdruck des Prädestinationsglaubens zu werten ist.

Bei den primär religiös motivierten englischen Selbstzeugnissen der Zeit handelt es sich nicht nur um Aufzeichnungen aus gebildeten Kreisen. Ähnlich wie die bisher erwähnten Autobiographien führt auch der Grossbauer (Yeoman) Adam Eyre aus Yorkshire in seinem für die Jahre 1647/48 fragmentarisch überlieferten Tagebuch über die Höhe- und Tiefpunkte seines Seelenlebens Buch und verzeichnet daneben Streitigkeiten mit seiner Ehefrau, die sowohl aus materiellen Gründen als auch darum ausgebrochen sind, weil Eyre seine Frau offenbar gegen ihren Willen zu einem frommeren Lebenswandel zwingen möchte.[18] Neben Eyres Aufzeichnungen gewährt das Tagebuch des Krämerlehrlings Roger Lowe aus Ashton-in-Makerfield (Lancashire) einen interessanten Einblick in die Dorfgesellschaft der damaligen Zeit. Roger Lowe, dessen Gedanken immer wieder um die eigene Brautwerbung kreisen, ist zwar in geistlichen Dingen nicht so strikt wie der soeben aus dem Bürgerkrieg heimgekehrte Adam Eyre. Aber selbst bei ihm fehlt die spirituelle Beobachtung seiner selbst keineswegs.[19] In der zweiten Hälfte des 17. Jahrhunderts wird die spirituelle Selbstüberwachung vor allem durch eine Reihe nonkonformistischer autobiographischer Autoren perfektioniert. Es handelt sich dabei sowohl um Geistliche wie Richard Baxter, Oliver Heywood, Henry Newcome und George Trosse, als auch um Laien wie Gervase Disney, Elias Pledger, Ralph Thoresby und viele andere. Außerdem stellt die (freilich unsystematische) religiöse Selbstexaminierung auch einen nicht zu unterschätzenden Aspekt autobiographischer Aufzeichnungen dar, die in jenen Jahren im Umfeld des Anglikanismus entstanden, wie zum Beispiel die durch Alice Thornton und Lady Elizabeth Delaval hinterlassenen Zeugnisse.[20] Der Teu-

---

17 The Diary of Sir Simonds d'Ewes (1622–1624), hg. v. Elisabeth Bourcier, Paris1974, S. 122.
18 Adam Eyre, A Dyurnall, or catalogue of all my accions and expences from the 1st of January 1646, in: Yorkshire Diaries and Autobiographies, hg. v. Charles Jackson, London 1877, Bd. 1, S. 1–118.
19 The Diary of Roger Lowe of Ashton-in-Makerfield, Lancashire, 1663–74, hg. v. William L. Sachse, London, New York u. Toronto 1938.
20 The Autobiography of Mrs. Alice Thornton of East Newton, Co. York, hg. v. C. Jackson, London 1875; The Meditations of Lady Elizabeth Delaval, written between 1662 and 1677, hg. v. Douglas G. Greene, Gateshead 1978.

fel, wie die Gentry-Angehörige Alice Thornton (1627–1706) betont, ist in unserem Leben stets präsent und setzt alles daran, die Menschheit zu ruinieren, »auf mehr Wegen als wir erkennen oder verstehen können.«[21] Da hilft am Ende nur die regelmäßige Selbstexaminierung, deren Programm der Presbyterianer Gervase Disney 1691, in zwölf Punkten zusammenfaßt. Darunter figurieren unter anderem Fragen nach der persönlichen Erwählung, nach der Meidung unfrommer Gesellschaft, nach der Reue über begangene Sünden, nach dem Fleiß in derer Bekämpfung und nach der Heiligung des Sonntags.[22]

Wie erwähnt, stütze ich mich hier vorwiegend auf spirituelle bzw. auf primär religiös motivierte Selbstzeugnisse. Aber selbst in den nicht-puritanischen autobiographischen Aufzeichnungen der Zeit fehlt der Aspekt der Andacht und Selbstkontrolle nicht ganz, wenngleich man natürlich – da es sich eben um nicht-puritanische Zeugnisse handelt – die Systematik und Methode vergeblich sucht. Auffallend ist, daß es sich bei dieser Kategorie vorwiegend um Zeugnisse von Frauen handelt. Für die zweite Hälfte des 17. Jahrhunderts sind Alice Thornton und Lady Elizabeth Delaval als entsprechende Autorinnen bereits genannt worden. In Bezug auf die frühere Stuartzeit wäre auf das Tagebuch der dem englischen Hochadel angehörenden Lady Ann Clifford hinzuweisen. Sie verzeichnet zum Beispiel ihre Weigerung, angesichts der andauernden Erbstreitigkeiten zwischen ihr und ihrem Ehemann am Karfreitag 1619 das Sakrament zu empfangen, und zeigt damit, daß der überlieferte Glaube an die gemeinschaftsstiftende Funktion des Abendmahls damals nicht nur durch die Puritaner stark empfunden wurde.[23] Für die spirituelle Elite des Landes dagegen gehörte die geistliche Selbstkontrolle, die andere periodisch im Hinblick auf den bevorstehenden Abendmahlsempfang betreiben, gewissermaßen zur täglichen Übung. Einen Höhepunkt stellte dabei das Bekehrungserlebnis dar, welches für die Zukunft erst recht zur spirituellen Selbstbeobachtung verpflichtete.[24] Das machen Bemerkungen der Gentry-Angehörigen Margaret Hoby besonders deutlich, einer puritanischen Autobiographin der »ersten Stunde«: »I went to (...) preparation to the

---

21 The Autobiography of Mrs. Alice Thornton, S. 4 (wie Anm. 20).
22 Holy Life and Death of Gervase Disney, S. 100–102 (wie Anm. 16). Eine ähnliche Liste findet sich in der Autobiographie des presbyterianischen Geistlichen Henry Newcome: The Aurobiography of Henry Newcome, hg. v. Richard Parkinson, 2 Bde., Manchester 1852, Bd. 1, S. 45 (1653).
23 The Diary of the Lady Ann Clifford, hg. v. V. Sackville-West, London 1923, S. 91. Vgl. dazu auch John Bossy, Blood and Baptism. Kinship, community and Christianity in Western Europe from the fourteenth to the seventeenth centuries, in: Derek Baker (Hg.), Sanctity and Secularity. The Church and the World, Oxford 1973, S. 129–43.
24 Vgl. Remarkable Passages in the Life of William Kiffin: written by himself, hg. v. William Orme, London 1823, S. 4–5; The Life of Adam Martindale written by himself, hg. v. Richard Parkinson, Manchester 1845, S. 35–36; Holy Life and Death of Gervase Disney, S. 39–40 (wie Anm. 16).

supper of the Lord by takinge an account what breaches I had made in my faith, since I found that I hadd it.«[25]

Aber es ist bereits einleitend darauf hingewiesen worden, daß Prädestinationslehre und -glaube in England nach der Mitte des 17. Jahrhunderts keine wichtige Rolle mehr spielten. Unter den Puritanern und ihren geistigen Erben vermochte sich im Laufe des 17. Jahrhunderts eine Form des Glaubens an Gottes spezielle Providenz, an die Präsenz göttlicher Vorsehung im diesseitigen Alltag breit zu machen, die ganz im Gegensatz zu den Intentionen Johannes Calvins den Willen Gottes in dieser Welt möglichst sichtbar (und dadurch im Grunde auch berechenbar) zu machen suchte.[26] Die diesem Vorsehungsglauben zugrundeliegende Überzeugung, daß Unglücksfälle, Krankheiten, Epidemien, Erdbeben, Sturmfluten und ähnliche Vorfälle als Gottesstrafen für begangene Sünden zu betrachten seien, stärkte beim Einzelnen den Willen zur persönlichen Heiligung, zur geistlichen Perfektionierung der eigenen Lebensführung, um sich so mit Gott nicht allein für das Jenseits, sondern auch schon im Hier und Jetzt gut stellen zu können. Für die zunehmende Bedeutung dieser Form des Vorsehungsglaubens im religiösen Leben der Zeitgenossen und insbesondere der Puritaner und ihrer geistigen Erben des späteren 17. Jahrhunderts legen die Tagebücher und Autobiographien der Zeit ein beredtes Zeugnis ab.[27] Im Gegensatz zur Prädestinationslehre implizierte dieser Vorsehungsglaube in aller Regel die Universalität der göttlichen Gnade sowie den freien Willen. Nur eine in dogmatischer Hinsicht besonders strikte, kleine Minderheit radikaler Calvinisten stellte eine direkte Verbindung zwischen Vorsehungs- und Prädestinationsgedanken her, wie zum Beispiel John Bunyan, der Gottes spezielle Providenz für die Auserwählten unter den Frommen reservierte: »But oh, how did my soul, at this time, prize the preservation that God did set about his people! Ah, how safely did I see them walk, whom God had hedged in! They were within his care, protection, and special providence.«[28]

In dem Maße nun, wie der Vorsehungsglaube den Prädestinationsglauben immer mehr zu unterlaufen begann, verlor auch die genaue zeitliche und räumliche Bestimmung der eigenen Bekehrung für den spirituellen oder primär religiös motivierten Autobiographen an Bedeutung. Es ist bezeichnend, daß die

---

25 Diary of Lady Margaret Hoby, 1599-1605, hg. v. Dorothy M. Meads, London 1930, S. 91 (22.12.1599).

26 Ronald J. van der Molen, Providence as mystery, providence as revelation. Puritan and Anglican modifications of John Calvin's doctrine of providence, in: Church History, 47 (1978), S. 27-47.

27 Vgl. Greyerz, Vorsehungsglaube und Kosmologie (wie Anm. 12) und Gerd Birkner, Heilsgewißheit und Literatur. Metapher, Allegorie und Autobiographie im Puritanismus, München 1972, S.152ff.

28 John Bunyan, Grace Abounding to the Chief of Sinners, in: Ders., Grace Abounding and The Life and Death of Mr. Badman, hg. v. G. B. Harrison, London 1928, S. 1-102, hier S. 47-8.

beiden presbyterianischen Geistlichen Richard Baxter und Oliver Heywood auf eine genaue zeitliche Bestimmung ihrer Konversion verzichten zu können glauben.[29] Beide Autoren schreiben ihre Aufzeichnungen in den sechziger Jahren des 17. Jahrhunderts und später nieder. Mit dem Rückgang des Prädestinationsglaubens verlor auch das Bekehrungserlebnis seinen wichtigen biographischen Stellenwert, weil im autobiographischen Schrifttum der Zeit die Zuversicht hinsichtlich der eigenen Erwählung primär durch den Hinweis auf die erlebte Bekehrung gerechtfertigt wurde.[30] Im Rahmen des aufkommenden Vorsehungsglaubens zählte dagegen weniger die einmalige, besondere Auszeichnung durch die Konversion, sondern vielmehr das (all-)tägliche Wohlverhalten vor Gott, zum Beispiel durch die Meidung unfrommer Gesellschaft.[31] Die Tatsache, daß ein so

---

29 The Rev. Oliver Heywood, B.A., 1630–1702. His Autobiography, Diaries, Anecdote and Event Books, hg. v. J. Horsfall Turner, 4 Bde., Brighouse 1881–82/Bingley 1883–85 (= Bde. 3 u. 4), hier Bd. 1, S. 80 u. 155; Reliquiae Baxterianae or, Mr. Richard Baxters Narrative of the Most Remarkable Passages of his Life and Times, hg. v. Matthew Sylvester, London 1696, part I, S. 3–4: Baxter berichtet, wie er als Junge zur Lektüre eines alten Buches gelangte, »which was called Bunny's Resolution, (being written by Parson's the Jesuit, and corrected by Edm. Bunny). (...) And in the reading of this Book (when I was about Fifteen Years of Age) it pleased God to awaken my Soul...«. Danach weist der Autor auf weitere Erbauungslektüre seiner Jugendzeit hin und fährt dann fort: »Yet whether sincere Conversion began now, or before, or after, I was never able to this day to know« (Hervorhebungen im Original). Zu »Bunny's Resolutions« und ihrer Verbreitung in übersetzter und überarbeiteter Form in Deutschland, vgl. Udo Sträter, Sonthom, Bayly, Dyke und Hall. Studien zur Rezeption der englischen Erbauungsliteratur in Deutschland im 17. Jahrhundert, Tübingen 1987, S. 60–67.

30 Eine explizite Erwähnung der Prädestinationslehre im englischen autobiographischen Schrifttum ist mir – außer der oben S. XXX [im Original S. 14] zitierten Stelle aus dem Tagebuch Ralph Thorebys – nur in zwei Fällen bekannt. Vgl. Rachel Weigall, An Elizabethan Gentlewoman. The Journal of Lady Mildmay, in: Quarterly Review 215 (1911), S. 119–38, hier S. 128: »All that are conceived and born into this worlde shall either be saints in Heaven, electe children of God, or be damned reprobates...«. Zum inzwischen neu lokalisierten Manuskript dieser bisher nur fragmentarisch bekannten Lebensbeschreibung, vgl. Retha M. Warnicke, Ledy Mildmay's Journal. A study in autobiography and meditation in Reformation England, in: Sixteenth Century Journal 20 (1989), S. 55–68. Die zweite Stelle findet sich in den Aufzeichnungen des Presbyterianers Elias Pledger von der Wende zum 18. Jahrhundert: Ders., Autobiographie und Tagebuch (Manuskript), Dr. Williams' Library, London, Ms. 28.4., fol. 6r.: »At my first Conversion I was much troubled in my thoughts least I should not be Elected for I thought with my self If I am Elected I shal be saved notwith[standing] all my wickednes, if not I shall not, notwithstanding all my Endeavours.«

31 Diary of Lady Margaret Hoby (wie Anm. 25), S. 131: »... walked with a stranger with whom I had little good talke, and therfore the time, as ill bestowed, I greeued for« (9.7.1600); Adam Eyre, A Dyurnall (wie Anm. 18), S.86: »This weeke (...) God Allmighty hath kept me from danger, praised be his holy name therefore; but I have lived very vainely in idle company, and feasting and ryott. God Allmighty in mercy forgive mee, and lay not these sinnes to my charge« (7.1.1648). Vgl. auch Autobiography of Mary Countess of Warwick, hg. v. T. Crofton Croker, London 1848, S. 21.

überzeugter Puritaner wie der Londoner Drechsler Nehemiah Wallington in den vierziger Jahren des 17. Jahrhunderts fest an die Möglichkeit glauben konnte, durch den Umgang mit frommen Gesinnungsgenossen sei der Himmel zu erlangen, zeigt, wie sehr die vor allem im Vorsehungsglauben wurzelnden Vorstellungen von der Möglichkeit persönlicher Heiligung zu diesem Zeitpunkt den Prädestinationsgedanken bereits relativiert hatten.[32]

Im theologischen Bereich war diese frömmigkeitsgeschichtliche Wende freilich bereits seit Beginn des 17. Jahrhunderts eingeleitet worden.[33] Noch vor dem Ende der elisabethanischen Zeit verlagerte sich nämlich die Aktivität der frühen puritanischen Theologen von der kirchenpolitischen Arena stärker in die Pastoraltheologie. Diese Entwicklung ergab sich sowohl aus der äußeren kirchenpolitischen Situation als zunächst auch aus der Gefahr des kirchlichen Separatismus in den eigenen Reihen. Sie führte zu einer fortschreitenden Psychologisierung des Glaubens. Entscheidend daran beteiligt war die Umgestaltung der Prädestinationslehre Johannes Calvins durch dessen Nachfolger Theodor Beza; denn dieser verschärfte die entsprechenden Aussagen Calvins dadurch, daß er behauptete, das Sühnopfer Christi sei allein für die Erwählten erbracht worden. Gewissermaßen um diese beträchtliche Verengung des Heilsangebots auszugleichen, forderte der Calvin-Nachfolger andererseits die spirituell-psychologische Selbstbeobachtung des Einzelnen. In England wurde dieser Wandel seit den achtziger Jahren des 16. Jahrhunderts durch Prediger und Theologen wie Richard Greenham und William Perkins aufgenommen und weiter vorangetrieben.[34] Im Rahmen der sich von da an zusehends erweiternden puritanischen Kasuistik entstand nun eine neue Form der Erbauungsliteratur, die schon im Titel ihren Zweck zu erkennen gibt: *A case of conscience, the greatest that ever was: How a man may Know whether he be the child of God or no* (1592) und *The Plaine Mans Pathway to Heaven. Wherein every man may clearly see whether he shall be saved or damned* (1601). In diesen Traktaten William Perkins' und Arthur Dents, denen sich in den folgenden Jahrzehnten zahlreiche weitere kasuistische Werke hinzugesellen sollten, wurden den Laien handbuchartige Anleitungen in

---

32 Paul S. Seaver, Wallington's World. A Puritan Artisan in Seventeenth-Century London 1985, S. 103–104. Ähnlich äußert sich bereits 1610 die fromme Dyonisia Fitzherbert in ihren bisher ungedruckten Aufzeichnungen: Bodleian Library, Oxford, Ms. e Musaeo 169, fol. 6r (in Briefform): »... and you most dearly beloved if you giue hede & be wachfull not turning the grace of god into wantonnes (...) but give rather all dilygenc to make your calling & election shur by a continuall excercis in all godlynes & vertu, for if you do thes things you shall never fall.« Zu Wallington vgl. auch Gerald Aylmer, Collective Mentalities in Mid Seventeenth-Century England: I. The Puritan Outlook, in: Transactions of the Royal Historical Society (5th series) 36 (1986), S. 1–25, bes. 21–24.
33 Den hier folgenden Abschnitt entnehme ich meiner Untersuchung »Vorsehungsglaube und Kosmologie« (wie Anm. 12), Kap. 4, Abschn. b.
34 Cohen, God's Caress (wie Anm. 8), S. 10f.

die Hand gegeben, nach denen sie mittels der äußeren Zeichen ihrer Heiligung auf ihre Erwählung im Gnadenstand schließen konnten. Damit aber konnte die reformatorische Ablehnung jeglicher Werkgerechtigkeit bis zu einem gewissen Grade unterlaufen werden. Auf dem Wege der Instrumentalisierung der Heilsgewißheit wurde somit der ewige Ratschluß des Gottes Calvins allmählich seines Mysteriums entkleidet. Die pastoral-theologische Kasuistik der puritanischen Theologen förderte das mächtige Aufkommen des Vorsehungsglaubens im 17. Jahrhundert. Verstärkt und intensiviert wurde die angesprochene frömmigkeitsgeschichtliche Wende außerdem durch den Anspruch des Puritanismus auf kollektive Heiligung. Auch er wurzelte ebenfalls vorwiegend im Vorsehungsglauben der Zeit. Wie die bereits erwähnten Gervase Disney und Nehemiah Wallington betrachteten wohl sehr viele Puritaner die Meidung unfrommer Gesellschaft als wesentliche Voraussetzung ihrer persönlichen Heiligung. Wer aber in seiner näheren Nachbarschaft nicht über fromme Mitstreiter verfügen konnte, mußte sich diese erst einmal schaffen. Aus dem Anspruch auf individuelle Heiligung konnte mit anderen Worten leicht ein solcher auf kollektive Heiligung erwachsen, speziell wenn die Gefahr bestand, durch den sündhaften Lebenswandel der Nachbarn vor Gott gewissermaßen kontaminiert zu werden.[35]

Christopher Hill hat vor wenigen Jahren die wohl begründete Vermutung geäußert, daß englische Puritaner in den Dreißiger Jahren des 17. Jahrhunderts sich nicht zuletzt deshalb zur Auswanderung entschlossen, weil sie in ihrer Heimat das göttliche Strafgericht für die Sünden der Nation für unabwendbar hielten.[36] In der Tat findet sich in John Winthrops *Reasons to be considered for justifieinge the ... plantation in New England* von 1629 u. a. die Feststellung: »All other Churches of Europe are brought to desolation and our sinnes for which the lord beginns already to frowne upon us, doe threaten us fearfully, & who knowes but that god hath provided this place to be a refuge for many whom he meanes to save out of the general calamitie«[37] Jedenfalls ergab sich für Auswanderer wie Daheimgebliebene aus ihrer Furcht vor Gottesstrafen geradezu ein Imperativ der kollektiven Heiligung. Die zeitgenössische Verbreitung des Glaubens an Gottesstrafen spiegelt sich in der Popularität des *Theatre of Gods Judgements* des

---

35 Daß diese Vorstellungen der Kontaminierung oder der »Pollution« – um einen in der Sozialanthropologie gängigen Begriff zu übernehmen – im 16. und 17. Jahrhundert im nachbarschaftlichen Bereich weit über den Puritanismus hinaus verbreitet waren, zeigen z. B. die Hexenverfolgungen. Vgl. auch Natalie Z. Davis, The rites of violence, in: Dies., Society and Culture in early modern France, Stanford 1975, S. 752–87, hier S. 159.
36 Christopher Hill, God and the English Revolution, in: History Workshop Journal 17 (1984), S. 19–31, hier S. 21.
37 John Winthrop, Reasons to be considered, in: Jack P. Creene (Hg.), Settlements to Society, 1607–1763. A Documentary History of Colonial America, New York 1975, S. 62–63. Den freundlichen Hinweis auf diese Quelle verdanke ich Herrn Prof. Dr. K. Deppermann.

Puritaners Thomas Beard.[38] Das Buch erschien zuerst im Jahre 1597 und wurde in den folgenden Jahrzehnten verschiedentlich neu aufgelegt.

Ganz im Sinne Beards verzeichneten auch fromme Autobiographen der Zeit Gottesstrafen, die ausgesprochene Sünder ereilten.[39] Oft waren diese Sünder freilich bloße Widersacher im Glauben, wie zum Beispiel in den vom presbyterianischen Geistlichen Henry Newcome festgehaltenen, dem Autor zum Teil nur vom Hörensagen bekannten Fällen. Im einzelnen erwähnt sei hier nur die Geschichte des armen Müllers, der Henry Newcome und alle Presbyterianer zum Teufel wünscht und der darauf postwendend, wie Newcome berichtet, in Manchester vom Pferd stürzt und dabei beinahe umkommt.[40] Im Rahmen eines Geschichtsbildes, in welchem Geschichte im Sinne des damaligen Vorsehungsglaubens weitgehend als die Offenbarung Gottes durch seine belohnenden und strafenden Interventionen im Diesseits begriffen wurde, stellten solche Episoden wichtige negative Exempla dar.

Vor allem in Selbstzeugnissen der zweiten Hälfte des 17. Jahrhunderts nimmt diese eher plumpe Welt- und Geschichtsdeutung zum Teil bizarre Formen an, so zum Beispiel im autobiographischen Bericht des presbyterianischen Pfarrers Thomas Jollie, über die Vertreibung aus dem Amt und die Verfolgungen, die er in den sechziger und siebziger Jahren zu erleiden hatte. Es dominiert darin die detaillierte Schilderung der schweren Gottesstrafen, die seine Gegner – zur offensichtlichen Genugtuung Jollies – der Reihe nach ereilten.[41] Presbyterianer wie Newcome, Jollie und andere wurden in dieser Hinsicht aber noch durch die Quäker übertroffen, die – angefangen mit George Fox – sehr häufig die Bestrafung ihrer Gegner durch Gott in ihren autobiographischen Schriften hervorheben. Erst ab 1701 wurden den örtlichen Gemeinden der Quäker keine Rechenschaft mehr abverlangt über die durch ihre Verfolger im vergangenen Jahr erlittenen Gottesstrafen.[42]

---

38 Thomas Beard, The Theatre of God's Iudgements: Or, A Collection of Histories out of Sacred, Ecclesiasticall, and prophane Authors, concerning the admirable Iudgements of God vpon the transgressours of his commandements, London 1697; vgl. dazu auch Seaver, Wallington's World (wie Anm. 32), S. 46 ff.

39 Einer dieser Autoren war Nehemiah Wallington: Seaver, ebd.; vgl. auch die autobiographischen Aufzeichnungen des Vikars Edward Burghall (1628–1663): Ders., Providence Improved, in: Lancashire and Cheshire Record Society 19 (1889), S. 1–22, 210–19, 226–36; The Diary of Lady Margaret Hoby (wie Anm. 25), S. 193 (26.12.1601); Remarkable Passages in the Life of William Kiffin (wie Anm. 24), S. 14–16.

40 The Autobiography of Henry Newcome (wie Anm. 22), Bd. 2, S. 271 (1.5.1690); vgl. auch ebd., Bd. 1, S. 86–88 und 94–96.

41 Thomas Jollie, A short narrative of some passages of my sufferings those 20 yeares upon the account of nonconformity, in: Dr. Williams' Library, London, Ms. 12. 178, S. 145–48.

42 The Journal of George Fox, hg. v. John L. Nickalls, Cambridge 1952, u. a. S. 96, 133–140 u. 178–80; vgl. auch Keith Thomas, Religion and the Decline of Magic, New York 1971, S. 108.

Kollektive Heiligung bedeutete Schutz vor möglichen Gottesstrafen. In den Augen der Puritaner und der frühen Quäker, die den Puritanern, Presbyterianern und Independenten in ihren Forderungen nach kollektiver Disziplin keineswegs nachstanden, wenngleich sie sonst sehr vieles von ihnen trennte, bedingte dies freilich die Unterdrückung und Abschaffung herkömmlicher Volksvergnügungen.[43] Die angesprochenen Gruppierungen befanden sich daher in der Regel auf einem Kollisionskurs mit den überlieferten Formen der dörflichen Kultur. Entsprechend groß war der Ärger der presbyterianischen Geistlichen Adam Martindale und Henry Newcome, als 1660 mit der Restauration der Stuarts die 1644 durch das Lange Parlament verbotenen Maibäume als Sinnbild traditioneller Festkultur wieder auftauchten.[44] Rückblickend auf das Jahr 1649 erklärte der Begründer des Quäkertums, George Fox, in seinen Lebenserinnerungen: »About this time I was sorely exercised (...) in warning such as kept public houses for entertainment that they should not let people have more drink than would do them good, and in testifying against their wakes or feasts, their May-games, sports, plays, and shows, which trained up people to vanity and looseness, and led them from the fear of God.«[45]

Paul Seaver hat jüngst in diesem Zusammenhang die Ansicht vertreten, daß der Puritanismus im Grunde vor der Mitte des 17. Jahrhunderts während kurzer Zeit gleichgesinnte Handwerker und Bauern, Geistliche und Gentlemen in ein und derselben Kultur vereinigte, die sich sowohl von der gelehrten Schriftkultur als auch von der Volkskultur der Zeit unterschied.[46] Natürlich ließe sich gegen die Dichotomie Schriftkultur-Volkskultur sowohl in konkret-historischer wie in mehr theoretisch-begrifflicher Hinsicht einiges einwenden. Aber bleiben wir hier bei der Frage: Stellte der Puritanismus zu irgendeinem Zeitpunkt im 17. Jahrhundert eine Art dritte Kultur dar? In neueren lokalen und regionalen Studien ist eher auf den kulturellen Dualismus vor Ort abgehoben worden, nämlich darauf, daß die örtlichen Führungsschichten in bestimmten Gegenden des Landes im Zeichen puritanischer Ordnungs- und Heiligungsansprüche For-

---

43 Vgl. dazu u. a. die Rückblicke auf die Sünden der Jugendzeit bei Powell, Baxter und Trosse. The Life and Death of Mr. Vavasor Powell, sine locum 1671, S. 2: »I had no esteem for the holy Scriptures, nor cared at all to look into them, but either Hystorical or Poetical Books, Romances and the like were all my delight, the Sabbath I much profaned by all sports«; Reliquiae Baxterianae, part I, S. 2: »I was extreamly bewitched with a Love of Romances, Fables and Old Tales, which corrupted my Affections and lost my Time«; The Life of the Reverend Mr. George Trosse, written by himself, hg. v. A. W. Brink, Montreal 1974, S. 47. Zum Kontext vgl. den die jüngere Forschung zusammenfassenden Aufsatz von Bernard Capp, Popular Literature, in: Barry Reay (Hg.), Popular Culture in Seventeenth-Century England, London 1985, S. 198–243.
44 The Life of Adam Martindale (wie Anm. 24), S. 156–58; The Autobiography of Henry Newcome (wie Anm. 22), Bd. 1, S. 120–21.
45 The Journal of George Fox (wie Anm. 42), S. 37.
46 Seaver, Wallington's World (wie Anm. 32), S. VIII.

men der überlieferten Volkskultur zu unterdrücken suchten.⁴⁷ Ähnlich, wenngleich vorsichtiger in der sozialgeschichtlichen Verortung des Phänomens, argumentiert neuerdings auch ein ausgewiesener Spezialist wie Patrick Collinson. Er gibt allerdings zu bedenken, daß die Frommen sich nicht überall einheitlich aus den örtlichen Mittel- und Oberschichten rekrutierten und daß diese Mittel- und Oberschichten auch nicht überall einheitlich fromm waren.⁴⁸

Es gibt sicherlich einige Engländer, die nachträglich noch dafür dankbar sind, daß sich die im einzelnen ziemlich intoleranten Ordnungsansprüche des Puritanismus auf breiterer Basis nicht durchzusetzen vermochten. Daß dem so war, lag nicht zuletzt auch daran, daß die englischen Protestanten spätestens seit den vierziger Jahren des 17. Jahrhunderts keine Einheit mehr darstellten. Diese fehlende Einheit war nicht nur ein Resultat des Zusammenbruchs des staatskirchlichen Seelsorgemonopols in den vierziger Jahren. Wurzeln des damit anbrechenden Pluralismus lassen sich auch schon in der Zeit zwischen 1625 und 1640 freilegen. Die historische Interpretation der kirchenpolitischen Situation und Entwicklung dieses Zeitraumes ist gegenwärtig in der Forschung umstritten.⁴⁹

---

47 Vgl. Keith Wrightson/David Levine, Poverty and Piety in an English Village, 1525–1700, New York 1979, bes. S. 142ff. (eine Lokalstudie über Terling in Essex); kritisch dazu aufgrund von Daten aus Wiltshire Martin Ingram, Religion, Communities and Moral Discipline in Late Sixteenth- and Early Seventeenth-Century England. Case Studies, in: Kaspar von Greyerz (Hg.), Religion and Society in Early Modern Europe, 1500–1800, London 1984, S. 177–93; vgl. jetzt auch Martin Ingram, Church Courts, Sex, and Marriage in England, 1570–1640, Cambridge 1988, bes. S. 85–124. Allgemeiner formuliert Keith Wrightson seine Thesen zu den Disziplinierungsansprüchen und -versuchen des Puritanismus in Ders., English Society, 1580–1680, London 1982, S. 149ff. Kritisch zum gesamten Themenbereich stellt sich Margaret Spufford, Puritanism and Social Control?, in: Anthony Fletcher/John Stevenson (Hg.), Order and Disorder in Early modern England, Cambridge 1985, S. 41–57. Die Autorin bemängelt u. a. die schmale Quellenbasis und fordert zu Recht weitere einschlägige Lokalstudien. Aber ihre Kritik ist insofern übertrieben, als sie implizit Zusammenhänge zwischen Religion und Sozialdisziplinierung grundsätzlich in Frage stellt. Wichtig im hier angesprochenen Zusammenhang ist schließlich die grundlegende Studie von David Underdown, Revel, Riot and Rebellion. Popular politics and culture in England, 1603–1660, Oxford 1985; kritisch zu einzelnen Aspekten derselben: Anthony Fletcher, New Light on Religion and the English Civil War, in: Journal of Ecclesiastical History 38 (1987), S. 95–106.
48 Patrick. Collinson, The Religion of Protestants. The Church in English Society, 1559–1625, Oxford 1982, S. 147ff., bes. S. 240–247.
49 Die Kontroverse ist durch das Erscheinen von Nicholas Tyacke, Anti-Calvinists. The Rise of English Arminianism, c. 1590–1640, Oxford 1987, ausgelöst worden. Die bis dahin vorliegende Kurzfassung der Forschungsresultate Tyackes war dagegen während Jahren weitgehend unumstritten geblieben: Ders., Puritanism, Arminianism and Counter-Revolution, in: Conrad Russell (Hg.), The Origins of the English Civil War, London 1980, S. 119–43. Einen Überblick über die bisherigen Beiträge zur Kontroverse gibt Sheila Lambert, Richard Montagu, Arminianism and Censorship, in: Past & Present 124 (1989), S. 36–68, Anm. 1.

Trotz der laufenden Kontroverse sehe ich einstweilen keinen Grund, von dem bis vor kurzem gültigen Konsens abzuweichen, wonach der eigentliche, offene Gegensatz zwischen Puritanern und etablierter Kirche erst allmählich nach 1625 entstand.[50]

In der Tat versuchte Jakob I. (1603–25), die englische Staatskirche auf den internationalen reformierten Lehrkonsens seiner Zeit einzuschwören, wie dies der bereits zitierte Ralph Thoresby behauptete. Nicht unter Jakob I., sondern erst unter Karl I. (1625–49) geriet die Einheit der Staatskirche in Gefahr. Dies geschah dadurch, daß eine Gruppe von kirchlichen Reformern, deren führende Persönlichkeit William Laud werden sollte, mit Unterstützung des Königs eine Umgestaltung der Staatskirche in Lehre, Liturgie und Verwaltungsstruktur durchzuführen begann.[51] In dogmatischer Hinsicht standen diese Reformversuche im Zeichen des Arminianismus, d.h. der Bekämpfung des bisher offiziell durch die jakobitische Staatskirche anerkannten Prädestinationsdogmas. In liturgischer Hinsicht bezweckten die Reformen eine Stärkung der Stellung des Klerus gegenüber der Gemeinde. Auf stärkere Hierarchisierung und Zentralisierung wurde auch im Verwaltungsbereich abgezielt. Angesichts der hier bisher angestellten Überlegungen darf bezweifelt werden, ob die Prädestinationslehre im Zentrum der Auseinandersetzungen um die Reformversuche der Arminianer stand. Ihre Infragestellung wird die Theologen viel mehr als die Laien beschäftigt haben. Fest steht aber, daß die Reformen schließlich nicht nur einen Teil der parlamentarischen Elite des Landes vor den Kopf stießen, sondern daß auch ein großer Teil der dem Puritanismus nahestehenden Engländer in denselben eine verkappte Rekatholisierungspolitik erblickten und damit, angesichts der Stärke der katholischen Hofpartei unter Karl I. einen erneuten Rekatholisierungsversuch, wie er schon einmal unter Maria Tudor (1522–58) stattgefunden hatte, befürchtete.[52]

Seit den Tagen Königin Maria Tudors, als in den Worten einer Autobiographin der elisabethanischen Zeit »the cruel papists persecuted the people of God«, kam dem englischen Antikatholizismus – nicht zuletzt in den Reihen der

---

50 Überzeugend dazu Peter Lake, Calvinism and the English Church, 1570–1635, in: Past & Present 114 (1987), S. 32–76. Vgl. dazu und zum folgenden auch Patrick Collinson, England and International Calvinism, 1558–1640, in: Prestwich (Hg.), International Calvinism, 1541–1715, S. 197–223 (wie Anm. 7).
51 Vgl. dazu und zum folgenden die in Anm. 49 zitierte Literatur.
52 Robin Clifton, Fear of Popery, in: The Origins of the English Civil War, S. 144–67, bes. S. 150–52 (wie Anm. 49); vgl. auch Ders., The Popular Fear of Catholics during the English Revolution, in: Paul Slack (Hg.), Rebellion, Popular Protest and the Social Order in Early Modern England, Cambridge 1984, S. 129–61; John Morrill, The Religious Context of the English Civil War, in: Transactions of the Royal Historical Society (5th series) 34 (1984), S. 155–78; Hans-Christoph Schröder, Die Revolutionen Englands im 17. Jahrhundert, Frankfurt a. M. 1986, S. 67 u. 78 ff. Vgl. auch unten Anm. 58.

Puritaner – ein besonderes Gewicht zu.[53] Von da an, und ganz besonders nach der päpstlichen Exkommunikation Elisabeths I. im Jahre 1570, sah die Mehrheit der Engländer »während Jahrhunderten den römischen Katholizismus als etwas von Grund auf Unenglisches an.«[54] Im Armadajahr vergleicht der bereits zitierte frühe puritanische Diarist, Richard Rogers, die heimatliche Insel mit Gottes auserwählter Nation: »I say, as Israel, and I uttere it to others, ›If god had not been on our side, we had not been here to inioy his blessinges, but had been swallowed upp‹.«[55] Bezeichnend im Sinne der vorangegangenen Überlegungen ist, daß Rogers dabei dem Gedanken der Erwählung der Nation eine in den Bereich des Vorsehungsglaubens hineinreichende Bedeutung verleiht. Ähnliches gilt auch für entsprechende Bemerkungen der ebenfalls puritanischen Autorin Lucy Hutchinson, die um die Mitte des 17. Jahrhunderts betont: »Whoever considers England, will find it no small favour of God to have been made one of its natives, both upon spiritual and outward accounts.«[56] Der Topos der von Gott auserwählten Nation ging ursprünglich auf John Foxes sogenanntes *Book of Martyrs* zurück, welches nach seinem Erscheinen im Jahre 1563 immer wieder neu aufgelegt wurde und gewaltige Popularität erlangte.[57]

Ab 1640, als mit der Einberufung des Langen Parlaments die Herrschaft William Lauds und seiner Parteigänger in Kirche und Staat über Nacht zu Ende ging und neue Hoffnungen auf eine Kirchenreform in puritanischem Sinne zu keimen vermochten, verband sich die Orientierung an John Foxe bei vielen Puritanern und nur wenig später auch bei den sogenannten Bürgerkriegssekten mit einer neuen chiliastischen Stimmung. Aber es handelte sich dabei um einen zutiefst unsicheren Chiliasmus, denn hinter ihm verbarg sich die Furcht vor *der* großen Gottesstrafe, d. h. die durch das Kriegsgeschehen auf dem Kontinent und durch allerhand Verschwörungstheorien in bezug auf das eigene Land gestärkte

---

53 Maria Dowling/Joy Shakespeare (Hg.), Religion and Politics in mid-Tudor England through the eyes of an English Protestant woman: The recollections of Rose Hickman, in: Bulletin of the Institute of Historical Research 55 (1982), S. 94–102, hier S. 98.
54 Claire Cross, Church and People, 1450–1660. The triumph of the laity in the English church, Glasgow 1976, S. 143; vgl. auch Carol Z. Wiener, The Beleaguered Isle. A study of Elizabethan and early Jacobean anti-Catholicism, in: Past & Present 51 (1971), S. 27–62.
55 Two Puritan Diaries, hg. Knappen (wie Anm. 14), S. 81.
56 Lucy Hutchinson, The Life of Mrs. Hutchinson, written by herself: A Fragment, in: Dies., Memoirs of the Life of Colonel Hutchinson, hg. v. Julius Hutchinson/Charles H. Firth, London 1906, S. 1–15, hier S. 2.
57 Auf die neuere Forschungsdiskussion über Foxe und die Wirkungsgeschichte des sog. Book of Martyrs kann und soll an dieser Stelle nicht näher eingegangen werden. Zu John Foxe und zum folgenden vgl. u. a. Paul Christianson, Reformers and Babylon. English apocalyptic visions from the Reformation to the eve of the Civil War, Toronto 1978, S. 197–98, 241–43; Bernhard S. Capp, The Fifth Monarchy Men. A study of seventeenth-century millenarianism, London 1972, S. 23 ff.; Ders., Radical Chiliasm in the English Revolution, in: Pietismus und Neuzeit 14 (1988), S. 125–33.

Vorstellung, der Protestantismus in Europa *und* in England sei in seinen Grundfesten bedroht. Der Ausbruch des Irischen Aufstands im Herbst 1641 trug nicht unerheblich zur Verschärfung der Ambivalenz der unter den Frommen vorherrschenden endzeitlichen Stimmung bei.[58] Der Beginn des Bürgerkrieges, zu dem freilich auch eine ganze Reihe anderer Faktoren beitrugen, war nicht mehr fern – und damit auch das Ende des Puritanismus als einigermaßen einheitliche Bewegung.

Das wesentliche Rückgrat des vorrevolutionären Puritanismus – so die Quintessenz der hier vorgestellten Forschungsergebnisse – bildete nicht allein oder gar ausschließlich Prädestinationstheologie und -glaube. Vielmehr wurde das auch im politischen Bereich wirksame Welt- und Geschichtsbild des Puritanismus in *frömmigkeits*geschichtlicher Hinsicht seit dem späten 17. Jahrhundert zusehends stärker durch den Vorsehungsglauben geprägt, der bereits in der ersten Hälfte des 17. Jahrhunderts das Welt- und Gottesbild des ursprünglichen Calvinismus zu unterlaufen begann. Vor dem Hintergrund dieser Veränderungen galt die spirituelle Selbstkontrolle des Einzelnen immer weniger der Ehre des in seinem Ratschluß unergründlichen calvinistischen Gottes, sondern immer mehr der persönlichen Rechtfertigung vor dem alltäglichen, belohnenden und strafenden Gott der Providenzlehre. Auch der puritanische Anspruch auf kollektive Heiligung im lokalen Rahmen galt ganz wesentlich dieser Art von Rechtfertigung und der Abwendung von Gottesstrafen. Selbst der Topos, England sei die durch Gott auserwählte Nation, wurde, wie das Vorangegangene gezeigt hat, durch den Vorsehungsgedanken »unterwandert«.

Abschließend ist somit, im Lichte neuerer und eigener Forschungen, auf die zu Beginn dieses Aufsatzes aufgeworfene Frage nach den Wesensmerkmalen des »echten Puritaners« zurückzukommen. Dies soll in der Form von acht Thesen geschehen.

1. Der Puritanismus ist eine religiös-soziale Erneuerungsbewegung, die in England von den sechziger Jahren des 16. Jahrhunderts an auftritt. Nach 1640

---

58 Hinsichtlich der Orientierung der radikaleren Kräfte im Langen Parlament 1640–42 betont Anthony Fletcher, The Outbreak of the English Civil War, London 1981, S. 477: »It was the king therefore who had opened the way for the call to apocalyptic warfare that thundered from the London pulpits in 1642 and who had forced a section of the gentry into an unnatural alliance with radical Puritans from further down the social scale.« Im übrigen aber ist Fletcher bemüht, darauf hinzuweisen, daß vor allem John Pym die Furcht vor einer katholischen Verschwörung mit Erfolg geschürt habe: Ebd., S. 408–11. Daß im Langen Parlament die zum Teil durch endzeitliche Vorstellungen verstärkte oder gar beherrschte Furcht vor der Wiederkehr des Papsttums mehr als ein ideologisches Versatzstück war, hebt dagegen Morrill, The Religious Context, S. 173, zu Recht hervor. – Zur irischen Komponente der Politik Karls I. im Vorfeld des Bürgerkriegs vgl. Conrad Russell, The British Problem and the English Civil War, in: History 72 (1987), Nr. 234, S. 395–415 und Ronald Asch, Die englische Herrschaft in Irland und die Krise der Stuart-Monarchie im frühen 17. Jahrhundert, in: Historisches Jahrbuch 110 (1990), S. 370–408.

löst sie sich in Einzelströmungen auf, wobei ihr Einfluß freilich weit über die Mitte des 17. Jahrhunderts hinausreicht.

2. Im religiös-kirchlichen Bereich zeichnete sich der Puritanismus durch einen pronocierten Biblizismus und durch eine besondere Wertschätzung der Predigt aus.

3. Im theologischen Bereich fühlten sich die Wortführer des Puritanismus in der Lehre dem international-reformierten Konsens verpflichtet. Das hieß u. a.: Verpflichtung gegenüber der Prädestinationstheologie Johannes Calvins und Theodor Bezas. Diese Orientierung wurde jedoch zusehends durch die pastoraltheologische Kasuistik und daneben auch durch die Bundestheologie untergraben.[59] Damit wurde letztlich ein Stück Werkgerechtigkeit in die Theologie und über dieselbe in das religiöse Leben zurückgeholt.

4. Im religiös-spirituellen, spezifisch frömmigkeitsgeschichtlichen Bereich entsprach der pastoraltheologischen Kasuistik ein großes Bedürfnis nach Heiligung des eigenen Lebens. Diese konnte durch individuelle und kollektive Andacht – letztere in Form des sog. Konventikels –, durch regelmäßiges Gebet und regelmäßige spirituelle Selbstbeobachtung und Selbstdisziplinierung sowie durch Meidung unfrommer Gesellschaft erreicht werden. Es ist dabei nicht leicht zu entscheiden, ob diese Aspekte ein Resultat der stärkeren Betonung der theologischen Kasuistik oder aber, ob diese Kasuistik nicht vielmehr primär das Resultat eines entsprechenden Bedürfnisses der Laien nach Anleitung zur persönlichen und kollektiven Heiligung war. Der Erwählungsglaube, d. h. die Zuversicht in bezug auf den eigenen Gnadenstand, trat dabei zunehmend an die Stelle des Prädestinationsglaubens, der sowohl die Möglichkeit der Erwählung wie der Verdammnis beinhaltete.

5. Im alltäglich-spirituellen Bereich hat vor allem der Vorsehungsglaube seit dem späten 16. Jahrhundert der puritanischen Frömmigkeit ein neues Gesicht gegeben. Vorsehungsglaube ist der Glaube an die stete, aktive Präsenz im Diesseits eines belohnenden und strafenden Gottvaters, d. h. der Glaube an Gottes spezielle Providenz (providentia specialis).

6. Bei aller Betonung individueller Frömmigkeit durch die englischen Puritaner sind die zunächst aus dem Prädestinationsglauben entspringenden, aber dann zunehmend aus dem Vorsehungsglauben hervorgehenden Heiligungsansprüche des Puritanismus in zweierlei Hinsicht mit kollektiven Aspekten verbunden. Erstens resultierte aus dem Anspruch auf individuelle Heiligung vor dem Hintergrund des Vorsehungsglaubens gewissermaßen zwingend ein Anspruch auf kollektive Heiligung. Zweitens führte die Forderung nach Meidung

---

59 Vgl. dazu u. a. Collinson, England and International Calvinism (wie Anm. 50), S. 214–19; zur hier nicht näher erörterten Bundestheologie vgl. Greyerz, Vorsehungsglaube und Kosmologie (wie Anm. 12), Kap. 4, Abschn. b (mit weiteren Nachweisen).

unfrommer Gesellschaft zur Absonderung als Gruppe und vereinzelt zur Bildung von Konventikeln.

7. Die puritanischen Ansprüche auf kollektive Heiligung zeitigten insbesondere in den vierziger und fünfziger Jahren des 17. Jahrhunderts Wirkungen im sozialen und politischen Leben Englands und zwar sowohl im lokalen wie im nationalen Bereich. Auf der nationalen Ebene machte freilich das Auftauchen der sog. Bürgerkriegssekten die politischen Exponenten (bzw. Erben des vorrevolutionären) Puritanismus spätestens seit den späten vierziger Jahren zu im wesentlichen konservativen Ordnungspolitikern. In bezug auf den lokalen Bereich hängt die entsprechende Einschätzung der ordnungspolitischen Rolle des Puritanismus davon ab, ob man wie Patrick Collinson betont, dessen Vertreter hätten vor allem die traditionellen Formen der dörflichen und städtischen Gemeinschaft zu stärken versucht, oder ob man wie David Underdown davon ausgeht, die Puritaner hätten mit ihrem Angriff gegen die traditionelle Volkskultur gerade die gewachsenen, lokalen Formen der Gemeinschaft durch etwas Neues zu ersetzen versucht.[60]

8. In ihrem Biblizismus, ihrer Wertschätzung der Predigt und ihren Ansprüchen auf individuelle und kollektive Heiligung unterschieden sich die Puritaner zum Teil nur graduell von ihren nicht-puritanischen Zeitgenossen. Nur in einzelnen Fällen kann die Frage der Zugehörigkeit zu einem Konventikel als Unterscheidungsmerkmal dienen, denn der kollektive Heiligungsanspruch des Puritanismus erstreckte sich im Prinzip (wie bereits betont: trotz der Forderung nach Meidung unfrommer Gesellschaft) direkt auf die gesamte Gesellschaft, was die Konventikelbildung bremste. Im Gegensatz zum deutschen Pietismus ist deshalb das Konventikel nicht grundsätzlich konstitutiv für die Eigenart des englischen Puritanismus.

Vor 56 Jahren betonte der amerikanische Historiker Marshall M. Knappen in der Einführung zu seiner Edition der Tagebücher von Richard Rogers und Samuel Ward, daß man in diesen Tagebüchern vergeblich nach einem Echo des Prädestinationsdogmas und der Lehre vom unfreien Willen suche.

Sicherlich ist seine daran anschließende Behauptung übertrieben, die beiden Tagebücher würden im Grunde bis zu einem erstaunlichen Grad das vorwegnehmen, was in England später Arminianismus genannt worden sei.[61]

Im Lichte der neueren Forschung erweist sich diese Vermutung sogar als falsch, denn der Arminianismus stellte in einem gewissen Sinne gerade eine Reaktion dar auf die puritanische Instrumentalisierung der Heilsgewißheit, wie sie in zeitgenössischen Selbstzeugnissen ihren Ausdruck findet.[62] Aber Knappen hatte Recht, wenn er an der Puritanismusinterpretation Max Webers und Ernst

---

60 Vgl. dazu oben Anm. 47 und 48.
61 Two Elizabethan Puritan Diaries, hg. Knappen (wie Anm. 14), S. 15.
62 Collinson, England and International Calvinism (wie Anm. 50), S. 218.

Troeltschs monierte, die beiden großen Gelehrten hätten wegen ihrer Abwehrhaltung gegenüber dem historischen Materialismus im Gegenzug die Rolle des theologischen Dogmas bei der Ausgestaltung menschlicher Lebensführung als zu wichtig eingeschätzt.[63] Denn genau genommen waren die englischen Puritaner des 17. Jahrhunderts keine Calvinisten.

---

63 Two Elizabethan Puritan Diaries, hg. Knappen (wie Anm. 14), S. 10.

Secularization in Early Modern England (1660–c.1750)

1. 'Anti-Enthusiasm' and Cultural Division

One day early in December 1707 three so-called French prophets were put in the pillory for having terrified the London population with their fire-and-brimstone prophecies. One of them was Nicolas Fatio, a member of an *émigré* family from Geneva, as well as of the Royal Society, and a well-known mathematician and scientist. The French prophets were not perturbed by this public humiliation. Some of them went on to prophesy that Dr. Thomas Emes, a chemist and member of their group who died shortly before Christmas 1707, would be resurrected by May 25 the following year.[1] And although Dr. Emes failed to resurrect half a year later, this seems to have had only a slight or no negative effect at all on the members of the group. These and other activities of the French prophets were the target of much public criticism and, notably, the occasion for the Third Earl of Shaftesbury's "Letter Concerning Enthusiasm" (1708), in which the author recommended that such 'enthusiastic' religious movements should be dismissed by ridicule rather than dealt with by force.[2]

The French prophets' movement developed out of a group of followers, which some Camisard Huguenot prophets had assembled in London after emigrating there from the war-torn Cevennes in Southern France. They found a number of English adherents, chiefly among the Quakers, Baptists, and Philadelphians. The majority of the followers of the Camisard prophets and of the indigenous, English prophets, who came to replace them, have been described as "generally people of substance: prosperous artisans, innkeepers, apothecaries, merchants, professional men and gentle Folk".[3] Among them were a substantial number of women, who played an unusually prominent role within the movement between 1708 and 1712. This was an unmistakable sign for the Anglican clergymen and their critical observers that the Camisards lacked a divine commission.[4] Although their numbers were few, the French prophets were not an isolated

---

1 Hillel Schwartz, The French Prophets. The History of a Millenarian Group in Eighteenth-Century England, Berkeley 1980, pp. 113–153.
2 Idem, Knaves, Fools, Madmen, and that Subtile Effluvium. A Study of the Opposition to the French Prophets in England, 1706–1710, Gainesville 1978, pp. 53–54; Lawrence E. Klein, Shaftesbury and the Culture of Politeness. Moral Discourse and Cultural Politics in Early Eighteenth-Century England, Cambridge 1994, pp. 18–19, 160–169.
3 Schwartz, French Prophets (see note 1), p. 223.
4 Ibid., pp. 134–146.

phenomenon. They entertained connections with sympathizers in the Low Countries, and with several groups of 'inspired' Pietists in Germany and Switzerland. They were bound together by their common millenarianism. In those troubled, war-torn years they all expected the kingdom of Christ to begin at any moment.

The Third Earl of Shaftesbury, as has already been suggested, was by no means the only English man of letters who was to denounce religious enthusiasm at the turn of the seventeenth century. A prominent predecessor in the Whig tradition, John Locke, had already tried to highlight the moral nature of Christian conduct in his "Reasonableness of Christianity" from 1695. Shaftesbury went beyond Locke in stressing the quasi innate nature of bourgeois virtue.[5] In the opposite political camp, it was notably the outsider Jonathan Swift who joined the campaign against enthusiasm in his "Tale of the Tub".

This campaign must be seen as part of a division between different levels of cultural experience and exchange, which was in operation at the turn of the seventeenth century and greatly encouraged by Shaftesbury, amongst others, who made himself the champion of the educated and governing elite's new culture of 'politeness'.[6] Although the socio-cultural connotations of this division are not immediately obvious in Shaftesbury's attack on the French prophets, it should nonetheless be clear that his diatribe was part of an attempt to define the boundaries of the new moral culture of the self-respecting bourgeois or gentleman, of the culture of those middle and upper class members of contemporary society who, unlike the rude and ignorant multitude, were willing to square the new science with the traditional tenets of Christianity.

The late seventeenth century was clearly "a decisive period in the separation of popular from learned views of the natural world".[7] Cultural division at that time operated very much along lines of a distinction between "rough" and "respectable",[8] although it remains questionable whether we should view this division as a dichotomy between 'elite' and 'popular' culture. Cultural division

---

5 Henning Graf Reventlow, Bibelautorität und Moderne. Die Bedeutung des Bibelverständnisses für die geistesgeschichtliche und politische Entwicklung in England von der Reformation bis zur Aufklärung, Göttingen 1980, pp. 506–508.
6 Lawrence Klein, The Third Earl of Shaftesbury and the Progress of Politeness, in: Eighteenth-Century Studies 18 (1984), pp. 186–214; Idem, Shaftesbury (see note 2), p. 21: "Tracing a vision of eighteenth-century politics and culture that replaced godly and courtly understandings with a public gentlemanly one is the main aim of this study." Although full of valuable insights, this is unfortunately carried out mainly on the level of ideas, and practically no attention is paid to the social-historical debate on cultural division in the early modern period.
7 Keith Thomas, Man and the Natural World: Changing Attitudes in England, 1500–1800, Harmondsworth 1984, p. 80.
8 Barry Reay, Introduction: Popular Culture in Early Modern England, in: Idem (ed.), Popular Culture in Seventeenth-Century England, London 1985, pp. 1–30, esp. p. 12.

in late seventeenth and eighteenth century England should rather be seen as the gradual separation between several different levels of cultural experience and discourse.

A case in point is the increasingly different manner, in which the phenomenon of witchcraft was dealt with on different cultural levels as the seventeenth century wore on.[9] The last execution for witchcraft in England was in 1685, the last condemnation in 1712, and in 1736 the crime of witchcraft was finally removed from the statute book. In fact, from the mid-seventeenth century onwards, there were increasing difficulties in sustaining a successful prosecution of witchcraft in the Courts of Assizes.[10] This was chiefly a result of growing scepticism not only on the part of judges, but also on the part of the mainly middle class members of juries. The declining activity of the courts in this respect had little immediate impact on beliefs on the village level, however. We have information about a whole series of cases of 'community justice' inflicted on alleged witches from 1665 to as late as 1751.[11]

It is certainly not wrong to claim that the "simple dichotomy between the invisible powers of good and evil was a venerable aspect of popular religion [...] which survived among the common people well into the nineteenth century".[12] Our knowledge of popular religion in the eighteenth century remains, however, to date an incomplete patchwork, whereas it is by now an established fact that there was a considerable shift in the secularization of the thought and attitudes of the English middle and upper classes during the last decades of the seventeenth and the early decades of the eighteenth centuries.

Although there are indications that church attendance, especially of the "meaner sort" of the population, declined in the decades after 1660,[13] we should not accord too much credence to the testimony of contemporary clergymen, who, as Keith Thomas has reminded us, in any case almost automatically tended to regard "the lower ranks of the people as the greatest enemies of true religion".

---

9 For the general background, see William Monter, Ritual, Myth, and Magic in Early Modern Europe, Brighton 1983, pp. 114–129.
10 Keith Thomas, Religion and Decline of Magic, New York 1971, p. 570; James A. Sharpe, Criminalization, Decriminalization and Elite Attitudes to Witchcraft in England, c. 1563–1736. A Preliminary Survey, in: International Association for the History of Crime and Criminal Justice – Bulletin 17 (1992/93), pp. 15–28; Clive Holms, Popular Culture? Witches, Magistrates, and Divines in Early Modern England, in: Steven L. Kaplan (ed.), Understanding Popular Culture: Europe from the Middle Ages to the Nineteenth Century, Berlin 1984, pp. 85–111, esp. pp. 89–92.
11 Thomas, Decline of Magic (see note 10), p. 453; John Stevenson, Popular Disturbances in England, 1700–1870, London 1979, p. 49.
12 Michael MacDonald, Mystical Bedlam: Madness, Anxiety, and Healing in Seventeenth-Century England, Cambridge 1981, p. 175.
13 Christopher Hill, Some Intellectual Consequences of the English Revolution, London 1980, pp. 76–77.

Richard Baxter, for instance, was convinced that a considerable majority of the people at large hated practical godliness.[14] I am not sure, in this connection, whether we can speak of a "coherent culture, both oral and literate, both popular, and, above all, intellectual of irreligion".[15] For it seems to me that irreligion and atheism, where they existed during the period in question, and where they actually constituted more than a mere paper-tiger of outspoken moralists, were a phenomenon confined largely to the middle and upper ranks of contemporaneous society.[16]

Perhaps "the vain old customs that people are fond of [and] will not part with", which the Presbyterian minister Oliver Heywood stigmatized in January 1681, are an indication that what clergymen of his day mostly complained about was the continuing eclectic nature of the religion of the masses.[17] The tenacious survival of popular belief in witchcraft in situations, where a more natural explanation was available, Heywood complained about on other occasions, would point in this direction, as would the continued popularity of astrological almanacs among the lower ranks of the population after the turn of the seventeenth century, despite the fact that middle and upper class readers had begun to turn away from them.[18] Eclecticism in religious belief, however, is clearly no unambiguous sign of secularization.

There can be no doubt that, as Roy Porter has put it, "the liturgical temperature sank" during the first decades of the eighteenth century. Whereas in 1714, 72 churches in London offered daily services, by 1732 there were but 44.[19] Meanwhile, the number of Dissenters fell by perhaps as much as 40 percent between 1700 and 1740, and their middle-class individualism had turned many nonconformists into quietist, more often than not even lukewarm, Protestants.[20] Yet, the tremendous success of so-called 'Primitive' Methodism in the second half of

---

14 Thomas, Decline of Magic (see note 10) p. 162.
15 David Wootton, Unbelief in Early Modern Europe, in: History Workshop Journal 20 (1985), pp. 85–100.
16 See Gerald E. Aylmer, Unbelief in Seventeenth-Century England, in: Donald Pennington/ Keith Thomas (eds), Puritans and Revolutionaries: Essays in Seventeenth-Century History Presented to Christopher Hill, Oxford 1978, pp. 22–46; Michael Hunter, The Problem of 'Atheism' in Early Modern England, in: Transactions of the Royal Historical Society, 5th series 35 (1985), pp. 135–157. See also idem/David Wootton (eds), Atheism from the Reformation to the Enlightenment, Oxford 1992.
17 The Rev. Oliver Heywood, B.A., 1630–1702: His Autobiography, Diaries, Anecdote and Event Books, ed. by Joseph H. Turner, Brighouse 1882, p. 217.
18 Bernard Capp, Astrology and the Popular Press: English Almanacs, 1500–1800, London 1979, pp. 208–214 et passim. See also Patrick Curry, Prophecy and Power. Astrology in Early Modern England, Oxford 1989, pp. 95–137.
19 Roy Porter, English Society in the Eighteenth Century, Harmondsworth 1982, p. 185.
20 Ibid., p. 195. See also Michael Watts, The Dissenters: From the Reformation to the French Revolution, Oxford 1978, esp. pp. 346–366.

the eighteenth century among the lower ranks of English society demonstrates how resistant to change the religious orientation of a significant section of the common people had remained during the preceding decades. This has now also been made abundantly clear by Colin Haydon in his study of eighteenth-century anti-Catholicism. He repeatedly highlights the increasing division between the religio-political outlook of 'polite society' and that of the lower orders, who, unlike their social superiors, upheld perceptions which had little in common with the religious culture of their superiors and owed much more to the world-view of the seventeenth century.[21]

2. Learned Culture and the Decline of Providentialism

The roots of 'anti-enthusiasm' can be traced back to the mid-seventeenth century. A succinct survey of research on this problem has recently been made available by Michael Heyd.[22]

Several factors should be considered. One important aspect is the sociopolitical threat which contemporaries had come to perceive in the movement of the early Quakers and other millenarian groups by the end of the 1650s. We now know that in 1659/60 this perceived threat contributed to the Restoration of the Stuarts, whom an increasing number of members of England's political elite came to regard as the only possible guarantor of stability.[23] Although Thomas Sprat's frontal assault against religious enthusiasts in his "History of the Royal Society" (1667) cannot be taken to reflect the undivided opinion of the early membership of the Royal Society,[24] it is nonetheless an undisputed fact that many prominent members of the scientific movement of those days consciously launched an attack against 'enthusiasts' and the popular belief in the miraculous.[25]

A corollary of the changing concept of melancholy, which to a considerable extent informed this campaign against enthusiasm, was the gradual secularization of the current notion of suicide. Coroner's juries proved increasingly unwilling

---

21 Colin Haydon, Anti-Catholicism in Eighteenth-Century England, c. 1714–80: A Political and Social Study, Manchester 1993, p. 238.
22 Michael Heyd, The Reaction to Enthusiasm in the Seventeenth Century: Towards an Integrative Approach, in: Journal of Modern History 53 (1981), pp. 258–280.
23 Barry Reay, The Quakers and the English Revolution, London 1985, pp. 81-100.
24 See Michael Hunter, Establishing the New Science. The Experience of the Early Royal Society, Woodbridge 1989, pp. 45–71.
25 Larry Stewart, The Rise of Public Science. Rhetoric, Technology, and Natural Philosophy in Newtonian Britain, 1660–1750, Cambridge 1992, pp. 8–10. See also Hans-Jürgen Schings, Melancholie und Aufklärung. Melancholiker und ihre Kritiker in Erfahrungsseelenkunde und Literatur des 18. Jahrhunderts, Stuttgart 1977, p. 156; Richard S. Westfall, Science and Religion in Seventeenth-Century England, New Haven (CN) 1958, pp. 38–39.

to pass a verdict of *felo de se*, with the penalties this implied for the deceased as well as for the relatives he or she left behind, and chose instead to declare suicides as mentally disturbed, as persons *non compos mentis*. The causes of this change within the period 1660–c.1714, as Michael MacDonald and Terence R. Murphy have shown, "owed something to Enlightenment thought and to the increasing prestige of science, including medical science. But they can also be traced to the orthodox elite's reaction against religious enthusiasm and Catholic miracle-mongering."[26]

A third, complementary aspect of the problem being considered here is the fact that members of the educated elite, from the mid-seventeenth century on, began to stick the label of 'melancholy' and 'insanity' on believers in witchcraft and healing miracles with the result that "by the middle of the eighteenth century the prevailing view among the educated elite was that people who claimed to have divine inspirations or devilish afflictions were insane."[27] Such labelling not only found its justification in earlier scholarly discussions of melancholy, notably in Robert Burton's "The Anatomy of Melancholy" (1621 ff.), as well as in Latitudinarian attempts to square the religious orientation of the official church with the new state of natural philosophy. It likewise found support in learned contemporaries' schemes to systematize the observation of God's acts of special providence. Matthew Poole's "Designe for Registring of Illustrious Providences" of the 1650s is a case in point, as is the popularity later in the seventeenth century of Sir Henry Spelman's "Treatise de non temerandis Ecclesiis", which tried to trace God's curse on those members of the gentry and aristocracy who lived on secularized monastic lands.[28] Such writings were clearly, although perhaps rather not consciously, designed to demystify God's presence in nature and human history.[29] They left little justification for any form of religious enthusiasm.

---

26 Michael MacDonald/Terence R. Murphy, Sleepless Souls. Suicide in Early Modern England, Oxford 1990, p. 114. See also Michael MacDonald, The Secularization of Suicide in England, 1660–1800, in: Past & Present 111 (1986), pp. 50–100; Donna T. Andrew/Michael MacDonald, Debate: The Secularization of Suicide in England, 1660–1800, in: Past & Present 119 (1988), pp. 158–170.

27 MacDonald, Mystical Bedlam (see note 12), p. 170. See also Heyd, Reaction to Enthusiasm (see note 22).

28 On these schemes, see Thomas, Decline of Magic (see note 10), pp. 94–95; and (on Sir Henry Spelman) Charles J. Sommerville, The Secularization of Early Modern England. From Religious Culture to Religious Faith, New York 1992, pp. 28–29. On Latitudinarianism, see Martin I. J. Griffin, Jr., Latitudinarianism in the Seventeenth-Century Church of England, Leiden 1992.

29 See also Kaspar von Greyerz, Gottesbild und 'Mechanisierung' des gelehrten Weltbildes im England des 17. Jahrhunderts, in: Querdenken. Dissens und Toleranz im Wandel der Geschichte. Festschrift zum 55. Geburtstag von Hans R. Guggisberg, ed. by Micheal Erbe et al., Mannheim 1996, pp. 377–392.

Another aspect not to be overlooked is the tremendous secularizing impact, which the destruction of the Church of England's spiritual monopoly during the mid-seventeenth century crisis had on succeeding generations, to the effect that even a Quaker, such as William Stout, could write during the 1740s that he and other persons of his acquaintance always retained "charety to people of other professions of religion, beleiving that all who walk according to the moral law to do to others as they, would be done by."[30]

Elsewhere I have demonstrated in detail how all these separate aspects taken together amounted to a decline in providentialism in middle and upper class religiosity.[31] As the next section of this essay will show, however, this decline was by no means tantamount to a wholesale disappearance of the belief in God's special providence, that is, in his direct interventions in this world. Next to Newton, as we shall see, a number of prominent scientists of the day, including John Ray, Nehemiah Grew, William Whiston and Samuel Clarke, made themselves stout defenders of traditional providentialism. On the other hand, notwithstanding this defense of tradition, a growing section of the educated elite of late seventeenth-century England came to reject traditional notions of hell, together with time-honoured conceptions of the power of the devil.[32]

But here we should be clear about the fact that we are talking about changes within the educated middle and upper classes only. For their increasingly mechanistic worldview "co-existed with a renewed emphasis in popular preaching on the sinfulness of the mass of humanity which extends from Bunyan to Wesley, Whitefield, and Jabez Bunting."[33] The dominant role of religious tracts among the cheap chapbooks later in the seventeenth century, for example, makes clear that a keen popular interest in matters of religion spread far beyond the ranks of the nonconformists, who amounted to perhaps 4 to 5 percent of contemporary society. We should use such observations with the necessary caution, however, for the output of traditionalist preachers and commercially-minded publishers did not necessarily amount to a mirror image of popular religion of their day. Nonetheless, the tremendous success of John Bunyan's "The Pilgrim's Progress" suggests that the streamlined, Latitudinarian religious orientation, advocated in one form or another by numerous lay people and clerics of late seventeenth- and early eighteenth-century England, was by no means shared by a broad section of the population. Bunyan explicitly ridiculed the kind of natural theology

---

30 The Autobiography of William Stout of Lancaster, 1665–1752, ed. by John D. Marshall, Manchester 1967, p. 85.
31 Kaspar von Greyerz, Vorsehungsglaube und Kosmologie. Studien zu englischen Selbstzeugnissen des 17. Jahrhunderts, Göttingen 1990.
32 Daniel P. Walker, The Decline of Hell. Seventeenth-Century Discussions of Eternal Torment, London 1964.
33 Hill, Consequences (see note 13), pp. 78–79. As the next section of this essay will show, the author is, however, clearly mistaken in equating this worldview with "deism".

advocated by Latitudinarian churchmen with his satirical treatment of a person called "Worldly-Wiseman", who "favoureth only the doctrine of this world (therefore he always goes to the town of Morality to church) and ... [who] loveth that doctrine best, for it saveth him from the cross."[34]

Millenarian sermons and tracts seem to have appealed to a wider public. The rather ignominious fate, however, of the call for a Root-and-Branch reform of the church, which ended as a call in the desert, and the sobering effect on many of the ecclesiastical pluralism prevailing from about 1650, as well as the, at first sight, unlikely combination of the effects of Oliver Cromwell's Protectorate and Charles I's rule after 1660, all contributed to in their specific way a decline in popular millenarianism in the second half of the seventeenth century. After the Restoration millenarianism retired, as it were, into the studies of natural philosophers and learned clergymen.[35]

It may be that there was a radical underground current of prophetical millenarianism, which linked the sectarian mission of Ludowick Muggleton and John Reeve from the 1650s with the late eighteenth-century millenarianism of William Blake and the radicals he associated with. This has been suggested by the late E. P. Thompson in his fine study on Blake.[36] However, Thompson also expresses caution in this regard. After citing a long list of free churches and sectarian groupings compiled by a journalist in 1706, he poses the question whether all, or nearly all, of these sects died out soon after 1706. His answer is: "We do not know: some were probably transformed, by way of Camisards or irregular Methodists, into new sects, but others certainly lived on."[37] But the Muggletonians he finally chooses to concentrate on were a group of perhaps 250 individuals in the late seventeenth century, and, even if their membership did not decline during the ensuing decades, this hardly constitutes an underground current of *popular* millenarianism.[38]

While the appeal of *popular* millenarianism thus receded after the mid-seventeenth century, the widespread currency of anti-popery survived this change even though it shed some of its former millenarian attributes. Anti-popery, that is, popular anti-Catholicism, still managed to fuel a number of popular panics and revolts in the eighteenth century, from the anti-Catholic panics of 1714 and the Sacheverell riots to the Gordon riots of 1780. The Gordon riots were an indirect result of Parliament's Catholic Relief Act of 1778. It led to the forma-

---

34 John Bunyan, The Pilgrim's Progress, ed. by R. Sharbrock, Harmondsworth 1965, p. 53.
35 Margaret C. Jacob, The Newtonians and the English Revolution, 1689–1720, Ithaca (NY) 1976, pp. 100–142; Schwartz, French Prophets (see note 1), p. 8.
36 Edward P. Thompson, Witness against the Beast. William Blake and the Moral Law, Cambridge 1993, esp. pp. 65–105. See also Christopher Hill/Barry Reay/William Lamont, The World of the Muggletonians, London 1983.
37 Thompson, Witness (see note 36), p. 55.
38 On the numbers see ibid., p. 66.

tion of the country-wide Protestant Association and, finally, to the most devastating riots the English capital had ever seen. In his recent, pioneering study of eighteenth-century anti-Catholicism, Colin Haydon establishes that none of the members of the Protestant Association, generally speaking "cautious, restrained men, espousing firm religious and constitutional principles" were involved in the actual rioting.[39]

At the same time, he makes clear that the rioters shared with their leader, Lord George Gordon, a "self-confirming belief-system", which "had much more in common with the worldview of the seventeenth century than with the age of the rational Enlightenment."[40] Haydon strongly suggests that the educated elite from about the 1730s onward began to adopt more rational, enlightened principles in dealing with Catholicism, while the lower classes continued to champion the time-honoured principles and attitudes of traditional anti-popery.[41]

3. The Mechanization of the Scientific Worldview and the Traditional Image of God

The term 'mechanization' is best illustrated by the image of the cosmos as a clockwork which is prevalent among natural philosophers from Johannes Kepler to Robert Boyle. It implied the idea that God only very occasionally intervened in his own creation,[42] a thought forcefully expressed by Francis Bacon in 1605 when he claimed that it is certain "that God worketh nothing in nature but by second causes: and if they [i. e. the opponents of natural philosophy – KvG] would have it otherwise believed, it is mere imposture, as it were in favour towards God; and nothing else but to offer to the Author of Truth the unclean sacrifice of a lie."[43] The clockwork image accompanied the scientific revolution of the seventeenth century and left little room for traditional assertions of miracles or regular divine interventions in this world. But most notable English natural philosophers from later in the seventeenth century, for religious and political reasons,

---

39 Haydon, Anti-Catholicism (see note 21), p. 238.
40 Ibid. Haydon convincingly opposes the hitherto authoritative interpretation by George Rude of the Gordon riots as a largely socially and economically motivated revolt. See ibid. pp. 218–223, and George Rude, The Gordon Riots: A Study of the Rioters and Their Victims, in: Transactions of the Royal Historical Society, 5th series 6 (1956), pp. 93–114. The most recent discussion of seventeenth-century (pre-civil war) anti-Catholicism is offered by Peter Lake, Anti-Popery: The Structure of a Prejudice, in: Richard Cust/Ann Hughes (eds), Conflict in Early Stuart England. Studies in Religion and Politics, 1603–1642, London 1989, pp. 72–106.
41 Haydon, Anti-Catholicism (see note 21), pp. 63–65, 260 et passim.
42 For this and the immediately following paragraphs, cf. Greyerz, Gottesbild (see note 29).
43 Francis Bacon, The Advancement of Learning, ed. by George W. Kitchin, London 1973, p. 8.

were not prepared to throw the baby out with the bathwater and, thus, considered it their duty to reconcile the doctrine of providence with their conception of the mechanical order of nature.[44]

As a result, Robert Boyle was brought to emphasize that "there is incomparably more art expressed in the structure of a dog's foot, than in the famous clock of Strassburg".[45] At the same time, Robert Hooke showed himself convinced that "'tis the contemplation of the wonderful order, law, and power of that we call nature that does most magnify the beauty and excellency of the divine providence, which has so disposed, ordered, adapted and empowered each part so to operate as to produce the wonderful effects which we see; I say wonderful because every natural production may be truly said to be a wonder or a miracle if duly considered."[46] By the end of the seventeenth century a number of scientists, such as John Ray, Nehemiah Grew, John Woodward, John Harris, John Keill, and William Whiston wholeheartedly embraced physico-theology and "were tripping over each other in their rush to prove Scripture was reinforced by natural philosophy".[47]

All this activity could not hide the fact, however, that what prevailed was at best "an uneasy harmony of natural philosophy with orthodox Christianity".[48] Notwithstanding this sometimes tenuous relationship, the great majority of the notable exponents of natural philosophy in England of the late seventeenth and early eighteenth centuries, from Robert Boyle to Isaac Newton, including the popularisers of 'Newtonianism' in the early decades of the eighteenth century, defended the notion of an interventionist God. Larry Stewart, going beyond Richard Westfall's more traditional approach to this problem, has convincingly established that this defence was not rooted exclusively in religious conviction, but rather in a mixture of traditional belief and rhetorical design.[49]

In spite of the theory of gravitation enshrined in his "Philosophiae Naturalis Principia Mathematica", first published in 1687, Isaac Newton clung without wavering to an image of the universe, in which God continued to play an active, interventionist role, and in which, in opposition to the deism of the succeeding Enlightenment period and its English forerunners, God was not reduced to his role of creator. In the Latin edition (1706) of his "Optics", Newton went as far as to claim that God periodically used comets in order to restore the harmony of

---

44 Stewart, Public Science (see note 25) pp. 31–59.
45 Cited after Neal C. Gillespie, Natural History, Natural Theology, and Social Order: John Ray and the 'Newtonian Ideology', in: Journal of the History of Biology 20 (1987), pp. 1–49, here pp. 27–28.
46 Cited after Westfall, Science and Religion (see note 25), p. 31.
47 Stewart, Public Science (see note 25), pp. 40–56, here p. 41.
48 Gillespie, Natural History (see note 45), p. 23.
49 Stewart, Public Science (see note 25), passim. See also Westfall, Science and Religion (see note 25).

the universe.⁵⁰ It would be difficult to overlook the fact, however, that this defence of special providence did not keep pace with the mechanization of the learned worldview, which had taken a considerable step forward precisely because of Newton's gravitational theory.

Notwithstanding the differences in argumentation in favour of God's presence in nature – Boyle and Ray opted for physico-theology while Newton preferred the so-called cosmic argument, to use a notion coined by Neal C. Gillespie.⁵¹ The public lectures endowed by Robert Boyle (d. 1691) in his last will, generally called the Boyle Lectures, became a common platform for these and other scientists in their campaign to rescue the traditional, providentialist image of God from attacks by deist detractors. Eight sermons to be delivered annually in one of the London churches, these were created by Boyle "for proving the Christian religion against notorious infidels, viz. atheists, theists, Pagans, Jews, and Mahometans, not descending lower to any controversies that are among Christians themselves".⁵²

Margaret C. Jacob described these lectures as an important means for the spread of Newtonian natural philosophy, as well as a particular kind of Latitudinarian ideology.⁵³ In the meantime, however, it has been established that at least the more prominent of these lectures chiefly served to propagate the idea of the inherent compatibility of Scripture and new science.⁵⁴ What is more, the echo they were able to evoke must have been limited, for "Newtonian natural theology, like the anti-atheistic polemics of the Cambridge Platonists, was esoteric; it was mathematically demanding, philosophically awesome, and eminently non-popular".⁵⁵ In spite of these limits, it is now nonetheless agreed that the propagation of natural theology by exponents of the new science largely stole the show

---

50 Isaac Newton, Optice: Sive de Reflexionibus, Refractionibus, Inflexionibus ec Coloribus Lucis, Libri Tres [...], Latine reddiciit Samuel Clarke, A. M. [...], London 1706, pp. 346–347. See also David Kurbin, Newton and the Cyclical Cosmos. Providence and the Mechanical Philosophy, in: Journal of the History of Ideas 27 (1967), pp. 325–346; Alfred R. Hall, Isaac Newton. Adventurer in Thought, Oxford 1992, pp. 353–354.
51 Cf. Gillespie, Natural History (see note 45), p. 25: "Almost all historians who have commented on Boyle's natural theology have noticed his growing enthusiasm for physico-theology and its close relation to the study of living nature. But few have adequately described what seems to have been an uneasiness about the dependability of what I have called the cosmic argument, that is, a natural theology based on astronomical harmony and order and the natural laws governing inorganic nature." See also ibid. p. 39.
52 Cited after Colin Russel, Science and Social Change, 1700–1900, London 1983, p. 43.
53 Jacob, Newtonians (see note 35), pp. 143–161.
54 Stewart, Public Science (see note 25), pp. 64–77. See also Russell, Social Change (see note 52), pp. 52–59: a critical reassessment of Jacob's thesis that the Boyle Lectures served a particular Latitudinarian-Newtonian social ideology.
55 Gillespie, Natural History (see note 45), p. 37.

from the small group of English freethinkers of the early eighteenth century.[56] As a result, the English Enlightenment, like that of Scotland, was generally a Christian movement. The appeal of natural theology was evidently restricted to the educated middle and upper classes. We still know little about popular conceptions of the universe in the late seventeenth and eighteenth centuries.

4. Problems and Desiderata

At the end of his masterly treatment of "Religion and the Decline of Magic" in early modern England, published more than twenty years ago, Keith Thomas examined and tested three different approaches to an explanation for the decline of magic. He first pointed out the changes brought about by the scientific and philosophical revolution of the seventeenth century and suggested that in due course these may have "percolated down to influence the thought and behaviour of the people at large".[57] Certainly, Keith Thomas establishes that in the course of the eighteenth century the common people of England gradually abandoned magical beliefs and practices. This constitutes the beginning of the secularization of the population at large. Does this mean that we should view secularization among the masses as a kind of *gesunkenes Kulturgut*, or new cultural values which percolated down into the lower orders? I am not so sure. Neither was Keith Thomas, for he abandoned this first argument in favour of a second: the relief function of magic. In referring to Bronislaw Malinowski's functional theory of religion, he came to assume that the decline of magic might be explained by a corresponding decline in the vulnerability of the population to fire and disease. To put it bluntly, the growth of fire insurance and eighteenth century improvements in firefighting, as well as the disappearance of the plague, would have contributed decisively to the decline in the common people's resorting to magic.

This functional approach is the one Keith Thomas most often resorts to in his seminal, yet theoretically inconsistent work. He was severely taken to task for the psychological reductionism this implied: "The force behind faith in astrological predictions or in curing by spells lies not in the severity of danger in the situation, nor in an anxious need to believe in an illusory solution to it, but in a conviction of their truth. These practices are comprehensible within the framework of a historically particular view of the nature of reality, a culturally unique image of the way in which the universe works, that provides a hidden conceptual foundation for all of the specific diagnoses, prescriptions and recipes that Thomas

---

56 Jacob, The Newtonians (see note 35), pp. 201. See also James E. Force, Secularization, the Language of God, and the Royal Society at the Turn of the Seventeenth Century, in: History of European Ideas 2 (1981), pp. 221-235, esp. pp. 229-231.
57 Thomas, Decline of Magic (see note 10), p. 643.

describes."[58] Keith Thomas was not unaware of the problems inherent in a functional approach to religion and magic.

In a third assessment of the explanatory problem at hand, Thomas rejected the functional argument by stressing the fact that "it was the abandonment of magic which made possible the upsurge of technology, not the other way round".[59] The difference between the sixteenth and the eighteenth centuries, he concluded, "lies not in achievement but in aspiration". He thus came to stress the mental rather than technological attributes of the change which occurred in the seventeenth century.[60] In my own view, these conclusions are realistic insofar as the 'mechanization' of the worldview of the late seventeenth and early eighteenth centuries, which I have examined above, contradicts conventional theories of secularization that see the decline of religious belief largely as results of urbanization and the industrial revolution. Indeed, as far as the religious beliefs and practices – and not just their resort to magic – of the people at large of late seventeenth and eighteenth-century England are concerned, we are still missing a comprehensive historical investigation of when and how "their historically particular view of the nature of the reality", to use Hildred Geertz's phrasing, actually began to dissolve.[61]

According to C. J. Sommerville the secularization of *mentalités* and belief was only the last phase in a lengthy process which spans a period of almost 200 years between the 1530s and the reign of Queen Anne. By the beginning of Hanoverian rule in 1714 religion in England, as Sommerville argues, "had achieved a certain independence from the rest of culture; it was no longer the basis of that culture".[62] Sommerville then goes on to consider a broad spectrum of factors which caused, or contributed to, secularization within the period in question, such as – to cite only a few examples – the secularization of language, the growing popularity of secular music during the Restoration period, the secularization of the novel in the early eighteenth century, as well as the role the study of the vernacular Bible and growing literary played in connection with these and other phenomena. This panorama of the manifold aspects of secularization is certainly very useful. Sommerville also offers us helpful guidelines regarding the use of the term "secularization". He points out four common usages. "As applied to the *society*, secular-

---

58 Hildred Geertz, An Anthropology of Religion and Magic, I, in: Journal of Interdisciplinary History 6 (1975), pp. 71–89, here p. 83.
59 Thomas, Decline of Magic (see note 10), p. 657.
60 Ibid., pp. 658 and 661.
61 For some incisive remarks on this problem, see the comments on this essay by Hermann Wellenreuther, On the Public and Private Spheres, Feelings, Passions, Beliefs in Christian, Secular, and Dechristianized Worlds, in: Hartmut Lehmann (ed.), Säkularisierung, Dechristianisierung, Rechristianisierung im neuzeitlichen Europa. Bilanz und Perspektiven der Forschung, Göttingen 1997, pp. 101–113.
62 Sommerville, England (see note 23), p. 16.

ization is best understood as the process of institutional differentiation. ... The secularization of a *particular institution* means giving an institution which was originally religious in character a more temporal purpose, as when the Y. M. C. A. becomes a non-sectarian social-service organization. ... The secularization of a *particular activity* would refer to its transfer from a religious institution to an obviously less religious one. ... The fourth meaning, the secularization of *belief or mentality or thought*, would indicate that one was not as likely to look to ultimate ends as to proximate, instrumental ones."[63]

While such categories can be very helpful, their application in Sommerville's study ultimately fails to convince because he implicitly posits the existence of a socially homogenous religious culture, whose disappearance from daily life at the turn of the seventeenth century supposedly completed the process of secularization for English society as a whole. It is the absolute lack of any socio-cultural differentiation between distinctive levels of religio-cultural experience and discourse, which decisively weakens Sommerville's argument. The latter has obvious value for an explanation of secularization within England's middle and upper classes, but fails to account for the different processes at work lower down on the social scale. I am not sure, therefore, whether we can claim as generally as Sommerville does, that "urbanization and economic development hardly seem determinative to England's secularization", for we have yet to find out what actually caused secularization among the lower orders".[64] The process of secularization within England's lower middle and lower classes was certainly not completed by 1714; in some quarters it may have hardly begun. It is time that the historical study of its scope, its contributing factors, as well as its chronological framework is put on the agenda.

63 Ibid., p. 5, the italics are mine.
64 Ibid., p. 118.

Äußere Bedrängnis, innere Befreiung

Der reformierte Widerstandsdiskurs des späteren 16. Jahrhunderts

Nahezu überall in Europa läßt sich die gelehrte Diskussion der zweiten Hälfte des 16. Jahrhunderts über die Frage des Widerstandes gegenüber einer unrechtmäßig handelnden Obrigkeit mit äußerer Bedrängnis in Verbindung bringen. Bedrohte Kirchen versuchen die Legitimität ihrer Selbstverteidigung auszuloten. Doch darf uns diese Beobachtung zu keiner simplifizierenden funktionalen Theorie verleiten. Das Beispiel der spanischen Spätscholastiker zeigt, daß der Widerstandsdiskurs im selben Zeitraum auch ohne namhafte äußere Bedrängnis sich entwickeln und gedeihen konnte. Da wir es mit einem sowohl interkonfessionellen wie auch transkonfessionellen Diskurs zu tun haben, möchte ich hier zunächst kurz auf die Beurteilung der Widerstandsfrage im Magdeburger Bekenntnis von 1550 eingehen, um mich dann an zweiter Stelle drei klassischen monarchomachischen Texten reformierter Provenienz zuzuwenden. Diese Etikettierung geht auf William Barclay (1546–1608), einen in Frankreich lebenden Schotten, zurück.[1] Der dritte Teil meiner Ausführungen gilt den spanischen Spätscholastikern, d.h. der Entwicklung einer katholischen Widerstandstheorie im späten 16. und frühen 17. Jahrhundert.

1. Das Magdeburger Bekenntnis

Wir wissen, daß sich die führenden Vertreter des deutschen Luthertums mit der Frage des Widerstandsrechts in der Frühzeit der Reformation eher schwer getan haben und erst von 1530 an unter der Drohung eines antiprotestantischen Feldzuges des Kaisers bereit waren, unter bestimmten Bedingungen den sog. niederen Obrigkeiten, d.h. konkret den Reichsfürsten, ein Widerstandsrecht gegen kaiserliche Gewalt zu konzedieren. Erst die schwierige Situation im durch kaiserliche Truppen belagerten Magdeburg führte im Jahre 1550 zu einer Radikalisierung der bisherigen Position. Man kann sagen, daß das Magdeburger Bekenntnis hinsichtlich der systematischen, und das heißt auch: naturrechtlichen, Betrach-

---

[1] Vgl. u.a. Mario Turchetti, Tyrannie et tyrannicide de l'Antiquité à nos jours, Paris 2001, S. 418. Mit Monarchomachen meinte Barclay »Königsbekämpfer«; der Begriff ist abgeleitet von griech. Monarchos und machesthai (=kämpfen). Dieser Begriff hat sich fest etabliert, es ist jedoch stets zu bedenken, daß er sich nicht ausschließlich nur auf die calvinistischen Widerstandstheoretiker der 1570er Jahre bezieht, sondern auch auf katholische Theoretiker der »Notwehr«.

tung der Rolle von Obrigkeit und Untertanen weit über die bis dahin im deutschen Luthertum üblichen Verlautbarungen hinausgeht. Dies gilt insbesondere in Bezug auf die systematische Verankerung des Widerstandsrechts der ständischen Kräfte im Staat, der sog. »unteren Obrigkeiten«. Versagen auch diese, so die radikale Folgerung der Magdeburger Flacianer, so wird gewaltsamer Widerstand zur Pflicht jedes Einzelnen.

Die Magdeburger Schrift von 1550 trägt den Titel »Bekentnis, Unterricht vnd vermanung/der Pfarern vnd Prediger/der Christlichen Kirchen zu Magdeburgk. Anno 1550. Den 13. Aprilis«.[2] Es ist wohl der ausführlichste deutschsprachige Traktat über die sog. ›Notwehre‹ des 16. Jahrhunderts. Er stammt aus einer belagerten Stadt. Magdeburg weigerte sich, das Interim anzunehmen und wurde dadurch zum Zentrum des Widerstands gegen die Religionspolitik des Kaisers, bis im Jahre 1552 durch einen Fürstenaufstand gegen Karl V. eine völlig neue reichs- und konfessionspolitische Lage entstand. Magdeburg wurde durch den Kaiser in die Acht erklärt und über viele Monate hinweg belagert. Innerhalb der Stadt war Matthias Flacius Illyricus der geistige Kopf der lutherischen Pfarrerschaft, der Anführer einer Theologenfraktion innerhalb des deutschen Luthertums, die vor allem das paulinisch und augustinisch geprägte theologische Erbe Martin Luthers zu bewahren versuchte. Wenn man bedenkt, wie sehr sich Flacius diesem Erbe verpflichtet fühlte, so stellt das Magdeburger Bekenntnis ein umso erstaunlicheres Dokument dar. Denn da wird u. a. gegen Ende des für uns relevanten zweiten Teils der Schrift klar die lutherische Zweireichelehre relativiert.

Die Diskussion des Widerstandsrechtes orientiert sich an einer Kasuistik unrechtmäßiger obrigkeitlicher Gewaltanwendung. Der vierte und schlimmste Grad verweist auf die im Falle Magdeburgs vorherrschende Situation:

Der vierde vnd hoeheste Grad der iniurien, so die Obrigkeit vben kann / ist etwas mehr denn Tyrannisch / nemlich wenn die Tyrannen also toll vnd rasend werden / das sie mit waffen vnd krieg anheben zuuerfolgen / nicht allein die Personen der vndern Obrigkeit vnnd der vnterthanen in einer rechten sachen / Sondern auch in den personen das hoechste vnnd noetigste Recht / vnd gleich vnsern Herrn Gott selbst / der ein stiffter ist desselbigen Rechten [...].

Genau dies aber geschehe jetzt, so die Autoren, im Falle Magdeburgs:

Solchs aber geschicht jtzund von vnsern Obern / das sye mit gewalt beyde [d. h. sowohl Gottes Ehre, wie das individuelle Seelenheil] in vns vnnd in allen vnsern nachkomen tilgen wollen das rechte erkentnis Gottes / ohn welches Gott nicht kan geehret / auch kein Mensch seelig werden. Ja sie wollens noch fuer recht haben / vnnd in

---

2 Das hier zugrundegelegte Exemplar der Stadtbibliothek Schaffhausen ist nicht paginiert. Wo möglich, werden im folgenden die mit Großbuchstaben und römischen Zahlen unterschiedenen Doppelseiten genannt. Diese Zählung ist nicht durchgehend vorhanden.

aller Menschen hertzen pflantzen/ falsche vnd GOtteslesterliche Lehr / von Gott / des Antichrists vnd des Teuffels Reich auffrichten / vnd das Reich Christi zerstoeren / wie solchs alles aus jhren eigenen worten / vnd wercken so klar vnd helle am tage ist / als die liebe Sonne.³

Widerstand in dieser Situation wird durch die Autoren als ultimative, auch endzeitlich verstandene Gegenwehr gegen die Machenschaften des Teufels verstanden, des Teufels, der leider auch durch kompromißbereite Protestanten (die sog. »Interimisten«) in seinem Vorhaben unterstützt wird: »So werden wir dadurch zum hoechsten gedrungen / die rechte Goetliche warheit von der Nothwehre inn diesen noethen nur allenthalben so viel wir koennen / unter die Leute zu bringen / dieser schmah [sic] und unterdrueckung Christi / seines Worts / und seiner Kirchen ein wenig damit zu steuren.«⁴ Das Problem der »Notwehre« und die Forderung nach kirchlicher Freiheit der Wortverkündigung bleiben aufs Engste miteinander verknüpft.

25 Jahre später haben die Magdeburger Argumente erneut eine wichtige Rolle gespielt, als sich für die französischen Hugenotten nach der Bartholomäusnacht vom August 1572 auf eindringliche Weise die Frage des Widerstandes gegen den König stellte.⁵

2. Theodor Beza, die »Vindiciae contra tyrannos« und George Buchanan

Mit dem königlichen Edikt von Amboise des Jahres 1563 überschritt die Verbreitung der Reformation in Frankreich ihren Zenit. Drei Jahre früher gelangte der erst zehnjährige Karl IX. auf den französischen Thron. Seine Mutter, Katharina von Medici, riß die Regentschaft in Vertretung ihres minderjährigen Sohnes an sich, war jedoch nicht in der Lage, die sich gleichzeitig anbahnende Verschärfung der konfessionspolitischen Gegensätze in und außerhalb des französischen Hofes zu verhindern.

Die Religionskriege stürzten das Land und das französische Königtum zwischen 1559 und 1589 in eine tiefe Krise. Ihren spektakulären Höhepunkt erreichte die konfessionelle Auseinandersetzung im Bartholomäus-Massaker vom

---

3 Ebd., Doppelseite L.
4 Ebd., Doppelseite vor N.
5 Vgl. Winfried Schulze, Zwingli, lutherisches Widerstandsdenken, monarchomachischer Widerstand, in: Peter Blickle u. a. (Hg.), Zwingli und Europa. Referate und Protokolle des Internationalen Kongresses zum Geburtstag von Huldrych Zwingli vom 26. bis 30. März 1984, Zürich 1985, S. 199–216, hier S. 208–212, zum Magdeburger Bekenntnis als Bindeglied zwischen deutscher Debatte und der Weiterentwicklung von Widerstandstheorien im niederländischen, französischen und englischen Raum.

August 1572, in welchem am Rande der Hochzeit des Protestanten Heinrich von Navarra, des späteren König Heinrich IV., und Margarete von Valois, der Schwester König Karls IX., zunächst in Paris und dann auch in zahlreichen Provinzstädten eine große Zahl zum Teil führender Hugenotten ermordet wurden. Die weitere Verbreitung des Calvinismus in Frankreich wurde durch das Bartholomäus-Massaker empfindlich getroffen. Aber es darf nicht übersehen werden, daß der hugenottische Vormarsch bereits neun Jahre früher auf wohl entscheidende Weise abgebremst wurde, als durch das Edikt von Amboise von 1563 den Hugenotten zwar für die Gebiete, in denen sich der Calvinismus bis dahin hatte festsetzen können, Konzessionen gemacht wurden, gleichzeitig aber die weitere Verbreitung des Protestantismus in Frankreich ganz erheblich erschwert wurde.[6] Der Anteil der Hugenotten an der Gesamtbevölkerung überstieg von da an nie 6–7 Prozent.[7]

Doch zurück zu den Folgen des Bartholomäus-Massakers. Unter den Theologen und Gelehrten, die sich auf calvinistischer Seite unter dem Schock dieses Ereignisses mit der Frage des Widerstandsrechts beschäftigten, entstand eine neue in sich relativ kohärente Theorie, allerdings wohl nicht die erste in sich kohärente politische Ideologie der neueren europäischen Geschichte, wie dies Miriam Yardeni noch 1985 behaupten konnte.[8] Gleichwohl wird am Ende dieser Ausführungen zu fragen sein, inwiefern durch die calvinistischen Theoretiker der 1570er Jahre eine in das 17. und 18. Jahrhundert weiterreichende politische Lehre begründet wurde.

Aus zeitlichen Gründen möchte ich mich im folgenden vorwiegend auf die »Du droit des magistrats« des Calvin-Nachfolgers Theodor Beza und auf die anonym erschienene »Vindiciae contra tyrannos« konzentrieren und also das mit »Franco-Gallia« betitelte Werk des François Hotman außer Acht lassen, obwohl es 1573 als erstes dieser drei klassischen monarchomachischen Opera erschien.[9] Die »Franco-Gallia« ist ein historisches Werk, eine Art Verfassungsgeschichte Frankreichs, in welchem der Autor vor allem den Nachweis zu erbringen sucht, daß die hochmittelalterliche fränkische Monarchie eine Wahlmonarchie mit Ständevertretung gewesen sei und daß sich Spuren derselben bis in die Gegenwart des späteren 16. Jahrhunderts erhalten hätten. Die somit historisch verbrief-

---

6 Robin Briggs, Early Modern France, 1560–1715, Oxford 1977, S. 19.
7 Menna Prestwich, Calvinism in France, 1555–1629, in: Dies. (Hg.), International Calvinism, 1541–1715, Oxford 1985, S. 71–107, hier S. 105. Detailliert zum 17. Jahrhundert: Philip Benedict, The Huguenot Population of France, 1600–1685, in: Ders., The Faith and Fortunes of France's Huguenots, 1600–85, Aldershot 2001, S. 34–120.
8 Miriam Yardeni, French Calvinist Political Thought, 1534–1715, in: Prestwich (Hg.), International Calvinism, S. 315–337, hier S. 321 (wie Anm. 7).
9 François Hotman, Franco Gallia, Genf 1573. Erstauflage lateinisch 1573; geringfügig veränderte französische Ausgabe 1574.

ten Rechte der Stände im französischen Staat gelte es vor dem usurpatorischen Machtanspruch der Krone zu bewahren.[10]

Ein Jahr später, 1574, erschien dann Theodor Bezas »Du droit des magistrats sur leurs sujets«. Kaum eine andere calvinistische Widerstandsschrift ist über so lange Zeit so einflußreich geblieben wie dieser Traktat des Genfer Theologen. Zwischen 1574 und 1581, d. h. innerhalb von sieben Jahren, erschienen zehn französische Ausgaben.[11] Und zwischen 1576 und 1649 wurden mindestens 17 lateinische Editionen publiziert.

Mit einem gewissen zeitlichen Abstand erschien schließlich 1579 die »Vindiciae contra tyrannos« (frei übersetzt: Das Gericht über die Tyrannen), dessen Autor bzw. Autoren bis heute nicht mit restloser Sicherheit identifiziert werden können. Die Schrift ist längere Zeit den beiden hugenottischen Autoren Philippe Duplessis-Mornay und Hubert Languet zugeschrieben worden.[12] Inzwischen hat jedoch Béatrice Nicollier-de Weck den Nachweis erbracht, daß diese Zuschreibung nicht zutrifft.[13] Die Frage nach der Identität des Autors ist damit neu gestellt. Obwohl der anonyme Autor vielfach aus den selben Quellen schöpft wie Beza, entwickelt er am Ende eine stark säkularisierte Theorie des Widerstands, die deutlich losgelöst von den religiösen Legitimationsmustern der verschiedenen Vorläufer dasteht.

Wenden wir uns also zuerst Bezas »Du droit des magistrats sur leurs sujets« zu. Allein schon das Deckblatt der französischen Ausgabe läßt die Nähe der Argumentation zum Magdeburger Bekenntnis erkennen. Der Untertitel lautet nämlich:»Traitté tres-necessaire en ce temps pour aduertir de leur deuoir, tant les Magistrats que les Subiets: publié par ceux de Magebourg l'an M. D. L. & maintenant revue & augmenté de plusieurs raisons & exemples.«[14] In der Tat macht Beza die im Magdeburger Bekenntnis zentrale Rolle der niederen Obrigkeiten ebenfalls zum Dreh- und Angelpunkt seines politischen Systems. Diese Optik

---

10 François Hotman, Franco Gallia, übers. von Hans Klingelhöfer aufgrund der Aufl. Frankfurt a. M. 1665, in: Jürgen Dennert (Hg.), Beza, Brutus, Hotman: Calvinistische Monarchomachen, Köln 1968, S. 203–327. Vgl. auch Donald R. Kelley, François Hotman. A Revolutionary's Ordeal, Princeton 1973, S. 239–249.
11 Robert M. Kingdon, Calvinism and Resistance Theory, in: James Henderson Burns (Hg.), The Cambridge History of Political Thought, 1450–1700, Cambridge 1991, S. 193–218, hier S. 211. Vgl. auch Turchetti, Tyrannie et tyrannicide, S. 424–431 (wie Anm. 1).
12 Kingdon, Calvinism, S. 212 (wie Anm. 11).
13 Béatrice Nicollier-de Weck/ Hubert Languet, 1518–1581. Un réseau politique international de Melanchthon à Guillaume d'Orange, Genf 1995, S. 465–487.
14 Theodor Beza, Das Recht der Obrigkeiten gegenüber den Untertanen und die Pflicht der Untertanen gegenüber den Obrigkeiten, übers. von Hans Klingelhöfer aufgrund der lat. Ausgabe von 1576, in: Dennert (Hg.), Beza, Brutus, Hotman, S. 1–60 (wie Anm. 10), hier Anm. 2. Lateinische Fassung: Theodor Beza, De iure magistratuum, hg. v. Klaus Sturm, Neukirchen-Vluyn 1965.

relativiert sozusagen automatisch die Rolle des Monarchen und erleichtert damit die Begründung eines Widerstandsrechts.[15]

Von Calvin übernimmt Beza dagegen den Gedanken der »mutua obligatio«, der gegenseitigen Verpflichtung vor Gott von Obrigkeit und Untertanen.[16] Dieser Gedanke wird zum einen durch Beispiele aus dem Lehnswesen untermauert. Aber er nimmt auch schon eine naturrechtlich-säkularisierte Form an (ich zitiere hier und im Folgenden die leicht zugängliche deutschsprachige Ausgabe von Dennert):

Es gibt zwei Grundsätze, welche die Gerechtigkeit für unbestritten erklärt und ebenso das Naturrecht, von dem allein die Erhaltung der ganzen menschlichen Gesellschaft abhängt. Der erste ist folgender: Bei allen Vereinbarungen und Verträgen, die in gegenseitiger Übereinstimmung zwischen den Parteien abgeschlossen werden, können die, welche den Vertrag abgeschlossen haben, ihn auch lösen und für ungültig erklären, wenn es die Vernunft erfordert. Demnach besitzen die, welche die Befugnis haben, einen König zu wählen, auch das Recht, ihn abzusetzen.

Der andere Grundsatz ist folgender: Wenn es überhaupt einen gerechtfertigten Anlaß gibt, einen Vertrag oder ein Abkommen zu lösen, wodurch die darin enthaltene Verpflichtung von selbst aufhört oder ungültig wird, dann ist er gegeben, wenn die wesentlichen Bedingungen, derentwegen eigentlich der Vertrag geschlossen wurde, offensichtlich verletzt werden. Diejenigen, welche die Macht der Könige und höchsten Obrigkeiten so sehr erweitern, daß sie kühn behaupten, diese hätten keinen anderen Richter über sich als Gott, dem sie Rechenschaft über ihr Tun ablegen müssen, die sollen einmal beweisen, daß irgendein Volk jemals sich bewußt – es sei denn aus Furcht oder Zwang – dem Willen eines Herrschers unterworfen hat, ohne die ausdrücklich hinzugesetzte oder stillschweigend eingeschlossene Bedingung, daß es von ihm nach Recht und Billigkeit gelenkt und regiert wird.[17]

Zwar dürfen wir nicht vergessen, daß die dem Gedanken des Gottesbundes des Volkes Israel entnommene Vorstellung der »mutua obligatio« eine letztlich religiöse Vorstellung war. Der Bund gegenseitiger Verpflichtung zwischen Untertanen und Obrigkeit wurde vor Gott geschlossen. Dennoch ist nicht zu übersehen, daß diese im Grunde religiöse Vorstellung bei Beza auf merkwürdige Weise mit der naturrechtlichen Vorstellung der »aequitas«, der Billigkeit kontrastiert. Wiederholte Gesetzesverstöße eines Herrschers widersprechen dem Prinzip der Billigkeit; sie stellen eine »notoria iniuria« dar. Wie im Magdeburger Bekennt-

---

15 Udo Bermbach, Widerstandsrecht, Souveränität, Kirche und Staat. Frankreich und Spanien im 16. Jahrhundert, in: Iring Fetscher/Herfried Münkler (Hg.), Pipers Handbuch der politischen Ideen, Bd. 3: Neuzeit, München 1985, S. 101–162, hier S. 116.
16 Zu Calvin vgl. u. a. Marc-Edouard Chenevière, La pensée politique de Calvin, Paris 1937; Jürgen Baur, Gott, Recht und weltliches Regiment im Werke Calvins, Bonn 1965; Turchetti: Tyrannie et tyrannicide, S. 409–415 (wie Anm. 1).
17 Theodor Beza, Recht der Obrigkeiten, S. 37 (wie Anm. 14).

nis, so treffen wir auch bei Beza auf eine gewisse Parallelität biblischer und säkularer Argumente.

Weniger erstaunlich ist die Forderung des Genfer Theologen in der ersten der insgesamt sieben Untersuchungen, in die sein Traktat aufgeteilt ist, daß die Obrigkeit rechtlich zwingend eine christliche zu sein hat. Denn diese Forderung ist seit Huldrych Zwingli ein fester Bestandteil der reformierten Tradition, im Unterschied zur lutherischen, wo diese Forderung zum ersten Mal überhaupt im Magdeburger Bekenntnis auftaucht.[18] Während in der zweiten Untersuchung der Widerstand gegen einen Tyrannen in allerdings noch unbestimmter Form durch das Bibelwort legitimiert wird, folgt in der fünften Untersuchung eine rein herrschaftstheoretische Grundlegung desselben. Hier geht Beza von der Frage aus, ob Gott den Untertanen, die von einem Tyrannen geschunden werden, bloß Gebete und Geduld und keine weiteren Abwehrmaßnahmen gestattet. Und er fragt weiter:

Kann eine offensichtliche Gewaltherrschaft mit Waffengewalt unterbunden werden? Um diese Frage einleuchtend zu beantworten, muß ich einiges vorausschicken, gleichsam als Grundlage der ganzen Untersuchung. Die Völker haben ihren Ursprung nicht von den Obrigkeiten, sondern sind älter als diese, mögen die Menschen nun zuerst gewünscht haben, von einem Herrscher oder von mehreren selbsterwählten Führern regiert zu werden. Daraus ergibt sich, daß die Völker nicht wegen der Obrigkeiten erschaffen, sondern im Gegenteil Obrigkeiten eines Volkes wegen eingesetzt worden sind.[19]

Das geht weit über den durch Johannes Calvin in seiner »Institutio« angestellten Vergleich zwischen den drei Staatsformen hinaus, wo Calvin schließlich der Aristokratie den Vorzug gibt. Aber es ist andererseits an keiner Stelle bei Beza von einer Gesetzgebungskompetenz des Volkes die Rede. Es wäre also falsch und anachronistisch, diese Passage als eine Frühform des Volkssouveränitätsgedankens zu verstehen. Dieser taucht in expliziter Form erst um die Mitte des 17. Jahrhunderts bei den englischen Levellers zum ersten Mal auf. Auch kann noch nicht

---

18 Ich bin in diesem Punkte entschieden anderer Meinung als Robert von Friedeburg, Self-Defense and Religious Strife in Early Modern Europe. England and Germany, 1530–1680, Aldershot 2002, S. 52, wo These 42 der 67 Schlußreden von Huldrych Zwingli von Ende Januar 1523 (»So sy [= die Obrigkeit – KvG] aber untrüwlich und usser der schnuor Christi faren wurdend, mögend sy mit got entsetzt werden« – Corpus Reformatorum, Bd. 88, S. 463) als letztlich unklarer »throwaway comment« bezeichnet wird, was dann offenbar auch den Verzicht auf jegliche Auseinandersetzung mit divergierender Sekundärliteratur zu legitimieren scheint. Der meines Erachtens klare Unterschied zwischen Zwinglis und Luthers Position in dieser Frage in den Jahren 1523–1525 läßt sich auf diese Weise nicht hinweg diskutieren. Es geht dabei ja nicht nur um die Frage der Widerstandslehre im engeren Sinne, sondern um das unterschiedliche Verständnis der beiden Reformatoren des Verhältnisses von Evangelium und Welt.
19 Theodor Beza, Recht der Obrigkeiten, S. 6 (wie Anm. 14).

von einem rein säkularen Herrschaftsvertrag gesprochen werden. Dafür ist Bezas Theorie aufs Ganze gesehen noch zu stark in biblische Bezüge eingebettet.

Der soeben zitierte Gedankengang führt ihn zur Folgerung, »daß die keine legitimen Könige sind, die durch Gewalt oder Betrug eine Macht beanspruchen, auf die sie keinen Rechtstitel besitzen.« Gegen solche Tyrannen ist zweifelsohne offener Widerstand erlaubt. In welcher Form dieser Widerstand erfolgen kann und soll, wird nun in den unmittelbar folgenden sechsten und siebenten Untersuchungen im einzelnen geklärt. Hier entwickelt Beza einen sehr extensiven Begriff der niederen Obrigkeiten und verknüpft die Charakterisierung derselben einmal mehr mit dem Gedanken der »mutua obligatio«. Gegenüber einem Tyrannen – und hier lehnt sich Beza deutlich an das Magdeburger Bekenntnis an – sind die niederen Obrigkeiten Kraft ihres öffentlichen Amtes nicht nur zum offenen Widerstand berechtigt, sondern sie sind zu diesem Widerstand aufgrund ihres Amtseides sogar verpflichtet.

Bleibt am Ende, in der siebenten Untersuchung, die Frage, was zu tun ist, wenn die magistrats inférieures, d. h. die Reichs- oder Landstände, nicht einberufen werden können, um eine Tyrannenherrschaft entweder zu verhindern oder einzudämmen. An dieser Stelle qualifiziert der Autor die im Magdeburger Bekenntnis enthaltene Konzession eines aktiven Widerstandsrechts des Einzelnen für den Fall des Versagens der niederen Obrigkeit, aber er schließt ein individuelles Vorgehen gegen einen Tyrannen nicht grundsätzlich aus. Der Einzelne bedarf dazu einer ausdrücklichen Vollmacht der niederen Obrigkeit oder »von dem vernünftiger denkenden Teil der Stände«, sonst ist er zu offenem Widerstand nicht berechtigt. Der vernünftigere Teil der Stände ist offenbar derjenige Teil, der sich der Verpflichtungen »gegenüber Gott und dem Vaterland« bewußt bleibt.

Als Zwischenbilanz ergibt sich also, daß Theodor Beza vor allem das im Magdeburger Bekenntnis ausgiebig legitimierte aktive Widerstandsrecht der niederen Obrigkeiten auf eine breitere Basis stellt, insofern nämlich, als er die dort nur ansatzweise vorhandenen Generalisierungsansätze hinsichtlich eines über die Grenzen des Alten Reiches hinaus gültigen Widerstandsrechts der niederen Obrigkeiten aufnimmt, und die entsprechenden Prinzipien für allgemeingültig erklärt. In der Begründung ergibt sich freilich auch bei ihm wie im Magdeburger Bekenntnis ein Konglomerat von biblischen und naturrechtlichen Legitimationsdiskursen, das sich nicht eindeutig auseinander dividieren läßt.[20]

---

20 In seiner konkreten Ausgestaltung ist das Naturrecht der historischen Entwicklung von der Antike bis ins 18. Jahrhundert unterworfen gewesen und hat sich je nach Zeitumständen in seiner äußeren Gestalt stark gewandelt. Epochal in diesem Wandel war sicherlich der Übergang vom spätscholastischen zum neuzeitlichen Naturrecht in der ersten Hälfte des 17. Jahrhunderts, der mit der Begründung des rationalen Naturrechts durch Thomas Hobbes um die Mitte des 17. Jahrhunderts seinen Abschluß fand. Für einen größeren Zeitraum, wie das 16. und 17. Jahrhundert, läßt es sich nur einigermaßen abstrakt definieren: »Unter ›Naturrecht‹ versteht man gemeinhin das System rechtlicher Normen, die für alle Menschen als

Der bei Beza im Anschluß vor allem an Calvin entwickelte Vertragsgedanke steht als ausdrücklich doppelter Vertragsgedanke – neben dem Vertrag zwischen Gott und den Menschen steht ein Vertrag zwischen Obrigkeit und Untertanen – im Zentrum der Argumentation des 1579 unter dem Pseudonym Stephanus Junius Brutus zunächst lateinisch erschienenen Traktats mit dem Titel »Vindiciae contra tyrannos«.[21]

Ähnlich wie Bezas »Du droit des magistrats« hat dieser Traktat mehrere Auflagen erlebt (von 1581 an auch in französischer Sprache) und weit ins 17. Jahrhundert hinein fortgewirkt. Er ist erheblich länger und geht daher viel ausführlicher auf sämtliche Einzelaspekte ein. Im Vordergrund stehen vier Fragen, die der Reihe nach diskutiert und beantwortet werden:

1. Müssen Untertanen einem Fürsten gehorchen, der etwas anordnet, was dem Gesetz Gottes zuwiderläuft? Die ausführlich dargelegte Antwort lautet: nein.

2. Ist es legitim und gesetzeskonform, einem Fürsten zu widerstehen, der sich anschickt, nicht nur das Gesetz Gottes zu brechen, sondern auch dessen Kirche zu zerstören? Die Antwort lautet: ja.

3. Ist es legitim, offenen Widerstand zu leisten gegen einen Fürsten, der das Gemeinwesen, in moderner Terminologie: den Staat, unterdrückt? Hier lautet die im Zuge eines ungefähr 70 Seiten langen Kapitels gegebene Antwort: ja.

4. Darf ein Fürst eines benachbarten Territoriums die Untertanen eines benachbarten Territoriums vor fürstlicher Tyrannei schützen und bewahren? Auch hier lautet die Antwort: ja.

Im Lichte der bisher betrachteten Aspekte der Widerstandsproblematik ist zweifelsohne die dritte und mit Abstand längste Untersuchung hier am interessantesten. Auf diesen Teil der »Vindiciae contra tyrannos« werde ich mich im folgenden konzentrieren. Er bringt eine von biblischen und religiösen Vorgaben nahezu völlig losgelöste Begründung und Legitimierung des ständischen Widerstandsrechts.

Vorauszuschicken sind zwei Dinge: Zum einen versteht sich der Traktat ausdrücklich als Gegenstück zu Machiavellis »Il Principe«. Das heißt: Es soll nicht

---

Vernunftwesen, auch ohne und im Konfliktfalle sogar gegen alle positiven, insbesondere staatlichen Gesetze und Weisungen, überall und jederzeit verbindlich sind. Der so definierte Begriff des Naturrechts hat, als solcher unverändert, in der europäischen Geistesgeschichte seit dem 5. vorchristlichen Jahrhundert bis in die Gegenwart hinein in nahezu allen Rechtsanschauungen und Normdiskussionen [...] eine beherrschende Rolle gespielt. [...] Die Berufung auf ein solches Naturrecht war in der Regel durch Stellungnahmen in der jeweiligen geschichtlichen Situation motiviert.« – Karl-Heinz Ilting, Art. »Naturrecht«, in: Otto Brunner u. a. (Hg.), Geschichtliche Grundbegriffe, Bd. 4, Stuttgart 1978, S. 245–313, hier S. 245. Vgl. auch Michael Stolleis, Reichspublizistik – Politik – Naturrecht im 17. und 18. Jahrhundert, in: Ders. (Hg.), Staatsdenker in der frühen Neuzeit, München ³1995, S. 9–28.

21 Stephanus Junius Brutus, Strafgericht gegen die Tyrannen oder Die legitime Macht des Fürsten über das Volk und des Volkes über den Fürsten, Edinburgh, im Jahre 1579, übers. von Hans Klingelhöfer in: Dennert (Hg.), Beza, Brutus, Hotman (wie Anm. 10), S. 61–202.

eine theoretische Grundlegung der Macht der Fürsten vorgelegt werden, sondern vielmehr eine Begründung der Macht des Volkes über die Fürsten. Dieses tritt freilich nicht als Ganzes in Aktion; vielmehr wird es gegenüber dem Fürsten durch die niederen Obrigkeiten und Stände vertreten. Wir haben also einmal mehr kein demokratisches Modell, sondern ein aristokratisches vor uns. Zum anderen lehnt sich der gesamte Traktat sehr stark an die Terminologie des Lehnswesens an, der calvinische Begriff der »mutua obligatio« wird hier durchwegs in lehensrechtliche Zusammenhänge eingebettet.

Die Verpflichtungen des Fürsten gegenüber dem Volk bestehen aus dem zweiten Teil eines doppelten Vertrags: »Im ersten Teil des Vertrages oder Paktes steht die Verpflichtung zur Frömmigkeit, im zweiten die zur Gerechtigkeit. In jenem verspricht der König, Gott in Frömmigkeit zu gehorchen; in diesem verspricht er, gerecht über das Volk zu regieren.«[22] Aber, falls ein Fürst den zweiten Teil dieses Vertrags verletzt und deshalb offener Widerstand gegen ihn erlaubt ist, liegt das Widerstandsrecht nicht bei Privatpersonen. Hier stimmen die »Vindiciae« durchaus mit der Tradition überein: »Den einzelnen ist weder von Gott noch vom Volk das Schwert übergeben worden.«[23] Nur den Magistratspersonen wird für diesen Fall das Recht auf aktiven Widerstand zugestanden.

All dies wird am Ende der langen, dritten Untersuchung nochmals zusammenfaßend angesprochen:

»Fassen wir, um diese Untersuchung abzuschließen, das Ergebnis zusammen: Die Fürsten werden von Gott gewählt und vom Volk eingesetzt. [...] Bei der Einsetzung des Herrschers wird zwischen ihm und dem Volk ein Bund geschlossen, sei es stillschweigend oder ausdrücklich, sei es nach dem Naturgesetz oder dem öffentlichen Recht, des Inhalts, daß alle dem, der gut herrscht, gut Folge leisten, daß dem, der dem Gemeinwesen dient, alle dienen, daß dem, der den Gesetzen gehorcht, alle gehorchen usw. Die Magistrate des Reiches sind die Bürgen und Hüter dieses Vertrages oder Abkommens. Wer diesen Vertrag treulos und beharrlich verletzt, der ist durch die Art seiner Regierung ein wahrer Tyrann. Deshalb sind die Amtspersonen des Reiches pflichtgemäß gehalten, einen solchen entsprechend den Gesetzen zu richten und, falls er sich widersetzt und es anders nicht möglich ist, ihn mit Gewalt in seine Schranken zu weisen. Unter diesen Obrigkeiten gibt es zwei Gruppen. Erstens die, welche die Obhut des ganzen Königreiches übernommen haben, wie der Konnetabel, die Marschälle, Pairs, Pfalzgrafen und andere; sie müssen jeder für seine Person den Tyrannen in seine Schranken weisen, auch wenn andere den Mund halten oder mit ihm unter einer Decke stecken. Zweitens die, welche nur einen Teil oder ein Gebiet des Reiches verwalten, wie die Herzöge, Markgrafen, Grafen, Konsuln und Bürgermeister; sie haben das Recht, die Tyrannis und den Tyrannen von ihrem Gebiet und ihrer Stadt abzuwehren.«[24]

---

22 Stephanus Junius Brutus, Strafgericht, S. 159 (wie Anm. 21).
23 Ebd., S. 187.
24 Ebd., S. 190.

Die Schriften der französischen Monarchomachen sind nicht bloße Theorie geblieben. In den Niederlanden haben sie innerhalb weniger Jahre konkrete Anwendung gefunden, wobei insbesondere der Einfluß der »Vindiciae contra tyrannos« nachweislich sehr groß gewesen sein muß. Seit 1566 beherrschte die Niederlande der Freiheitskampf gegen die spanische Oberherrschaft. In der Union von Utrecht von Ende Januar 1579 verbanden sich die sieben nördlichen Provinzen zu den Vereinigten Generalstaaten der Niederlande. Zwei Jahre später, in der Proklamation vom 26. Juli 1581, sagten sie sich förmlich von der spanischen Oberherrschaft los und erklärten sich für unabhängig. Diese Proklamation ist stark durchdrungen von den bekannten Argumentationsmustern der Monarchomachen.

In Schottland erschien 1579 der Traktat »De jure regni apud Scotos« des brillanten Humanisten George Buchanan, der im Nachhinein mithalf, die 1567 erfolgte Absetzung der Königin Mary Stuart zu rechtfertigen.[25] Buchanans monarchomachischer Traktat wandte sich nicht zuletzt gegen Bestrebungen katholischer Kräfte in und außerhalb Schottlands, die auf eine Restauration der entthronten Königin abzielten.

Eine breitere Bewegung vornehmlich in den Städten wurde der Protestantismus in Schottland – ähnlich wie in Frankreich – erst in den 1550er Jahren. Eine eigentliche »Calvinisierung« der Reformation setzte allerdings erst im Laufe der 1560er Jahre ein und einen tatsächlich calvinistischen Konsens über die dogmatische Ausrichtung der reformierten Kirche Schottlands gab es vor 1580 nicht.[26] Die Reformatoren der frühen schottischen Reformation – ich nenne hier nur John Knox und Andrew Melville – waren die geistlichen Anführer einer Minderheitsbewegung. Zwar hatte reformatorisches Gedankengut vor der Mitte des 16. Jahrhunderts bereits während etwa einer Generation über die Städte der schottischen Ostküste Eingang ins Land gefunden, aber noch um die Jahrhundertmitte gab es in diesen Städten, vielleicht mit Ausnahme von Perth und Dundee, nur eine Handvoll Protestanten – reiche Kaufleute, Angehörige höherer Berufe und humanistische Gelehrte waren dabei tonangebend.[27] Doch das um die Mitte des 16. Jahrhunderts in den Städten einsetzende Wachstum des Protestantismus und mit ihm die bereits angesprochene »Calvinisierung« hielt trotz Unterbrechungen an, so daß Schottland im 17. Jahrhundert gegen außen als ein calvinistisches Land auftreten konnte.[28] Aus der Rückschau sollte freilich nicht

---

25 Vgl. u. a. Roger A. Mason, People's Power? George Buchanan on Resistance and the Common Man, in: Robert von Friedeburg (Hg.), Widerstandsrecht in der frühen Neuzeit. Erträge und Perspektiven der Forschung im deutsch-britischen Vergleich, Berlin 2001, S. 163–181.
26 Michael Lynch, Calvinism in Scotland, 1559–1638, in: Prestwich (Hg.), International Calvinism, S. 225–255, hier S. 233 (wie Anm. 7).
27 Ebd., S. 238.
28 Thomas Christopher Smout, A History of the Scottish People, 1560–1830, London 1969, S. 71–74.

übersehen werden, daß der Katholizismus insbesondere in den schottischen Highlands weiterhin über eine bedeutende Anhängerschaft verfügte.

Als Maria Stuart 1561 nach dem Tode ihres Gatten, des französischen Königs Franz II., nach Schottland zurückkehrte, um dort das ihr in dynastischer Erbfolge zustehende Amt der Königin zu übernehmen, entstanden bald einmal Spannungen zwischen dem Calvinismus der Führungsschicht und dem Katholizismus, dem sie sich verpflichtet fühlte. Dieser Konflikt spitzte sich 1567 zu, als die Königin mit dem Earl of Bothwell einen der Drahtzieher der Ermordung ihres ersten Gatten, Lord Darnley, heiratete. Eine Revolte von Adligen vertrieb die Königin aus Schottland und setzte den jungen Jakob VI. als noch minderjährigen König ein.[29] Maria Stuart flüchtete nach England, wo sie ihre Rivalin Elisabeth I. von England schließlich hinrichten ließ. George Buchanan machte sich mit seinem Traktat »De jure regni apud Scotos«, der zunächst in Manuskriptform zirkulierte und erst 1579 im Druck erschien, zum nachträglichen Anwalt der Adelsrevolte von 1567.

Im Zentrum der Schrift Buchanans steht die Unterscheidung zwischen legitimen Königen und Tyrannen, die sich auf die Kurzformel bringen läßt, daß Könige zum Nutzen ihrer Untertanen regieren, Tyrannen jedoch ausschließlich zu ihrem persönlichen Vorteil.[30] Die überlieferten Regeln des politischen Gehorsams haben nur bei Königen ihre Geltung. Niemand ist einem Tyrannen Gehorsam schuldig. Noch entschiedener als bei Beza und in der »Vindiciae contra tyrannos« ist das Volk der eigentliche Herrschaftsträger im Staat.[31] Bei der Königswahl entscheidet das Mehrheitsprinzip. Die Mehrheit überträgt dem König seine herrschaftlichen Kompetenzen, allerdings ohne dabei Verzicht auf die Souveränitätsrechte zu leisten. Diese Rechte können vielmehr zurückgefordert werden, sollte der König gegen die ihm auferlegten Pflichten verstoßen und Gesetze übertreten. Die ultima ratio dieser Überlegungen ist der Tyrannenmord und zwar – wie Mason betont – ohne irgendwelche institutionelle Begrenzungen individueller Intiative.[32]

Noch mehr als die dritte der insgesamt vier Untersuchungen, aus denen sich die »Vindiciae contra tyrannos« zusammensetzt, basierte die Argumentationsweise des schottischen Gelehrten auf rein säkularen Vorstellungen. Am deutlichsten wird das hinsichtlich des Herrschaftsvertrags. Für Buchanan ist dieser kein doppelter Vertrag, der neben Volk und Herrschern auch Gott involviert. Es handelt sich bei ihm um ein einfaches, allein zwischen Menschen und ohne göttlichen Auftrag geschlossenes Abkommen.

---

29 Jenny Wormald, Court, Kirk, and Community. Scotland, 1470–1625, Edinburgh 1981, S. 122 f., S. 143–147.
30 Turchetti, Tyrannie et tyrannicide, S. 406–409 (wie Anm. 1).
31 Mason, People's Power?, S. 172–178 (wie Anm. 25).
32 Ebd., S. 179.

Der weit über die schottischen Grenzen hinaus beachtete Traktat stieß als eine der radikalsten Widerstandsschriften des späten 16. Jahrhunderts zum Teil auf heftigen Widerstand. Noch mehr als hundert Jahre nach seinem Erscheinen inszenierte die Universität Oxford 1683 dessen öffentliche Verbrennung.[33] Dies zeigt nicht nur, daß solche Traktate zum Teil über manche Jahrzehnte hinweg ihre Leser fanden, sondern auch, daß sie und ihre Wirkung gefürchtet waren.

3. Widerstandsdenken im Katholizismus (spätes 16./frühes 17. Jahrhundert)

Die französische katholische Liga entstand im Jahre 1576 und wurde später (1585) ein zweites Mal gegründet. Sie war ein Zweckbündnis des politischen Katholizismus mit dem Ziel zunächst der Eindämmung (wenn nicht gar Vernichtung des Hugenottentums) und später (nach 1585) der Erhaltung der katholischen Thronfolge. In dieser späteren Phase war die mit Spanien verbündete Katholische Liga auch gleichzeitig ein ständisches Bündnis gegen die sich unter Heinrich III. trotz der Religionskriege konsolidierende Macht der Krone. Das in der Katholischen Liga dominierende politische Denken hatte in mehr als einer Hinsicht einiges mit jenem der calvinistischen Monarchomachen gemeinsam. Insbesondere wurde auch durch Vertreter der Liga die Stärkung der Generalstände im französischen Staat gefordert und ähnlich wie bei François Hotman wurde diese Forderung historisch legitimiert.[34]

Anders als in den Schriften der calvinistischen Monarchomachen der 1570er Jahre stand in dem sich sukzessive radikalisierenden politischen Denken der Katholischen Liga im letzten Jahrzehnt des 16. Jahrhunderts neben dem ständischen das individuelle Widerstandsrecht im Vordergrund. Nach der durch den König angeordneten Ermordung der Anführer der Liga, des Herzogs von Guise und seines Bruders, des Kardinals, wurde Heinrich III. 1589 durch die Anführer der Liga zum Tyrannen erklärt und im Sommer 1589 ermordet. In der Thronfolge rückte nun Heinrich von Navarra nach, was zusätzlich zur Radikalisierung des politischen Denkens innerhalb der Liga beitrug, denn Heinrich IV. war bis zu seiner Konversion im Jahre 1593 Protestant. Mehr denn je propagierten nun Exponenten der Liga – namentlich der Theologe Jean Boucher – neben dem Tyrannenmord als ultimativer Form des Widerstands das (auch unter den hugenottischen Monarchomachen populäre) Wahlkönigtum. »Omnino Rex nemo

---

33 Ebd., S. 163.
34 John Hearsy Mac Millar Salmon, Catholic Resistance Theory, Ultramontanism, and the Royalist Response, in: Burns (Hg.), The Cambridge History of Political Thought, S. 219–253, hier S. 221 (wie Anm. 11).

nascitur«, es wird niemand als König geboren, betonte Boucher.[35] Es blieb in dieser Sache allerdings bei der entsprechenden Propaganda, denn es bot sich kein geeigneter katholischer Kronprätendent an, für den sich die Liga hätte einsetzen können.

Eine andere, alternative politische Theorie, in welcher im späteren 16. Jahrhundert ebenfalls das Recht der Untertanen auf aktiven Widerstand unter bestimmten Bedingungen bejaht wurde, offerierte im späteren 16. und frühen 17. Jahrhundert die spanische Spätscholastik. In ihrer naturrechtlichen Argumentation schloß sie an Thomas von Aquin an.

Aus der Sicht des spätmittelalterlichen Aristotelismus waren die in einem Gemeinwesen geltenden Gesetze Ausdruck des Willens der in diesem Gemeinwesen zusammengeschlossenen Menschen. Es wurde also postuliert, daß es ein von der Bibel unabhängiges Naturrecht gebe, auf dessen Basis sich menschliche Gemeinwesen entwickelten. Es liegt auf der Hand, daß diese naturrechtlichen Vorstellungen dem pessimistischen Menschenbild des Augustinismus widersprachen. Thomas von Aquin versuchte, beide diese sich widersprechenden Tendenzen in seinem System zu vereinigen und soweit möglich mit einander zu versöhnen. Die Entwicklung einer spezifisch spanischen politischen Theorie im 16. Jahrhundert stand – im Gegensatz zu den protestantischen Widerstandstheorien des 16. Jahrhunderts – im Zeichen der Anlehnung an und Weiterentwicklung des politischen Denkens Thomas von Aquins.[36]

Die spanischen Spätscholastiker übernahmen von Thomas von Aquin die Vorstellung, daß die Ordnung der Welt durch eine Rechtshierarchie sichergestellt wird. Sie unterschieden vier einander hierarchisch zugeordnete Ebenen des Rechts. Zuoberst in dieser Hierarchie war die lex aeterna angesiedelt, der Gottes Handeln in der Welt zugrunde lag. Diese lex aeterna offenbarte Gott den Menschen auf einer untergeordneten Ebene in der Form des göttlichen Gesetzes, der lex divina. Ort dieser Offenbarung war das Bibelwort, auf dem wiederum die christliche Kirche gründete. Unterhalb der lex divina war die lex naturalis (auch: ius naturale), das natürliche Recht angesiedelt, das durch Gott den Menschen gleichsam eingepflanzt wurde, damit sie seine Ziele und Absichten hinsichtlich der Ordnung der Welt verstehen konnten. Auf der untersten Stufe dieser thomistischen Gesetzeshierarchie stand das menschliche Gesetz (lex humana) bzw. das in Gesetzestexten tradierte oder mündlich überlieferte positive Recht (ius positivum), ein Recht also, das sich die Menschen selbst zur Regulierung der durch

---

35 Zit. in: Eckehard Quin, Personenrechte und Widerstandsrecht in der katholischen Widerstandslehre Frankreichs und Spaniens um 1600, Berlin 1999, S. 194, Anm. 210.
36 Vgl. zum Folgenden Mac Millar Salmon, Catholic Resistance Theory, S. 237 f. (wie Anm. 34), sowie auch Wolfgang Reinhard, Vom italienischen Humanismus bis zum Vorabend der Französischen Revolution, in: Hans Fenske u. a., Geschichte der politischen Ideen. Von der Antike bis zur Gegenwart, Frankfurt a. M. [5]2000, S. 241–376, hier bes. S. 281–293 (»Katholiken zwischen Monarchie, Volkssouveränität und Völkerrecht«).

sie begründeten Gemeinwesen gaben.[37] Das Naturrecht gab also den moralischen Rahmen ab, innerhalb dessen sich das positive Recht zu bewegen hatte. Funktion des positiven Rechts war es somit, in der Welt (foro externo) einem übergeordneten, im moralischen Gewissen (foro interno) des Menschen angesiedelten, Recht Ausdruck zu verschaffen.

Der für die weitere Entwicklung des Naturrechts wichtige, vielleicht grundlegende Thomismus des 16. Jahrhunderts verdankte anfänglich entscheidende Impulse dem spanischen Dominikaner Francisco de Vitoria (ca. 1492–1546). In der durch Francisco de Vitoria begründeten Tradition stand der zwei Jahre nach dem Tod des Meisters geborene Francisco Suarez (1548–1617).[38] In seinem Werk erhielt das Naturrecht nicht nur eine erhebliche Differenzierung, sondern auch eine grundlegende Säkularisierung, die eine Weiterführung der traditionellen religiösen Legitimierung im Grunde überflüssig machte.

Ähnlich wie sein Ordensbruder, der Jesuit Luis de Molina (1535–1600), und wie Kardinal Robert Bellarmin (1542–1621), ebenfalls ein Angehöriger des Jesuitenordens, ging Suarez davon aus, daß das Volk über ein natürliches Herrschaftsrecht (potestas naturalis) verfügt. Zwar tritt das Volk in einem Herrschaftsvertrag die Staatsgewalt an einen Fürsten oder an eine Gruppe von Aristokraten ab und dieser Herrschaftsvertrag ist im Prinzip unwiderruflich – hier bestand ein deutlicher Unterschied zu den Monarchomachen –, dennoch hat das Volk aufgrund seiner potestas naturalis das Recht, sich gegen eine Tyrannis zu wehren. Wenn ein legitimer Herrscher aufs Gröbste gegen den Herrschaftsvertrag verstößt, wenn er sich anschickt, das Gemeinwesen zu zerstören, und Untertanen massakriert, dann hat das Volk ein Recht auf Widerstand und ein Recht, den Herrscher abzusetzen. Suarez unterstützte in diesem Punkt in seiner Schrift »Defensio fidei« (1613) die Argumentation, die Bellarmin in seiner publizistischen Auseinandersetzung des frühen 17. Jahrhunderts gegen König Jakob I. von England ins Feld führte, hielt jedoch gleichzeitig fest, daß offener Widerstand der Untertanen nur im Extremfall legitim sei.[39]

Hinsichtlich des Widerstandsrechts gegenüber einem legitimen Herrscher, der sich zum Tyrannen entwickelte (tyrannus a regimine), hielten sich diese Thomisten des späteren 16. und frühen 17. Jahrhunderts also nicht mehr strikt an die Vorgaben Thomas von Aquins, der den Herrschaftsvertrag zwischen Untertanen und Herrscher im wesentlichen als unwiderruflich bezeichnet hatte. Sie vermischten das thomistische Erbe in diesem Punkte vielmehr mit der ockha-

---

37 Quentin Skinner, The Foundations of Modern Political Thought, Bd. 2: The Age of the Reformation, Cambridge 1978, S. 148.
38 Vgl. Johann P. Sommerville, Art. »Suarez«, in: Theologische Realenzyklopädie 32, Berlin 2001, S. 290–293.
39 Mac Millar Salmon, Catholic Resistance Theory, S. 237–239 (wie Anm. 34); Ausführlich über die Entstehung des Traktats und die Reaktionen darauf Eckehard Quin, Personenrechte und Widerstandsrecht, S. 383–392 (wie Anm. 35).

mistischen, konziliaristischen Tradition, wie sie zuletzt zu Beginn des 16. Jahrhunderts durch Jean Mair und weitere Gelehrte der Sorbonne vertreten worden war.[40] Für die Widerstandslegitimation hatte dies radikale Konsequenzen.

Unter den spanischen Spätscholastikern hat sich Juan de Mariana (1536–1624) in der Interpretation des Herrschaftsvertrags am weitesten von der politischen Theorie des Thomas von Aquin entfernt. Seine durch und durch antiabsolutistische Position gleicht jener der französischen (sowohl hugenottischen wie katholischen) Monarchomachen. Er wird deshalb auch in der Regel dieser Gruppe zugezählt. Ähnlich wie der Ligist Jean Boucher ist auch Mariana oft als Vertreter eines kompromißlosen Katholizismus charakterisiert worden. Neuerdings widerspricht dieser Sicht Eckehard Quin: »Der Autor ist offensichtlich jesuitischer Spanier, und nicht spanischer Jesuit. Er schreibt nicht als Kämpfer für die Rechte einer religiösen Gruppe. Ihm geht es darum, die alten Freiheiten gegen den wachsenden Absolutismus zu schützen, um so die Stabilität des Gemeinwesens zu sichern.«[41] Er weist außerdem darauf hin, daß der Spanier zwar den Mord an Heinrich III. von Frankreich begrüßt, den seiner Lehre durch die Nachwelt besonders zur Last gelegten Mord an Heinrich IV. von 1610 jedoch bedauert habe.[42] Seine Lehre vom Widerstand findet sich vor allem in dem Traktat »De rege et regis institutione«, den er 1599 dem jungen König Philipp III. von Spanien widmete. Es handelt sich bei dieser Schrift um eine ausführliche Verteidigung des Tyrannenmords, die im wesentlichen bereits bekannte Argumente neu aufgriff, dennoch aber zum skandalumwitterten Pamphlet wurde, weil Mariana darin zur kritiklosen Bewunderung des Mörders von Heinrich III. aufrief. Vor allem nachdem Heinrich IV. von Frankreich 1610 dasselbe Schicksal wie sein Vorgänger erlitt und von einem fanatisierten Anhänger der Liga ermordet wurde, erschien der Traktat in den Worten Ernst Reibsteins »wie eine bewußte Provokation und, was auf die Dauer noch schlimmer war, wie eine Enthüllung, durch welche die betont antimachiavellistische Haltung der spanischen Moralisten und Naturrechtslehrer des 16. Jahrhunderts in das Zwielicht eines bösartigen Zynismus gebracht wurde.«[43]

Ähnlich wie bei Theodor Beza wird auch bei Juan de Mariana scharf zwischen Königreich und König unterschieden. Der König ist vom Volk eingesetzt und bleibt von diesem abhängig, weil Mariana im Unterschied zu Thomas von Aquin den Herrschaftstransfer vom Volk zum König letztlich nicht als Abtretung von Herrschaftsrechten, sondern wie die übrigen Monarchomachen nur als

---

40 Skinner, The Foundations, Bd. 2, S. 176f. (wie Anm. 37).
41 Quin, Personenrechte und Widerstandsrecht, S. 618 (wie Anm. 35).
42 Ebd., S. 619.
43 Ernst Reibstein, Volkssouveränität und Freiheitsrechte, in: Clausdieter Schott (Hg.), Texte und Studien zur politischen Theorie des 14.–18. Jahrhunderts, 2 Bde. Freiburg i. Br. 1972, Bd. 1, S. 119f.

Delegation von Herrschaftsrechten versteht. Bloß delegierte und nicht definitiv abgetretene Herrschaftsrechte können jederzeit zurückgefordert werden. Mariana verließ in diesem Punkt im Grunde den Rahmen des Thomismus – im Unterschied zu Molina und Suarez. Von Marianas Sicht des Herrschaftsvertrags aus ließ sich der Tyrannenmord ohne großen argumentativen Aufwand legitimieren. Mariana spitzte seine Bejahung des Tyrannenmords allerdings noch dadurch zu, daß er das bereits im Magdeburger Bekenntnis und bei Beza vorhandene Argument übernahm, daß der Tyrannenmord im Fall der Tyrannis eines an sich legitimen Herrschers bereits dann gerechtfertigt sei, wenn die Stände am Zusammentreten gehindert würden und gleichzeitig das Urteil angesehener Männer die Beseitigung des Tyrannen verlange.

Bei alledem bediente sich Juan de Mariana in bemerkenswertem Ausmaß einer von biblischen und theologischen Vorgaben weitgehend losgelösten profanen Naturrechtslehre. Es war jedoch nicht diese neue Argumentationsweise, sondern vielmehr die Zuspitzung der Lehre vom Tyrannenmord, die Marianas Schrift bei der Mit- und Nachwelt Anstoß erregen ließ:

Die radikale Neuerung besteht darin, daß Mariana den aufkommenden Absolutismus kurzerhand als eine Art der illegitimen Erlangung und Ausübung der Staatsgewalt bezeichnet [...]. Also ist auf den absoluten Fürsten die Prozedur anwendbar, die nach der traditionellen Lehre und Praxis gegenüber dem Usurpator und dem ›verstockten Tyrannen‹ Platz greifen darf: er kann von der Allgemeinheit zum öffentlichen Feind erklärt, abgesetzt, gegebenenfalls getötet werden. Revolutionärer Art ist aber der Zusatz: Das gleiche Recht soll jedem Privaten zustehen, der ohne an sich zu denken, auf eigene Gefahr zu dem Versuch schreitet, dem Staat zu helfen. Mariana setzt sich mit dieser These bewußt über die Lehre der Kirche hinweg [...]. Für Mariana ist es kein Gewissensfall; nur die Tatfrage kann streitig sein; die Rechtsfrage, ob ein Tyrann getötet werden darf, ist ohne weiteres zu bejahen.[44]

Im Kontext der spanischen Spätscholastik sprengte Marianas Theorie zwar nicht in der Sache,[45] aber jedenfalls im Stil den Rahmen des Vorgegebenen. Sie ging auch – vielleicht mit der bedingten Ausnahme Bezas – über das hinaus, was die calvinistischen Monarchomachen in den 1570er Jahren hinsichtlich eines individuellen Widerstandsrechts als äußerste Konzession zu konzedieren bereit waren. Im reformierten Lager haben nur die Engländer John Ponet und Christopher Goodman, sowie der schottische Theologe John Knox den Tyrannenmord offen legitimiert und zwar bereits in den fünfziger Jahren des 16. Jahr-

---

44 Ebd., S. 121.
45 Turchetti, Tyrannie et tyrannicide, S. 478 (wie Anm. 1): »Bien que Mariana n'ait pas véritablement renouvelé la problématique de fond du tyrannicide, sa manière d'exposer ses idées, sa clarté et par moments, sa franchise, ont conféré un accent nouveau au grave débat, une nouvelle acuité qui a immédiatement soulevé un tollé général.«

hunderts, so daß ich meine Zweifel habe hinsichtlich der Behauptung, diese drei Briten hätten damit »eine jesuitische Theorie« übernommen.[46] Den Jesuitenorden gab es überhaupt erst seit den 1540er Jahren und mir ist nicht bekannt, daß die Jesuiten bereits in den ersten zehn bis fünfzehn Jahren des Bestehens ihres Ordens, der vom Papst offiziell 1540 anerkannt wurde, sich zu diesem Thema geäußert hätten.

Die Traktate der drei Briten gehören in den Kontext der Herrschaft Maria Tudors, die in England von 1552 an versuchte, die Reformation rückgängig zu machen und das gesamte Land wieder in den Schoß des Katholizismus zurückzuführen. Da die Königin aber bereits fünf Jahre später starb und ihr die Protestantin Elisabeth I. auf den Thron folgte, blieb ihren Rekatholisierungsbestrebungen der Erfolg versagt. Von John Knox' virulent frauenfeindlichem Traktat »First Blast of the Trumpet against the Monstrous Regiment of Women« – er erschien 1558 in Genf – war bereits die Rede.[47] Ganz am Ende dieser Schrift wendet sich Knox der Widerstandsfrage und dem Tyrannenmord zu, aber die Argumentation wird kaum vertieft. Christopher Goodmans Schrift »How Superior Powers Ought to be Obeyd of their Subjects« erschien ebenfalls 1558 in Genf.[48] Auch hier werden Frauen generell für unfähig erklärt, Führungsrollen zu übernehmen, denn dies wäre »gegen die Natur und gegen Gottes Ordnung«. Auch hier wird Mary Tudor zusätzlich auch noch als illegitim geboren, als »Bastard« denunziert und außerdem der Idolatrie bezichtigt, auf der ohnehin die Todesstrafe stehe. Das Widerstandsrecht wird ausdrücklich auf Privatpersonen ausgedehnt mit dem Argument, nicht nur die niederen Obrigkeiten, sondern auch die »common people« hätten den Auftrag, die Fürsten zur Beachtung der göttlichen Gesetze anzuhalten.

Die früheste der Schriften dieser drei Autoren ist jene des John Ponet (Poynet): »A Shorte Treatise of Politike Power, and of the true Obedience which subjectes owe to kynges and other civile governours…«. Sie erschien 1556. Wie die beiden anderen Schriften entstand auch sie im glaubensbedingten Exil auf dem europäischen Kontinent. Die meisten sog. Marian Exiles hielten sich in den 1550er Jahren in Frankfurt am Main, Straßburg, Basel, Zürich und Genf auf. Es handelt sich dabei um eine der radikalsten Widerstandsschriften des Calvinismus überhaupt. Deshalb soll sie hier etwas detaillierter diskutiert werden.

Der Traktat ist in acht Abschnitte eingeteilt, wobei der sechste Abschnitt der Frage gewidmet ist, »whether it be lauful to depose an evil governour, and kill a

---

46 Jürgen Dennert, Einleitung, in: Ders. (Hg.), Beza, Brutus, Hotman, S. XLV (wie Anm. 10).
47 Zu den Nachwirkungen dieses Traktats am Hof Elisabeths I. und der damit verbundenen vorübergehenden Diskreditierung Calvins vgl. Andrew Pettegree, Marian Protestantism. Six Studies, Aldershot 1996, S. 144–148.
48 Vgl. von Friedeburg, Self-Defense, S. 163–165 (wie Anm. 18).

tyranne«.⁴⁹ Der Autor unterscheidet hier zunächst zwischen guten und schlechten Regierenden (governours). Die guten stellen sich in den Dienst des Gemeinwohls; die schlechten suchen ausschließlich ihren eigenen Profit und ihr eigenes Vergnügen: »And as a sowe comyng in to a faire gardin, roteth up all the faire and swet flowres and holsome simples [=Heilkräuter], leaving nothing behinde, but her owne filthye dirte: so dothe an euil gouernour subuerte the lawes and ordres.« Das ist nur der Anfang einer drastischen Beschreibung sämtlicher Übeltaten, deren Tyrannen fähig sind. Am Ende dieser Beschreibung steht die Frage: »Now forasmuche as ther is no expresse positiue lawe for punishment of a Tyranne among christen men, the question is, whether it be laufull to kill suche a monstre and cruell beast couered with the shape of a man.«

Hier schildert Ponet zunächst eine lange Reihe von Beispielen der Absetzung von tyrannischen Königen aus der europäischen Geschichte des Mittelalters und verweist auf das konziliaristische Prinzip der Absetzung eines unfähigen Papstes durch eine allgemeine Kirchenversammlung. Alle diese Beispiele bestätigen in den Augen Ponets voll und ganz, daß »the body of every state maie [...] yea and ought to redresse and correcte the vices and headdes of their gouernors.«⁵⁰

Könige, Prinzen und sonstige Regierende haben ihre Herrschaftsgewalt vom Volk erhalten, wie uns die überlieferten Gesetze und Gewohnheiten bestätigen. Sie sind nur ein Teil des Staatsganzen. Daher haben die Richter innerhalb eines Gemeinwesens den Auftrag, tyrannische Herrscher für ihre Untaten und Verbrechen vorzuladen und sie nach dem Buchstaben des Gesetzes für die Diebstähle, Morde usw., die sie begangen haben, abzuurteilen.

Was aber, wenn der Adel und die Richter ihre Kontroll- und Schutzaufgaben nicht wahrnehmen? Dann soll ein Pfarrer den Tyrannen exkommunizieren, so daß sämtliche Untertanen vom Gehorsam entbunden sind. Was aber, wenn der Pfarrer seine Pflicht nicht erfüllt und gute Miene zum bösen Spiel macht, vielleicht, weil er sich einen Bischofssitz, ein Dekanat, eine Präbende oder sonst »a good fatte benefice« als Belohnung für seine Komplizenschaft erhofft? Dann sollen die Untertanen in ihrem Gewissen um Rat suchen, wie Ahud dies tat, als er seine Rolle als Überbringer eines Geschenks dazu nutzte, den schlimmen Tyrannen Eglon zu erdolchen:⁵¹ »The Scripture saieth that Ahud (being a priuate persone) was stered up only by the spirite of God.«

Im Unterschied zu den meisten anderen protestantischen Autoren des 16. Jahrhunderts macht Ponet somit den alttestamentlichen, durch Gott berufenen Rächer zum nachahmenswerten Beispiel, immerhin aber nicht zur Regel,

---

49 [John Poynet], A Short Treatise of politike pouuer, and of the true Obedience which subiectes owe to kynges and other ciuile Gouernours, with an Exhortacion to all true naturall Englishe men, [Straßburg] 1556, Faksimilereprint, Amsterdam 1972, S. Gij ff.
50 Ebd., S. G v.
51 Ebd., S. H v ff.

denn er betont, daß Gott den Untertanen immer noch zwei Waffen anbiete, falls alle Mittel zur Beseitigung eines Tyrannen versagen sollten:

> Two weapones, hable to conquere and destroie the greatest Tiranne that euer was: that is, Penaunce and Praier. Penaunce for their owne sinnes, which prouoke the angre and displeasure of God, and make him to suffre tirannes, warres, famine, pestilence and all plages to reigne among the people. And praier, that he will withdrawe his wrathe, and shewe his mercifull countenaunce.[52]

Abgesehen von diesen drei britischen Traktaten der 1550er Jahre ist der Tyrannenmord in den darauf folgenden Jahrzehnten von einzelnen Ausnahmen abgesehen, wie wir gesehen haben, vornehmlich zum Thema katholischer Widerstandsautoren geworden. Damit führt uns unser gedanklicher Bogen am Ende wieder zurück zu den spanischen Theoretikern des späteren 16. Jahrhunderts.

Aufs Ganze gesehen sollte man die spanischen Spätscholastiker des späten 16. und frühen 17. Jahrhunderts trotz ihrer Konzeption des Naturrechts und des Widerstandsrechts nicht moderner zu machen versuchen, als sie es tatsächlich waren. In ihrer Lehre von der Kirche und ihren Rechten waren sie zum Beispiel fast unermüdlich bestrebt, konziliaristische Argumente zu bekämpfen – so auch die Behauptung des Marsilius von Padua, daß alle Herrschaft in der Welt ihrer Natur nach säkular und nicht kirchlich sei. Auch waren die Thomisten – trotz ihrer Konzession, offener Widerstand unter bestimmten Bedingungen, – bestrebt, die Thesen (namentlich jene von Bartolus da Sassoferrato und Wilhelm von Ockham) zu bekämpfen, daß es sich beim Herrschaftsvertrag allein um einen jederzeit widerrufbaren Herrschaftstransfer zwischen Untertanen und Herrscher handle, weil das Volk letztlich seine Herrschaftsrechte nur delegiere, jedoch keineswegs abgebe.

Die historische Rolle der spanischen Spätscholastik im Kontext unseres Themas ist daher nicht eindeutig festzulegen. Einerseits löste sich die naturrechtliche Begründung von Herrschaft – namentlich bei Francisco Suarez – von der Tradition und nahm eine im 17. Jahrhundert weiter entwickelte, weitgehend säkulare, vom bisherigen biblischen und religiösen Begründungskontext losgelöste Form an. Zum andern bekämpften sie ›populistische‹ Vorstellungen von den Herrschaftsrechten des Volkes, wie sie namentlich Bartolus, Ockham und deren Nachfolger im Spätmittelalter und 16. Jahrhundert formuliert hatten.[53] In der einen Hinsicht wurde ihre Naturrechtskonzeption im späten 17. Jahrhundert von John Locke aufgenommen und bestätigt, in der andern Hinsicht lieferten sie hinsichtlich des Herrschaftsvertrags Argumente, die im 17. Jahrhundert von Hobbes und Pufendorf, also von Theoretikern des fürstlichen Absolutismus auf-

---

52 Ebd., drittletzte Seite des Abschnitts »Wether it be laufull…«.
53 Skinner, The Foundations, Bd. 2, S. 178 f. (wie Anm. 37).

gegriffen und weiterentwickelt wurden. Die Nachwirkungen ihres Denkens waren also durchaus ambivalent.

Es bleibt jedoch am Ende die Feststellung, daß sich die Widerstandsdiskurse in den verschiedenen konfessionellen Lagern des späten 16. und frühen 17. Jahrhunderts gegenseitig beeinflußten, wenn nicht überhaupt von einem letztlich überkonfessionellen Diskurs zu sprechen ist. Die genauere Untersuchung dieser Zusammenhänge hat die Forschung dazu gebracht, dem alten und heute zweifelsohne überholten Postulat von einer calvinistischen Freiheitstradition, die angeblich die französischen Monarchomachen mit Locke, Rousseau und der Französischen Revolution verband, mit größter Skepsis, wenn nicht gar vollständiger Ablehnung gegenüberzustehen.[54] Sie hat außerdem deutlich gemacht, daß das lange Zeit als spezifisch reformiert betrachtete Auseinanderdriften von reformierter Ekklesiologie und Widerstandsdiskurs im späten 16. und frühen 17. Jahrhundert sich auch im zeitgenössischen Katholizismus wiederfindet und – zumindest in Ansätzen – auch schon im lutherischen Magdeburger Bekenntnis.

---

54 So auch – im Anschluß an Quentin Skinner – zuletzt Robert von Friedeburg, Widerstandsrecht im Europa der Neuzeit. Forschungsgegenstand und Forschungsperspektiven, in: Ders. (Hg.), Widerstandsrecht, S. 11–59, hier S. 45f. (wie Anm. 25).

Erfahrung und Konstruktion

Selbstrepräsentation in autobiographischen Texten
des 16. und 17. Jahrhunderts

Der vorliegende Beitrag befaßt sich mit Selbstzeugnissen, einer dem frühneuzeitlichen Reisebericht eng verwandten Gattung. Beiden Forschungsfeldern gemeinsam ist die methodische Frage nach dem Verhältnis von persönlicher Erfahrung und autobiographischer Konstruktion bzw. Fiktionalisierung, die im Zentrum der folgenden Überlegungen steht. Die Leitfrage ist also, inwiefern sich persönliche Erfahrungen in frühneuzeitlichen Selbstzeugnissen zu artikulieren vermögen oder, anders herum gefragt, wie weit die Diskursivität (im Foucaultschen Sinne) von frühneuzeitlichen autobiographischen Texten das historische Subjekt gleichsam zum Schweigen bringt. Wie der unmittelbar folgende Abschnitt zu zeigen versucht, geht es dabei in keiner Weise um das letztlich positivistische Anliegen einer Wiederbelebung der »Authentizität« historischer Fakten. Es geht um die Referentialität historischer Texte, aber ausdrücklich nicht um die falsch konstruierte Dichotomie von Diskursivität und Authentizität. Mein Interesse gilt in erster Linie der Auslotung der Handlungsspielräume historischer Subjekte in ihren selbstreflexiven Aussagen.

Daß historische Realität sich aufgrund ihrer vorfindlichen Gesetzmäßigkeit rekonstruieren lassen könnte, ist ein alter Traum nomologisch inspirierter Geschichtsbetrachtung.[1] In seinen verschiedenen Filiationen reicht er von Montesquieu bis zu Braudel, von Marx bis zu Wehler. Gleichzeitig zeigen aber auch schon die erkenntnistheoretischen Debatten des späten 19. Jahrhunderts im Umfeld des deutschen Neukantianismus, dem auch Max Weber nahe stand, daß die Fakten der Geschichte von uns zu solchen gemacht werden, aufgrund der Kulturbedeutung, die wir ihnen beimessen. Hinter diese Erkenntnis führt – erst recht nach dem linguistic turn – kein Weg mehr zurück. Das muß jedoch nicht automatisch heißen, daß die Fakten der Geschichte unwiederbringlich im Foucaultschen Sinne zu Spielbällen verschiedener Formen von Machtausübung geworden sind. Daß dem nicht so zu sein braucht, hat spätestens der durch den Holocaustleugner David Irving gegen einzelne seiner Kritiker angestrengte Gerichtsprozeß

---

1 Für kritische Kommentare danke ich den Tagungsteilnehmern und -teilnehmerinnen sowie Lorenz Heiligensetzer. [Internationale Tagung »Berichten – Erzählen – Beherrschen. Formen des Kulturkontaktes in Geschichten über die ›Neue Welt‹« (Universität Basel, 25.–27. April 2002].

gezeigt.² Die Zeugnisse, die den Holocaust in allen seinen Einzelheiten belegen, wurden in diesem Prozeß nicht nur (im Derridaschen) Sinne als »Texte« verhandelt, sondern auch als geschichtswissenschaftliche »Quellen«. Freilich sind Quellen, wie Carlo Ginzburg völlig zu Recht betont hat, »weder offene Fenster, wie die Positivisten glauben, noch Mauern, die den Blick verstellen, wie die Skeptiker meinen: Wenn überhaupt können wir sie mit Zerrspiegeln vergleichen. Die Analyse der Verzerrung jeder Quelle impliziert bereits ein konstruierendes Element. Doch die Konstruktion ist [...] nicht unvereinbar mit dem Beweis.«³ Es ist also nicht nur legitim, sondern aus geschichtswissenschaftlicher Sicht auch notwendig, nach den Möglichkeiten und Grenzen der Widerspiegelung kollektiver und individueller Erfahrung in denjenigen Texten zu fragen, die wir in den letzten beiden Jahrzehnten vermehrt zum Gegenstand unserer Forschungen gemacht haben.⁴ Zu dieser Textgruppe gehören autobiographische Texte im weitesten Sinne, das, was wir mit einem anderen Begriff als Selbstzeugnisse bezeichnen.

Im Folgenden geht es mir allerdings nicht in erster Linie darum, aus dem umfangreichen Corpus solcher Texte des 16. und 17. Jahrhunderts Beispiele auszuwählen, um an sie Fragen hinsichtlich von Konstruktion und Erfahrung zu richten. Vielmehr gilt hier mein vorrangiges Interesse in einem ersten Teil meines Beitrages zunächst der Diskussion theoretisch-methodologischer Fragen – freilich immer auch aufgrund meiner bisherigen konkreten Forschungserfahrungen im Bereich der Selbstzeugnisforschung.⁵ In einem zweiten Teil sollen anschließend die Resultate dieser Diskussion an zwei autobiographischen Texten des 16. und 17. Jahrhunderts illustriert werden.

---

2 Eva Menasse, Der Holocaust vor Gericht. Der Prozeß um David Irving, Berlin 2000.
3 Carlo Ginzburg, Die Wahrheit der Geschichte. Rhetorik und Beweis, Berlin 2001, S. 34.
4 Vgl. u. a. Klaus Arnold u. a. (Hg.), Das Dargestellte Ich. Studien zu Selbstzeugnissen des späteren Mittelalters und der frühen Neuzeit, Bochum 1999; Kaspar von Greyerz u. a. (Hg.), Von der dargestellten Person zum erinnerten Ich. Europäische Selbstzeugnisse als historische Quellen (1500–1850), Köln 2001; Otto Ulbricht, Ich-Erfahrung. Individualität in Autobiographien, in: Richard van Dülmen (Hg.), Entdeckung des Ich. Geschichte der Individualisierung vom Mittelalter bis zur Gegenwart, Köln 2001, S. 109–144.
5 Vgl. dazu Kaspar von Greyerz, Religion in the Life of German and Swiss Autobiographers (Sixteenth and early Seventeenth centuries), in: Ders. (Hg.), Religion and Society in Early Modern Europe, 1500–1800, London 1984, S. 223–241; Ders., Vorsehungsglaube und Kosmologie. Studien zu englischen Selbstzeugnissen des 17. Jahrhunderts, Göttingen 1990; Ders., Deutschschweizerische Selbstzeugnisse (1500–1800) als Quellen der Mentalitätsgeschichte. Bericht über ein Forschungsprojekt, in: Arnold u. a., Das Dargestellte Ich (wie Anm. 4), S. 147–163; Ders. u. a., Von der dargestellten Person zum erinnerten Ich (wie Anm. 4); Ders./Fabian Brändle, Basler Selbstzeugnisse des 16./17. Jahrhunderts und die neuere historische Forschung, in: Werner Meyer/Kaspar von Greyerz (Hg.), Platteriana. Beiträge zum 500. Geburtstag des Thomas Platter (1499?–1582), Basel 2002, S. 59–75.

1.

Was ist Erfahrung? Natürlich wäre es unsinnig, in der »Erfahrung« gleichsam den authentischen »Urgrund historiographischer Wahrheit« suchen zu wollen.[6] Für Reinhart Koselleck ist Erfahrung »gegenwärtige Vergangenheit, deren Ereignisse einverleibt worden sind und erinnert werden können. Sowohl rationale Verarbeitung wie unbewußte Verhaltensweisen, die nicht oder nicht mehr im Wissen präsent sein müssen, schließen sich in der Erfahrung zusammen. Ferner ist in der je eigenen Erfahrung, durch Generationen oder Institutionen vermittelt, immer fremde Erfahrung enthalten und aufgehoben.«[7] Persönliches Erleben ist Teil von Erfahrung, macht jedoch nicht die ganze Erfahrung aus. Diese ist (laut Koselleck) sowohl in bewußter Erkenntnis als auch in präkognitiven Verhaltensdispositionen abgespeichert. Das in der mentalitätsgeschichtlichen Diskussion der letzten Jahrzehnte häufig auftauchende Adjektiv »präkognitiv« ist dabei eher im Sinne von »vor-bewußt« als von »un-bewußt« oder gar »unterbewußt« zu verstehen.

Erfahrung ist somit beim historischen Subjekt aufgrund familiärer Sozialisierung und sozialer Disziplinierung immer auch mit Fremderfahrung verbunden. Man könnte in diesem Zusammenhang, im Unterschied zu den fortwährend neu gemachten Erfahrungen, gleichsam von einem »Erfahrungsschatz« sprechen, der sich in unserem typisierenden Wissen, unserem Habitus und unseren Institutionen abgelagert hat.[8] Paul Münch hat in diesem Zusammenhang den Begriff einer durch das individuelle historische Bewußtsein »sedimentierten Erinnerung« geprägt, die auf dem Wege historischer Traditionsbildung von einer Generation zur nächsten und unter Umständen auch von einer Gesellschaft zur anderen in stets wachsender auctorialer Anonymität weitergegeben wird.[9]

Erfahrung ist insofern bedeutungsvoll, als sie mit kollektiver und individueller Deutung von Erlebtem und mit Sinngebung zu tun hat. Sie beeinflußt sowohl auf einer interpretativ-deutenden Ebene als auch hinsichtlich sozialen Handelns die Konstruktion von Wirklichkeit. Daß Erfahrung die Basis der sich erinnernden, autobiographischen Konstruktion von Wirklichkeit abgibt, läßt sich bei

---

6 Rudolf Schlögl, Von der gesellschaftlichen Dimension religiösen Erlebens, in: Paul Münch (Hg.), »Erfahrung« als Kategorie der Frühneuzeitgeschichte, München 2001, S. 271–280, hier S. 273.

7 Reinhart Koselleck, »Erfahrungsraum« und »Erwartungshorizont« – zwei historische Kategorien, in: Ulrich Engelhardt u. a. (Hg.), Soziale Bewegung und politische Verfassung. Beiträge zur Geschichte der modernen Welt, Stuttgart 1976, S. 13–33, hier S. 17.

8 Andreas Holzem, Bedingungen und Formen religiöser Erfahrung im Katholizismus zwischen Konfessionalisierung und Aufklärung, in: Münch, »Erfahrung« (wie Anm. 6), S. 317–332, hier S. 322 f.

9 Paul Münch, Einleitung, in: Ders., »Erfahrung« (wie Anm. 6), S. 11–27, hier S. 17.

frühneuzeitlichen Selbstzeugnissen vielleicht am deutlichsten an religiös geprägten autobiographischen Texten des 16. und 17. Jahrhunderts zeigen, denn in diesen religiös geprägten Dokumenten äußern sich Erfahrungen, die Kräfte innerweltlich wirksam werden lassen, »die sich dieser Innerweltlichkeit entziehen und häufig lediglich im Raum der subjektiven Erfahrung ihre Wirklichkeit unter Beweis stellen.«[10] Gleichzeitig erzeugen diese Erfahrungen im Vergleich mit anderen Erfahrungen ihrerseits religiöse Deutungshorizonte, metaphorische Bilder und moralische Haltungen, wobei in den Worten Hubert Knoblauchs »das Einfallstor der Gesellschaft in das Bewußtsein« durch den Umstand gegeben ist, »daß Sinn nicht nur in der Erfahrung auftaucht, sondern auch kommunikativ vermittelt wird.«[11] Für die Konstitution religiöser Erfahrung im 16. und 17. Jahrhundert ist diese kommunikativ-gesellschaftliche Dimension geradezu unabdingbar.

Vor diesem Hintergrund stellt sich unvermeidlich die Frage nach den Funktionen der Sprache bei der erfahrungsrelevanten Konstruktion von Wirklichkeit. Die Sprache spielt zweifelsohne eine außerordentlich wichtige Rolle und veranlaßte Joan W. Scott vor nunmehr elf Jahren in einem Aufsatz mit dem Titel »The Evidence of Experience« die Berufung auf die Erfahrung historischer Subjekte radikal zu relativieren.[12] Wenn Erfahrung als Urgrund von Wissen akzeptiert werde, dann mutiere die Sichtweise des Individuums – entweder des historischen Subjekts oder der diese Erfahrung kommunizierenden Historikerin – zum festen Fundament der Evidenz, auf welcher die Analyse beruht: »Questions about the constructed nature of experience, about how subjects are constituted as different in the first place, about how one's vision is structured – about language (or discourse) and history – are left aside.«[13] Hier wiegt sicher der Hinweis auf die Funktion der Sprache am schwersten, während Fragen darüber, wie Erfahrungen und eine Identität der geschlechtlichen Differenz eigentlich entstehen, ja nicht automatisch die Analyse konkreter Erfahrungen kategorisch auszuschließen brauchen. Man könnte die durch Scott als sich gegenseitig ausschließend bezeichnete Vorgehensweisen des phänomenologischen und des praktisch-historischen Erkennens ja auch als parallele, sich ergänzende Erkenntnisweisen betrachten. Doch zurück zur Sprache: Für Scott sind Erfahrung und Sprache untrennbar miteinander verbunden,[14] und die Sprache ist jeglicher Erfahrung vorgelagert: Sprachlich konstituierte Diskurse »position subjects and

---

10 Hubert Knoblauch, Kommentar [zu Teil 5: Religiöse Erfahrung in der Frühen Neuzeit], in: Münch. »Erfahrung« (wie Anm. 6), S. 333–337, hier S. 334.
11 Ebd., S. 335.
12 Joan W. Scott, The Evidence of Experience, in: Critical Inquiry 17 (Autumn 1990), S. 773–797. Vgl. auch unten Anm. 59.
13 Ebd., S. 777.
14 Ebd., S. 792 f.

produce their experiences. It is not individuals who have experience, but subjects who are constituted through experience.«[15]

Sind die autobiographischen Texte des 16. und 17. Jahrhunderts mithin keine, nicht einmal wenigstens verklausuliert-gebrochene Zeugnisse individueller Deutungshorizonte und Sinngebungen? Können Autorinnen und Autoren von Selbstzeugnissen nicht überlieferte und sprachlich tradierte Erfahrungshorizonte überschreiten? Wie steht es mit dem »Eigensinn«, den Alf Lüdtke an den Subjekten seiner Alltagsgeschichte beobachtet hat?[16] Setzt die geschichtswissenschaftliche Kategorie der »Erfahrung« nicht gleichsam ein Subjekt voraus, das mindestens über so viel Handlungsautonomie (agency) verfügt, daß es Erfahrungswissen in Handlungsweisen umzusetzen vermag? Ist es wirklich so, wie Philipp Sarasin es formuliert hat, daß aufgrund einer solchen Sichtweise »das Subjekt der Alltagsgeschichte [...], etwas überspitzt gesagt, zu einem seinen Erfahrungen und seinen Bedeutungsstiftungen jederzeit vollbewußten demiurgischen Welterzeugungs-Supersubjekt« wird?[17]

Es bleibe dahingestellt, daß Sarasin dabei Erfahrung und Bewußtsein einfach gleichsetzt – jedenfalls will er zeigen, »daß man den Begriff der Erfahrung bzw. des Bewußtseins in zweifacher Hinsicht relativieren muß: Erstens durch symbolische Strukturen, welche die Erfahrung und das Bewußtsein überhaupt erst ermöglichen, und zweitens durch den psychoanalytischen Begriff des Unbewußten.«[18] Ich gehe hier nur auf die symbolischen Strukturen ein. Darunter sollen Diskurse im Sinne Foucaults verstanden werden, die den »Raum des Sagbaren« konstituieren und begrenzen.[19] Den Raum des Sagbaren verlassen Autorinnen und Autoren von Selbstzeugnissen nach Sarasin im Grunde nur dann, wenn sie das Unsagbare zu artikulieren versuchen, nämlich den körperlichen Schmerz. In ihrer zugespitzten, Derridaschen Form konstituieren diese Diskurse auch das Subjekt, wobei die historisch und kulturell bedingten Individualisierungsweisen, für die sich die historische und sozialwissenschaftliche Forschung interessiert, als dekonstruierbare, allein durch die Sprache hergestellte Illusion erweisen.

---

15 Ebd., S. 779.
16 Vgl. u. a. Alf Lüdtke, Eigen-Sinn. Fabrikalltag, Arbeitererfahrungen und Politik vom Kaiserreich bis in den Faschismus, Hamburg 1993.
17 Philipp Sarasin, Autobiographische Ver-Sprecher. Diskursanalyse und Psychoanalyse in alltagsgeschichtlicher Perspektive, in: Werkstatt Geschichte 7 (1994), S. 31–41, hier S. 31. Vgl. auch Ders., Mapping the Body. Körpergeschichte zwischen Konstruktivismus, Politik und »Erfahrung«, in: Historische Anthropologie 7 (1999), S. 437–451.
18 Ebd.
19 Zum Foucaultschen Diskursbegriff vgl. Michael Foucault, Die Ordnung des Diskurses, übersetzt von Walter Seitter, Frankfurt a.M. ^{7}2000; Hans-Jürgen Goertz, Unsichere Geschichte. Zur Theorie historischer Referentialität, Stuttgart 2001, bes. S. 53–82.

Wenn Kommunikation über Erfahrung aus nicht ausschließlich diskurs-analytischer Sicht gleichsam »das Einfallstor« der Gesellschaft im Bereich der individuellen Erfahrung darstellt, so ist die Erfahrung des eigenen Körpers aus diskursanalytischer Sicht – freilich nur unter höchst restriktiven Bedingungen – das »Ausfallstor« des Subjekts aus der diskursiven Determiniertheit. Die Körpergeschichte ist denn auch im Laufe des letzten Jahrzehnts vermehrt zum Ort der Kritik an einer zu eng verstandenen Diskursanalyse geworden.

Neben der Körpergeschichte, zu der ich sogleich zurückkehren werde, hat sich jedoch auch in ausgesprochen erkenntnistheoretisch geprägten Diskussionen der letzten Jahre über das Textverständnis der Geschichtswissenschaft eine Relativierung des bekannten Derridaschen Diktums, es gebe nichts außerhalb des Textes (»Il n'y pas de hors-texte«), ergeben. Im italienischen Quattrocento hat der Humanist Lorenzo Valla bekanntlich die Begründung des päpstlichen Territorialanspruchs auf den Kirchenstaat in der sog. Konstantinischen Schenkung als mittelalterliche Fälschung entlarvt. Dies geschah aufgrund philologischer Methoden, deren erfolgreiche Anwendung laut Carlo Ginzburg demonstrieren, »daß der *hors-texte*, also das außerhalb des Textes liegende, sich auch im Text befindet, sich zwischen den Zeilen einnistet: Wir müssen es entdecken und zum Sprechen bringen.«[20]

Ein sozusagen diskursimmanentes Verständnis der einzelnen Person führt zur Negierung der Möglichkeit einer Konstruktion autobiographischer Identität außerhalb von Sprache und Text, wobei diese Negation bei Foucault freilich ambivalent bleibt: Der Prozeß des autobiographischen Schreibens kann sowohl als vollständig determiniert, wie auch (optimistisch verstanden) als Ausdruck vollständiger Freiheit verstanden werden.[21] Identitätsstiftend in einem mehr als ephemeren Sinne ist er jedoch nicht. Im übertragenen Sinne gilt dies auch für die Position Jacques Derridas. Ausgehend von den Forschungen des George Herbert Mead und anderer hat sie grundsätzliche Kritik erfahren. Dies bringt uns nicht nur zur Körpergeschichte, sondern auch zu Grundfragen der Selbstzeugnisforschung zurück.

Mead konzipierte das Ich (the »I«) als denjenigen Teil einer Person, der offen ist gegenüber neuem Wissen und neuen Erfahrungen, während das körperliche Selbst (the »me«) historische Erfahrungen gleichsam durch das kulturell und durch soziale Interaktion bedingte Verständnis des Selbst hindurchfiltert. Ian Burkitt folgert vor diesem konzeptionellen Hintergrund, daß Geschichte ihren Akteuren nicht nur und ausschließlich als Text eingeschrieben ist, sondern sich in körperlichen Organismen entwickelt, was am Ende zum Entstehen von Hand-

---

20 Ginzburg, Wahrheit, S. 32 (wie Anm. 3), Kursiven im Original; vgl. auch ebd., S. 63–79.
21 Lynn Hunt, The Challenge of Gender, in: Hans Medick/Anne-Charlott Trepp (Hg.), Geschlechtergeschichte und Allgemeine Geschichte. Herausforderungen und Perspektiven, Göttingen 1998, S. 57–97, hier S. 76.

lungsdispositionen führt: »The very things that enable us to act.« Nach diesem Erklärungsansatz handeln Menschen in der Geschichte nicht allein aufgrund kognitiver Mechanismen, sondern genauso auch aufgrund körperlicher Dispositionen.[22] Vor diesem Hintergrund liesse sich sogar Peter Sloterdijks schön formulierter Satz rehabilitieren, der besagt, der autobiographische Text sei das, »was der Autor mit seiner Erfahrung gemacht hat; die Erfahrungen in ihrer Summe jedoch sind das, was den Autor gemacht hat.«[23]

Daß »Erfahrung« als kreative historische Kraft sich nicht einfach in Diskursen auflösen läßt, ist in den letzten Jahren verschiedentlich im Rahmen körpergeschichtlicher Untersuchungen, insbesondere im weiteren Kontext der Geschlechtergeschichte, mit überzeugenden Argumenten nachgewiesen worden. Ich gehe hier nur auf einige wenige, für die breit geführte Diskussion symptomatische Beispiele ein. Bereits 1994 hob Kathleen Canning hervor, daß sowohl qualifizierende wie disqualifizierende Diskurse (»both those that empower and those that disempower«) nicht allein den Bereich subjektiver Identitätsstiftung konstituierten, sondern auch die Möglichkeiten der Transzendierung der Diskurse. Die Diskurse zur Zeit der Weimarer Republik über die sogenannte »neue Frau«, d. h. über Sexualreform, Eugenik, Geburtenregelung und Abtreibung, hatten sich ein größeres politisches und soziales Diskussionsforum erschlossen. Aber: »At the same time, however, this saturation of the social field created a social and discursive space in which women were encouraged and empowered to conceptualize their own sexuality.«[24] 1997 hat Elisabeth List betont, daß Schriftlichkeit, materiale Ausstattung von Räumen und Gebäuden, Kleidung u. a. m. als kulturelle Medien der Kommunikation »immer auch auf das Medium aller Medien, den menschlichen Leib, bezogen« seien und daß sich »am Anfang und am Ende des Prozesses der Informationsübertragung ein lebendiger Sender und Empfänger« befände. Im Raum der Geschichte bewegten sich deshalb »nicht Sender und Empfänger, sondern Akteure und Akteurinnen«.[25] 1999 kritisierte Lyndal Roper in einem Plädoyer gegen eine diskursanalytische Engführung der Erforschung frühneuzeitlicher Hexereiphänomene u. a., daß »eine zu große Konzentration auf die Sprache« dazu geführt habe, »das Augenmerk auf den Kopf zu richten statt auf den Körper, und einen Diskurs über den Körper hervorgebracht [habe] statt einer Erörterung der Tatsache, daß wir körperliche Subjekte

---

22 Ian Burkitt, The Shifting Concept of the Self, in: History of the Human Sciences 7 (1994), S. 7–28, hier S. 23.
23 Peter Sloterdijk, Literatur und Lebenserfahrung. Autobiographien der zwanziger Jahre, München 1978, S. 8.
24 Kathleen Canning, Feminist History after the Linguistic Turn. Historicizing Discourse and Experience, in: Signs 19 (1994), S. 368–404, hier S. 395f.
25 Elisabeth List, Der Körper in der Geschichte. Theoretische Fragen an einen Paradigmenwechsel, in: Österreichische Zeitschrift für Geschichte 8 (1997), S. 167–185, hier S. 173f.

sind.«²⁶ Unter kritischem Hinweis auf die Arbeiten Judith Butlers konzediert sie, daß »die Geschlechterdifferenz so offensichtlich mit kultureller Bedeutung aufgeladen [sei], daß die Versuchung groß ist, sie vollständig als kulturelles Konstrukt aufzufassen.« Doch körperliche Erfahrungen hätten »eine Geschichte, die jenseits dessen liegt, was sprachlich mitteilbar ist«.²⁷

In einem beziehungsreichen Aufsatz über frühneuzeitliche Körperwahrnehmungen hat Ulinka Rublack vor einem Jahr (2001) festgehalten, daß Subjektivität von frühneuzeitlichen Frauen und Männern – wobei sie sich vorwiegend auf das 16. und 17. Jahrhundert konzentriert – als verkörpert (im Sinne von »embodied«) »wahrgenommen und erlebt wurde«. Die Verbindung von körperlichem Erleben und einer Vorstellungswelt, die den Körper in stetem Austausch mit seiner Umwelt konzipiert, läßt laut Rublack vor allem zwei Schlüsse zu: zum einen, daß körperliches Erleben in der frühen Neuzeit »weniger in zeitlosen physiologischen Prozessen als in der komplexen Historizität von Gemeinschaften verortet ist« und zum anderen, daß Erfahrungen zwar an Diskurse gebunden sind, jedoch in diesen »ebensowenig wie in Sprache« aufgehen.²⁸ Ebenfalls vor einem Jahr (2001) hat Otto Ulbricht beobachtet, daß sich die Erinnerung an individuelle Körpererfahrungen zwar nicht als besonders unmittelbarer Erfahrungsbericht bezeichnen lasse, aber daß solche Erzählungen »sich doch deutlich von sekundär vermittelten, über Medien gewonnenen Erfahrungen« unterschieden. Körperliches Erleben forme und strukturiere Erfahrung. Diese zeige sich darin, »daß es des öfteren solche Einschnitte bildet, die in Selbstbiographien das Einzelleben strukturieren. Besonders Schmerzen durch Krankheiten und Unfälle formen im Rückblick die Erinnerung stark mit.«²⁹ Womit wir zur Frage der Beschaffenheit autobiographischer Texte zurückgekehrt wären.

Die hier in der gebotenen Kürze referierte theoretische Diskussion der letzten 10–15 Jahre legt den Schluß nahe, daß die Selbstrepräsentation in Autobiographien des 16. und 17. Jahrhunderts sowohl auf diskursiver wie auf sozialer Konstruktion beruht. Beide Konstruktionsformen sind zwar unterscheidbar, nicht aber trennbar in dem Sinne, daß sich von einzelnen autobiographischen Texten behaupten ließe, sie widerspiegelten überhaupt keine diskursive, sondern eine rein und ausschließlich soziale Konstruktion des Selbst. Diese duale Sichtweise bedingt freilich ein Abrücken von der mancherorts mehr implizit gehegten als

---

26 Lyndal Roper, Jenseits des linguistic turn, in: Historische Anthropologie 7 (1999), S. 452–466, hier S. 464.
27 Ebd.
28 Ulinka Rublack, Erzählungen vom Geblüt und Herzen. Zu einer Historischen Anthropologie des frühneuzeitlichen Körpers, in: Historische Anthropologie 9 (2001), S. 214–232, hier S. 230 u. 232.
29 Otto Ulbricht, Einleitung [zu Teil: Körpererfahrung in der Frühen Neuzeit II], in: Münch, »Erfahrung« (wie Anm. 6), S. 91–97, hier S. 92 f.

explizit geforderten Vorstellung, geschichtswissenschaftliche Erkenntnis habe aufgrund ausschließlicher, und d. h. letztlich monistischer, theoretischer Vorgaben zu erfolgen.

2.

Als gleichsam paradigmatische Beispiele von diskursiv vermittelter autobiographischer Konstruktion und der autobiographischen Erzählung eines durch einschneidende Körpererfahrungen geprägten Lebens möchte ich in der Folge zu Zwecken der Illustration zunächst auf das bekannte Selbstzeugnis des Baslers Thomas Platter aus dem Jahre 1572 eingehen, anschließend auf dasjenige der Anna Vetter aus der zweiten Hälfte des 17. Jahrhunderts.

Wesentliche Strukturelemente in den Aufzeichnungen Thomas Platters, die nach seinem eigenen Zeugnis im Januar und Februar 1572, also fünfzig Jahre nach den Anfängen der Reformation in Zürich und Basel entstanden, sind das lebensgeschichtliche Bekenntnis zur Reformation und zur humanistisch inspirierten Autodidaxie.[30] Platters Text weist bei näherer Betrachtung zahlreiche, für das Gesamtverständnis der Aufzeichnungen aufschlußreiche Aspekte der Selbst-Stilisierung auf. Der Hinweis auf das frühe Engagement im Sinne der Reformation, dem ich hier etwas auf den Grund gehen möchte, liest sich ein wenig wie ein (vielleicht durch die »Confessiones« des Augustinus inspirierter) Konversionsbericht. War es wirklich die eine Predigt Zwinglis über Johannes 10 (Vom guten Hirten und seinen Schafen), die Thomas Platter in einem lebensprägenden, raschen Gesinnungswandel zum Anhänger der Reformation werden ließen: »Han offt mit minen gsellen für das papstum kempft, byss uff ein zyt praediget M. Uolrich in Sälnower kilwi [...] das evangelium Johannis am 10. Capittel [...]. Das legt er so streng uss, das ich wond [wähnte – KvG], es zuge mich einer by dem har übersich.«[31]

Die Skepsis gegenüber Platters Behauptung, er sei durch eine Predigt Zwinglis bereits in der Frühphase der Zürcher Reformation zum reformatorischen Glauben bekehrt worden, stützt sich insbesondere auf die Beobachtung, daß zum unsichtbaren Subtext der Autobiographie zwei gestalterische Hauptthemen gehören: Das eine ist der Versuch Platters, sich als frühen und unbedingten Anhänger der Reformation darzustellen, das andere das Insistieren des Autors auf seinem autodidaktischen Weg zum philologisch versierten Humanisten, Druckerherrn und schließlich Lateinschul-Rektor. Auch hinsichtlich der Autodidaxie Thomas Platters hat Hans Rudolf Velten im Detail Bedenken angemeldet, wenn er auch

---

30 Vgl. zum Folgenden Von Greyerz/Brändle, Basler Selbstzeugnisse (wie Anm. 5).
31 Thomas Platter, Lebensbeschreibung, hg. v. Alfred Hartmann, Basel 1944, S. 63 f.

Platters diesbezügliche Ausführungen insgesamt für überzeugend hält.[32] Anlaß zur Skepsis gegenüber Platters Selbstdarstellung als früher Anhänger der Reformation Zwinglis gibt vor allem eine Textpassage, in welcher sich der Autor auf das Jahr 1523/24 bezieht, als er in Zürich beim reformatorisch gesinnten Theologen und Schulmeister Oswald Myconius, dem späteren Vorsteher (Antistes) der Basler Kirche, diente. Die soeben zitierte Textpassage über Zwinglis Predigt schließt nahezu unmittelbar daran an.

Eines Morgens, schreibt Thomas Platter,

»hatt ich kein holtz, und wolt Zwinglin zum frowen minster praedigen vor tag. Und als man zpredig lutt, gedacht ich: du hast kein holtz, und sind sovill götzen in der kilchen; und die will noch niemantz do was, ging ich in kilchen zum nechsten altar, erwutst ein Johannes, und mit in die schuoll in den ofen, und sprach zuo im: ›Jögli, nun buck dich, du muost in den ofen!‹ (ob er schon Johannes solt sin).«[33]

Wieso redete Platter die Johannes-Statue mit einer Koseform für Jakob an? Die Erklärung dafür ergibt sich daraus, daß Platter an dieser Stelle fast wörtlich eine Passage aus dem »Pfaffen von Kalenberc«, einem Schwank des späteren 15. Jahrhunderts übernahm.[34] In diesem Schwank wird der Pfarrer von Laneberg überraschend von der Herzogin von Bayern besucht. Um für diesen hohen Besuch seine Stube möglichst rasch aufheizen zu können, schiebt der Pfarrer der Reihe nach die zwölf Apostelfiguren seiner Kirche in den Ofen. Zuletzt verbrennt er den Jakobus mit den Worten »Nu buck dich, Jeckel, du must in offen, / werst babst ob allen bischoffen, / die stuben die muss werden warm.«

Es muß offen bleiben, ob Thomas Platter diesen Schwanktext dazu verwendete, seiner eigenen Geschichte hier absichtlich ein rein fiktionales Element einzufügen, oder ob er bloß seinen Bericht mit einem seinen Lesern möglicherweise vertrauten Zitat versehen wollte. Aber es drängt sich immerhin die Frage auf, wieso er sich bereits *vor* der erwähnten Predigt Zwinglis als Bildzerstörer betätigte, als er angeblich seinen Zürcher Gesellen gegenüber noch das Papsttum verteidigte. Der inhärenten Darstellungslogik des Textes hätte es eher entsprochen, wenn die Bildzerstörung *nach* besagter Predigt erfolgt wäre. Die ›Jögli‹-Passage erinnert jedenfalls eindringlich daran, daß frühneuzeitliche

---

32 Hans Rudolf Velten, Selbstbildung und soziale Mobilität in der Autobiographie Thomas Platters, in: Von Greyerz u. a., Von der dargestellten Person zum erinnerten Ich (wie Anm. 4), S. 135–153.
33 Platter, Lebensbeschreibung, S. 61 f. (wie Anm. 31).
34 Vgl. Urs Herzog, Gehen statt Fliegen. Zur Autobiographie des Thomas Platter, in: Angelika Maass und Bernhard Heinser (Hg.), Verlust und Ursprung. Festschrift für Werner Weber, Zürich 1989, S. 294–312; Alfred Kohler, »Jögli, nun buck dich, du must in den ofen!«. Beobachtungen zum Erscheinungsbild protestantischer Identität in frühneuzeitlichen Autobiographien, in: Michael Weinzierl (Hg.), Individualisierung, Rationalisierung, Säkularisierung. Neue Wege der Religionsgeschichte, Wien 1997, S. 55–66.

Autobiographien auch Aspekte der Fiktionalisierung enthalten können. Fiktionalisierung heißt nicht automatisch Erfindung von nicht Vorgefallenem; Fiktionalisierung kann allein schon durch das Rearrangement einer biographischen Ereignissequenz entstehen. Es ist durchaus denkbar, daß Platters Subtext, d. h. sein Versuch, sich als früher, überzeugter Anhänger der Reformation darzustellen, an dieser Stelle aus der Sieht des Autors ein solches Rearrangement geradezu verlangte. Es ist zu Recht darauf hingewiesen worden, daß Platter in seinen autobiographischen Aufzeichnungen keinen kontinuierlichen Entwicklungsprozeß schildert, sondern seiner Erzählung vielmehr eine bipolare Struktur zugrunde legt, in welcher die religiöse Konversion die zentrale Zäsur darstellt.[35] Die Darstellung der angeblich plötzlichen Bekehrung hatte also eine doppelte, sowohl inhaltliche wie erzähltechnische Funktion. In inhaltlicher Hinsicht diente sie dem offensichtlichen Anliegen des Autors, seinen sozialen Aufstieg vorwiegend als Resultat einer Belohnung durch die Vorsehung Gottes erscheinen zu lassen: Der Aufstieg – so Stephan Pastenaci – »konnte daher nicht als ein allmählicher, selbstbestimmter dargestellt werden, sondern er mußte als ein plötzlicher und durch Gottes Allmacht erwirkter erscheinen. Aus diesem Grunde war Platter bestrebt, seinem Leben eine bipolare Struktur zu geben. Er betont besonders seine anfänglichen Leiden und Entbehrungen in der Jugendzeit und seinen letztendlichen Erfolg und Wohlstand im fortgeschrittenen Alter.«[36] In erzählerischer Hinsicht gewann die Darstellung durch diese Struktur eine zusätzliche Dramatik, die in der Geschichte von der Verbrennung der hölzernen Johannes-Figur gipfelt. Jedenfalls sind gegenüber der Vermutung, in der autobiographischen Erzählung Platters könnte uns einer der höchst seltenen Erfahrungsberichte eines frühen Anhängers der Reformation vorliegen, erhebliche Zweifel angebracht. Eine nur ansatzweise und wenig konstruierte Wiedergabe persönlicher, auch körperlicher Erfahrungen muß man bei Platter anderswo suchen, zum Beispiel in seinen Erinnerungen an seine Kinder- und Jugendzeit als weit herumziehender Schüler.

Einer bis ins frühe 18. Jahrhundert tradierten Legende gemäß soll das Herz Huldrych Zwinglis von seinen Anhängern als Reliquie aufbewahrt worden sein. Vielleicht ist es mehr als ein Zufall, daß Thomas Platter in der zweiten Auflage von Theodor Zwingers »Theatrum Humanae Vitae« von 1571 als einer dieser Anhänger identifiziert wird. Es ist immerhin zu beachten, daß diese Identifikation in die Zeit fällt, als Platter seine Lebensgeschichte verfaßte, die er seinen eigenen Angaben zufolge am 28. Januar 1572 begann und in 16 Tagen vollendete.[37]

---

35 Stephan Pastenaci, Erzählform und Persönlichkeitsdarstellung in deutschsprachigen Autobiographien des 16. Jahrhunderts. Ein Beitrag zur historischen Psychologie, Trier 1993, S. 199; Herzog, Gehen statt Fliegen, S. 306–309 (wie Anm. 34).
36 Pastenaci, Erzählform, S. 188 (wie Anm. 35).
37 Platter, Lebensbeschreibung, S. 23 (wie Anm. 31).

Zwinger war Basler Medizinprofessor und muß den Gymnasialrektor Thomas Platter gut gekannt haben, war er doch einer seiner Schüler gewesen. Bei Zwinger ist von einem durch Platter in Erinnerung an den Zürcher Reformator aufbewahrten Beutel mit Knochen (sacculum cum ossibus) die Rede, den der Pfarrer Oswald Myconius von der Anhöhe des Münsters in den Rhein hinuntergeworfen habe. Myconius soll dies getan haben, um einem ungerechtfertigten Aberglauben (superstitioni ex laevissima causa) zuvorzukommen.[38]

Welche Veranlassung hatte Zwinger, Thomas Platter als aus Sitten im Wallis stammend zu identifizieren (Thomas Platerus Sedunus […] cineres collegerat), wo dieser doch seit mehr als drei Jahrzehnten als Basler Bürger in der Rheinstadt lebte? In der Bemerkung, Platter habe seinem Freund Myconius die sterblichen Überreste Zwinglis »andächtig, gleichsam als heiligen Schatz, gezeigt« (ceu sacrum thesaurum religiose ostendebat), verbirgt sich offenkundig ironische Kritik. Wollte Zwinger mit der Bezeichnung seines früheren Lehrers als »Sedunus« diesen vielleicht mit der Katholizität des Wallis in Verbindung bringen?

Wirkt der zentrale Orientierungspunkt der Autobiographie Thomas Platters, die bekehrungshafte Hinwendung zur Reformation Zwinglis, am Ende einigermaßen konstruiert, so manifestiert sich in den Aufzeichnungen der lutherischen Prophetin Anna Vetter aus dem späten 17. Jahrhundert hinsichtlich des entscheidenden biographischen Wendepunktes eine wohl kaum diskursiv vermittelte Erinnerung an körperliches Leiden und Schmerz. Diese Aufzeichnungen gehören nicht nur zu den im deutschsprachigen Raum bis ans Ende des 17. Jahrhunderts raren autobiographischen Texten von Frauen, sondern gleichzeitig auch noch zur Kategorie der hinsichtlich desselben Jahrhunderts ebenfalls nicht gerade zahlreichen Selbstzeugnisse aus der Handwerkerschicht.[39]

Die ursprüngliche Niederschrift ist nicht bekannt. Der undatierte Text ist erhalten geblieben, weil ihn der Pietist Gottfried Arnold in seine *Unpartheyische Kirchen- und Ketzergeschichte vom Anfang des neuen Testaments bis auf das Jahr*

---

38 Dazu und zum Folgenden: Kaspar von Greyerz, Der Rhein wäscht rein. Thomas Platter, Oswald Myconius und Zwinglis Herz, in: Thomas K. Kuhn/Martin Sallmann (Hg.), Religion in Basel. Ein Lese- und Bilderbuch: Ulrich Gäbler zum 60. Geburtstag, Basel 2001, S. 31–34 (und S. 124); Gottfried Wilhelm Locher, Die Legende vom Herzen Zwinglis neu untersucht. Ein Beitrag zur Geistesgeschichte der Zürcher Reformation, in: Zwingliana 9 (1953), S. 563–576.
39 Vgl. dazu u. a. James S. Amelang, The Flight of Icarus. Artisan Autobiography in Early Modern Europe, Stanford 1998; Ders., The Dilemmas of Popular Autobiography, in: Von Greyerz u. a., Von der dargestellten Person zum erinnerten Ich (wie Anm. 4), S. 431–438; Fabian Brändle, ›Darmit ich aber auch etwas freide hab auff erden, so thue ich schreiben und Leßen‹. Populare soziale Außenseiter des 17. Jahrhunderts als Selbstzeugnisautoren, in: Von Greyerz u. a., Von der dargestellten Person zum erinnerten Ich (wie Anm. 4), S. 439–457.

Christi 1688, die 1699/1700 in vier Teilen (2 Bände) in Frankfurt am Main erschien, aufnahm.[40] Auch wenn Arnolds Titel eine frühere Niederschrift vermuten ließe, so stammen Anna Vetters Aufzeichnungen aus den 1690er Jahren. Darauf verweisen verschiedene Äußerungen in prophetischen »Sendschreiben«, die Arnold als Einleitung zur Autobiographie Anna Vetters mit abgedruckt hat, sowie Arnolds Kommentare.[41] Geht man vom Jahr 1662 aus, auf das die Autorin verschiedentlich als Jahr ihrer Bekehrung verweist, so zeigt auch eine Eintragung in der Autobiographie selbst, daß letztere in den 1690er Jahren entstanden sein muß. Zwei Fürsten und zwei Prinzen, so Anna Vetter, seien inzwischen durch Gottes Willen gestorben, »weil sie nicht achten Gottes Geist / mit dem ich 30 jahr her war ausgereist.«[42] Der letzte dieser Fürsten war Markgraf Christian Albrecht (1686–1692).[43] Die Ansbacher Prophetin verfaßte ihr Selbstzeugnis also im Alter von 60–70 Jahren, in einem vergleichbaren Lebensabschnitt

40 Gottfried Arnold, Unpartheyische Kirchen- und Ketzerhistorie vom Anfang des Neuen Testaments biss auf das Jahr Christi 1688, Frankfurt a.M. 1699–1700; in der Folge zitiert als Kirchen- und Ketzerhistorie. Die Aufzeichnungen Anna Vetters sind in Bd. 2 am Ende des dritten Teils zu finden. Nicht vorlagengetreue Auszüge sind erschienen als: Von den Gesichten Annae Vetterin. Ihr lebenslauff, den sie auf begehren eigenhändig aufgeschrieben, und sonst mündlich zum öfftern erzehlet, in: Marianne Beyer-Fröhlich (Hg.), Selbstzeugnisse aus dem Dreißigjährigen Krieg und dem Barock, Leipzig 1930, S. 72–80. Zu Gottfried Arnold vgl. Martin Schmidt, Arnold, Gottfried in: TRE IV (1979), S. 136–140; Johannes Wallmann, Der Pietismus, Göttingen 1990, S. 89–95. Zur Arnoldschen Edition vgl. auch die Bemerkungen von Eva Kormann, »Es möchte jemand fragen, wie ich so hoch von Gott geliebt bin worden, und was mein junger lebens=lauff gewesen«: Anna Vetter oder Religion als Argumentations- und Legitimationsmuster, in: Magdalene Heuser (Hg.), Autobiographien von Frauen. Beiträge zu ihrer Geschichte, Tübingen 1996, S. 71–92, hier S. 76.
41 Kirchen- und Ketzerhistorie, S. 260–272 (wie Anm. 40). Der Text der Autobiographie findet sich ebd., S. 272–284. Zur Transkription: Das hochgestellte »e« zur Markierung eines Umlautes wird in der Folge als »ae«, »ue« oder »oe«, d.h. dem zugeordneten Vokal nachgestellt wiedergegeben. Ansonsten entsprechen die folgenden Zitate der Vorlage. Laut Arnold soll Anna Vetter den Pfälzischen Raubkrieg (1688–1697) Ludwigs XIV. von Frankreich 28 Jahre vor dem Ereignis vorhergesagt haben (ebd., S. 263). Geht man vom Jahr 1662 (Beginn der Prophezeiungen Anna Vetters) aus, so verweist diese Angabe auf das Jahr 1690. Anna Vetters Äußerung in einem Sendschreiben, daß ihr die Stadt Ansbach seit 30 Jahren zur geistlichen Ehe empfohlen sei (ebd., S. 266), verweist auf das Jahr 1692, desgleichen der von Arnold in einem Zwischenkommentar zitierte Satz der Prophetin, seit 30 Jahren müsse sie »eine Sauhirtin seyn deren/die sich in den suenden weltzen.« (ebd., S. 268).
42 Ebd., S. 284.
43 Friedrich Wilhelm Kantzenbach, Die Ansbacher Visionärin und Prophetin Anna Vetter. Zu den sozialen Gehalten ihrer Botschaft, in: Zeitschrift für bayerische Kirchengeschichte 45 (1976), S. 26–32, hier S. 31. In ihrer Autobiographie hält Anna Vetter allerdings fest, es seien noch zwei Söhne und zwei Töchter am Leben: Kirchen- und Ketzerhistorie, S. 273 (wie Anm. 40).

wie der bei der Niederschrift seiner Lebensbeschreibung angeblich 72-jährige Thomas Platter.[44]

Anna Vetter wurde 1630 während des Dreißigjährigen Krieges in Kattenhochstatt bei Weissenburg als Tochter eines Schmieds geboren.[45] Kattenhochstatt gehörte zur fränkischen Markgrafschaft Ansbach, die bei Vetter meistens noch den alten Namen »Onoldsbach« trägt. Da ihr Vater kurz nach ihrer Geburt durch plündernde Soldaten so schwer mißhandelt wurde, daß er bald darauf starb, und die Mutter mindestens bis zu ihrer Wiederverheiratung mit einem Bäcker in Wedelsheim bei Weissenburg Mühe hatte, sich und ihre Kinder durchzubringen, verlebte die Autorin eine materiell entbehrungsreiche Kindheit und Jugend. Seit ihrer Kindheit durch einen häuslichen Unfall körperlich behindert, erlernte sie das Handwerk einer Näherin. Ungefähr in ihrem 21. Lebensjahr heiratete Anna Vetter den Ansbacher Maurer Johann Michael Vetter, der von 1656/57 an Ansbacher Schloßwächter war. Aus der Ehe gingen sieben Kinder hervor. Von diesen überlebte, soweit wir wissen, nur eines, der 1652 geborene Sohn Veit, den Vater (gest. Februar 1688) und die Mutter (Mai 1703).[46]

Die Ehe war offenbar sehr unglücklich. Diese Erfahrung trug dazu bei, die Autorin zur Prophetin zu machen, kann jedoch nicht als alleinige Ursache gelten, denn es ist anzunehmen, daß intensive religiöse Erlebnisse die lebensgeschichtliche Wende vorbereiteten.[47] Auch hier – wie bei Platter – stand eine Konversion zwischen altem und neuen Leben. Sie ist jedoch, im Unterschied zu Platter, mit intensivem, wenn nicht sogar traumatischem körperlichem Erleben verbunden:

»Es ist mir aus dem himmel kund worden / dass es Gottes will gewest / dass ich habe hieher kommen muessen / und habe mich mit einem maeurer verheyratet; […] und

---

44 Platter selbst gibt seinen Geburtstag mit 1499 »uff der herren faßnacht« (10. Februar) an: Platter, Lebensbeschreibung, S. 24 (wie Anm. 31). Zum vermutlichen Geburtsdatum vgl. zuletzt Bernhard Truffer, »Thomas Blatton filius Anthonii« in der Zehntenschrift vom 24. Juni 1505, in: Werner Bellwald (Red.), Zehn Blicke auf Thomas Platter, Visp 1999, S. 29–42.

45 Zu den nicht in der Kirchen- und Ketzerhistorie enthaltenen biographischen Daten vgl. Kantzenbach, Die Ansbacher Visionärin (wie Anm. 43). Vgl. außerdem Martin Stern, Die Visionen der Anna Vetter. Ein Frauenschicksal des siebzehnten Jahrhunderts, in: Pietismus und Neuzeit 18 (1992), S. 81–94; Eva Kormann, Haus, Kirche, Stadt und Himmel. GeschlechterRäume in Autobiographien von Frauen des 17. Jahrhunderts, in: Margarethe Hubrath (Hg.), Geschlechter-Räume. Konstruktionen von »gender« in Geschichte, Literatur und Alltag, Köln 2001, S. 69–85, hier S. 74–78; Dies., Anna Vetter (wie Anm. 40).

46 Kantzenbach, Die Ansbacher Visionärin, S. 27 u. 29 (wie Anm. 43).

47 Ganz abwegig in diesem Zusammenhang ist meines Erachtens der Versuch, aufgrund moderner psychiatrischer Fachbegriffe von »einer religiösen Hysterie mit sexualneurotischer Komponente« zu sprechen. Vgl. Stern, Visionen, S. 91 (wie Anm. 45). Vgl. dazu Mark S. R. Jenner, Body, Image, Text in Early Modern Europe [Review Essay], in: Social History of Medicine 12 (1999), S. 143–154, hier S. 147 u. 149: »One cannot simply transpose models of nineteenth- or twentieth-century medical and psychiatric control onto the sixteenth and seventeenth century.«

habe mit dem stuermischen und fluchenden mann zehen jahr gehauset / und immer mit ihm ums ewige gestritten; habe keine furcht GOTTes bey ihm spueren koennen / dass er nach dem himmel getrachtet haette; war ein irdischer weltmann / und ich wolte immer nach dem himmel trachten / und dachte / er solte seyn wie ich; aber er wolte mir nicht folgen / und wurde mir mein leben recht sauer mit ihm. Je laenger ich mit ihm hauste / je saeurer er mirs machte / biss die zehen jahr herum kamen / in welcher zeit ich mit ihm erzeigt sieben kinder / drey knaben und vier toechter; und sind noch bey dem leben zwey soehne und zwey toechter / so lang Gott will. Im 30sten jahr meines alters wurde ich kranck / fuenff wochen lang / und muste gantz an meinem fleisch absterben; wobey ich anfänglich verdacht hatte auf eine nachbarin / welche der zauberey verdaechtig war / und oeffters sagte / dass sie die leute krumm und lahm machen koente / mich auch offt wegen meines fleissigen kirchengehens verspottet [...] allein es aeusserte sich bald / was die ursach meines abschwindens am leibe war; ich solte nemlich ein gantz anderer mensch werden / leiblich und geistlich erneuert. In dieser meiner kranckheit kam mein mann einsten sehr frueh aus dem schloss / und legte sich zu mir / und zwang mich seines willens zu seyn / und ich wurde zu einer tochter schwanger wider meinen willen und begierde / denn ich war schwach und kranck. Diese tochter hatte keine seligkeit bey GOTT / so gar war des vaters saamen in den suenden verderbt / dass daher offenbar ist der mensch der suenden und das kind des verderbens. Sie wurde zwar getauft / aber nicht geschrieben in das buch des lebens.[48] Da ich zehn tag mit diesem kind schwanger gieng / wurde ich in den himmel verzuckt / und sahe unbeschreibliche freude. O freude! O herrligkeit! O ewigkeit! O schoenheit!«[49]

Aus dieser Textstelle sprechen intensive Erfahrungen, deren Bericht nur ansatzweise in gängige, teils aus der Bibel, teils aus Predigten und teils aus Erbauungsliteratur übernommene Diskurse eingebettet ist, zum Beispiel hinsichtlich des Absterbens des Fleisches. Zweifellos fließt an dieser und anderen Stellen mystisches Vokabular in den Text ein. Anna Vetter wird dieses Vokabular aus der Erbauungslektüre, vielleicht auch aus Gesprächen mit den Ansbacher Pfarrern ihrer Zeit vertraut gewesen sein. Auch wenn sie den, aus ihrer Sicht mangelnden, Reformwillen dieser Geistlichen heftig beklagt, blieben diese durch den in den letzten Jahrzehnten des 17. Jahrhunderts als religiöse Erneuerungsbewegung aufkommenden Pietismus nicht unberührt.[50] Es ist möglich, daß sie Philipp Jacob Speners »Pia Desideria« gekannt hat.[51] Mit großer Wahrscheinlichkeit

---

48 Dies ist sicherlich kein Hinweis auf Nottaufe und Kindstod des Mädchens. Die Stelle, wie Eva Kormann, Anna Vetter, S. 79 (wie Anm. 40), zu Recht betont, läßt sich auch als Ausdruck der »Sorge der Mutter um das Seelenheil des Kindes lesen«.
49 Kirchen- und Ketzerhistorie, S. 273 (Kolumne rechts) (wie Anm. 40).
50 Friedrich Wilhelm Kantzenbach, Der Pietismus in Ansbach und im fränkischen Umland, in: Heinrich Bornkamm (Hg.), Der Pietismus in Gestalten und Wirkungen. Martin Schmidt zum 65. Geburtstag, Bielefeld 1965, S. 286–299. Vgl. auch Ders., Die Ansbacher Visionärin, S. 28 f. (wie Anm. 43).
51 Kormann, Anna Vetter, S. 82 (wie Anm. 40).

anzunehmen ist auf jeden Fall, daß sie durch die Mystik des Johann Arndt in dessen »Vier Bücher vom wahren Christentum« beeinflußt gewesen ist. Es ist betont worden, daß sich außer für die Bibel, Gesangbuch und Katechismus für kein anderes Werk so viele Druckorte im protestantischen Deutschland nennen lassen, wie für die Arndtsche Erbauungsschrift.[52] Vermutlich aus dem »Wahren Christentum« sowie aus Arndts stark verbreitetem »Paradiesgärtlein« übernommen oder zumindest durch diese beiden Werke beeinflußt ist nicht zuletzt Anna Vetters erotisch aufgeladene Christusmystik, ist doch namentlich das »Paradiesgärtlein« zu einem nicht zu unterschätzenden Ort der Vermittlung der bernhardinischen Jesusmystik an den deutschen Protestantismus des 17. Jahrhunderts geworden.[53]

Die aus der körperlichen Not geborene und von dieser befreiende Himmelsvision machte Anna Vetter zur Prophetin, was ihr freilich neben der inneren Befreiung verstärktes äußeres Leiden einbrachte: Zeitweise wurde sie in ihrem Haus in Ansbach in Ketten gelegt und auch noch in dieser erniedrigenden Situation von ihrem Mann sexuell mißbraucht.[54]

Wie manch andere radikale Protestantinnen des 16. und 17. Jahrhunderts sieht sie sich als christusförmig, wobei sie diesen Anspruch in einem Visionsbericht metaphernhaft mit eigenen Geburtserfahrungen verbindet, die gleichzeitig aber auch Bezüge zu weiterem, durch ihre Umwelt zu verantwortendem physischen Leiden herstellen:

»Endlich sahe ich die stadt [gemeint ist Ansbach – KvG] als ein grosses schwangeres weib / deren zeit herbeygekommen / dass sie gebaeren solt / und ihre ammenweiber sassen alle um sie herum / und sie kunten das kind nicht mit ihr gebaeren, und musten mutter und kind sterben und ewig verderben lassen; da gedacht ich / ich darf diss weib nicht so verderben lassen samt derri kind / und machte mich zu dem weib, und gebahr mit ihr ein knaeblein / das brachte ich zu GOtt; ich muste so grosse schmertzen leiden / als das weib in der geburt / mit grossem geschrey [...]; es ist diese geburt nichts anderes als des Sohnes Gottes leiden und sterben / da ich seinem bild muss gleich werden / sein spott und gericht / marter und pein / ist wieder an mir vollbracht worden; Anspach ist wuetend ueber mir worden / sie wissen nicht / was sie thun / sie sind truncken / ich fand sie im wirtshaus der welt. Diess knaeblein aber sind alle seelen der menschen in der gantzen stadt zusammen verbunden [...].«[55]

---

52 Johannes Wallmann, Johann Arndt und die protestantische Frömmigkeit. Zur Rezeption der mittelalterlichen Mystik im Luthertum, in: Dieter Breuer (Hg.), Frömmigkeit in der Frühen Neuzeit. Studien zur religiösen Literatur des 17. Jahrhunderts in Deutschland, Amsterdam 1984, S. 50–74, hier S. 53.
53 Ebd., S. 69f. Zur Brautmystik im »Wahren Christentum« vgl. Christian Braw, Bücher im Staube. Die Theologie Johann Arndts in ihrem Verhältnis zur Mystik, Leiden 1986, S. 117f.
54 Kirchen- und Ketzerhistorie, S. 277 (Kolumne links) (wie Anm. 40).
55 Ebd., S. 275f.

Es gibt keinen rein biologischen Schmerz; Schmerzerfahrung ist immer eine sozial und kulturell kontextualisierte Erfahrung.[56] Die Schmerzmetaphern der Anna Vetter sind bedeutsam als subjektiver Erfahrungsbericht, als individuell-kulturelle Kommunikation.[57] Diese Schlußfolgerung widerspricht einer sich an Foucault orientierenden, rein diskursanalytischen Sicht des Körpers. Sie hat andererseits den Vorteil, der berechtigten Kritik an Foucaults Verneinung der Möglichkeit individueller Körpererfahrung gerecht zu werden.[58] »Es gibt keine richtigere oder authentische Erfahrung als a-priori des Denkens oder außerhalb von Diskursen«, betont Ute Gerhard in ihrem Kommentar zu einem Vortrag Joan Scotts über »Phantasie und Erfahrung«.[59] Und sie fügt die Frage hinzu: »Allerdings, da in ihrer Theorie auch Subjekte, Subjektivität und Identität als diskursiv erzeugt gedacht werden, stellt sich für mich die Frage, ob Erfahrung ohne einen individuellen Akteur, ein Subjekt auskommt. Können wir uns Erfahrungen ohne Handelnde, d.h. ohne subjektive Verarbeitung vorstellen?«[60] Unter den Bedingungen der Foucaultschen Diskurstheorie ist nicht beides gleichzeitig zu haben. Was ist aber unter solchen theoretisch-methodischen Bedingungen gegenüber einer traditionelleren Geschichtsschreibung gewonnen, in der das historische Subjekt aus Gründen der Omnipräsenz von Strukturen auf der Strecke blieb?

Doch nochmals zurück zu Anna Vetter: Für das subjektive ›Erfahrungspotential‹ des Vetterschen Textes spricht im übrigen auch die Tatsache, daß Anna Vetter als Prophetin keineswegs dem im späteren 16. und 17. Jahrhundert »gängigen« Typus der lutherischen Propheten entsprach.[61] Zwar sah auch sie sich als

---

56 Jean Jackson, Chronic Pain and the Tension between the Body as Subject and Object, in: Thomas J. Csordas (Hg.), Embodiment and Experience. The Existential Ground of Culture and Self, Cambridge 1994, S. 201–228, hier S. 211; Jakob Tanner, Körpererfahrung, Schmerz und die Konstruktion des Kulturellen, in: Historische Anthropologie 2 (1994), S. 489–502; Gudrun Piller, Krankheit schreiben. Körper und Sprache im Selbstzeugnis von Margarethe E. MilowHudtwalker (1748–1794), in: Historische Anthropologie 7 (1999), S. 212–235.
57 Laurence J. Kirmayer, The Body's Insistence on Meaning: Metaphor as Presentation and Representation in Illness Experience, in: Medical Anthropology Quarterly 6 (1992), S. 323–346, hier S. 339: »Metaphors embody the situational knowledge that constitute culture. While conventional metaphors reflect common sense, the idiosyncratic metaphors of individuals are local contributions to the cultural situation. So each individual retains the potential to create new meaning from his or her own perspective.«
58 Vgl. u. a. Lois McNay, The Foucauldian Body and the Exclusion of Experience, in: Hypatia 6 (1991), Nr. 3, S. 125–139; Terence Turner, Bodies and anti-bodies. Flesh and Fetish in contemporary Social Theory, in: Csordas, Embodiment and Experience (wie Anm. 56), S. 27–47, hier S. 37; Roper, Jenseits des linguistic turn S. 462f. (wie Anm. 26).
59 Joan W. Scott, Phantasie und Erfahrung, in: Feministische Studien 2 (2001), S. 74–88; Ute Gerhard, Kommentar zu Joan Scott, in: Feministische Studien 2 (2001), S. 89–94, hier S. 90.
60 Ebd.
61 Zu den »gut zweihundert« aus dem angesprochenen Zeitraum bekannten Fällen lutherischer Prophetinnen und Propheten vgl. Jürgen Beyer, Lutherische Propheten in Deutsch-

Bußpredigerin in den letzten, apokalyptischen Zeiten, aber im Unterschied zu den meisten anderen lutherischen Propheten bedurfte sie keines Vermittlers, keines Engels, der ihr den göttlichen Auftrag überbrachte,[62] sondern erfuhr ihren prophetischen Auftrag durch himmlische Visionen.

Auch wenn die Aufzeichnungen der Anna Vetter stellenweise durch die Sprache der Mystik mitgeformt werden, so kann ihr Text dennoch – im Gegensatz zu den diskutierten Passagen aus dem Lebensbericht Thomas Platters – als überzeugendes Beispiel dafür dienen, wie persönliche Erfahrungen, in der Form von körperlichen Schmerz- und Leidenserfahrungen, einem autobiographischen Text jenseits der Zwänge von Diskurs und Sprache subjektive Formen und Inhalte zu vermitteln vermochten.

---

land und Skandinavien im 16. und 17. Jahrhundert. Entstehung und Ausbreitung eines Kulturmusters zwischen Mündlichkeit und Schriftlichkeit, in: Robert Bohn (Hg.), Europa in Scandinavia. Kulturelle und soziale Dialoge während der frühen Neuzeit, 1520–1720, Frankfurt a. M. 1994, S. 35–55, hier S. 37f.

62 Vgl. dazu Jürgen Beyer, A Lübeck Prophet in Local and Lutheran Context, in: Bob Scribner/ Trevor Johnson (Hg.), Popular Religion in Germany and Central Europe, 1400–1800, London 1996, S. 166–182, hier S. 168.

Ego-Documents

The Last Word?

Britain, and especially England, can take pride in an exceptional collection of early modern diaries, autobiographies and family chronicles. As far as the seventeenth century is concerned, no other European country, as far as the author is aware, is able to claim a comparable wealth of such documents, in terms both of numbers and of content. However, the fast-growing interest among continental historians[1] has not, to date, caught on in Britain. The current increase in interest in mainland Europe was initiated in the early 1990s by a Dutch group led by Rudolf Dekker as a kind of avant-garde in this field. In 1988 Dekker had already published a useful overview of the development of the field up to 1986/87.[2] The Dutch researchers began their work by concentrating on inventories of autobiographical writing in the Netherlands.[3] This in turn generated monograph studies and text editions.[4] In the course of the same decade they were followed by a Swiss research group under the direction of the present author.[5] In follow-

---

1 This was documented for the first time in the following conference volume based on a symposium held in 1998: Kaspar von Greyerz et al. (eds), Von der dargestellten Person zum erinnerten Ich: Europäische Selbstzeugnisse als historische Quellen (1500–1850), Cologne 2001. Kaspar von Greyerz et al., Texte zwischen Erfahrung und Diskurs. Probleme der Selbstzeugnisforschung, ibid., pp. 3–31, documents the state of the debate at the end of the 1990s. A second international conference in the field was held in Amsterdam in 2000: see Rudolf Dekker (ed.), Egodocuments and History: Autobiographical Writing in its Context since the Middle Ages, Hilversum 2002; Kaspar von Greyerz (ed.), Selbstzeugnisse in der Frühen Neuzeit. Individualisierungsweisen in interdisziplinärer Perspektive, Munich 2007, documents a small international workshop organized in Munich in 2004.
2 Rudolf Dekker, Egodocumenten. Een literatuuroverzicht, Tijdschrift voor geschiedenis 101 (1988), pp. 161–89.
3 This is discussed in Rudolf Dekker, Egodocuments in the Netherlands from the Sixteenth to the Nineteenth Century, in: Erin Griffey (ed.), Envisioning Self and Status: Self Representation in the Low Countries, 1400–1700, Hull 1999, pp. 255–84.
4 Rudolf Dekker, Childhood, Memory and Autobiography in Holland: From the Golden Age to Romanticism, London 2000; Arianne Baggerman/Rudolf Dekker, Child of the Enlightenment: Revolutionary Europe Reflected in a Boyhood Diary, Leiden 2009.
5 Sebastian Leutert/Gudrun Piller, Deutschschweizerische Selbstzeugnisse (1500–1800) als Quellen der Mentalitätsgeschichte: Ein Forschungsbericht, in: Schweizerische Zeitschrift für Geschichte 49 (1999), pp. 197–221; Kaspar von Greyerz, Deutschschweizerische Selbstzeugnisse (1500–1800) als Quellen der Mentalitätsgeschichte. Bericht über ein Forschungsprojekt, in: Klaus Arnold et al. (eds), Das dargestellte Ich. Studien zu Selbstzeugnissen des späteren Mittelalters und der frühen Neuzeit, Bochum 1999, pp. 147–63; Kaspar von Greyerz, Was it Enjoyable? Attitudes towards Pleasure of English and German Early

ing the Dutch example, the Swiss team working at the University of Basel decided to base their research on new bibliographical tools which they established in digital form.[6] Comprehensive inventories, as they exist today for the Netherlands and for German-speaking Switzerland during the early modern period, have not yet materialized in Austria and Germany. Given the geographical size of Germany, and the concomitant number of archive and library holdings which would have to be covered, this lacuna is not at all surprising. To date, in the case of Austria, there is a selective survey, established by Harald Tersch for the years 1400 to 1650,[7] and for Germany Benigna von Krusenstjern has composed a very useful compendium of published texts from the period of the Thirty Years War.[8] The number of German specialists is in fact increasing rapidly.[9] French historians, who have worked on French livres de raison for some time, are in the process of connecting their research with that of colleagues in other European countries,[10]

Modern Autobiographers, in: Kaspar von Greyerz et al. (eds), Europäische Selbstzeugnisse, pp. 183–98; Kaspar von Greyerz, Erfahrung und Konstruktion. Selbstrepräsentation in autobiographischen Texten des 16. und 17. Jahrhunderts, in: Susanna Burghartz et al. (eds), Berichten, Erzählen, Beherrschen. Wahrnehmung und Repräsentation in der frühen Kolonialgeschichte Europas, in: Zeitsprünge 7/2–3 (2003), pp. 220–39. A second Swiss centre of research on early modern self-writing promoted by Danièle Tosato-Rigo is taking shape at the University of Lausanne.

6 The work of this group is documented by a data bank on Swiss German early modern Selbstzeugnisse. [Diese Datenbank wird 2013 in eine größere Datenbank überführt, die auch Datensätze zur französischsprachigen Schweiz beinhaltet. *Anmerkung der Herausgeber*].

7 Harald Tersch, Österreichische Selbstzeugnisse des Spätmittelalters und der frühen Neuzeit (1400–1650), Vienna 1998.

8 Benigna von Krusenstjern, Selbstzeugnisse der Zeit des Dreißigjährigen Krieges: Beschreibendes Verzeichnis, Berlin 1997.

9 Anette Völker-Rasor, Bilderpaare – Paarbilder. Die Ehe in Autobiographien des 16. Jahrhunderts, Freiburg i. Br. 1993; Klaus Arnold et al. (eds), Das dargestellte Ich. Studien zu Selbstzeugnissen des späten Mittelalters und der frühen Neuzeit, Bochum 1999; Otto Ulbricht, Ich-Erfahrung. Individualität in Autobiographien, in: Richard van Dülmen (ed.), Entdeckung des Ich. Die Geschichte der Individualisierung vom Mittelalter bis zur Gegenwart, Cologne 2001, pp. 109–44; Gabriele Jancke, Autobiographie als soziale Praxis. Beziehungskonzepte in Selbstzeugnissen des 15. und 16. Jahrhunderts im deutschsprachigen Raum, Cologne 2002; Eva Kormann, Ich, Welt und Gott. Autobiographik im 17. Jahrhundert, Cologne 2004; Daniela Hacke (ed.), Frauen in der Stadt. Selbstzeugnisse des 16.–18. Jahrhunderts, Ostfildern 2004; Gabriele Jancke/Claudia Ulbrich (eds), Vom Individuum zur Person. Neue Konzepte im Spannungsfeld von Autobiographietheorie und Selbstzeugnisforschung, Göttingen 2005. See also the series 'Selbstzeugnisse der Neuzeit', originally published by Akademie Verlag, Berlin, and now by Böhlau Verlag, Cologne.

10 Jean-Pierre Bardet/François-Joseph Ruggiu (eds), Au plus près du secret des coeurs? Nouvelles lectures historiques des écrits du for privé en Europe du XVIe au XVIIIe siècle, Paris 2005; Sylvie Mouysset, Papiers de famille. Introduction à l'étude des livres de raison (France, XVe-XIXe siècle), Rennes 2007.

and pioneering individual work is also being done in Spain[11] and Italy.[12] By and large, these activities have not yet caught on in Britain. Could it be that the comparatively abundant proliferation of such documents in early modern Britain has not made such texts appear as unusual and, therefore, as interesting as they do in German-speaking areas? Or can we explain the increased interest in such research in Germany simply as a strong reaction against the previous supremacy of a Strukturgeschichte, which consciously neglected the historical subject in favour of collective entities? No such reaction would have been needed in British scholarship, as this kind of historical approach never dominated its agenda to any comparable extent. Hence perhaps the comparative lack of interest in the sort of texts we are considering here.

If this second explanation is appropriate, what can we then say about Dutch research? During the 1990s and, in fact, before the rise in interest in Germany picked up speed and momentum, Dutch research on early modern and nineteenth-century diaries, autobiographies and family chronicles was animated almost single-handedly by Rudolf Dekker and a group of his close friends and colleagues. Their approach was an extremely pragmatic one. Dutch historians in this particular field are not given to the kind of extensive methodology discussions the Germans favour. This has its strength and weaknesses. The strength lies in the abundant proliferation of bibliographical and monograph studies. The main weakness is the lack of interest in a discussion of the adequacy of inherited categories, such as the notion of 'ego-documents'. Unfortunately, this is now a readily accepted and widely used term, which in turn seems to facilitate international scholarly exchange and discussion. The group of French historians led by François-Joseph Ruggiu and Jean-Pierre Bardet, who ran a conference in Paris in December 2006 dedicated to 'Les écrits du for privé en Europe (moyen âge, époque moderne, époque contemporaine)' have now switched to using the notion of ego-documents in an attempt to launch a European network.[13]

This article will argue that the notion of ego-documents is a particularly unfortunate term in dealing with autobiographical texts from centuries earlier than

---

11 For example, James S. Amelang, The Flight of Icarus. Artisan Autobiography in Early Modern Europe, Stanford 1998; James S. Amelang, Spanish Autobiography in the Early Modern Era, in: Winfried Schulze (ed.), Ego-Dokumente. Annäherung an den Menschen in der Geschichte, Berlin 1996, pp. 59–71.
12 For example, Claude Cazale Bérard/Christiane Klapisch-Zuber, Mémoire de soi et des autres dans les livres de famille italiens, in: Annales 59 (2004), pp. 805–26; Giovanni Ciapelli/Patricia L. Rubin (eds), Art, Memory, and Family in Renaissance Florence, Cambridge 2000; Raul Mordenti, Les livres de famille en Italie, in: Annales 59 (2004), pp. 785–804.
13 The main title of a European Science Foundation (ESF) exploratory workshop convened by François-Joseph Ruggiu in Bordeaux in May 2008 was 'Ego-documents in a European Context'.

the twentieth century. It is divided into three parts. Part I examines very briefly the discussion in the German and Swiss research described above, from the 1980s to the recent work done in Berlin. Part II explores the career of the notion of ego-documents from Jacob Presser in the late 1950s to Winfried Schulze's contribution to the field, published in two almost identical versions in 1992 and 1996. Part III attempts to formulate some conclusions.

1.

There can be no question that the entire field of research into diaries, autobiographies, family chronicles, travel accounts and letters profited enormously, from the late 1980s onwards, by the shift from a traditional kind of social history towards cultural history. The impact of discourse analysis was particularly significant, as were the theory of gender and the influence of gender theory on the transformation of women's history to the history of gender. If nothing else, these changes destroyed the methodological naïveté, or rather thoughtlessness, with which most historians had approached autobiographies, diaries and family chronicles as historical sources during the 1980s. We were strongly and repeatedly alerted to the fact that this source material is by and large constructed, and that, as a result, it offers little direct access to the daily concerns and thoughts, let alone the actions, of the author being studied. The Foucauldians and linguists furthermore reminded us of the extent to which Selbstzeugnisse are cast in a particular language and terminology, which gives shape to the expression of individual consciousness, and that these forms of expression are in essence collective. In their extreme variations such theoretical approaches denied any possibility of gaining access to a historical subject, whether it is through the study of literature or of history, and indeed suggested that there was no qualitative difference between literary fiction and historical narrative. All this has undoubtedly had fruitful consequences, even though many, indeed probably most historians have not chosen to follow one of these roads of apparent methodological purism.

Based on the disqualification of biologically based notions of gender by feminist theoreticians, and on the Foucauldian concept of discourse, Joan Scott radically relativized the historiographical possibility of assessing any experience of a historical subject. Her essay on 'The Evidence of Experience' appeared in autumn 1991.[14] This had a direct bearing on how we analyse, or are able to analyse, personal narratives. In the wake of Michel Foucault, Philipp Sarasin, a few years later, denounced all attempts to derive from such texts more than

---

14 Joan Scott, The Evidence of Experience, in: Critical Inquiry 17 (1991), pp. 773–797.

insights into the occasional references to personal pain and suffering.[15] These occasional references, he claimed, were the only instances when autobiographical writing actually transcended discourse, and thus allowed a glimpse at personal experience. Other Swiss historians, notably Jakob Tanner, concurred.[16]

However, the heyday of discourse analysis in historical scholarship has passed. While its legacy – especially in terms of sharpening our awareness of the possible methodological pitfalls in dealing with diaries, autobiographies, and similar texts – certainly cannot be denied, its tendency to establish itself as a kind of monocausal orthodoxy has found influential opponents. The Butler and Scott view of physical experience has since been challenged by Loys McNay, Kathleen Canning, Lyndal Roper and many others.[17] As a result, many historians of gender, while studiously trying to avoid the damning reproach of essentialism, have since occupied or re-occupied a middle ground between pure constructivism and the evidence of experience offered by their sources.

In research on eighteenth- and early nineteenth-century personal narratives, Gudrun Piller, largely committed to discourse analysis in her earlier work,[18] has suggested that autobiographers do and can create their own discourses.[19] However, one would have to add that they do not do so individually because discourses can only be what they are by being collective. As a result, we must acknowledge that personal narratives, both in reproducing and in creating discourse, are deeply embedded in a collective context. This is what was suggested several years ago in an essay by Natalie Zemon Davis on Michel de Montaigne. Most literary scholars working in a Burckhardtian vein regarded Montaigne as the personification of Renaissance individualism. Natalie Zemon Davis showed

---

15 Philipp Sarasin, Autobiographische Ver-Sprecher: Diskursanalyse und Psychoanalyse in alltagsgeschichtlicher Perspektive, in: Werkstatt Geschichte 7 (1994), pp. 31–41; Philipp Sarasin, Mapping the Body: Körpergeschichte zwischen Konstruktivismus, Politik und "Erfahrung", in: Historische Anthropologie 7 (1999), pp. 437–51.

16 Jakob Tanner, Wie machen Menschen Erfahrungen? Zur Historizität und Semiotik des Körpers, in: Bielefelder Graduiertenkolleg Sozialgeschichte (ed.), Körper macht Geschichte – Geschichte macht Körper: Körper als Sozialgeschichte, Bielefeld 1999, pp. 16–34; for a different perspective see for example Jean Jackson, Chronic Pain and the Tension between the Body as Subject and Object, in: Thomas J. Csordas (ed.), Embodiment and Experience: The Existential Ground of Culture and Self, Cambridge 1994, pp. 201–227. See also Otto Ulbricht, Pesterfahrung: "Das Sterben" und der Schmerz in der Frühen Neuzeit, Medizin, in: Geschichte und Gesellschaft 15 (1996), pp. 9–35.

17 Lois McNay, The Foucauldian Body and the Exclusion of Experience, in: Hypatia 6 (1991), pp. 125–39; Kathleen Canning, Feminist History after the Linguistic Turn, in: Signs 19 (1994), pp. 368–404; Lyndal Roper, Jenseits des linguistic turn, in: Historische Anthropologie 9 (2001), pp. 452–66. For a brief overview of this debate see Gudrun Piller, Private Körper. Spuren des Leibes in Selbstzeugnissen des 18. Jahrhunderts, Cologne 2007, pp. 7–13.

18 Gudrun Piller, Krankheit schreiben: Körper und Sprache im Selbstzeugnis von Margarethe E. Milow-Hudtwalker (1748–1794), in: Historische Anthropologie 7 (1999), pp. 212–35.

19 Piller, Private Körper, p. 19 (see note 17).

on the contrary that Montaigne's Essays, if analysed without preconception, revealed a man greatly and deeply concerned with his family ties and his closer relationships and not with his (historically precocious) individualism, despite his famous announcement to his readers: 'c'est moy que je peins.'[20]

Natalie Zemon Davis's essay was in many ways the starting point for Gabriele Jancke to look at the documents in question in a new way, and to see them not so much as a witness to the rise of Western individualism and the increasing autonomy of the self, but rather as texts documenting, strengthening and constructing social relationships.[21] In her eyes, writing a personal narrative, be it a diary, an autobiography, a family chronicle or a letter, was (and is) a social act. Methodologically, this is largely the direction taken by the Berlin research group headed, together with colleagues representing other disciplines, by Claudia Ulbrich.[22] The orientation of the Berlin group has involved a shift away from interest in historical representations of the self and selfhood to an interest in historical conceptions of the person and in the transcultural differences and meanings of such concepts.[23] To a certain extent, this has also implied a shift away from a more diachronic approach to a more synchronic one.

2.

Given their focus and interests, most members of the Berlin group have not shown any interest in sailing, as it were, under the flag of research on ego-documents. However, they are certainly recognized as specialists on ego-documents by others at home and abroad, as is the group centred on Basel.[24]

Where does the notion of ego-documents actually come from? It was first coined by the Dutch historian Jacob (or Jacques[25]) Presser (1899–1970) in 1958.

---

20 It is myself I am depicting: see Natalie Z. Davis, Boundaries and the Sense of Self in Sixteenth-Century France, in: Thomas C. Heller et al. (eds), Reconstructing Individualism: Autonomy, Individuality, and the Self in Western Thought, Stanford 1986, pp. 53–63.
21 See Jancke, Autobiographie als Soziale Praxis (see note 9).
22 See Jancke/ Ulbrich, Vom Individuum zur Person (see note 9).
23 See, for example, Andreas Bähr et al. (eds), Räume des Selbst. Selbstzeugnisforschung transkulturell, Cologne 2007.
24 See the information about the work of this group on the collection of unpublished source material in the Selbstzeugnisse databank (see note 6).
25 While his family temporarily lived in Belgium during his childhood, his first name was changed to Jacques. But his publications, which appeared from 1926 onwards, were all published under the name Jacob Presser. For this and the following, see the biographical summary by Jennifer L. Foray at http://www.novelguide.com/a/discover/rghl_o1/rghl_01_00174.html (consulted 18 Nov. 2012). See also Loe de Jong, Jacques Presser (24 februari 1899–30 april 1970), in: Medelingen der Koninklijke Nederlandse Akademie van Wetenschappen, afd. Letterkunde, Amsterdam 1970.

He intended his new category to include 'those historical sources in which the user is confronted with an "I", or occasionally (Caesar, Henry Adams) a "he", continuously present in the text as the writing and describing subject.'[26] In an article under the title 'Clio peeks through the keyhole', written a few years later, he redefined ego-documents as 'those documents in which an ego intentionally or unintentionally discloses, or hides itself.'[27] Being of Jewish origin, Presser only survived the German occupation by going into hiding immediately after learning of his wife's arrest and deportation.[28] In 1950, he was commissioned by the newly founded Netherlands State Institute for War Documentation to write the history of the Dutch Jews during the German occupation. During this stage of Presser's scholarly life 'personal accounts and reports from both victims and perpetrators of the holocaust received his full attention.'[29] This research resulted in the publication in 1965 of a massive two-volume history of the Dutch Jews during the German occupation: Ondergang: De vervolging en verdelging van het Nederlandse jodendom, 1940–1945.[30]

For this publication, Jacob Presser conducted a great many interviews and, on a different level, according to Rudolf Dekker, he

> became aware of the problems surrounding ego-documents, both oral and written. He was faced with people whose memories were so painful that they could not recount or even want to remember them, but also with people who unconsciously, but more often consciously changed and rewrote their memories.[31]

This preoccupation from the late 1940s onward would seem to have had something to do with Presser's predilection for the notion of ego-documents. Would he also have opted for the same category if he had been faced with the inchoate mass of seventeenth-century personal documents? More often than not, for such documents we lack any additional evidence allowing us to bring them into a context directly connected with the author – the kind of circumstantial evi-

---

26 Jacques Presser, Memoires als geschiedbron, in: Winkler Prins Encyclopedie, Bd. 8, Amsterdam 1958, pp. 208–210; reprinted in Jacob Presser, Uit het werk van J. Presser, Amsterdam 1969, pp. 277–282. The English translation of this and the next quotation is borrowed from Rudolf Dekker, Introduction, in: Idem, Egodocuments and History, pp. 7–20, here p. 7 (see note 3).
27 Cited in Dekker, Introduction, p. 7 (see note 3). See also Dekker, Ego-Dokumente in den Niederlanden vom 16. bis zum 18. Jahrhundert, in: Winfried Schulze (ed.), Ego-Dokumente. Annäherung an den Menschen in der Geschichte, Berlin 1996, pp. 33–57, here p. 33.
28 Deborah Suzanna Appel died at the Nazi concentration camp of Sobibor (Poland) in March 1943; see Foray (see note 25).
29 Dekker, Introduction, p. 7 (see note 3).
30 See Foray (see note 25).
31 Dekker, Introduction, p. 8 (see note 3).

dence, for example, which would allow us to determine the degree to which specific personal reminiscences do not agree with other sources. In other words, the category 'ego-documents' may be partly acceptable in connection with an abundantly documented recent history, where this very abundance allows us to get much closer to a historical person than extant sources for the early modern period will ever permit.

Since the 1980s, and especially in the 1990s, Rudolf Dekker and his group have revived the category of ego-documents in their research on Dutch personal documents from the years 1500 to 1814. The category now includes autobiographies, memoirs, 'diaries of a personal nature as well as travel diaries'. For practical reasons, the group has excluded letters from its research, but it has included personal notes, though only when these are limited in time and focused on a specific event, as for example on a family quarrel.[32] The most surprising element in this heterogeneous collection of different genres is the inclusion of travel diaries. From the later sixteenth century onwards, travel diaries – some exceptions duly considered – increasingly also included cut-and-paste combinations of passages lifted from other diaries and guides and to a growing extent excluded personal thoughts and impressions. The Dutch case may admittedly be different,[33] but as far as German and Swiss travel accounts are concerned, it seems seriously doubtful whether they can actually be called ego-documents.

In a conference paper read in 1991, James S. Amelang admitted that there were some advantages in working with the category of ego-documents, but he warned against 'its lexical and conceptual imprecision'. Ego-documents, he maintained, are "a general, catch-all category, one which dredges up practically everything in its nets."[34] He pointed out in particular that if such notions as 'autobiography, text, narrative, document, account, memoir, diary, letter' and so on are used interchangeably, this creates problems in terms of method, for 'one has carefully to distinguish their meanings if any sense is to be made of the act of authorship'.[35] However, the question of authorship is crucially important if we are to take seriously the semantic implications of the category of ego-documents. The advantages Amelang is willing to concede result from the possibility of including in the new category a greater array of sources than under the label of 'autobiography' and in being able to get away from the narrow group of texts canonized by historians of literature. Arguably, this is not a very convincing justification, and in fact Amelang offers it only half-heartedly.

---

32 Dekker, Ego-Dokumente in den Niederlanden, p. 34 (see note 27).
33 See Rudolf Dekker, Dutch Travel Journals from the Sixteenth to the Early Nineteenth Centuries, in: Lias. Sources and Documents relating to the Early Modern History of Ideas 22 (1995), pp. 277–99.
34 Amelang, Spanish Autobiography, p. 69 (see note 11).
35 Ibid.

In 1992, Winfried Schulze ran a symposium at a conference centre in Bad Homburg, the proceedings of which were published in 1996. The volume entitled *Egodokumente. Annäherungen an den Menschen in der Geschichte?* opens with a programmatic introduction by Schulze. Inspired by Jacob Presser's notion of ego-documents, he intended to expand it considerably. It was to become a category covering

all those sources, in which a human being tells us something about him- or herself, whether he or she does so out of free will – as, for example, in a personal letter, a diary, the record of a dream or in an autobiographical manner – or under different conditions.[36]

By 'different conditions', Schulze meant constraint, for his notion of ego-documents, as he went on to explain, also included court records, in which historical subjects offer us information about themselves. With court records he further associated tax evaluations, visitation records, official interrogations that subjects had to undergo (Untertanenbefragungen), interviews of witnesses, formal questions addressed to candidates for a public position, petitions for mercy, depositions made under oath (Urgichten), merchants' records, account books, last wills and testaments, and so on.[37]

In German-speaking scholarship, whenever non-specialist authors want to refer to research on self-narratives, they almost invariably refer to Schulze's collected volume of 1996. Few of them have bothered to read beyond the editor's introductory essay to discover that several authors whose contributions are included in that volume, such as James Amelang, Gabriele Jancke, Jan Peters and the present author, are distancing themselves from the category of ego-documents.

Many historians in the field have continued to adhere to the notion of Selbstzeugnisse, knowing full well that in many of the personal documents studied one does not really encounter a fully recognizable self. Yet many such texts allow one to historicize at least individual aspects of the self, whereas they shed no light at all on the inner workings of an ego. Compared to Schulze's extended category of ego-documents, the notion of Selbstzeugnisse is quite obviously the lesser evil.

---

36 Winfried Schulze, Ego-Dokumente. Annäherung an den Menschen in der Geschichte? Vorüberlegungen für die Tagung "Ego-Dokumente", in: Idem, Ego-Dokumente, pp. 11–30, here p. 21. This is a free translation opting for gender balance. Schulze had previously published an extended version of this introduction: Winfried Schulze, Ego-Dokumente: Annäherung an den Menschen in der Geschichte?, in: Bea Lundt/Helma Reimöller (eds), Von Aufbruch und Utopie. Perspektiven einer neuen Gesellschaftsgeschichte des Mittelalters. Für und mit Ferdinand Seibt aus Anlaß seines 65. Geburtstages, Cologne 1992, pp. 417–450.
37 Schulze, Ego-Dokumente. Annäherung an den Menschen in der Geschichte? Vorüberlegungen, p. 21 (see note 36).

Leaving aside the problems inherent in Schulze's all-embracing category, what is clearly damaging the credibility of the category of ego-documents is the inevitable association with Sigmund Freud's work, alluded to above. This leads us to some tentative conclusions.

3.

There is no need to dwell on Freud's distinction between the id, the ego and the super-ego (Es, Ich and Über-Ich), as this is not central to the present discussion. However, the category deconstructed here does suggest that historical sources and texts designated as ego-documents offer us access to an ego. This may indeed be the case to some extent with twentieth-century texts of this nature, which we are able to contextualize in a very dense or very 'thick' way. However, the argument here is limited to early modern evidence. A dense contextualization of early modern self-narratives is more often than not out of reach because the additional sources that would permit it are not there. This goes a long way towards explaining the failure to date of psychohistorical interpretations of self-narratives.

This enquiry is limited to two cases: the two autobiographies written in Basel in the 1570s and in the 1610s respectively by Thomas Platter and his son, the physician Felix Platter. The psychohistorical interpretation based on Thomas Platter's reference to the fact that his mother was unable to breast-feed him can be disregarded because it is based on one short autobiographical reference only, and no additional evidence provides any further light on this passage.[38] The interpretation on offer is essentialist, and correspondingly marked by a lack of interest in the effects of historical change on society, family, childcare and nutrition. The psychohistorical explanation for Felix Platter's childlessness is only slightly more convincing. It ultimately fails because it is based primarily on one single passage in Felix Platter's text and because, in highlighting the causal nexus to Felix Platter's Oedipus complex, it leaves little room for an acknowledgment of the fact that even under such special circumstances the argument needs to be supplemented by a study of Felix Platter's wife, Magdalena Jeckelmann.[39] This is not intended to sound like a general scepticism regarding the possibilities of a psychohistorical approach within the context of early modern history. However, the difficulties of approaching early modern self-narratives from the vantage point

---

[38] Ralph Frenken, Aspekte der Geschichte der Kindheit anhand historischer Autobiographien, in: Friedhelm Nyssen/Ludwig Janus (eds), Psychogenetische Kindheit. Beiträge zur Psychohistorie der Eltern-Kind-Beziehung, Gießen 1997, pp. 309–398, esp. pp. 346–360.

[39] Casimir Bumiller, Die "Selbstanalyse" des Arztes Felix Platter (1534–1614), in: Ralph Frenken/Martin Rheinheimer (eds), Die Psychohistorie des Erlebens, Kiel 2000, pp. 303–324.

of psychohistory do point to the fact that these documents do not readily grant us access to a given ego, which, according to Freud, constantly has to mediate between the sexual and bodily drives of the id and the conceptions of the world offered by the super-ego.

This does not mean that the texts in question would in any way be marked by self-deception, as is sometimes argued. One literary author has criticized such a judgment as "high Freudian 'received wisdom'." He points out that

> the notion of self-deception rests on a faith that our minds are equipped with an all-seeing panopticon scanner that has access to everything we have experienced ... On this view, it is self-interest, 'defences', or whatever that get in the way of this all-seeing scanner. But everything we know about the structure of direct experience and of memory storage and retrieval tells us this is a deeply misleading view. Perceiving and remembering are themselves constructions and reconstructions.[40]

This is certainly true. But it does not exclude the possibility that an author consciously gave his reminiscences a certain drift. While acknowledging that perceiving and remembering do involve constructions, we should not be misled by neuroscience into believing that these are processes over which we have absolutely no control.

So, where do we stand? It may well be too late to stop the current rise in interest in the notion of ego-documents, although it seems unlikely that this will do justice to most early modern self-narratives. The category appears to be universally recognized, and even many specialists seem to assume that a catch-all basket is better than a more narrowly defined category. Considering the sophistication achieved by methodological debates within this field of research in recent years, it is perhaps surprising that so many historians have been content to embrace the notion of ego-documents. This article does not seek to propose a more narrow definition. We should, however, be wary of suggesting, by the labels we give central notions we work with, that our sources offer access to a historical person's ego. Only some of these sources actually do, but the great majority do not.

Most of our particular sources and texts are extremely miscellaneous in composition and do not adhere to modern literary rules of genre. They offer us insights into life worlds and representations, into aspects of a group-specific habitus, they offer us glimpses of specific aspects of religion and systems of belief, and eighteenth-century texts sometimes tell us something about the reading preferences of an author and sometimes, albeit rarely, even about his or her sexuality. And most documents in question offer information about personal and social

---

40 Jerome Bruner, The Autobiographical Process, in: Robert Folkenflik (ed.), The Culture of Autobiography: Constructions of Self-Representations, Stanford 1993, pp. 38–56, here p. 39 et passim.

connections, within a given family and beyond. 'Self-narrative' or 'personal narrative' would be better notions to use.

The historical subject we can grasp within and behind the autobiographies, diaries and family chronicles on offer is not an ego. It certainly has a self, whose external contours of personhood some of the documents in question may allow us to study. For all practical historical purposes, what we are looking at in self-narratives are primarily persons in their specific cultural, linguistic, material and, last but not least, social embeddedness. Ultimately a majority of these texts, most certainly early modern ones, probably tell us more about groups than they do about individuals.

Grenzen zwischen Religion, Magie und Konfession aus der Sicht der frühneuzeitlichen Mentalitätsgeschichte

»Ich habe weiterhin das Vertrauen und die Hoffnung, daß Gott mir seine Gnade und seine unzähligen Wohltaten zukommen lassen wird.«[1] So lautet – ins Deutsche übersetzt – eine der einleitenden Bemerkungen in den Aufzeichnungen von Goodwin Wharton. Goodwin Wharton war der zweite Sohn des politisch einflußreichen Puritaners Philip Lord Wharton und Bruder von Thomas Wharton, der unter Wilhelm von Oranien vorübergehend als Whig-Politiker an der Spitze der englischen Regierung stand.

Goodwin Wharton hat uns eine in den 90er Jahren des 17. und in den ersten Jahren des 18. Jahrhunderts verfaßte, noch immer unveröffentlichte, detaillierte Autobiographie hinterlassen, die sich vorwiegend – wie man aus heutiger Sicht sagen würde – mit esoterischen Dingen beschäftigt. Er schildert seine alchemistischen, magischen, kabbalistischen Unternehmungen der letzten beiden Jahrzehnte des 17. Jahrhunderts vor dem Hintergrund des Wachsens und des Wandels der Beziehung zu seiner Lebenspartnerin Mary Parish. Mary Parish ist in Fragen übersinnlicher Experimente zwar nicht gerade »sophisticated«, aber für den Hausgebrauch durchaus sattelfest. Sie hat ein Medium namens George, mit dessen Hilfe unser Held Kontakt mit der Unterwelt der Feen aufnimmt, einen Kontakt, der freilich nie die materielle Form annimmt, die sich Goodwin Wharton erhofft – die Feen bewachen als gute Geister unermeßliche Schätze in der Unterwelt und Wharton ist stets sehr knapp bei Kasse. Doch es bleibt – neben Exkursen in die Schatzgräberei und in alchemistische Experimente – nicht bei der Kommunikation mit der Königin der Feen. Das Medium, George, verhilft Goodwin Wharton zum regelmäßigen Gespräch mit den Erzengeln Michael und Gabriel, wobei sich Wharton schließlich verselbständigt und – ohne weitere Hilfe von George oder Mary Parish – direkt mit Gott kommuniziert. Dabei teilt ihm Gott unter anderem mit, daß er zu großen Aufgaben im englischen Staate ausersehen ist, worauf unser Autor im Ernst darauf spekuliert, nach dem Ableben des Königs an die Stelle des bereits alten und – wie er meint – kränklichen Jakob II. zu treten. Ein Höhepunkt ist in diesem Zusammenhang seine sommerliche Fahrt

---

1 The Autobiography of Goodwin Wharton (1653–1704), British Library, Foliobd. I, Add. Ms. 20006, fol. 6v: »yett I […] am stil in confidence and have hope that ye Lord will visit me with his grace and abundant favors.«

nach Bath, wo er von der Galerie aus, vollgepackt mit Liebesamuletten, den Blick der badenden Königin zu erhaschen versucht, um sie für immer an sich zu binden – leider ohne Erfolg. Goodwin Wharton beschreibt all dies in der oben zitierten ungebrochenen Hoffnung, »that ye Lord will visit me with his grace and abundant favors«.[2]

Wie gehen wir als Mentalitätshistoriker – und das heißt: nicht als traditionelle Geistes- oder Wissenschaftshistoriker – mit einer derartigen Quelle um? Um diese Frage beantworten zu können, bedarf es vorerst einiger begrifflicher und einleitender Klärungen. Was sind Mentalitäten? Es handelt sich dabei um reflektierte wie unreflektierte, gewissermaßen »vorgedankliche«, kollektive Einstellungen sowie um Denk- und Verhaltensdispositionen. Sofern sich diese Einstellungen und Dispositionen aus religiösen Vorstellungen nähren, gibt es Berührungspunkte zwischen Mentalitäten und Religion. Religion wollen wir in Vereinfachung einer durch Thomas Luckmann vorgeschlagenen Definition verstehen als ein sozial geformtes Symbolsystem, das »Weltorientierung, Legitimierung natürlicher und gesellschaftlicher Ordnungen und den Einzelnen transzendierende [...] Sinngebungen mit praktischen Anleitungen zur Lebensführung und biographischen Verpflichtungen« verbindet.[3]

Aus der hier gewählten Perspektive bin ich nicht sicher, ob es hilfreich wäre, den Begriff der Kirche in diese Definition aufzunehmen, denn religiöse Erfahrung spielte sich in der frühen Neuzeit, wie die Konfessionalisierungsforschung gezeigt hat, nicht nur *in* der Kirche, sondern auch an deren Rande oder sogar außerhalb ab. Damit wird freilich auch Durkheims These: »Nous ne rencontrons pas, dans l'histoire, de religion sans Eglise« relativiert. Diese enge begriffliche Verknüpfung von Religion und Kirche benützte Durkheim zur gegenseitigen begrifflichen Abgrenzung von Religion und Magie, denn er folgerte: »Il n'existe pas d'Eglise magique! [...] Le magicien a une clientèle, non une Eglise.«[4] Die Magie, auf deren Grundlagen ich sogleich zurückkommen werde, unterscheidet sich von der Religion durch ihre innerweltliche Zweckgebundenheit, nur erweist sich auch das im Blick auf die frühe Neuzeit als eine bloß graduelle Unterscheidungsmöglichkeit, denn auch die von der Kirche geforderte Heiligenverehrung zum Beispiel konnte sich *in der Praxis* außerhalb des kirchlichen Raumes im engeren Sinne als extrem zweckgebunden erweisen, so, wenn etwa bretonische Dorfbewohner des 17. Jahrhunderts Heiligenbildern und -statuen körperliche Strafe

---

2 Ebd., zur Biographie Goodwin Whartons vgl. auch J. Kent Clark, Goodwin Wharton, Oxford 1984. Diese unbefriedigende Biographie tendiert leider dazu, Wharton aus süffisanter Vogelperspektive zum Gegenstand eines intellektuellen Voyeurismus zu machen.
3 Thomas Luckmann, Einleitung, in: Bronislaw Malinowski, Magie, Wissenschaft und Religion und andere Schriften, Frankfurt a. M. 1973, S. IX–XVI, hier S. XI.
4 Emile Durkheim, Les formes élémentaires de la vie religieuse. Le système totémique en Australie, Paris ⁵1968, S. 60–65; zitierte Passagen: S. 60–62.

androhten (und diese im Verweigerungsfalle auch ausführten), falls die betreffenden Heiligen ihnen nicht die baldige und glückliche Rückkehr ihrer Angehörigen auf See gewahrten.[5]

Das Folgende gliedert sich im wesentlichen in drei Teile, wobei die ersten beiden Teile dem Verhältnis von Religion und Magie zunächst vor allem auf der Ebene der frühneuzeitlichen Bildungskultur, sodann – in einem zweiten Teil – schwerpunktmäßig auf der Ebene der sogenannten Volkskultur gewidmet sind. Daß ich mit »Volkskultur« – faute de mieux – einen eher schillernden Begriff aufgreife, ist mir bewußt. Im dritten Teil meiner Ausführungen soll dann in knapper Form die Frage der Tiefen- und Breitenwirkung des frühneuzeitlichen Konfessionalisierungsprozesses ins Spiel gebracht werden. Nicht näher berühren werde ich im folgenden das Verhältnis der Angehörigen verschiedener Konfessionen zueinander sowie das Verhältnis der gelehrten Magie zur Volksmagie. Es sei freilich unbestritten, daß die magische Naturphilosophie des 16. und 17. Jahrhunderts »nur bedingt mit der populären Alltagsmagie zu tun« hatte.[6]

1.

Über das geschichtswissenschaftlich richtige Verständnis von Magie gibt es unter Historikern nach wie vor keinen Konsens. In seinem Buch über »Magie im Mittelalter« geht Richard Kieckhefer von folgendem Verständnis aus: »Ob eine Handlung als magisch angesehen wird, hängt davon ab, welche Art von Kraft zu Hilfe gerufen wird: Wenn jemand sich von Gott oder von einer bekannten, ›unverborgenen‹ Naturkraft die Wirkung erhofft, so haben wir es nicht mit Magie zu tun, eine Handlung dagegen, die auf dämonische Mächte oder auf okkulte Naturkräfte vertraut, ist magisch.«[7] Dieses Verständnis hat den Vorteil, daß sich hinsichtlich des Mittelalters und der frühen Neuzeit Religion und Magie deutlicher voneinander unterscheiden lassen, als dies in der Regel möglich ist. Es hat jedoch den entschiedenen Nachteil, den gelehrten Zeitgenossen, die sich mit natürlicher Magie beschäftigten – und bis ans Ende des 17. Jahrhunderts waren

---

5 Jean Delumeau, Le catholicisme entre Luther et Voltaire, Paris ²1979, S. 247f.
6 Richard Van Dülmen, Kultur und Alltag in der Frühen Neuzeit, Bd. 3: Religion, Magie, Aufklärung, 16.–18. Jahrhundert, München 1994, S. 79. Von der Existenz einer sozusagen abgeschotteten, »eigenständigen volkstümlichen Magietradition« geht aus: Eva Labouvie, Wissenschaftliche Theorien – Rituelle Praxis. Annäherungen an die populäre Magie der Frühen Neuzeit im Kontext der »Magie- und Aberglaubensforschung«, in: Historische Anthropologie 2 (1994), S. 287–307, hier 298; ferner Dies., Zauberei und Hexenwerk. Ländlicher Hexenglaube in der frühen Neuzeit, Frankfurt a.M. 1991, S. 219–249; Dies., Verbotene Künste. Volksmagie und ländlicher Aberglaube in den Dorfgemeinden des Saarraumes (16.–19. Jahrhundert), St. Ingbert 1992, bes. S. 53f.
7 Richard Kieckhefer, Magie im Mittelalter, München 1995, S. 24.

das nicht wenige –, eine Auffassung vom Verhältnis von Magie und Religion unterzuschieben, die keineswegs ihrem Selbstverständnis entsprach. Denn für einen Neuplatoniker oder Hermetiker des 16. und 17. Jahrhunderts diente auch die Beschäftigung mit natürlicher Magie in der Regel der Gotteserkenntnis. Aufgrund meines Verständnisses von Magie möchte ich im folgenden den Aspekt der Manipulation okkulter Kräfte oder aber dämonischer Geister in den Vordergrund treten lassen.

Kehren wir zunächst zu Goodwin Wharton zurück. Seiner Magie, wie überhaupt mehrheitlich den magischen Vorstellungen des 16. und 17. Jahrhunderts, lagen im wesentlichen drei Vorstellungen zugrunde. Zum einen die Idee von der Beseeltheit durch Geister jeglicher Materie, zum anderen der Glaube an die Möglichkeit der Fernwirkung, der Manipulation auf Distanz, das heißt der sogenannten Sympathetik, und drittens die Vorstellung, Naturbeherrschung lasse sich durch die Beherrschung der der Natur innewohnenden okkulten Kräfte und Geister erreichen. Von dieser Form der Magie unterschieden die gelehrten Zeitgenossen die dämonistische Magie, die sich *böse* Geister zur Erreichung diesseitiger Zwecke dienstbar zu machen versuchte. Goodwin Wharton beschränkte sich geflissentlich auf den Versuch der Kommunikation mit guten Geistern. Mit bösen beziehungsweise dämonischen Geistern wollte er nichts zu tun haben.

Auf die Popularisierung derartiger Ideen innerhalb der europäischen Bildungsschichten durch die Florentinische Renaissance des 15. Jahrhunderts im allgemeinen und durch Marsilio Ficino und Giovanni Pico della Mirandola im besonderen kann hier nicht näher eingegangen werden.[8] Es ist jedoch wichtig festzuhalten, daß derartige Ideen innerhalb der Bildungsschichten der verschiedenen europäischen Länder mindestens bis ans Ende des 17. Jahrhunderts nachwirkten. Deshalb wäre es auch falsch, Goodwin Wharton einfach als Phantasten, als pathologischen Fall abzutun, wie dies einzelne Historiker getan haben. Sicherlich war sein Tun ungewöhnlich. Dennoch gibt es Bezugspunkte, die dieses Tun mit der zeitgenössischen Bildungskultur verbinden. Das heißt, daß Goodwin Wharton trotz einiger aus heutiger Sicht eher exotisch anmutender Unternehmungen in mentalitätsgeschichtlicher – und das bedeutet implizit auch: in gruppenspezifischer – Hinsicht durchaus nicht ohne Bedeutung ist. In zugespitzter Form versinnbildlicht und illustriert er Vorstellungen und Aktivitäten, die zum Beispiel für das eigentliche »Fußvolk« der 1660 gegründeten Royal Society for the Promotion of Knowledge – der ersten naturwissenschaftlichen Gesellschaft Englands – nicht untypisch waren.

---

8 Vgl. u. a. Wolf-Dieter Müller-Jahnke, Die Renaissance-Magie zwischen Wissenschaft und Dämonologie, in: Jean-François Bergier (Hg.), Zwischen Wahn, Glaube und Wissenschaft. Magie, Astrologie, Alchemie und Wissenschaftsgeschichte, Zürich 1988, S. 127–140.

Gut dokumentiert sind in diesem Zusammenhang die magischen und alchemistischen Interessen und Neigungen von John Aubrey und Elias Ashmole.⁹ Weniger bekannt ist, daß auch führende Männer unter den damaligen englischen Naturwissenschaftlern, wie zum Beispiel der einflußreiche Chemiker Robert Boyle, insgeheim die Arkanwissenschaft der Alchemie betrieben.¹⁰ Die »Alchemisten sahen ihre Aufgabe nicht allein darin«, – um Bächtold-Stäubli zu zitieren – »täuschende Legierungen herzustellen oder die äußere Veredelung eines niederen Metalles in ein nächst höheres bis zur scheinbaren Goldgewinnung [...] fortzusetzen, sondern auch in der Zerlegung der niederen Metalle in ihre form- und eigenschaftslose Urmaterie [...]. Aus dieser mußte sich durch gewisse Zusätze das ›große Mysterium‹, die Bildung unverfälschter, edler Metalle erreichen lassen.«¹¹ Damit ist in bezug auf die Entwicklung des 16. und 17. Jahrhunderts freilich nur die eine Seite der damaligen Alchemie angesprochen, nämlich die mineralogische. Daneben gab es auch die durch Paracelsus begründete medizinische Alchemie, die nichts mit Goldgewinnung zu tun hatte.¹²

Nicht nur Robert Boyle, selbst Isaac Newton, der durch seine Gravitationslehre und seine Optik die bis in unser Jahrhundert hinein unbeschränkt herrschende klassische Physik begründete, beschäftigte sich von den 60er bis in die 90er Jahre des 17. Jahrhunderts intensiv mit Alchemie.¹³ Namhafte Wissenschaftshistoriker wie Charles Webster und Richard Westfall unterstützen heute die – freilich nicht ganz unumstrittene – These, daß seine alchemistischen Neigungen Newton bei der Entwicklung der Gravitationslehre halfen.¹⁴ Gegenüber

---

9   Vgl. Michael Hunter, John Aubrey and the Realm of Learning, London 1975, S. 22–24; Ders., Elias Ashmole 1617–1692. The founder of the Ashmolean Museum and his World. A tercentenary exhibition, 27 April to 31 July 1983, Oxford 1983, S. 5–10.
10 Lawrence M. Principe, Boyle's alchemical pursuits, in: Michael Hunter (Hg.), Robert Boyle Reconsidered, Cambridge 1994, S. 91–105; Michael Hunter, Alchemy, magic and moralism in the Thought of Robert Boyle, in: British Journal for the History of Science 23 (1990), S. 387–410.
11 Handwörterbuch des deutschen Aberglaubens, 10 Bde., hg. v. Hanns Bächtold-Staubli/ Eduard Hoffmann-Krayer, Berlin 1987, Bd. I, Sp. 247.
12 Zu diesen Zusammenhängen siehe bes. Allen G. Debus, The Chemical Philosophy. Paracelsian science and medicine in the sixteenth and seventeenth centuries, 2 Bde., New York 1977; Ders., The French Paracelsians. The Chemical Challenge to Medical and Scientific Tradition in Early Modern France, Cambridge 1991. Vgl. auch Christoph Meinel (Hg.), Die Alchemie in der europäischen Kultur- und Wissenschaftsgeschichte, Wiesbaden 1986.
13 Dazu bes. Betty Jo Teeter Dobbs, The Foundations of Newton's Alchemy or »The Hunting of the Greene Lyon«, Cambridge 1975; Dies., Alchemische Kosmogonie und arianische Theologie bei Isaac Newton, in: Meinel, Alchemie (wie Anm. 12), S. 137–150.
14 Charles Webster, From Paracelsus to Newton. Magic and the Making of Modern Science, Cambridge 1982, bes. S. 9–11; Richard S. Westfall, Newton and Alchemy, in: Brian Vickers (Hg.), Occult and Scientific Mentalities in the Renaissance, Cambridge 1984, S. 315–335. Im letzteren Band wird ebd., S. 20–23, durch den Herausgeber Brian Vickers in seiner Ein-

den bisherigen Vorstellungen bestand die revolutionäre Neuigkeit der Gravitationslehre ja nicht zuletzt im Postulat der Kräfteeinwirkung zwischen sich gegenseitig nicht berührenden physikalischen Körpern.[15]

Um diese Zusammenhänge in ihrer Bedeutung verstehen zu können, ist die Mentalitätsgeschichte jedoch gut beraten, die Entwicklung und gegenseitige Verknüpfung kinematischer und alchemistischer Vorstellungen im 17. Jahrhundert nicht aus der verengenden Sicht eines aufklärerischen und das heißt: emanzipatorischen Vernunftbegriffs zu betrachten. Für den damaligen Wissenschaftsbetrieb – nicht nur für den englischen – gilt, daß wissenschaftlich-rationales Denken in unserem modernen Sinne und magisch-alchemistische Dispositionen und Vorstellungen noch keineswegs so klar voneinander geschieden waren, wie dies die traditionelle, stark an der Vordenkerrolle einzelner, herausragender Naturphilosophen orientierte Wissenschaftsgeschichte vorgibt. Hildred Geertz hat in diesem Zusammenhang betont, daß es im Grunde nicht darum gehen könne, den Rückgang (»decline«) der Magie in der frühen Neuzeit zu erklären, sondern daß das Entstehen eines Begriffs der Magie als Gegensatz zur Religion und zur aufklärerischen Vernunft erklärungsbedürftig sei.[16]

Der englische Historiker Stuart Clark hat zu Recht den wissenschaftlichen Status der dämonologischen Traktate des 16. und früheren 17. Jahrhunderts gegenüber Historikern verteidigt, die in der Wissenschaftsgeschichte nur das gelten lassen möchten, was sich als fortschrittsfördernd erwiesen hat.[17] Die einschlägigen Werke Johann Weyers, des Thomas Erastus, Jean Bodins, des englischen Hermetikers Robert Fludd und vieler anderer stellten einen integralen Bestandteil der wissenschaftlichen Auseinandersetzung mit den Naturgeheimnissen und dem Übernatürlichen dar, genauso wie die zeitgenössischen Werke über »Magia naturalis« und »Magia artificialis«.[18] Erst in den 30er und 40er Jahren des 17. Jahrhunderts begann sich unter Gelehrten in dieser Hinsicht ein Wandel abzuzeichnen, was Anhänger traditioneller Vorstellungen jedoch nicht daran hinderte, den deutschen Frühaufklärer Christian Thomasius als Atheisten anzuprangern, weil er zu Beginn des 18. Jahrhunderts die »Fabeln von Zauberern und Hexen«, mit denen die dämonologischen Traktate »der berühmtesten

---

führung die kritische Gegenposition umrissen. Zu den hier angesprochenen Zusammenhängen vgl. auch Piyo M. Rattansi, Some Evaluations of Reason in Sixteenth- and Seventeenth-Century Natural Philosophy, in: Mikulás Teich/Robert Young (Hg.), Changing Perspectives in the History of Science. Essays in Honour of Joseph Needham, London 1973, S. 148–166, hier bes. S. 154–166.

15 Vgl. dazu Dobbs, Foundations, S. 211–213 (wie Anm. 13).
16 Hildred Geertz, An Anthropology of Religion and Magic, I, in: Journal of Interdisciplinary History 6 (1975), S. 71–89, hier S. 76f.
17 Stuart Clark, The Scientific Status of Demonology, in: Vickers, Occult and Scientific Mentalities (wie Anm. 14), S. 351–374.
18 Vgl. dazu Müller-Jahnke, Renaissance-Magie (wie Anm. 8).

Scribenten so wohl der Catholischen als Protestierenden [...] angefüllet« seien, in »De crimine magiae« (1701) als unwissenschaftlich brandmarkte.[19]

Christian Thomasius gehörte zu einer gebildeten Avantgarde, deren öffentliches Auftreten gegen den Hexenwahn mehr als bloße gelehrte Aberglaubenskritik darstellte. In England, Frankreich, Deutschland und in den Städteorten der alten Eidgenossenschaft wandten sich die mittleren und oberen Schichten der Gesellschaft in den letzten Jahrzehnten des 17. und vor allem in den ersten Jahrzehnten des 18. Jahrhunderts in wachsendem Maße vom Hexenglauben der Vergangenheit ab. In diesen Gebieten nahmen die Hexenprozesse im selben Zeitraum – von einzelnen Ausnahmen abgesehen – ein Ende, wenngleich überall »der Teufelsglaube noch massiv verbreitet« war und Johann Samuel Friedrich Böhmer erst 1758 an der Universität Frankfurt an der Oder verkünden konnte, »daß nun das Licht der Vernunft gesiegt und der Hexenglaube der Verachtung preisgegeben sei«.[20] Böhmer sprach freilich für sich und seinesgleichen und nicht für die unteren gesellschaftlichen Schichten.

Dieser Schritt implizierte eine deutliche Abwendung der Mittel- und Oberschichten von der Kultur der subalternen sozialen Schichten, die weiterhin an Magie und Hexerei glaubten.[21] Wie die Forschungen Bernard Capps zum Inhalt und der Verbreitung von Almanachen gezeigt haben, beinhaltete diese kulturelle Wende in England gleichzeitig eine Abwendung der Bildungsschichten von astrologischen Voraussagen.[22] Diese basierten ja letztlich ebenso auf magisch-sympathetischen Vorstellungen einer Verbindung zwischen planetarischem Makrokosmos und menschlichem Mikrokosmos.[23] Daß die Entwicklung in Deutschland ähnlich verlief, zeigt die ungebrochene Popularität unter der Landbevölkerung der astrologisch fundierten Aderlaßtafeln in Hauskalendern. Als im Gebiet der hessischen Fürstabtei Fulda im Jahre 1768 als Ausdruck der Reformbestrebungen des Abtes ein Kalender ohne die traditionellen Aderlaßtafeln erschien, wurde er von der Landbevölkerung boykottiert, die lieber Kalen-

---

19 Wolfgang Behringer (Hg.), Hexen und Hexenprozesse in Deutschland, München 1988, S. 438, 444.
20 Georg Schwaiger, Das Ende der Hexenprozesse im Zeitalter der Aufklärung, in: Ders. (Hg.), Teufelsglaube und Hexenprozesse, München 1987, S. 150–179, hier S. 162, 165; vgl. auch Gerhard Schormann, Hexenprozesse in Deutschland, Göttingen 1981, S. 54.
21 Dazu Van Dülmen, Kultur und Alltag, u. a. S. 82 (wie Anm. 6).
22 Bernard Capp, Astrology and the Popular Press. English Almanacs 1500–1800, London 1979, bes. S. 276. Vgl. auch Patrick Curry, Prophecy and Power. Astrology in Early Modern England, Oxford 1989, S. 45–91.
23 Vgl. dazu Michael Heidelberger, Die Rolle der Erfahrung in der Entstehung der Naturwissenschaften im 16. und 17. Jahrhundert: Experiment und Theorie, in: Ders./Sigrun Thiessen, Natur und Erfahrung. Von der mittelalterlichen zur neuzeitlichen Naturwissenschaft, Reinbek bei Hamburg 1981, S. 86–98; John D. North, Celestial influence – the major premiss of Astrology, in: Paola Zambelli (Hg.), »Astrologi hallucinati«. Stars and the End of the World in Luther's Time, Berlin 1986, S. 45–100.

der in den benachbarten protestantischen Gebieten kaufte, welche die Aderlaßtafeln noch aufwiesen.[24]

Zu einem durchaus vergleichbaren Befund ist Rebecca Habermas bei der Untersuchung bayrischer katholischer Mirakelbücher und deutscher protestantischer Prodigiensammlungen über Unwetter, Mißgeburten, Monster und sonderbare Himmelserscheinungen gelangt. In beiden Textsorten profanierten und verweltlichten sich die Deutungsmuster im Zuge des 17. Jahrhunderts. Aber, so betont die Autorin mit Nachdruck, »das Wunder verschwindet nur von einer bestimmten kulturellen Ebene, allerdings von jener, die wir nur allzugern als die einzig relevante ins Rampenlicht der historischen Forschung stellen, die der sogenannten Hochkultur. Die ›Volkskultur‹ hingegen weiß noch lange von Wundern zu erzählen [...].«[25]

Die letzten Jahrzehnte des 17. und die ersten Jahrzehnte des 18. Jahrhunderts stellten somit eine Periode des kulturellen und mentalitätsgeschichtlichen Umbruchs dar. Erst von da an – und das heißt auch vor dem Hintergrund des wachsenden Einflusses der Aufklärung – läßt sich hinsichtlich der Mentalität der Mittel- und Oberschichten in den erwähnten Ländern deutlicher zwischen religiösem und magischem Glauben unterscheiden.

Dabei sind nun freilich konfessionelle Unterschiede zu beachten. Sicherlich läßt sich mit Max Weber davon ausgehen, daß der Protestantismus seit dem 16. Jahrhundert aus sich heraus mehr zu der von Weber so genannten »Entzauberung der Welt« beigetragen hat als der Katholizismus.[26] Richard Weiss, Thomas Nipperdey und andere haben den Protestantismus nicht zu Unrecht als Religion des Buches bezeichnet:[27] Jedenfalls war die Reduktion auf das Wort als letztlich alleingültiger Glaubensmaßstab sein Anspruch. Dieser Anspruch ließ wenig Raum für magische Praxis, es sei denn für die Wortmagie, auf die ich

---

24 Ludwig Andreas Veit/Ludwig Lenhart, Kirche und Volksfrömmigkeit im Zeitalter des Barock, Freiburg i. Br. 1956, S. 29f.
25 Rebekka Habermas, Wunder, Wunderliches, Wunderbares. Zur Profanisierung eines Deutungsmusters in der Frühen Neuzeit, in: Richard van Dülmen (Hg.), Armut, Liebe, Ehre. Studien zur historischen Kulturforschung, Frankfurt a. M. 1988, S. 38–66, Zitat S. 41.
26 Max Weber, Die protestantische Ethik und der Geist des Kapitalismus, in: Ders., Die protestantische Ethik. Eine Aufsatzsammlung, hg. v. Johannes Winckelmann, Gütersloh [7]1984, Bd. I, S. 27–277, hier S. 133: »Die ›Entzauberung‹ der Welt: die Ausschaltung der Magie als Heilsmittel, war in der katholischen Frömmigkeit nicht zu den Konsequenzen durchgeführt wie in der puritanischen (und vor ihr nur in der jüdischen) Religiosität.« Vgl. dazu auch Richard Münch, Die Kultur der Moderne, Bd. I: Ihre Grundlagen und ihre Entwicklung in England und Amerika, Frankfurt a. M. 1986, S. 153f.
27 Richard Weiss, Grundzüge einer protestantischen Volkskultur, in: Schweizerisches Archiv für Volkskunde 61 (1965), S. 75–91, hier S. 86; Thomas Nipperdey, The Reformation and the Modern World, in: E. I. Kouri/Tom Scott (Hg.), Politics and Society in Reformation Europe. Essays for Sir Geoffrey Elton on his Sixty-fifth Birthday, London 1987, S. 535–552, hier S. 543.

noch zu sprechen komme, während der posttridentinische Katholizismus mit seinem viel stärker zeremoniell geprägten Verständnis des Glaubenslebens magischen Vorstellungen und magischer Praxis viel eher Nischen zum Überleben bot. Man denke bloß an die den katholischen Sakramenten von kirchlicher Seite zugedachte Wirkung – zum Beispiel in der Zwangskonversion von Juden und Mauren in Spanien – oder an das auch durch die Aufklärung nicht beseitigte Ritual des Exorzismus.[28]

Daß im Protestantismus der frühen Neuzeit im Einzelfall eine Kluft zwischen kirchlichem Anspruch und sozialer Realität bestehen konnte, sollen die einleitenden Überlegungen im zweiten Teil meiner Ausführungen zeigen.

2.

Längst nicht alle Protestanten dachten so wie Francis Bacon, der sozusagen als Aufklärer »avant la lettre« bereits im Jahre 1605 seine Stimme erhob gegen die durch Kirchenhistoriker überlieferten Wundergeschichten, die eine Zeitlang wegen der »ignorance of the people, the superstitious simplicity of some, and the politic toleration of others« Konjunktur gehabt hätten.[29] Die konfessionellen Grenzüberschreitungen, zu denen sich Protestanten durch ihren ungestillten Wunderglauben verleiten ließen, sind zwar noch kaum systematisch erforscht, aber schon jetzt läßt sich sagen, daß der Exorzismus besonders häufig zur Grenzüberschreitung animierte, selbst noch im Zeitalter der Aufklärung, als der von der kirchlichen Hierarchie protegierte Exorzist Johann Joseph Gassner (1727–1779) auch immer wieder Protestanten zu seinen Klienten zählen konnte.[30] Einzelne protestantische Geistliche ließen sich im 17. Jahrhundert – zum Teil angestachelt durch den entsprechenden Erfolg der Jesuiten – selbst zur Durchführung von Exorzismen hinreißen, so der Puritaner John Darrell und der Waadtländer Diakon Forney, und hatten erheblichen Zulauf aus den eigenen Reihen.[31] Verwandt mit solcher Praxis waren die Heilungswunder, die im radikalen Pro-

---

28 Vgl. dazu z. B. Gernot Heiss, Konfessionelle Propaganda und kirchliche Magie. Berichte der Jesuiten über den Teufel aus der Zeit der Gegenreformation in den mitteleuropäischen Ländern der Habsburger, in: Römische Historische Mitteilungen 32/33 (1990/91), S. 103–152.
29 Francis Bacon, The Advancement of Learning, hg. v. George W. Kitchin, London 1973, S. 28.
30 Josef Hanauer, Der Teufelsbanner und Wunderheiler Johann Joseph Gassner (1727–1779), in: Beiträge zur Geschichte des Bistums Regensburg 19 (1985), S. 303–545.
31 Daniel Pickering Walker, Unclean Spirits. Possession and Exorcism in France and England in the late sixteenth and early seventeenth centuries, Philadelphia 1981, S. 52–73; Rudolf Pfister, Kirchengeschichte der Schweiz, Bd. 2: Von der Reformation bis zum Zweiten Villmerger Krieg, Zürich 1974, S. 599. Vgl. dazu auch Cécile Ernst-Allemann, Teufelsaustreibungen. Die Praxis der katholischen Kirche im 16. und 17. Jahrhundert, Bern 1972; Philip M. Soergel, From Legends to Lies. Protestant Attacks on Catholic Miracles in Late Reformation Germany, in: Fides et Historia 21 (1989), S. 21–29.

testantismus, unter den Quäkern und Methodisten sowie im Rahmen der Erweckungsbewegung im späteren 18. und 19. Jahrhundert durchgeführt und zum Teil regelrecht inszeniert wurden.[32]

In Puritanismus, Pietismus, Methodismus und der Erweckungsbewegung wurde seit dem späteren 17. Jahrhundert dem Gebet eine nahezu magische Wirkung zugeschrieben, wie dies zum Beispiel aus der Praxis deutlich wird, Gruppengebete zu einem bestimmten Zweck, die an ganz verschiedenen Orten stattfanden, zeitlich genau zu koordinieren, weil man sich durch diese Koordination eine entsprechend größere Wirkung erhoffte.[33] Im Methodismus nahm diese Form der Gebetskoordinierung gar transatlantische Maßstäbe an.[34] Jedenfalls ist in vielen der dazu überlieferten Quellen der manipulative Aspekt unübersehbar.

Ohne ihr den religiösen Charakter absprechen zu wollen, läßt sich diese Praxis auch einer im Protestantismus verbreiteten Magie des Wortes zuordnen.[35] Wie wir etwa den Tischreden Martin Luthers aus den Jahren 1540 und 1542 entnehmen können, erfreute sich das Johannes-Evangelium besonderer Beliebtheit als magisches Mittel zur Abwendung von Donner-, Blitz- und Hagelschlag.[36] Wortmagie manifestierte sich ebenfalls und gerade unter Protestanten im magischen Gebrauch der Bibel.[37]

32 Vgl. dazu u. a. Walker, Unclean Spirits (wie Anm. 31); Michael Macdonald, Mystical Bedlam. Madness, Anxiety, and Healing in Seventeenth-Century England, Cambridge 1981, S. 227–230; Ders., Religion, Social Change, and Psychological Healing in England, 1600–1800, in: William J. Sheils (Hg.), The Church and Healing, Oxford 1982, S. 101–125; Henry D. Rack, Doctors, Demons and Early Methodist Healing, in: ebd., S. 137–152.
33 Solche Vorfälle wurden von englischen nonkonformistischen Autobiographen nicht selten unter der Rubrik »Returns of Prayer« schriftlich festgehalten. Vgl. zum Beispiel J. Horsfall Turner (Hg.), The Rev. Oliver Heywood, B. A., 1630–1702: His Autobiography, Diaries, Anecdote and Event Books, Bd. 4, Bingley 1885, S. 64–171. Typisch ist etwa folgender Eintrag (ebd., S. 81 f.): Heywood wird als Geistlicher am 12. November 1682 gebeten, für die sichere Geburt des ersten Kindes einer »Mary (Joseph Priestleys wife of Westercroft)« zu beten. Durch seine Frau erfährt er im Laufe des Tages von der Geburt einer gesunden Tochter, »and as far as I and my wife could compute she was delivered of her child in that instant that I was praying for her/which was at a quarter of an hour before 11a clock in the forenoon – deo gloria.«
34 Susan O'Brien, A Transatlantic Community of Saints. The Great Awakening and the First Evangelical Network, 1735–1755, in: American Historical Review 91 (1986), S. 811–832, hier S. 829–831.
35 Zu offensichtlichen Berührungspunkten zwischen Gebet und Magie in der englischen Frömmigkeitspraxis vgl. Keith Thomas, Religion and the Decline of Magic, New York 1971, S. 275 f. Zu den in den folgenden Abschnitten berührten Aspekten vgl. auch Robert W. Scribner, The Reformation, popular magic and the »disenchantment of the world«, in: Journal of Interdisciplinary History 23 (1993), S. 475–494.
36 Martin Luther, Werke (= Weimarer Ausgabe), Tischreden, Bd. 4, S. 620 f.; Bd. 5, S. 195 f.
37 Etienne François, Les protestants allemands et la Bible. Diffusion et pratique, in: Yvon Belaval/Dominique Bourel (Hg.), Le siècle des Lumières et la Bible, Paris 1986, S. 47–58, bes. S. 54–56.

Dabei ist freilich hinzuzufügen, daß der magische Gebrauch heiliger Texte insbesondere bei der Behandlung von Krankheiten und zur Abwendung von Schadenzauber, wie Synodalbeschlüsse der Jahre 1612 und 1662 aus Herzogenbosch und Köln zeigen, im Katholizismus genauso verbreitet war.[38] Hinsichtlich eines Tischgesprächs der frühen 1570er Jahre an der Tafel Marx Fuggers in Augsburg legt der protestantische Jurist Lucas Geizkofler in seinen Erinnerungen dem Jesuiten Petrus Canisius sogar die Behauptung in den Mund, »jemand gesund zu machen oder etwas ins werck zu richten oder zu verhindern, könne auch wohl in gewissen worten bestehen, wofern diejenige Person, so sie spricht, sunst heilig und fromm ist«. Er, Geizkofler, habe jedoch dieser Meinung »ex Decreto Gratiani causam 26. cap. 15. quaest. 7 [...]« widersprochen.[39] Auf jeden Fall handelte es sich bei dieser Frage um eine Grauzone, in der kirchlich-approbierte und unorthodox-magische Praxis sich berührten. Dazu gehörte im populären Katholizismus auch der magische Gebrauch von Sakramentalien, das heißt von Weihwasser, Oblaten, Kerzen, am Palmsonntag geweihten Palmzweigen, an Mariä Himmelfahrt geweihten Kräutern und vielem anderen mehr.[40]

Zur konfessionellen Grenzüberschreitung kam es aber auch in Fällen, wo katholischen Priestern aus protestantischer Sicht sozusagen die Rolle des Helfers in der Not zugedacht wurde. Der Luzerner Renward Cysat hat im späten 16. Jahrhundert auf solche Konsultationen katholischer Priester durch Protestanten hingewiesen,[41] und aus neuerer Sicht schreibt der Volkskundler Richard Weiss dazu: »Der Protestant aber braucht die Mittel der [...] Magie nicht nur ohne kirchliche Prüfung und Approbation, sondern meist im bewußten Gegensatz zu Kirche und Pfarrer, sofern er noch kirchlich gebunden ist; er braucht sie also mit schlechtem Gewissen, erst recht, wenn er katholische Mittel in Anspruch nimmt, z.B. wenn er zu den Kapuzinern geht, wie es heute noch in manchen ländlichen Gegenden üblich ist, nachdem alles andere nichts geholfen hat. [...] Dort bekommt man Segen, Exorzismen, Weihgegenstände, aber auch Nachweis von verlorenen und gestohlenen Dingen und vieles andere.«[42] Zu den zuletzt aufgeführten vielen anderen Dingen gehört nicht nur das Horoskop, das sich der schlesische Adlige

---

38 Klaus Schreiner, Volkstümliche Bibelmagie und volkssprachliche Bibellektüre. Theologische und soziale Probleme mittelalterlicher Laienfrömmigkeit, in: Peter Dinzelbacher/ Dieter R. Bauer (Hg.), Volksreligion im hohen und späten Mittelalter, Paderborn 1990, S. 329-373, hier S. 340.
39 Adam Wolf (Hg.), Lucas Geizkofler und seine Selbstbiographie, 1550-1620, Wien 1873, S. 91 f.
40 Robert W. Scribner, Magie und Aberglaube. Zur volkstümlichen sakramentalischen Denkart in Deutschland am Ausgang des Mittelalters, in: Dinzelbacher/Bauer, Volksreligion (wie Anm. 38), S. 253-273; Ders., Cosmic Order and Daily Life. Sacred and Secular in Pre-Industrial German Society, in: Kaspar von Greyerz (Hg.), Religion and Society in Early Modern Europe, 1500-1800, London 1984, S. 17-32.
41 Vgl. u. a. Leo Zehnder, Volkskundliches in der älteren schweizerischen Chronistik, Basel 1976, S. 451.
42 Weiss, Grundzüge, S. 78 (wie Anm. 27).

und überzeugte Lutheraner Hans von Schweinichen durch einen Kölner Mönch ausstellen läßt,[43] sondern auch der magische Talisman Goodwin Whartons, der eigentlich von einem katholischen Priester geweiht werden müßte, damit er seine Wirksamkeit erlangt.[44] Daß solche von der offiziellen Kirche nicht approbierten Segnungen tatsächlich stattfanden, zeigt zum Beispiel ein Inquisitionsprozeß, der 1585 gegen den Modeneser Priester Don Gian Battista geführt wurde, weil er einer adligen Dame ein zum Liebeszauber bestimmtes Amulett geweiht hatte.[45]

Neben dem Gang zum Priester gab es die Möglichkeit der Konsultation von Segensprechern, Wahrsagern und Wahrsagerinnen, weiser Männer beziehungsweise weiser Frauen, die sich weißer Magie bedienten, oder aber von Zauberern, welche die schwarze Magie mit Hilfe von Dämonen und des Teufels betrieben. Im 16. Jahrhundert und darüber hinaus waren weise Männer und Frauen so etwas wie populäre Heilpraktiker. Im Württemberg des 16. Jahrhunderts wurde der weise Mann schlechthin als »Arztat« (= Arzt) bezeichnet.[46] Nach einem Mandat der bernischen Obrigkeit aus dem Jahre 1548 zu schließen, genossen »devins« und »enchanteurs« sowie »meiges«, »empiriques et charlatans« im Waadtland weiterum große Popularität.[47] In Felix Platters Autobiographie wird dies für Basel und das umliegende Gebiet insofern bestätigt, als der Autor weise Männer und Frauen inner- und außerhalb der Stadt sowie die beiden Basler Henker im Rückblick ohne Umschweife als ernsthafte Konkurrenz erkannte, gegen die er als frischgebackener Arzt von 1558 an anzutreten hatte.[48]

Auch der Klerus empfand weise Männer und Frauen nicht selten als Konkurrenz, so in England im 16. und 17. Jahrhundert, wie uns die Forschungen von Alan Macfarlane und Keith Thomas zeigen,[49] ebenso in der Innerschweiz, wo die 1573 als Hexe hingerichtete »Seelenmutter« von Küssnacht, die offenbar viel Zulauf hatte, durch die Luzerner Geistlichkeit als unerwünschte und illegitime Konkurrenz betrachtet wurde,[50] vermutlich auch die »Mutter Adelheid«, eine

---

43 Hermann Oesterley (Hg.), Denkwürdigkeiten des Hans von Schweinichen, Breslau 1878, S. 118–120. Vgl. dazu auch Kaspar von Greyerz, Religion in the Life of German and Swiss Autobiographers (Sixteenth and Early Seventeenth Centuries), in: von Greyerz, Religion and Society (wie Anm. 40), S. 223–241, hier S. 231.
44 Autobiography of Goodwin Wharton, I (wie Anm. 1), fol. 33 r-v.
45 Vgl. Mary R. O'Neil, »Sacerdote ovvero strione«. Ecclesiastical and superstitious remedies in sixteenth-century Italy, in: Steven L. Kaplan (Hg.), Understanding Popular Culture. Europe from the Middle Ages to the Nineteenth Century, Berlin 1984, S. 53–83, hier S. 67.
46 Scribner, Magie und Aberglaube, S. 262 f. (wie Anm. 40).
47 Henri Vuilleumier, Histoire de l'église réformée du Pays de Vaud sous le régime bernois, 4 Bde., Lausanne 1927–1933, Bd. I, S. 369.
48 Felix Platter, Tagebuch (Lebensbeschreibung), 1536–1567, hg. v. Valentin Lötscher, Basel 1976, S. 337 f.
49 Alan Macfarlane, Witchcraft in Tudor and Stuart England, London 1970; Thomas, Religion, S. 435–583 (wie Anm. 35).
50 Zehnder, Volkskundliches, S. 522–526 (wie Anm. 41).

weise Frau aus Freiburg i. Ü., die am 17. September 1550 in Basel im Rhein ertränkt wurde.[51] In Österreich geisselte der Volksprediger Prokop von Templin († 1680) den Hang seiner Zuhörer, bei fast allen Lebensproblemen zu Zauberern oder alten Weibern zu laufen.[52]

3.

Im Lichte des Vorangegangenen zeigt sich, daß die Konfessionskirchen und konfessionellen Staaten der frühen Neuzeit ihr Ziel der bekenntnismäßigen sowie konfessionspolitischen Vereinheitlichung und Uniformierung des Kirchenvolkes beziehungsweise der Untertanenschaft nur zum Teil erreichten. Sicherlich gab es zahlreiche Fälle überzeugter konfessioneller Bekennerschaft. Mehrheitlich bedurfte die Konfessionalisierung jedoch des Zwangs, sei es durch obrigkeitliche Mandate, in denen Bußen für nicht konformes Verhalten angedroht wurden, sei es durch die Bestrafung fehlbarer Gemeindeglieder durch kirchliche Gerichte. Vielerorts hatten Kirche und Obrigkeit den religiösen und konfessionellen Synkretismus zu bekämpfen. Im Waadtland waren 12 Jahre nach der bernischen Eroberung des Jahres 1536 längst nicht alle alten katholischen Praktiken unterdrückt, im Norden der Niederlande hielten sich noch lange nach der Einführung der Reformation katholische Bräuche, wie der Appell an spezifische Heilige bei Erkrankungen des Viehs, Wallfahrten und die Einhaltung katholischer Begräbnisriten zeigen; im offiziell katholischen Köln herrschte bis ins 17. Jahrhundert hinein noch »ganz und gar keine religiöse Uniformität«.[53] Das reformierte Konsistorium im südfranzösischen Nîmes mußte sich in den ersten Jahren seines Bestehens, das heißt während der 60er Jahre des 16. Jahrhunderts, mit einem hohen Anteil »Rückfälliger« beschäftigen, die einer katholischen Messe beigewohnt, in einer katholischen Kirche geheiratet oder ihr Kind durch einen Priester hatten taufen lassen.[54] Die Beispiele lassen sich beliebig vermehren.

---

51 Zu »Mutter Adelheid« vgl. Das Tagebuch des Johannes Gast, hg. v. Paul Burckardt, Basel 1945, S. 140f., Anm. 43.
52 Veit/Lenhart, Kirche und Volksfrömmigkeit, S. 236–238 (wie Anm. 24).
53 Gérald Chaix, Die schwierige Schule der Sitten – christliche Gemeinden, bürgerliche Obrigkeit und Sozialdisziplinierung im frühneuzeitlichen Köln, etwa 1450–1600, in: Heinz Schilling (Hg.), Kirchenzucht und Sozialdisziplinierung im frühneuzeitlichen Europa, Berlin 1994, S. 199–217, hier S. 212.
54 Vuilleumier, Histoire de l'église réformée, Bd. I, S. 368f. (wie Anm. 47); Willem T.M. Frijhoff, Official and Popular Religion in Christianity. The Late Middle Ages and Early Modern Times (13th-18th centuries), in: Pieter Hendrik Vrijhof/Jacques Waardenburg (Hg.), Official and Popular Religion. Analysis of a Theme for Religious Studies, Den Haag 1979, S. 71–116, hier S. 97f. (zur Konfessionalisierung in den Niederlanden); Raymond A. Mentzer Jr., Disciplina nervus ecclesiae. The Calvinist Reform of Morals at Nîmes, in: The Sixteenth Century Journal 18 (1987), S. 89–115, hier S. 93.

In katholischen Gebieten richteten sich die Vereinheitlichungsbestrebungen der Kirche nicht nur gegen magische Praktiken,[55] sondern nicht zuletzt gegen sich hartnäckig haltende lokale Bräuche, wie zum Beispiel die Taufe totgeborener Kinder[56] oder die für Spanien wie für Deutschland bezeugten sogenannten Gelöbnistage, an welchen sich lokale Gemeinden einem bestimmten Heiligen gegenüber aus Dankbarkeit für seine Hilfe in einer bestimmten Situation zur alljährlich wiederkehrenden Feier verpflichteten.[57]

Wie wurde der verbreitete Synkretismus, die Vermischung konfessionellen Christentums mit magischen Vorstellungen, ja mit magischer Praxis, sowie mit dem Glauben an die inneren Wirkungszusammenhänge zwischen Makro- und Mikrokosmos von Zeitgenossen empfunden? Sofern wir uns hier auf die Aussagen von Tagebüchern und Autobiographien des 16. und 17. Jahrhunderts stützen können, läßt sich sagen, daß dieser Synkretismus bloß in speziellen Situationen als eigentlicher Widerspruch empfunden wurde. Dies gilt, um hier bloß eine notwendigerweise sehr kleine Auswahl einschlägiger Quellen zu zitieren, zum Beispiel für den elsässischen Kannengießer Augustin Güntzer, der um die Mitte des 17. Jahrhunderts im Rückblick auf seine Gesellenreise durch das Italien des frühen 17. Jahrhunderts, die von ihm in Kauf genommenen, zum Teil sogar provozierten konfessionellen Grenzüberschreitungen herunterzuspielen versucht.[58] Dies gilt ebenso für den presbyterianischen Kaufmann Samuel Jeake aus dem südenglischen Rye, ein passionierter Astrologe, der offenbar Gewissensbisse empfindet, als er im Jahre 1694 den genauen Zeitpunkt seiner Investitionen in die staatliche »Million Lottery«, die damals zum Zwecke der Kriegsfinanzierung durchgeführt wurde, und seiner ersten Investition in die neu gegründete Bank of England am 26. Juni desselben Jahres auf astrologischem Wege bestimmt, den jedoch gleichzeitig die genaue astrologische Beobachtung seiner Krankheiten

---

55 Vgl. Eva Labouvie, Wider Wahrsagerei, Segnerei und Zauberei. Kirchliche Versuche zur Ausgrenzung von Aberglaube und Volksmagie seit dem 16. Jahrhundert, in: Richard van Dülmen (Hg.), Verbrechen, Strafen und soziale Kontrolle. Studien zur historischen Kulturforschung, Frankfurt a. M. 1990, S. 15–55.
56 Oskar Vasella, Über die Taufe totgeborener Kinder in der Schweiz, in: Zeitschrift für schweizerische Kirchengeschichte 60 (1966), S. 1–75. Vgl. auch Klaus Anderegg, Durch der Heiligen Gnad und Hilf. Wallfahrt, Wallfahrtskapellen und Exvotos in den Oberwalliser Bezirken Goms und Östlich-Raron, Basel 1979, S. 83–87.
57 William A. Christian, Local Religion in Sixteenth-Century Spain, Princeton (N.J.) 1981, S. 174 f.; Veit/Lenhart, Kirche und Volksfrömmigkeit, S. 172 (wie Anm. 24).
58 Augustin Güntzer, Selbstzeugnis, Ms. Handschriften-Abt. Universitätsbibliothek Basel, Sign.: H V 165. Eine – leider nicht verläßliche – hochdeutsche Fassung dieses Dokumentes wurde gegen Ende des 19. Jahrhunderts durch einen anonymen Herausgeber publiziert: Augustin Güntzers merkwürdige Lebensgeschichte. Ein Kulturbild aus dem Jahrhundert des Dreißigjährigen Krieges. Erzählt von ihm selbst, Barmen 1896. Der Verfasser bereitet zur Zeit zusammen mit Roland E. Hofer, Monika Landert-Scheuber und Dominik Sieber eine kritische Edition der Aufzeichnungen Güntzers vor.

wenig anzufechten scheint.⁵⁹ Dies gilt in gleicher Weise für Goodwin Wharton, der die Providenz Gottes widerspruchslos mit seinen alchemistischen Experimenten in Zusammenhang bringt. Allein, er zieht die Grenze, wo es darum geht, einen magischen Talisman, der Erfolg beim Glücksspiel bringen soll, durch einen katholischen Priester weihen zu lassen. Diesen Schritt kann er mit seiner puritanischen Herkunft nicht vereinbaren.⁶⁰ Dies gilt auch für den schlesischen Adligen Hans von Schweinichen in der von ihm selbst mitgeteilten Episode des Jahres 1577, als er in Emmerich einer Verehrerin eine goldene Kette um jeden Preis zurückgeben wollte, da er einen Liebeszauber befürchtete.⁶¹ Dies gilt schließlich für den 1618 geborenen Toggenburger Pfarrer Alexander Bösch von Krummenau, der im Rückblick auf seine Studienzeit keine Bedenken darüber empfindet, daß sein Zürcher Tischherr und dessen Frau eine hübsche Magd entlassen haben, weil sie argwöhnten, sie hätte ihm – Bosch – »ein liebtränklin zu trinken geben«.⁶²

Religion in der frühen Neuzeit ist in der Praxis häufig nicht gleich Konfession. Es handelt sich hier um eine Unterscheidung, die sich unschwer nicht nur in unserer Theorie, sondern auch am konkreten Forschungsgegenstand erhärten läßt.⁶³ Viel problematischer ist jedoch die Unterscheidung zwischen Religion und Magie, weil sie im wesentlichen der Gedankenwelt unserer postaufklärerischen Theorien entstammt, und *so* durch die Menschen des 16. und 17. Jahrhunderts in den meisten Fällen nicht empfunden oder erfahren wurde. Eigentlich ist sie erst für die Zeit der Aufklärung und danach zulässig, und selbst dann, wie ich zu zeigen versucht habe, vollumfänglich nur für den Bereich der Bildungskultur. Ich zweifle, ob der Würzburger Volkskundler Wolfgang Brückner Recht hat, wenn er den neuzeitlichen Aberglaubensbegriff als ursprünglich lutherischen Begriff bezeichnet; aber es ist ihm zuzustimmen, wenn er die moderne Vorstellung ad absurdum führt, »daß es nämlich eine Entwicklungstendenz vom

---

59 Michael Hunter/Annabel Gregory (Hg.), The Diary of Samuel Jeake of Rye (1652–1699), Oxford 1988, S. 235, wo Jeake hinsichtlich seiner Lotteriezahlungen ausdrücklich betont, er habe den genauen Zeitpunkt derselben nicht auf astrologischem Wege bestimmt, obwohl in seinem Tagebuch nicht weniger als drei entsprechende Horoskope eingetragen sind (Abb., ebd.). Zu seiner ersten Investition in die Bank of England hebt er hervor, er habe sie am 26. Juni 1694 »at 6 h 30' *or thereabouts*« (ebd., S. 241, meine Hervorhebung) getätigt, obwohl ein im Tagebuch enthaltenes Horoskop den Zeitpunkt genau auf 18.30 Uhr festlegte (Abb., ebd., S. 242). Vgl. auch ebd., S. 74 (Kommentar der Hg.).
60 The Autobiography of Goodwin Wharton, I (wie Anm. 1), fol. 33 r-v.
61 Oesterley, Denkwürdigkeiten, S. 138 (wie Anm. 43).
62 Heinrich Edelmann (Hg.), Liber familiarum des Pfarrers Alexander Bösch von Krummenau (1618–1693), in: Zwingliana 6 (1938), S. 499–533, hier S. 509. Ich danke Susanna Burghartz für den Hinweis auf diese bemerkenswerten Aufzeichnungen.
63 Zu diesen Zusammenhängen auch Kaspar von Greyerz, Confession as a social and economic factor, in: Sheilagh Ogilvie (Hg.), Germany. A New Social and Economic History, Bd. 2: 1630–1800, London 1996, S. 309–349, bes. S. 335–338.

Aberglauben, dem sog. magischen Denken, über die Religion zum Christentum hin gäbe, wobei diese [...] als eine Kategorie des spätzeitlichen Abendländers gedacht werden kann, dessen deutsch-universitäre Geistesentwicklung nun für eine ontologische Befindlichkeit des Homo sapiens ausgegeben wird«.[64] Diese Worte sind 1978 im Druck erschienen. Eine Reihe von Forschungen der letzten 10 Jahre, von denen ich hier – im vorgegebenen Rahmen gezwungenermaßen selektiv – mit ausgegangen bin, geben Grund zur Annahme, daß die Geschichtswissenschaft in der Zwischenzeit dazugelernt hat.

---

64 Wolfgang Brückner, Erneuerung als selektive Tradition. Kontinuitätsfragen im 16. und 17. Jahrhundert aus dem Bereich der konfessionellen Kultur, in: Der Übergang zur Neuzeit und die Wirkung von Traditionen, hg. von der Joachim Jungius-Gesellschaft der Wissenschaften, Göttingen 1978, S. 55–78, Zitat S. 61.

Alchemie, Hermetismus und Magie

Zur Frage der Kontinuitäten in der wissenschaftlichen Revolution

Das gängige Bild der sogenannten wissenschaftlichen Revolution des 17. Jahrhunderts in der deutschsprachigen Geschichtswissenschaft ist nicht selten und nach wie vor durch eine »Meisterdenker«-Perspektive geprägt, mithin durch die besondere Rolle, die einer Reihe herausragender Naturphilosophen von Kopernikus bis zu Newton, zugedacht wird. Dadurch wird der Anteil an der Entwicklung der Wissenschaften derjenigen »Naturphilosophen«, die die Vorgänge in der Natur nicht in erster Linie als beobachtbare Zusammenhänge von Ursache und Wirkung, sondern »as motive spirits acting through a divine scheme of correspondences«, d.h. als verborgene, okkulte Zusammenhänge zu verstehen und erforschen versuchten, marginalisiert.[1] Außerdem und wichtiger noch: Es wird dadurch von vornherein die Frage ausgeklammert, ob sich die verschiedenen Wissenschaftler der Umbruchzeit des 17. Jahrhunderts durchwegs eindeutig entweder für einen ausschließlich mechanistischen oder aber für einen ebenso ausschließlich okkulten Zugang zur Naturforschung entschieden haben.[2] Diese Perspektivenverengung hat zwar Tradition,[3] für eine Diskussion der Kontinuitäten in der wissenschaftlichen Revolution, die mehr sein soll als eine Bestätigung von Fortschrittsvorstellungen des 20. Jahrhunderts und der Gegenwart,

---

1 Zitat aus Robert John Weston Evans, Rudolf II and his World. A study in intellectual history (1576–1612), Oxford 1984, S. 196.
2 Vgl. dazu Abschnitt 3 unten.
3 Im größeren Rahmen wurden Forderungen nach einer ganzheitlichen Würdigung von Naturphilosophen der Frühen Neuzeit zum ersten Mal im Rahmen einer Tagung in Cambridge 1968 erhoben. Im selben Jahr fand in einem Artikel von Thomas Kuhn zum ersten Mal die Unterscheidung zwischen »internalist« und »externalist history of science« Verwendung: Thomas S. Kuhn, The History of Science, in: International Encyclopedia of the Social Sciences, New York 1968, Bd. 14, S. 74–83. Vgl. dazu Allem G. Debus, Science and History, in: Stephen A. McKnight (Hg.), Science, Pseudo-science and Utopianism in Early Modern Thought, Columbia 1992, S. 1–36, hier 27f. sowie: Mikulás Teich/Robert Young (Hg.), Changing Perspectives in the History of Science. Essays in Honour of Joseph Needham, London 1973. Doch die entsprechende Diskussion, wie sie z.B. ein von Brian Vickers 1984 herausgegebener Tagungsband reflektiert, fand erst im Zuge der 1980er Jahre im breiteren Rahmen statt. Vgl. Brian Vickers (Hg.), Occult and Scientific Mentalities in the Renaissance, Cambridge 1984. Noch 1988 konnte in Zürich ein aus einer Vortragsreihe der Eidgenössischen Technischen Hochschule und der Universität hervorgegangener Band mit dem unzweideutig dichotomischen und offenbar nach wie vor konsensfähigen Titel: Jean-François Bergier (Hg.), Zwischen Wahn, Glaube und Wissenschaft. Magie, Astrologie, Alchemie und Wissenschaftsgeschichte, Zürich 1988, erscheinen.

Alchemie, Hermetismus und Magie

gibt sie jedoch eine denkbar schlechte Grundlage ab. Denn der »Meisterdenker«-Perspektive entspricht noch heute vorwiegend eine Sichtweise, welche den Wandel naturphilosophischer Denkweisen in der frühen Neuzeit immer noch wie die bekannteren protestantischen Anthropologen und Religionssoziologen der Jahrhundertwende (James Frazer, Max Weber u.a.) als sozusagen lineare Progression von der Magie über die Religion hin zur modernen Wissenschaft zu verstehen versucht.[4]

Bedauerlicherweise haben sich selbst Kenner der okkulten Wissenschaften des 16. und 17. Jahrhunderts, wie Walter Pagel in seinem Buch über »Das medizinische Weltbild des Paracelsus« (1962) oder Robert J.W. Evans in seiner wegweisenden Studie »Rudolf II and his World. A study in intellectual history, 1576–1612« (überarb. Aufl. 1984) zuweilen der durch diese Sichtweise vorgegebenen Unterscheidung in »magische« »wissenschaftliche Elemente« (Pagel) bedient oder haben »rationale« von »irrationalen« Aspekten (Evans) zu trennen versucht.[5] Sofern sie sich auf die Entwicklung des wissenschaftlichen Denkens im 16. und 17. Jahrhundert beziehen, kann man solchen Kategorisierungsversuchen aus heutiger Sicht nicht den Vorwurf eines gewissen Anachronismus ersparen. Zudem nehmen sie Antworten auf Fragen vorweg, die heute überhaupt erst einmal gründlicher zur Debatte gestellt werden müßten. So sieht Christoph Meinel eine wichtige Aufgabe der heutigen Wissenschaftsgeschichte darin, das Verhältnis von okkulten und empirisch-exakten Wissenschaften auf ihren genetisch-historischen Zusammenhang hin zu untersuchen und dabei die Frage einer möglichen funktionalen Koppelung beider Bereiche nicht aus den Augen zu verlieren«,[6] sofern sich letztere wirklich als »histoire historienne des sciences«[7] verstehen will. Im folgenden werde ich versuchen, einige mir wesentlich erscheinende Aspekte dieser wissenschafts- (und auch mentalitätsgeschichtlichen) Forschungsaufgabe auszuloten. Unter dem Begriff der »wissenschaftlichen Revolution« verstehe ich hier den allmählichen Wandel, insbesondere im 17. Jahrhundert, von einer primär qualitativen zu einer primär quantitati-

---

4   Vgl. Stanley Jeyaraja Tambiah, Magic, Science, Religion, and the Scope of Rationality, Cambridge 1990, S. 19–20 und 42–64; Abram Kardiner/Edward Preble, Wegbereiter der modernen Anthropologie, Frankfurt a.M. 1974 S. 78–109; Hartmut Lehmann/Guenther Roth (Hg.), Weber's Protestant Ethic. Origins, Evidence, Contexts, Washington 1993.
5   Ursula Link-Heer, Weltbilder, Epistemai, Epochenschwellen. Mediävistische Überlegungen im Anschluß an Foucault, in: Hans-Jürgen Bachorski/Werner Röcke (Hg.), Weltbildwandel. Selbstdeutung und Fremderfahrung im Epochenübergang vom Spätmittelalter zur Frühen Neuzeit, Trier 1995, S.19–56, hier S. 37 (zu Pagel); Pierre Béhar, Les langues occultes de la Renaissance. Essai sur la crise intellectuelle de l'Europe au XVIe siècle, Paris 1996, S. 9 (zu Evans).
6   Christoph Meinel, Okkulte und exakte Wissenschaften, in: August Buck (Hg.), Die okkulten Wissenschaften in der Renaissance, Wiesbaden 1992, S. 21–43, hier 21 f.
7   Jacques Roger, Pour une histoire historienne des sciences, in: Ders., Pour une histoire des sciences à part entière, Paris 1995, S. 43–73.

ven Form der Naturbetrachtung, wobei ich allerdings den parallel dazu verlaufenden Vorgang der wachsenden Institutionalisierung naturwissenschaftlicher Forschung aus meinen Betrachtungen ausklammere. Diese hier notwendige Beschränkung bedeutet freilich keineswegs, daß ich den grundlegenden Stellenwert der Institutionalisierung in Frage stellen möchte. Mit »Hermetismus« meine ich insbesondere die magischen Vorstellungen, die den sogenannten hermetischen Schriften des Späthellenismus seit ihrer Entdeckung und Veröffentlichung durch Marsilio Ficino durch Gelehrte des 15.–17. Jahrhunderts entlehnt wurden. Von Alchemie und Magie wird inhaltlich im folgenden Abschnitt die Rede sein.

1. Paracelsismus

»Wir haben kein Recht, [...] das eine oder andere Element – das Alte oder das Moderne, das heute Erhebliche oder das Unerhebliche und Absurde – zu isolieren. Für die Würdigung und das Verständnis von Paracelsus besteht ein ›Alles-oder-Nichts-Gesetz‹, wie es für alle Savants seines und des ihm folgenden Jahrhunderts gilt.«[8]

Wie Michel Foucault eindringlich gezeigt hat, basierte das wissenschaftliche Denken des 16. Jahrhunderts auf Analogievorstellungen.[9]

»Bis zum Ende des sechzehnten Jahrhunderts hat die Ähnlichkeit im Denken (*savoir*) der abendländischen Kultur eine tragende Rolle gespielt. Sie hat zu einem großen Teil die Exegese und Interpretation der Texte geleitet, das Spiel der Symbole organisiert, die Erkenntnis der sichtbaren und unsichtbaren Dinge gestattet und die Kunst ihrer Repräsentation bestimmt.«[10]

Liest man in Foucaults Fußnoten, so scheint einer seiner Hauptzeugen für diese durchaus zutreffende Feststellung der Paracelsianer Oswald Croll zu sein. Crolls »BASILICA CHYMICA/ oder/ Alchymistische Königlich Kleinod [...] Beneben angehengtem seinem new=en Tractat von den innerlichen Sig=/ naturn oder zeichen der dinge« (Frankfurt a. M. o. J. [1623]) war im 17. Jahrhundert ein sehr verbreitetes, in fünfzehn lateinischen, sechs deutschen, vier französischen und einer englischen Ausgabe verfügbares Werk.[11] Selbst Diderot sollte sich noch nach der

---

8 Walter Pagel, Paracelsus als »Naturmystiker« [1979], in: Udo Benzenhöfer (Hg.), Paracelsus, Darmstadt 1993, S. 24–92, hier 59. Vgl. dazu auch Debus, Science and History, S. 24f. (wie Anm. 3).
9 Michel Foucault, Die Ordnung der Dinge. Eine Archäologie der Humanwissenschaften, Frankfurt a. M. 1974.
10 Ebd., S. 46.
11 Wilhelm Kühlmann, Oswald Crollius und seine Signaturenlehre. Zum Profil hermetischer Naturphilosophie in der Ära Rudolphs II., in: Buck, Die okkulten Wissenschaften (wie Anm. 6), S. 103–723, hier S. 103f.

Mitte des 18. Jahrhunderts in seinem Encyclopédie-Artikel über die Theosophen im Wesentlichen auf die Vorrede zur »Basilica Chymica« berufen, nicht zu Unrecht, denn »hier wurde zum ersten Mal die ganze Naturphilosophie des Paracelsus und dessen Bedeutung für den Fortschritt der Wissenschaften in verständlicher und wirklich modern klingender Sprache zusammengetragen«.[12]

Die Alchemie des Paracelsus erlebte seit den sechziger Jahren des 16. Jahrhunderts im Rahmen des Späthumanismus eine Renaissance. Zentren derselben waren u. a. Prag,[13] der schlesisch-lausitzsche Raum (vor allem Breslau)[14] sowie Straßburg und Hagenau, wo insbesondere der Späthumanist und Arzt Michael Toxites zahlreiche Paracelsica veröffentlichte.[15] In Basel bekannte sich Adam von Bodenstein als erster Universitätsangehöriger offen zum Paracelsismus und wurde dafür 1564 aus dem »Consilium facultatis medicae« ausgeschlossen. Mit ihm setzten in der Rheinstadt herausgeberische Aktivitäten ein, die neben einer später auch vom einflußreichen Arzt Theodor Zwinger unterstützten späthumanistischen Renaissance des Paracelsismus gleichzeitig auch ein vorübergehendes Wiederaufleben der gelehrten Magie und des Hermetismus im 15. und früheren 16. Jahrhundert mit sich brachten.[16]

Der Paracelsismus wurde im Zuge dieser Revitalisierung zu einem Schmelztiegel, in welchem sich die Magie der Renaissance (Trithemius, Agrippa, Paracelsus) mit neuplatonisch-hermetischen und mystischen Traditionen und Elementen vermischte und zum Teil neue Zuordnungen mit sich brachte. Paracelsus wurde erst jetzt zur neuplatonischen Tradition hinzugezählt, zu der er selbst im Grunde nicht gehört hatte.[17]

Im Analogiedenken des Paracelsus erlebte die bis in die vorsokratische Zeit zurückreichende Lehre von den Entsprechungen zwischen dem Makrokosmos und dem menschlichen Mikrokosmos eine neue Präzisierung. Dem Kosmos mit seinen Gestirnen entspricht der Mensch in Körper, Geist und Seele. Wie die Seele des Menschen, so kennt auch der Makrokosmos eine Seele: das »Gestirn« oder

---

12 Carlos Gilly (Hg.), Cimelia Rhodostaurotica. Die Rosenkreuzer im Spiegel der zwischen 1610 und 1660 entstandenen Handschriften und Drucke, Amsterdam 1995, S. 17.
13 Evans, Rudolf II and his World (wie Anm. 1), S. 200.
14 Joachim Telle, Johann Huser in seinen Briefen. Zum schlesischen Paracelsismus im 16. Jahrhundert, in: Ders. (Hg.), Parerga Paracelsica. Paracelsus in Vergangenheit und Gegenwart, Stuttgart 1993, S. 159–248, hier S. 170–178.
15 Robert John Weston Evans, Culture and Anarchy in the Empire, 1540–1680, in: Central European History 18 (1985), S. 14–30, hier S. 18 f.; Telle, Johann Huser in seinen Briefen (wie Anm. 14), S. 164.
16 Carlos Gilly, Zwischen Erfahrung und Spekulation. Theodor Zwinger und die religiöse und kulturelle Krise seiner Zeit, in: Basler Zeitschrift für Geschichte und Altertumskunde 77 (1977), S. 57–137 und 79 (1979), S. 125–223; Telle, Johann Huser in seinen Briefen (wie Anm. 14), S. 161 f.
17 Kurt Goldammer, Aufgaben der Paracelsusforschung, in: Telle, Parerga Paracelsica (wie Anm. 14), S. 1–26, hier S. 6 und 10 f.

»Astrum«. In diesem vereinigen sich, wie in der platonischen Welt der Ideen, sämtliches Wissen, Handwerk und Kunstfertigkeit dieser Welt. Aufgrund der erwähnten Analogievorstellungen hat der Mensch einen Anteil daran.[18]

Menschliche Seele und »Astrum« gehören freilich einem unsichtbaren, nicht gegenständlichen Substrat des Kosmos an. Paracelsus und die Paracelsisten des späteren 16. und frühen 17. Jahrhunderts unterscheiden zwischen dem Sichtbaren und Berührbaren und dem wahren Kern der Dinge. Ersteres ist eine »Signatur«, die auf eine unsichtbare, wahre Wirklichkeit verweist. Das Wissen ist nicht in uns, sondern ist letztlich in den Gegenständen unserer Erkenntnis vorgegeben. Michel Foucault hat in diesem Zusammenhang die Metapher vom Buch, das man studiert, um die Natur zu erkennen, ins Spiel gebracht. Für das Denken in Analogien ist dieses Buch »nur die sichtbare Umkehrung einer anderen Übertragung, die viel tiefer ist und die Sprache dazu zwingt, aufseiten der Welt zwischen den Pflanzen, den Gräsern, den Steinen und den Tieren zu residieren«.[19] Zur wahren Erkenntnis bedarf es des Einswerdens mit dem Objekt durch »Imagination« und »Phantasie«. Die Analogie zwischen der erkennbaren Welt und dem Kosmos mit seinen Bestandteilen ist dabei Voraussetzung unserer Erkenntnis.[20] Für die Paracelsisten stammt die Signatur des Kosmos von Gott.[21] Durch den Autor der »Philosophia ad Athenienses«, 1564 in erster Auflage erschienen, wird die gesamte Schöpfung als chemischer Vorgang dargestellt, eine Sichtweise, die von den späteren Paracelsisten noch erweitert wurde.[22]

Vor dem Hintergrund des Analogiedenkens und der Signaturenlehre Theophrasts von Hohenheims und seiner Schüler wurde die Alchemie zu der mit magischen Mitteln der Sympathetik operierenden Wissenschaft des Aufspürens von verborgenen Wahrheiten, die hinter den »Signaturen« liegen, gemäß Paracelsus' Devise, daß »die natur dohin gebracht werden [muß], das sie sich selbs

---

18 Gilly, Zwischen Erfahrung und Spekulation (wie Anm. 12), S. 83–85.
19 Foucault, Die Ordnung der Dinge (wie Anm. 9), S. 66. Zu diesem Konzept einer »Natur-Sprache« vgl. auch Brian Vickers, Analogy versus identity. The rejection of occult symbolism, 1580–1680, in: Vickers, Occult and Scientific Mentalities (wie Anm. 3), S. 95–163, hier S. 105.
20 Pagel, Paracelsus als »Naturmystiker« (wie Anm. 8), S. 31–38.
21 Alexandre Koyré, Paracelse (1493–1541), in: Ders., Mystiques, spirituels, alchimistes du XVIe siècle allemand, Paris 1971, S. 75–129, hier S. 88–91. Vgl. auch ebd., S. 99f.: »Et c'est pour-quoi le monde et les êtres peuvent être envisagés de deux manières différentes: 1° en eux-mêmes, comme existant à part, comme exprimant, par leur configuration extérieure, leur essence individuelle; de là chaque chose porte en son extérieur, en son corps, la, ›signature‹ par laquelle nous pouvons juger des forces et qualités qu'elle recèle […].On peut aussi, 2°, envisager le monde entier comme un seul tout, comme une seule ›signature‹ du Créateur qui, – paracelse ne peut penser autrement que par des analogies psychologiques ou organiques – a produit le monde comme son propre corps, en l'engendrant.«
22 Allen G. Debus, The Medico-Chemical World of the Paracelsians, in: Teich/Young, Changing Perspectives in the History of Science (wie Anm.3), S. 85–99, hier S. 88.

beweist«.²³ Die sich aus diesen verschiedenen Quellen speisende Alchemie der späthumanistischen Paracelsisten ging zum einen von der Vorstellung aus, daß der Wandel in der Natur letztlich auf chemischen Vorgängen im Sinne Paracelsus' beruhe, zum andern von der ebenso paracelsischen Überzeugung, daß der Schlüssel zum wahren Verständnis der Natur sich hinter den im Wahrnehmbaren sichtbaren Signaturen verberge. Dabei konnten nicht nur Analogien zwischen Mikro- und Makrokosmos eine wegweisende Rolle spielen, sondern auch die Magie, die Mutter – so Paracelsus – aller verborgenen Dinge der Natur.²⁴

In Basel ging die insbesondere durch den bemerkenswerten Gelehrten und Arzt Theodor Zwinger inspirierte Renaissance des Paracelsismus und mit ihr der Späthumanismus in den letzten beiden Jahrzehnten des 16. Jahrhunderts zu Ende.²⁵ Sie wurden recht eigentlich verdrängt durch den Siegeszug der reformierten Orthodoxie in Stadt und Universität.²⁶ In Prag und in Straßburg, wo Lazarus Zetzner noch zwischen 1603 und 1618 die zuvor in Basel erschienene, von Johann Huser herausgegebene Gesamtausgabe der Werke des Paracelsus zweimal neu auflegte, fielen die vergleichbaren geistigen Bewegungen dem Dreißigjährigen Krieg zum Opfer.²⁷

Läßt sich sagen, daß damit die Zeit, in welcher sich namhafte Gelehrte und angesehene Drucker der Sache der Alchemie und des Hermetismus annahmen, vorbei war oder daß das entsprechende Gedankengut einen allenfalls bescheidenen, aber letztlich irrelevanten Einfluß auf den Gang der wissenschaftlichen Revolution ausübte? Auf diese Frage sind, wie der nächste Abschnitt zeigen wird, in den letzten drei Jahrzehnten stark voneinander abweichende Antworten gegeben worden.

---

23 Paracelsus, Opus paramirum, Werke 1.9, S. 46. Zit. nach Massimo Luigi Bianchi, The Visible and the Invisible. From Alchemy to Paracelsus, in: Piyo Rattansi/Antonio Clericuzio (Hg.), Alchemy and Chemistry in the sixteenth and seventeenth centuries. Proceedings of the Warburg Colloquium 1989, Dordrecht 1994, S. 17–50, hier S. 19.
24 Wolf-Dieter Müller-Jahnke, Der paracelsische Weg zu Astrologie und Magie, in: Benzenhöfer, Paracelsus (wie Anm. 8), hier S. 120 f.
25 Vgl. Hans R. Guggisberg, Das reformierte Basel als geistiger Brennpunkt Europas im 16. Jahrhundert, in: Ders., Zusammenhänge in historischer Vielfalt. Humanismus, Spanien, Nordamerika, Basel 1994, S. 3–37.
26 Vgl. Max Geiger, Die Basler Kirche und Theologie im Zeitalter der Hochorthodoxie, Zollikon-Zürich 1952, S. 23–32; »In einer nun gedämpft abgeklärten Atmosphäre« wurde die Tradition allerdings weitergeführt durch Jacob Zwinger (1569–1610), Professor für Griechisch und wie sein Vater, Theodor Zwinger, ebenfalls Mediziner an der Basler Universität. Vgl. Robert Seidel, Caspar Dornau und der Paracelsismus in Basel. Schulhumanismus und Medizin im frühen 17. Jahrhundert, in: Telle, Parerga Paracelsica (wie Anm. 14), S. 249–276, hier S. 249 f.
27 Zu Zetzner vgl. Debus, The Medico-Chemical World (wie Anm. 22), S. 85, Anm. 1.

2. Alchemie, Hermetismus und Magie im 17. Jahrhundert. Divergierende Interpretationsansätze

»Newton's quest was immeasurably large; it generated questions starkly different from those of modern science. [...] His questions were not ours.«[28]

Das Gedankengut des Paracelsus, so Charles Webster, wurde durch die mechanistische Naturphilosophie des 17. Jahrhunderts keineswegs überflüssig gemacht:

»Paracelsianism was a phenomenon of the seventeenth as much as of the sixteenth century. French Paracelsianism was at its height between 1610 and 1650. English, Italian, and Scandinavian Paracelsianism are largely features of the period after 1650.«[29]

Websters programmatische Bemerkungen gipfeln in der Äußerung, daß in den Jahrzehnten nach der Gründung der Royal Society (1660) – somewhat inconveniently for standard interpretations of the Scientific Revolution« – astrologische Voraussagen eine letzte Popularitätswelle erfahren, die paracelsische Medizin weiterhin geblüht und Alchemie und Hermetismus weiterhin eine große Anziehungskraft ausgeübt hätten, ganz zu schweigen von der platonischen Schule von Cambridge. Für diese Beobachtungen gäben die Aktivitäten und Neigungen Newtons, der sich u. a. intensiv mit Alchemie beschäftigte, vielleicht das beste Beispiel ab.[30]

Mit diesen programmatischen Thesen übernahm Charles Webster eine Argumentationsweise, die zuerst von Frances Yates in ihren Werken über Giordano Bruno, die okkulte Philosophie des elisabethanischen Zeitalters und über das Rosenkreuzlertum vertreten worden ist. Yates konzedierte zwar, daß die Prozeduren, mit denen der »Renaissance Magus« zu arbeiten versuchte, nichts mit »genuine science« zu tun gehabt hätten,[31] der Begriff »genuine science« blieb dabei allerdings undefiniert. Die Frage sei, ob die Aktivitäten der gelehrten Magier der Renaissance »the will towards genuine science and its operations« stimuliert hätten. Sie wurde von Yates bejaht: When ›Hermes Trismegistus‹ and all that he stood for is rediscovered in the Renaissance, the return to the occult this time stimulates the genuine science.«[32]

Diese Interpretation von Frances Yates ist nicht unwidersprochen geblieben. In einem stark durch die Perspektive der »Philosophy of Science« geprägten Aufsatz warnte Mary Hesse 1973 nachdrücklich vor der aus ihrer Sicht irreführen-

---

28 Betty Jo Teeter Dobbs, The Janus Faces of Genius. The role of alchemy in Newton's thought, Cambridge 1991, S. 12.
29 Charles Webster, From Paracelsus to Newton. Magic and the making of modern science, Cambridge 1982, S.6.
30 Ebd., S. 10 f.
31 Frances Yates, Giordano Bruno and the Hermetic Tradition, New York 1969, S. 449.
32 Ebd.

den These einer »confluence of hermeticism and mechanism into the melting pot of the new science«.³³ Der Hermetismus habe vielmehr der neuen Naturphilosophie die Möglichkeit gegeben, sich von Anfang an von der hermetischen und sämtlichen ähnlichen Traditionen abzugrenzen. Das Werk Johannes Keplers, wie wir sogleich noch sehen werden, diente Hesse als Paradebeispiel zur Untermauerung ihrer These.

Vor allem Frances Yates' Werk über »The Rosicrucian Enlightenment«, in welchem die oben erwähnten Thesen und insbesondere Yates' Einschätzung der Rolle des Kabbalisten und Mathematikers John Dee fast durchwegs spekulativ überdehnt werden, hat – nicht ganz zu Unrecht – viel Kritik auf sich gezogen, am vernichtendsten in der schonungslosen Demontage von Yates' spekulativen Blüten durch Brian Vickers.³⁴

In verschiedenen Diskussionsbeiträgen hat Brian Vickers seither versucht, eine grundsätzliche Revision der Yates-These zu bewerkstelligen und damit eine signifikante Abwertung der Rolle der okkulten Wissenschaften in der wissenschaftlichen Revolution herbeizuführen. Er ist dabei bemüht, die okkulten und die sogenannten exakten Wissenschaften als zwei grundverschiedene Traditionen mit einem Ursprung in ebenso grundverschiedenen wissenschaftlichen Mentalitäten herauszustellen:

»Much of occult science [...] is built out of purely mental operations, the arrangement of items into hierarchies, the construction of categories that become matrices for the production of further categories. Far from being a science of nature, or even of man, it comes to seem more and more like a classification system, self-contained and self-referring.«³⁵

An anderem Ort unterscheidet Vickers »the occult« scharf von der »experimental tradition« und hebt nochmals die in sich geschlossene Argumentationsweise der okkulten Wissenschaften hervor: »A circular, self-justifying process.«³⁶ Hinsichtlich des Voranschreitens der wissenschaftlichen Revolution hat die okkulte Tradition seines Erachtens seit dem 16. Jahrhundert ausgedient.³⁷

---

33 Mary Hesse, Reasons and Evaluation in the History of Science, in: Teich/Young, Changing Perspectives in the History of Science (wie Anm. 3), S. 127–147, hier S. 141.
34 Brian Vickers, Frances Yates and the Writing of History, in: Journal of Modern History 51 (1979), S. 288–316. Vgl. dazu auch Gilly, Cimelia Rhodostaurotica (wie Anm. 12), S. 22.
35 Brian Vickers, Introduction, in: Vickers, Occult and Scientific Mentalities (wie Anm. 3), S. 1–55, hier S. 12 f. Vgl. auch Ders., Kritische Reaktionen auf die okkulten Wissenschaften in der Renaissance, in: Zwischen Wahn, Glaube und Wissenschaft (wie Anm. 3), S. 167–239.
36 Brian Vickers, On the function of analogy in the occult, in: Ingrid Merkel/Allen G. Debus (Hg.), Hermeticism and the Renaissance, Washington 1988, S. 265–292, hier S. 288.
37 Ähnlich argumentiert auch Kurt Goldammer hinsichtlich der Nachwirkungen des Paracelsus. Das Werk des Paracelsus ist für ihn »der Abschluß einer großen Linie der Wissenschaftsgeschichte, die so nicht weiterlaufen konnte. Das bedingt eine Reduzierung der

Hilfreiche Parallelen zu seiner eigenen Kategorisierung zweier aus seiner Sicht unvereinbarer wissenschaftlicher Traditionen erblickt Vickers in den seinerzeitigen Unterscheidungsversuchen zwischen einem »savage« und einem »modern mind« der Sozialanthropologen Robin Horton und Ernest Gellner.[38] Darauf braucht hier nicht im einzelnen eingegangen werden. Abgesehen davon, daß beim heutigen Diskussionsstand in der historischen Anthropologie der künstlich zugespitzte Gegensatz zwischen den Adjektiven »savage« und »modern« befremden muß, gilt es vor allem zu betonen, daß die Parallele zwischen der Argumentationsweise Hortons und Vickers' insbesondere darin liegt, daß beide in den okkulten Wissenschaften bzw. im »vormodernen, wilden Denken« in sich geschlossene Systeme zu erkennen glauben. Gellner kritisiert zwar Horton in diesem Punkt, am Ende jedoch nur, um daraus den Schluß zu ziehen, daß Synkretismus allein noch kein »modernes oder wissenschaftliches« Denken begründe.[39]

»Science of nature« und »experimental tradition« sind nach Vickers komplementäre Begriffe. Die Frage nach dem, was genuin wissenschaftliches Denken und Vorgehen im 17. Jahrhundert ausmacht, wird somit letztlich auf nicht näher erläuterte Grundannahmen hinsichtlich der für den wissenschaftlichen Fortschritt »gültigen« Methode zurückgeführt: Die »Exponenten der neuen Wissenschaft, so Vickers, hätten zwei Feinde zu bekämpfen gehabt, die aristotelische Philologie und das okkulte Denken:

> »Both tended to manipulate language as if that could effectively describe or control reality. The only remedy is a science built not on words but on the proper observation of reality, developing a *proper method*.«[40]

Was derartige Grundannahmen am Ende fragwürdig macht, ist der Umstand, daß sich die wissenschaftliche Revolution nicht als Resultat der Anwendung einer als korrekt betrachteten Methode erklären läßt, weil eine derartige, nicht

---

praktischen Verwertbarkeit von Ideen und Konzepten. Hohenheim wurde vom Hauptstrom der einsetzenden neuen wissenschaftlichen Entwicklung sozusagen rechts überholt«. Wobei allerdings nicht hinreichend klar wird, was Goldammer unter der »neuen wissenschaftlichen Entwicklung« versteht. Vgl. Goldammer, Aufgaben der Paracelsusforschung (wie Anm. 17), S. 8.

38 Robin Horton, African Traditional Thought and Western Science [1967], in: Bryan R. Wilson (Hg.), Rationality, Oxford 1970, S. 131–171 [leicht gekürzte Fassung]; Ernest Gellner, The Savage and the Modern Mind, in: Robin Horton/Ruth H. Finnegan (Hg.), Modes of Thought. Essays in Thinking in Western and Non-Western Societies, London 1973, S. 162–181.

39 Gellner, The Savage and the Modern Mind (wie Anm. 38), S. 166 f: »Some savages may live in a unique, optionless world. Many do not. Yet they do transcend their condition not by reaching out to science, but simply through syncretism, through the cohabitation of incompatible belief-systems, of doctrinal opportunism. [...] In brief, not all plural situations are *ipso facto* modern or scientific.«

40 Brian Vickers, Analogy versus identity (wie Anm. 19), S. 103 (Hervorhebung: KvG).

Alchemie, Hermetismus und Magie im 17. Jahrhundert

an bestimmte historische Rahmenbedingungen gebundene Methode gar nicht existiert. Thomas S. Kuhn hat in diesem Zusammenhang völlig zu Recht betont, daß der Unterschied zwischen verschiedenen »Schulen« in den frühen Entwicklungsstadien der Naturwissenschaften nicht im Versagen spezifischer Methoden bestanden habe – »they were all ›scientific‹« –, sondern vielmehr in der letztlich inkompatiblen Art der gruppenspezifischen Weltansichten und der dazugehörigen Vorstellungen wissenschaftlicher Praxis. Dieser Unterschied zwischen verschiedenen »Schulen«, so Kuhn, lasse sich nicht in ganzem Umfang auf »observation and experience« zurückführen:

»An apparently arbitrary element, compounded of personal and historical accident, is always a formative ingredient of the beliefs espoused by a given scientific community at a given time.«[41]

»Die Differenz von Okkult und Exakt«, wie Christoph Meinel zutreffend formuliert hat, »ist jedenfalls nicht Bestandteil des Objektbereichs der Naturwissenschaft, sondern Ergebnis sozialer Prozesse der Ab- und Ausgrenzung. Die Motive und genauen Grenzverläufe sind bisher erst in Umrissen erforscht. Noch immer ist unsere Auffassung vom Okkulten weitgehend von denjenigen Demarkationskriterien bestimmt, die die Gegner festgesetzt haben.«[42] Vickers' Feststellung, »Paracelsus, of course, rejected logical proof and even human reason, resorting instead to fables or visions«, ist hinsichtlich des implizierten, metahistorischen Vernunft-Begriffs eine anachronistische Qualifizierung, die uns bei der Lösung der durch Meinel skizzierten Forschungsaufgaben mit Sicherheit nicht weiterhilft.[43]

In einem Nachwort zu seinem 1988 erschienenen Aufsatz über Gegner der okkulten Wissenschaften in der Renaissance hat Vickers eine derartige Kritik an seiner Sichtweise in einer Art Präventivreaktion zu entkräften versucht. Er betont, daß er sich keineswegs an ein »simples lineares Modell der Geschichte als stetiges Fortschreiten und Verbessern« anlehne, fügt jedoch hinzu: »Doch wenn es dem kritischen Denken nicht gelingt, die Normen des Dialogs und der Kommunikation höher anzusetzen, wozu dient es denn?« Vickers gibt durch diesen Einwand seine dominierende Orientierung an der Literatur-, Philosophie- und Ideengeschichte zu erkennen. Er möchte seinen »heutigen Standort nicht verlassen, sofern dies hieße, wir müßten alles preisgeben, was wir seit der Renais-

---

41 Thomas S. Kuhn, The Structure of Scientific Revolutions, Chicago 1970, S. 4. Eine interessante, kritische Weiterführung der Überlegungen Kuhns bietet jetzt Isabell Stengers, L'invention des sciences modernes, Paris 1995, S. 59–65. Vgl. auch Peter Dear, Mersenne and the Learning of the Schools, Ithaca 1988, S. 234f.: »As Paolo Rossi has written, one cannot explain the Scientific Revolution in terms of the development or application of correct scientific method, because such a method – taken as a regulative, determinate procedure generating objective knowledge of nature – does not exist.«
42 Meinel, Okkulte und exakte Wissenschaften (wie Anm. 6), S. 43.
43 Zitat aus Vickers, Analogy versus identity (wie Anm. 19), S. 131.

sance an Geschichtsschreibung und kritischer Methode gelernt haben.«[44] Dem hier vertretenen Zugang kommt es jedoch genauso auf die historische Kontextualität wissenschaftsgeschichtlicher Veränderungen an. Diese impliziert zumindest eine kritische Reflexion der eigenen Standortgebundenheit. Nur so können sich Heuristik und Analytik gegenseitig ergänzen und die Funktion jeweils komplementärer historiographischer Zugänge übernehmen. Vickers setzt sich außerdem für die Legitimität historiographischer Fortschrittsvorstellungen ein: Das Problem der Anwendung einer im Sinne Herbert Butterfields nicht whiggistischen, d. h. nicht teleologisch auf die Gegenwart ausgerichteten, Sichtweise erblickt Vickers »natürlich darin, daß die Wissenschaft tatsächlich fortschreitet«.[45] Das läßt sich nicht bestreiten. Dies rechtfertigt jedoch nicht eine letztlich deterministische Perspektive, die zwangsläufig den (auch wissenschaftsgeschichtlich relevanten) Besonderheiten einer Epoche Zwang antun muß. Um solchen Determinismus zu vermeiden, geht heute eine wachsende Zahl von Historikerinnen und Historikern vom prozeßhaften Charakter der Geschichte aus, wobei sie ihre wertenden Aussagen hinsichtlich diachronischer Entwicklung bewußt auf Teilbereiche gesellschaftlicher Entwicklung beschränken.[46]

Während es sich beim oben zitierten Regensburger Wissenschaftshistoriker Christoph Meinel um einen Spezialisten der Alchemiegeschichte des 17. Jahrhunderts handelt, so hat sich jüngst sogar ein Kenner der modernen Chemiegeschichte dagegen gewehrt, »Alchemie und Chemie in einer Entwicklungslinie hintereinander aufzureihen«, denn die Alchemie habe nicht nur »theoretische und methodische Bausteine der neuzeitlichen Chemie geliefert, sondern gleichzeitig auch »wichtige Elemente des modernen Naturbildes vorformuliert«.[47]

44 Ders., Kritische Reaktionen auf die okkulten Wissenschaften in der Renaissance (wie Anm. 35), S. 226.
45 Ebd.
46 Hans Erich Bödeker/Ernst Hinrichs, Alteuropa – Frühe Neuzeit – Moderne Welt? Perspektiven der Forschung, in: Dies. (Hg.), Alteuropa – Ancien Régime – Frühe Neuzeit. Probleme und Methoden der Forschung, Stuttgart 1991, S. 11–50, hier S. 39: »Die Komplexität des frühneuzeitlichen Strukturwandels erzeugte ständig ›Teilmodernitäten‹ und ›Ungleichzeitigkeiten‹, immer andere Gemengelagen von ›Tradition‹ und ›Modernität‹. Nicht die unilineare Veränderung war charakteristisch für den frühneuzeitlichen Strukturwandel, sondern die ›mehrschichtige Gleichzeitigkeit des Ungleichzeitigen‹ (E. Bloch) von Orientierungssystemen, Verhaltensweisen, institutionellen Gefügen und sozio-ökonomischen Strukturen.« Vgl. dazu auch Winfried Schulze, Einführung in die Neuere Geschichte, Stuttgart 1987, S. 22. Auf den für die hier geführte Diskussion nicht zentralen Vorwurf Vickers' an die »Anhänger des Okkultismus« (Walter Pagel, Piyo M. Rattansi), sie seien selber einer »Whig-Interpretation« der Geschichte verfallen, braucht hier nicht näher eingegangen zu werden. Vgl. Vickers, Kritische Reaktionen auf die okkulten Wissenschaften in der Renaissance (wie Anm. 35), S. 227 f.
47 Tobias Straumann, Die Schöpfung im Reagenzglas. Eine Geschichte der Basler Chemie (1850–1920), Basel 1995, S. 30; vgl. dazu auch Betty Jo Teeter Dobbs, The Foundations of Newton's Alchemy or »The Hunting of the Greene Lyon«, Cambridge 1975, S. 44 f.

Daß sich zum Beispiel auch andere Lesarten des Werks Johannes Keplers empfehlen als die durch Brian Vickers und vor ihm bereits durch Mary Hesse vorgeschlagene, hat soeben Pierre Béhar gezeigt. Keplers »Harmonice mundi libri V« von 1619 sei zwar in vielerlei Hinsicht, so Vickers, noch der okkulten Tradition verpflichtet, doch hinsichtlich der Numerologie, idiosynkratischer und imaginärer Weltansichten sowie der Gleichsetzung von Symbolen und Realität grenze sich Kepler in diesem Werk scharf von den okkulten Wissenschaften ab:

What I have described as the mainstream philosophical rhetorical view on the necessary distinction between words and things, between the metaphorical and the literal levels of language, seems to have been a constant element in Kepler's thought.«[48]

Wie Vickers, so geht auch Béhar ausführlich auf die Kontroverse der 1620er Jahre zwischen Johannes Kepler und dem englischen Hermetiker Robert Fludd ein. Doch für ihn ist Kepler dabei nicht primär der Mathematiker, der sich gegen Fludds neuplatonisch-hermetischen Symbolismus abzugrenzen versucht, sondern vielmehr der Neuplatoniker, dem die Mathematik ein Mittel ist, um die theoretischen Vorgaben in Platons »Timaios« hinsichtlich der mathematischen Struktur des Kosmos – bei Béhar ist hier fälschlicherweise vom »Universum« die Rede – voll und ganz zum Tragen zu bringen. Keplers Werk wird als letzter Höhepunkt der hermetischen und neuplatonischen Strömungen der Renaissance gesehen, durch die diese Strömungen gleichzeitig überwunden werden.[49]

3. Statt anachronistischer Dichotomien: Ein »dritter Weg«

»L'historien […] reconnaît la transhistoricité de la science, mais refuse d'y voir la marque d'une vérité absolue, don't l'épiphanie transcenderait miraculeusement les processus historiques.«[50]

Es ist der zu Beginn dieses Exposés angesprochene historische Determinismus whiggistischer oder modernisierungstheoretischer Prägung, der es Sozial-

---

48 Vickers, Analogy versus identity (wie Anm. 19), S. 154. Ähnlich argumentiert Hesse, Reasons and Evaluation in the History of Science (wie Anm. 33), S. 139: »Kepler does indeed himself believe in a mathematical harmony of the cosmos as the image or analogue of God and the soul, but his geometry is Euclidean, his conclusions require proof, and they must correspond with facts, (that is, the kind of facts Kepler inherited in Brahe's planetary tables).«
49 Béhar, Les langues occultes de la Renaissance (wie Anm. 5), S. 240: »En un mot: Kepler ne réfute qu'apparemment Fludd parce qu'il est plus mathématicien que lui; en profondeur, Kepler récuse Fludd parce qu'il est plus authentiquement platonicien que lui. De la tradition néoplatonicienne et hermétique de la Renaissance, l'œuvre de Kepler représente l'achèvement: à la fois l'apogée et le terme. Poussé à ses extrêmes conséquences, l'esprit du platonisme ruinait les doctrines qui en étaient issues.«
50 Roger, Pour une histoire historienne des sciences (wie Anm. 7), S. 54.

anthropologen und Historikern bis in die siebziger und achtziger Jahre hinein erschwert hat, die bis dahin üblich gewordenen Unterscheidungen zwischen wildem und wissenschaftlichem Denken, zwischen Rationalität und Irrationalität, zwischen Religion und Aberglauben, zwischen Magie und Wissenschaft hinter sich zu lassen. Ernest Gellner, zum Beispiel, ist sich bewußt, daß es in historischer Hinsicht Verbindungsglieder zwischen »the religious and the positive mentality, or between magic and science« gegeben hat, nämlich privilegierte und alphabetisierte Schichten innerhalb bestimmter Kulturen, die weder der einen noch der anderen Mentalität zuzurechnen seien. Aber er zieht daraus keine methodologischen Folgerungen, sondern beschließt im Gegenteil, daß »for analytic purposes, it may be worthwhile to think away this enormous middle ground«.[51] Und ein ausgesprochener Kenner der paracelsischen Renaissance wie Robert Evans sieht in der »Irrationalität, ja im Aberglauben« sogar eine »vital component of contemporary intellectual activity«.[52]

Die gerade im Umfeld des Göttinger Max-Planck-Instituts seit Jahren mit Nachdruck geführten historiographischen Debatten über Alltagsgeschichte, Mikrohistorie und historische Anthropologie sollten es uns heute ermöglichen, uns von den deterministischen Dichotomien der Vergangenheit zu befreien und anzuerkennen, daß die okkulte wissenschaftliche Tradition den Wandel des naturwissenschaftlichen Denkens bis hin zu Boyle und Newton mitbegleitete, auch wenn der dominante wissenschaftliche Diskurs seit Johannes Kepler (1571–1630) sich vorwiegend an mathematisch-mechanistischen Vorstellungen orientierte. Es besteht heute kein Grund mehr, die Tatsache bestreiten zu müssen, daß die Entstehung von Newtons Raumbegriff auf vielleicht entscheidende Weise durch Henry More, einen wesentlichen Exponenten der *Cambridge Platonists*, beeinflußt wurde.[53] Es besteht auch kein Grund mehr, Newtons intensive Auseinandersetzung mit der Alchemie und die Auswirkungen derselben auf seine Gravitationslehre herunterspielen zu müssen.[54]

Warum versuchte Newton, der dessen Interesse an der Alchemie voll teilte, Boyle auf öffentliches Stillschweigen zu verpflichten? Zweifelte er etwa an der wissenschaftlichen Legitimität der Alchemie? Betrachtete er diese bloß als eine Art verbotenes Spiel? Eine Antwort auf diese Fragen gibt ein Brief Newtons an Henry Oldenburg aus dem Jahre 1676. Darin betonte Newton, daß die Resultate alchemistischer Experimente auf der Suche nach dem »wahren philosophischen

---

51 Gellner, The Savage and the Modern Mind (wie Anm. 38), S. 162 f.
52 Evans, Rudolf II and his World (wie Anm. 1), S. 228; vgl. auch Anm. 5
53 Alexandre Koyré, Von der geschlossenen Welt zum unendlichen Universum, Frankfurt a. M. 1969, besonders Kap. 5–7; Piyo M. Rattansi, Some Evaluations of Reason in sixteenth- and seventeenth-century Natural Philosophy, in: Teich/Young, Changing Perspectives in the History of Science (wie Anm. 3), S. 148–166, hier S. 158–160.
54 Vgl dazu u. a. Richard S. Westfall, Newton and Alchemy, in: Vickers, Occult and Scientific Mentalities (wie Anm. 3), S. 315–335, hier S. 322–330.

Quecksilber« deshalb nicht publik gemacht werden sollten, weil die *Hermetick writers* Recht haben könnten, daß dies nur Schaden anrichten würde, solange die wahren Implikationen solcher Experimente nicht in vollem Umfang bekannt seien, »there being other things besides ye transmutation of metalls (if those great pretenders bragg not) w[hi]ch none but they understand«.[55] Newton respektierte mit anderen Worten die durch die alchemistischen Autoren der Vergangenheit vorgegebene Arkantradition. Gleichzeitig erhoffte er sich aber offenkundig auf diesem Wege auch neue Einsichten in Grundfragen der Naturphilosophie.

Völlig zu Recht hat Betty Jo Teeter Dobbs vor inzwischen mehr als zwanzig Jahren in ihrer ersten umfangreicheren Arbeit über die Grundlagen der Alchemie Newtons darauf hingewiesen, daß die nachfolgenden Generationen den Blick für den historischen Kontext des Denkens Newtons weitgehend verloren hätten. Die durch zahlreiche Quellen verbriefte Tatsache, daß Newton nur den kleineren Teil seiner Zeit mit Fragen der Astronomie, Optik und Mathematik, den größeren jedoch mit Fragen der Kirchengeschichte, Theologie, Chronologie auf biblischer Grundlage, Prophezeiungen und Alchemie verbracht habe, sei zu einer Art Anomalie geworden, die man gerne einfach weg diskutiert habe.[56] Ein wesentliches und meines Erachtens überzeugendes Resultat der Forschungen Dobbs' ist die Einsicht, daß Newton in der Alchemie nicht weniger suchte »than the structure of the world [...] – a system of the small world to match with his system of the greater«.[57] Er suchte das, was sein Lehrer Henry More »the Spirit of Nature« genannt und in der Diktion der *Cambridge Platonists* definiert hatte als

»a substance incorporeal [...] pervading the whole Matter of the Universe, and exercising a plastical power therein according to the sundry predispositions and occasions in the parts it works upon, raising such Phaenomena in the world, by directing the parts of the Matter and their Motion, as cannot be resolved into meer Mechanical powers«.[58]

Diese spezifische Suche stellt ein durchgehendes Thema in den umfangreichen alchemistischen Aufzeichnungen, die Newton hinterlassen hat, dar.[59] Für Dobbs

---

55 Zit. nach Dobbs, The Foundations of Newton's Alchemy (wie Anm. 47), S. 195.
56 Ebd., S. 6.
57 Ebd., S. 88f.
58 Henry More, The Immortality of the Soul, So farre forth as it is demonstrable from the Knowledge of Nature and the Light of Reason, London 1659, S. 450, zitiert bei Dobbs, The Foundations of Newton's Alchemy (wie Anm. 47), S. 104.
59 Betty Jo Teeter Dobbs, Newton's Commentary on the Emerald Tablet of Hermes Trismegistus. Its scientific and theological significance, in: Merkel/Debus, Hermeticism and the Renaissance (wie Anm. 36), S. 182–191, hier S. 185; Dies., Alchemical Death and Resurrection. The Significance of Alchemy in the Age of Newton, in: McKnight, Science, Pseudo-Science, and Utopianism in Early Modern Thought (wie Anm. 3), S. 56–87, hier S. 58; Westfall, Newton and Alchemy (wie Anm. 5), S. 321.

war sie Teil einer grundlegenden Einheit in Newtons Schaffen, »a search for the truth about God as well as about the world«.⁶⁰

Es besteht heute auch keine durch ein bestimmtes historiographisches Paradigma vorgegebene Notwendigkeit mehr, Robert Boyle als sozusagen heroischen Überwinder der Alchemie und damit der okkulten Wissenschaften zu sehen, obwohl man einzelne Schriften Boyles, so zum Beispiel »The Sceptical Chymist« von 1661 so lesen kann.⁶¹ Andererseits empfand Boyle nur wenige Jahre später überhaupt keine Widersprüche beim Versuch, eine alchemistische Verwandlung in Begriffen der mechanistischen Naturphilosophie zu erklären.⁶² Ein kürzlich von Michael Hunter herausgegebener Sammelband entwirft gegenüber mancher bisherigen Darstellung ein insgesamt viel differenzierteres, komplexeres Bild dieses »gentleman-scientist«:

»Neither the emergence of chemistry nor the demise of alchemy is so tidy, nor is Boyle's role so simplistic. Boyle's work and papers teem with alchemical references, theories, practices, processes. Until Boyle's alchemical pursuits are incorporated into his historical image, that image will remain distorted by a magnification of his work on ›modern, reputable‹ topics of atomism, pneumatics and such like, at the expense of ›archaic, disreputable‹ topics like alchemy.«⁶³

In seiner neueren und sehr ertragreichen Diskussion der Zusammenhänge zwischen Magie, Wissenschaft, Religion und Rationalität hat der Sozialanthropologe Stanley J. Tambiah davor gewarnt, die Unterschiede zwischen »primitive« und »modern mentalities« aufgrund der falschen Annahme zu karikieren, daß Angehörige moderner, westlicher Gesellschaften andauernd und ausschließlich in wissenschaftlichen Kategorien dächten, wenn doch wissenschaftliche Aktivitäten erwiesenermaßen an ganz spezielle, keineswegs alltägliche Rahmenbedingungen gebunden seien.⁶⁴ Im Blick auf den Zeitraum der wissenschaftlichen Revolution seien zwei Orientierungen gegenüber dem Kosmos analytisch voneinander unterscheidbar, eine teilnehmende und eine kausal-abwägende, denen Religion und Wissenschaft als komplementäre Weltansichten entsprä-

---

60 Dobbs, Newton's Commentary on the Emerald Tablet of Hermes Trismegistus (wie Anm. 59), S. 189. Diese These stellt auch eines der übergreifenden Themen des zweiten und letzten Buches über Newton und die Alchemie der 1994 verstorbenen amerikanischen Historikerin dar: Dies., The Janus Faces of Genius (wie Anm. 28).
61 Vickers, Analogy versus identity (wie Anm. 19), S. 114f.
62 Dobbs, The Foundations of Newton's Alchemy (wie Anm. 47), S. 80. Vgl. dazu auch Walter Pagel, The spectre of van Helmont and the idea of continuity in the history of chemistry, in: Teich/Young, Changing Perspectives in the History of Science (wie Anm. 3), S. 100–109, hier S. 104f.
63 Lawrence M. Principe, Boyle's alchemical pursuits, in: Michael Hunter (Hg.), Robert Boyle Reconsidered, Cambridge 1994, S. 91–105, hier S. 91.
64 Tambiah, Magic, Science, Religion, and the scope of Rationality (wie Anm.4), S. 92.

chen.⁶⁵ Wichtig für unsere Überlegungen ist freilich nicht so sehr diese Feststellung per se, sondern vielmehr Tambiahs damit verknüpfte These, daß ein und derselbe Wissenschaftler des 17. Jahrhunderts gleichzeitig von beiden Orientierungen ausgehen konnte.⁶⁶ Bestätigt findet sich Tambiahs These u. a. in Lotte Mulligans Beobachtungen zum Werk Walter Charletons und anderer englischer Autoren der vierziger und fünfziger Jahre des 17. Jahrhunderts: Das Beispiel Charletons zeige, »that it was not necessary for a writer to reject hermetic language and concepts in order to espouse a mechanistic philosophy«, und dasselbe gelte auch für andere Autoren jener Jahre.⁶⁷ Wie sehr dies auch noch im späteren 17. und frühen 18. Jahrhundert der Fall sein konnte, demonstriert nicht zuletzt das unermüdliche Festhalten Newtons und der Newtonianer am traditionellen Glauben an die spezielle Vorsehung Gottes, selbst wenn die mechanistischen Implikationen der Gravitationslehre letztlich dieser Haltung widersprachen.⁶⁸

Ich denke, daß Tambiahs hier notwendigerweise verkürzt wiedergegebenen Überlegungen zu einem besseren Verständnis der Kontinuitäten in der wissenschaftlichen Revolution verhelfen könnten, in dem Sinne nämlich, daß sie mit zu einer Erklärung beitragen, weshalb die sogenannte wissenschaftliche Revolution keine linear-progressive Entzauberung der Welt mit sich brachte. Zu einer Entzauberung bzw. offenkundigen Säkularisierung kam es erst, als mit dem wachsenden Erfolg des mechanistischen, wissenschaftlichen Denkens in der zweiten Hälfte des 17. Jahrhunderts und mit den damit einhergehenden Versuchen, Vorsehung und Mechanisierung miteinander in Einklang zu bringen, das Okkulte als Unerklärliches in wachsendem Maße endgültig vom wissenschaftlichen Diskurs abgekoppelt wurde.⁶⁹ Wie die Auseinandersetzung zwischen Leibniz und Newton (u. a. über die – so Leibniz – okkulten Implikationen des Newtonschen Systems) zeigen sollte, war dieser Abkoppelungsprozeß an der Wende zum 18. Jahrhundert noch keineswegs abgeschlossen.

---

65 Ebd., S. 105 und 108. Tambiah orientiert sich dabei an den entsprechenden Überlegungen von Claude Lévy-Bruhl.
66 Vgl. ebd., S. 92.
67 Lotte Mulligan, »Reason«, »right reason« and »revelation« in mid-seventeenth-century England, in: Vickers, Occult and Scientific Mentalities in the Renaissance (wie Anm. 3), S. 325–401, hier S. 382 f.
68 Vgl. u. a. Kaspar von Greyerz, Vorsehungsglaube und Kosmologie. Studien zu englischen Selbstzeugnissen des 17. Jahrhunderts, Göttingen 1990, S. 165–179 (besonders Kap. 7: »Religiöse Erfahrung und wissenschaftliche Revolution«); Ders., Secularization in Early Modern England (1660–1750), in: Hartmut Lehman (Hg.), Dechristianisierung, Säkularisierung und Rechristianisierung im Europa der Neuzeit. Bilanz und Perspektiven der Forschung, Göttingen 1997; Margaret C. Jacob, The Newtonians and the English Revolution 1689–1720, Ithaca 1976, S. 22–71 et passim; Larry Stewart, The Rise of Public Science. Rhetoric, Technology, and Natural Philosophy in Newtonian Britain 1660–1750, Cambridge 1992, S. 41–75.
69 Meinel, Okkulte und exakte Wissenschaften (wie Anm. 6), S. 24–27.

Religion und Natur in der Frühen Neuzeit

Aspekte einer vielschichtigen Beziehung

1. Vorbemerkungen

1. Im Blick auf die Frühe Neuzeit wird Religion als geschichtliches Phänomen hin und wieder hypostasiert. Diese Hypostasierung ist entweder ein unreflektiertes Resultat von Methodenblindheit oder gar von Theoriefeindlichkeit, die – meist unausgesprochen – nur den Faktenpositivismus als gültige Herangehensweise gelten läßt. Sie kann aber auch die Folge sein einer historiographischen Zentralsetzung von Religion, wodurch sich Diskussionen über ihren je gegebenen, tatsächlichen Stellenwert in einer bestimmten geschichtlichen Situation oder Entwicklungsphase erübrigen.

Ich betone deshalb einleitend, wie auch schon bei anderer Gelegenheit, daß ich Religion als kulturelles Phänomen verstehe und daher – genauso wie die Kultur – als etwas Wandel- und Veränderbares.[1] Die Religion des frühen 16. Jahrhunderts ist nicht dieselbe wie diejenige des frühen 18. Jahrhunderts. Ich beziehe mich dabei auf Europa und – auch im Folgenden – im Wesentlichen auf den zeitlichen Rahmen zwischen dem späten 15. und dem frühen 18. Jahrhundert.

2. Für die Naturwissenschaft, die sich im hier betrachteten Zeitraum noch durchgängig »Naturphilosophie« nannte, gelten hinsichtlich der Veränderbarkeit selbst ihrer Grundlagen vergleichbare Argumente. Bestes Beispiel für diese Veränderbarkeit sind die epochalen sozioökonomischen Verschiebungen, die sich im späteren 16. und frühen 17. Jahrhundert in Europa vollziehen. Wirtschaftlich dominant ist nach diesen Verschiebungen der nordatlantische Raum mit England, den Niederlanden und Frankreich und nicht mehr der Mittelmeerraum.[2]

Die wissenschaftlichen Folgen dieser Verlagerungen waren vielschichtig. Sie betrafen in erster Linie die Verzahnung von gesellschaftlichem Alltag und Wissenschaft, mittelfristig also die Herausbildung einer eigentlichen Gesellschaft des Wissens. Ich denke dabei etwa an die angewandte Mathematik, an das Ingenieurwesen, an den wissenschaftlichen Umgang mit handwerklichen, agrarischen und industriellen Produktionsformen, an die Entwicklung der Zeitmessung. Wenn ein Kenner wie William B. Ashworth, Jr., im Kontext seiner

---

1 Vgl. Kaspar von Greyerz, Religion und Kultur. Europa, 1500–1800, Göttingen 2000, S. 21–28.
2 Vgl. unter anderem Kristoff Glamann, European Trade, 1500–1800, in: Carlo Cipolla (Hg.), The Fontana Economic History of Europe, Bd. 2: The Sixteenth and Seventeenth Centuries, Glasgow 1974, S. 427–526, hier S. 438 f.

Diskussion der Folgen des Galilei-Prozesses bemerkt, im Italien des späteren 17. Jahrhunderts sei eine naturphilosophische Apathie namentlich in der Hypothesenbildung festzustellen, so dürfen wir uns mit Fug und Recht fragen, ob diese Entwicklung nicht auch mit den angesprochenen makrohistorischen Veränderungen zu tun hatte.

3. Im Titel dieses Beitrags ist von »Religion und Natur« die Rede und bewußt nicht nur von »Religion und Naturwissenschaft«. Wenngleich das Schwergewicht meiner Ausführungen bei der Wissenschaftsgeschichte liegt, werde ich auch auf die Geschichte des Wissens zu sprechen kommen. Der Titel meines Beitrags soll allerdings nicht zur Annahme verleiten, ich könnte näher auf die natürliche Theologie eingehen. Dieses komplexe Thema werde ich im Folgenden nur am Rande berühren. Überhaupt begebe ich mich mit Blick auf »Religion und Natur in der Frühen Neuzeit« in ein ausgesprochen weites Feld hinein. Man übersehe also nicht, daß ich mir durch den Untertitel meines Beitrags einen selektiven thematischen Zugang vorbehalte. Das Folgende gliedert sich in insgesamt sechs Abschnitte.

2. Staunen, Ehrfurcht, Angst

Das populare Naturerlebnis der Frühen Neuzeit wird für uns in erster Linie als Staunen vermischt mit Ehrfurcht, manchmal auch gepaart mit Angst, faßbar. Ich denke dabei an Chroniken, Autobiographien und Tagebücher sowie an Flugschriften. Zwar berichtet hin und wieder ein Tagebuchschreiber über anhaltend schönes Sommerwetter. Meistens ist jedoch in den angesprochenen Quellen, wenn das Wetter, Himmelserscheinungen und Mißgeburten angesprochen werden, vom Außergewöhnlichen – beim Wetter also von Gewittern und Stürmen – die Rede. Und durch dieses Außergewöhnliche manifestiert Gott immer wieder von neuem seine Präsenz im Diesseits, so das bis weit ins 18. Jahrhundert schichtenübergreifend verbreitete Verständnis außergewöhnlicher Naturerscheinungen.[3] Am längsten, das heißt weit über die Aufklärungszeit hinaus, hat sich der Glaube an die besondere heilsgeschichtliche Bedeutung von Kometen gehalten. Selbst Isaac Newton vertrat noch im frühen 18. Jahrhundert die Ansicht, Gott bediene sich der Kometen, um in periodischen Abständen die Harmonie des Universums neu herzustellen.[4] Gleichzeitig berechnete Edmund Halley (um 1656–1742), der zum sozialen und wissenschaftlichen Umfeld Newtons gehörte, zum

---

3 Einen Überblick dazu bieten Lorraine Daston/Katharine Park, Wonders and the Order of Nature 1150–1750, New York 1998. Zuverläßig, detailliert, jedoch vor allem auf Frankreich bezogen ist Jean Céard, La nature et les prodiges. L'insolite au XVIᵉ siècle, Genf 1996.
4 David Kubrin, Newton and the Cyclical Cosmos, in: Journal of the History of Ideas 27 (1967), S. 325–346; John Brooke, The God of Isaac Newton, in: John Fauvel u. a. (Hg.), Let Newton Be! A New Perspective on his Life and Works, Oxford 1988, S. 169–183, hier S. 173 f.

ersten Mal die Umlaufbahn eines Kometen, des sogenannten Halley'schen Kometen, der 1759, wie von Halley vorausberechnet, erneut erschien – allerdings nicht mehr zu dessen Lebzeiten.[5] Staunen und Ehrfurcht, so läßt sich folgern, schlossen die genauere Erforschung von außergewöhnlichen Himmelsphänomenen keineswegs aus.

Das gilt auch schon für Tycho Brahe und seine Schrift über den Kometen des Jahres 1577, der ihn dazu brachte, die aristotelische Trennung zwischen der unveränderlichen Welt der Planeten und der veränderlichen diesseits des Mondes in Frage zu stellen.[6]

Kometenflugschriften, die in großer Zahl überliefert sind, thematisierten vor allem das Erschreckende und Bedrohliche an Kometen, ihre Rolle als Vorzeichen göttlicher Strafen in der Form von Krieg, Hunger und Pestilenz, wie beispielsweise ein von Nostradamus verfaßter, ins Deutsche übersetzter Einblattdruck des Jahres 1554: »Dan dieses gesicht oder Comet [so der Bildtext – KvG] ein gewisse anzeygung gibt/ das dieser yegent [sic; wohl: Gegend] der Prouentz vnd andern Flecken am Meer/ ein vnuerhoffter vnd vnuersehener vnfall begegnen sol/ durch Krieg/ Fewer/ Hunger/ Pestilentz oder andere frembde Kranckheyten/ oder sonst von frembden Nationen beschwert vnd vnterdruckt werden.«[7]

In dieser Form übernehmen zeitgenössische Chronisten und Tagebuchschreiber hin und wieder den Inhalt von entsprechenden Flugschriften und Einblattdrucken in ihre eigenen Aufzeichnungen, wie etwa der St. Galler Chronist Johannes Kessler hinsichtlich des Kometen vom Oktober 1527. Differenzierter ist dagegen sein eigener Erlebnisbericht bezüglich des Kometen vom August 1531. Christoph Glauser, »philosophus und der statt Zürich arzet«, habe in seinem Almanach angekündigt, daß wohl auch dieses Jahr nicht ohne Kometenerscheinung vergehen werde. Und tatsächlich sei im August 1531 ein Komet erschienen. Johannes Kessler unterscheidet in seiner weiteren Schilderung deutlich wissenschaftliche Beschreibung – hier bezieht er sich auf den Nürnberger Mathematicus »Joannes Schouer« – und »Deutung und Auslegung«. Als Exegeten erwähnt er Theophrast von Hohenheim, das heißt Paracelsus, der damals in St. Gallen als Arzt tätig war. Außergewöhnlich ist dann jedoch die Beschreibung der Wanderung auf die Bärenegg in Gesellschaft des Humanisten und Reformators Joachim Vadian und weiterer Mitglieder des Vadian-Kreises, zu dem auch Kessler gehörte, zwecks nächtlicher Beobachtung des Kometen. Er berichtet, wie in dieser

---

5 Alfred Rupert Hall, The Revolution in Science, 1500–1750, London 1983, S. 319.
6 William Donahue, Astronomy, in: Katharine Park/Lorraine Daston (Hg.): Early Modern Science, Cambridge 2006, S. 562–595, hier S. 574–577. Stark popularisierend für das große Publikum, in der Sache jedoch zutreffend Alan W. Hirshfeld, Parallax. The Race to Measure the Cosmos, New York 2001, Kap. 5.
7 Michel de Notre Dame [Nostradamus], Einblattdruck aus dem Jahr 1554, deutsche Übersetzung, Nürnberg, Joachim Heller, o. J., reproduziert in: Michael Bischoff, Himmelszeichen. Eine bildreiche Kunde von Aberglauben und Ängsten, Nördlingen 1986, S. 20.

Nacht Vadian aus einem »almanach der planeten« geschlossen habe, daß es sich bei dem von der Gruppe beobachteten Stern tatsächlich um einen Kometen und nicht um einen Planeten handele. »Wie nun aber der liechte morgen anfieng herbrechen und die nahende son ir vorgende morgenröt vo ir herumb spraitet und die wackeren vogeli mit lieblichem gesang die tagzit verkündtendt, fiengen wir an herab stigen.«[8] Und während einer Pause während dieses Abstiegs erklärte Vadian, von Kessler respektvoll »herr doctor« genannt, hoch über der Stadt die Topographie und Geschichte derselben. Doch Kessler unterbricht sich selbst an dieser Stelle, um zum angestammten Kometendiskurs zurückzukehren und zu betonen, »das der allmechtig Gott solliche zaichen dannzuomal an den himel setz, so er in sinem grimmen über uns erzürnt und sin zorn über uns entbrunnen und billiche straf fürzenemmen, aber hievor vetterliche warnent, ob wir unseren argen stand bessern und zuo im umb gnad und erbermbd [Erbarmen] ruofen und schrijen welten«.[9]

Ähnlich von Ambivalenz gekennzeichnet sind um die Mitte des 17. Jahrhunderts in England die Versuche von verschiedenen Wissenschaftsenthusiasten im Umfeld der frühen, im Jahre 1660 gegründeten Royal Society, sogenannte *special providences*, außergewöhnliche, auf das unmittelbare Eingreifen Gottes zurückgeführte Naturerscheinungen, in systematischer Beschreibung zu erfassen. Einerseits war damit die Errichtung eines Bollwerks gegen Skeptiker, Deisten und Atheisten intendiert, andererseits war aber auch beabsichtigt, Regelmäßigkeiten im scheinbar Außergewöhnlichen sichtbar zu machen, Gott mit anderen Worten seine Unberechenbarkeit zu rauben.[10]

Wenn ich zu Beginn dieses Abschnitts von Staunen, Ehrfurcht und Angst gesprochen habe, so ist hier hinzuzufügen, daß an die Stelle der Angst vor dem strafenden Gott im Verlauf des 17. Jahrhunderts, insbesondere in der zweiten Hälfte desselben, immer mehr die Neugierde auf seine Schöpfung getreten ist. Die hohe Konjunktur der Wunderkammern ist ein Indiz dafür. Wer sich die bisher unveröffentlichte Autobiographie des Ulmer Stadtbaumeisters Joseph Furttenbach (1591–1667) anschaut, ist erstaunt darüber, welchen Zulauf seine sowie die Wunderkammer seines Sohnes Joseph d. J. gefunden haben.[11] Furttenbach hat Namen und Herkunft sämtlicher Besucher schriftlich festgehalten. Höhepunkte stellten die Besuche der Kurfürsten von Sachsen und von der Pfalz dar. Typisch für die *curiositas* von Wissenschaftsinteressierten jener Jahrzehnte ist die Vermischung

---

8 Johannes Kessler, Sabbata, mit kleineren Schriften und Briefen, hg. vom Historischen Verein des Kantons St. Gallen, St. Gallen 1902, S. 360f.
9 Kessler, Sabbata (wie Anm. 8), S. 362.
10 Kaspar von Greyerz, Der alltägliche Gott im 17. Jahrhundert. Zur religiös-konfessionellen Identität der englischen Puritaner, in: Pietismus und Neuzeit 16 (1990), S. 9–28.
11 Joseph Furttenbach, Lebenslauff, Bd. 2, Stadtarchiv Ulm, H: Furttenbach 4 [Bd. 1 ist verschollen]. [Vgl. jetzt: Joseph Furttenbach, Lebenslauff 1652–1664, hg. und kommentiert von Kaspar von Greyerz/Kim Siebenhüner/Roberto Zaugg, Köln 2013. *Anmerkung der Herausgeber*]

von Naturgeschichte und biblischer Geschichte, wie sie später gleichsam gehäuft im Rahmen physikotheologischer Schriften des späten 17. und frühen 18. Jahrhunderts vorkommt. Der Autodidakt Furttenbach demonstriert nicht nur ein genuines Interesse für die physikalische Beschaffenheit des Blitzes, für seine Wunderkammer baut er 1657 auch ein Modell der Arche Noah nach: »Auf seinem dach stunde geschriben: geistliches nachsinnen der archa Noe, wie dieselbige ungefehr nach Gottes Beuehl, dem heiligen mass oder elenbogen nach möchte gebawt gewesen sein [...]. Es erscheinen albereith vil geistlich: vnnd welltliche hoch: vnd niderstandts personen vnd herren, dieses modell zu sechen, vnd thun darüber hochvernünfftig discurss pro et contra halten [...].«[12]

Das bis hierher Dargestellte greift über die Herangehensweisen einer herkömmlichen Wissenschaftsgeschichte hinaus. Eher als einer nach akademischen Disziplinen und ihrer Entwicklung strukturierten Wissenschaftsgeschichte in einem traditionellen und engeren Sinn weiß sich das bisher Dargestellte einer kulturwissenschaftlich verstandenen Geschichte des Wissens verpflichtet. Im Unterschied zur traditionellen Wissenschaftsgeschichte ist diese auf alle Formen von Wissensproduktion und deren Zusammenspiel fokussiert, seien diese Formen nun theoretischer oder alltagskultureller Art.[13]

3. Physikotheologie

Mit Staunen und Ehrfurcht – allerdings kaum noch mit Angst – hat das Werk mancher Physikotheologen zu tun. Dies zeigt eindrücklich Johann Jakob Scheuchzers berühmte sogenannte Kupferbibel. Die Kupferbibel oder »Physica sacra« erschien 1731 bis 1735 in Augsburg in einer vierbändigen Ausgabe.[14] In Scheuchzers Werk ist allerdings – stellvertretend für eine ganze Reihe physikotheologischer Werke des frühen 18. Jahrhunderts – zu erkennen, daß nicht mehr so sehr die Ehrfurcht vor der Allmacht Gottes im Vordergrund steht, sondern deutlicher zunächst einmal das Staunen und der tiefe Respekt vor der unendlich großen Intelligenz des Schöpfers. Im englischen Kontext hat dieser Re-

---

12 Josef Furttenbach, Lebenslauff (wie Anm. 11), Bd. 2, S. 191.
13 Vgl. dazu unter anderem Monika Gisler, Göttliche Natur? Formationen im Erdbebendiskurs der Schweiz des 18. Jahrhunderts, Zürich 2007, S. 19–21.
14 Johann Jakob Scheuchzer, Kupfer-Bibel, in welcher die Physica sacra, oder geheiligte Natur-Wissenschafft derer in Heil. Schrifft vorkommenden natürlichen Sachen, deutlich erklärt und bewährt [...], 4 Bde., Augsburg und Ulm 1731–1735. Eine Auswahl bietet: Berühmte Bilder zur Menschheitsgeschichte aus Johann Jacob Scheuchzers Physica Sacra, 110 Kupfertafeln, ausgewählt und erläutert von Hans Krauss, Konstanz 1984. Zu Scheuchzers »Physica sacra« vgl. auch Irmgard Müsch, Geheiligte Naturwissenschaft. Die Kupfer-Bibel des Johann Jakob Scheuchzer, Göttingen 2000; Robert Felfe, Naturgeschichte als kunstvolle Synthese. Physikotheologie und Bildpraxis bei Johann Jakob Scheuchzer, Berlin 2003.

spekt im späten 17. und frühen 18. Jahrhundert ein doppeltes Gesicht. Für Isaac Newton und seinen Kreis ist es in erster Linie das traditionelle Bild eines interventionistischen Gottes, das von dieser Gruppe hochgehalten und gegen die Deisten verteidigt wird. Auf der Seite der Physikotheologen im engeren Sinn (John Ray, William Derham und viele andere) steht der Hinweis auf das intelligente »Design« der Schöpfung im Kleinen im Vordergrund. Der Konsens dieser beiden Gruppen untereinander geht im angesprochenen Zeitraum dahin, daß das »Design« der Schöpfung sowohl im Großen (Newton und sein Kreis) wie im Kleinen (die englischen Physikotheologen) zwingend auf ein intelligentes Wesen hinweist, welches sich in der Schöpfung offenbart. Doch wie Newtons Gravitationslehre verstärkt auch das Werk mancher Physikotheologen letztlich, ohne daß dies intendiert wäre, die Vorstellung der Eigengesetzlichkeit der Natur. Deutlich wird diese Ambivalenz zum Beispiel in folgender Äußerung Scheuchzers in seiner »Physica sacra«: »Frage die Thiere (das Vieh), sagt Hiob, so werden sie dich berichten; [...] es sind nemlich die Leiber aller Thiere, gleichwie des Menschen, machinae hydraulico-Pneumaticae, solche Kunstwercke, welche nicht nur in ihrer gantzen Einrichtung, sondern in jeglichem besondern Theilen betrachtet, Gottes Vollkommenheiten mit erhabener Stimme preisen: Hertz, Auge, Ohr, Hirn, ja eine Drüse, ein jedes Aederlein ist eine Welt voll Wunder.«[15]

Das Schwinden der Furcht vor dem strafenden Gott gehört in den Kontext der überall in Mittel- und Westeuropa von etwa der Mitte des 17. Jahrhunderts an beobachtbaren Veränderung des popularen Gottesbildes und des damit verbundenen allmählichen Rückzuges apokalyptischer Vorstellungen aus dem allgemeinen Geschichtsbewußtsein. Die Apokalyptik wird zum Diskussionsgegenstand von Gelehrten, die den genauen Zeitpunkt des Weltendes zu berechnen versuchen, und zieht sich ansonsten in protestantische Erneuerungsbewegungen zurück.[16] Im Pietismus, später im Herrnhutertum und Methodismus, wird sie weiter tradiert. Daß es in diesem letzteren Rahmen, etwa im württembergischen Pietismus, auch im 18. und 19. Jahrhundert weiterhin zu punktuellen Berührungen zwischen Apokalyptik und Naturwissenschaft kommt, steht außer Frage. Dies sei hier jedoch nur am Rande vermerkt.

Es herrscht bisher kein Konsens darüber, welchem, insbesondere chronologisch genauer definierten, historischen Kontext die Physikotheologie zuzuordnen ist. Einzelne Autoren, die vor allem ideengeschichtlich argumentieren, lassen die Physikotheologie bereits im 16. Jahrhundert beginnen.[17] Für mich stellt die Phy-

---

15 Zitiert nach Eduard Fueter, Geschichte der exakten Wissenschaften in der schweizerischen Aufklärung (1680–1780), Aarau 1941, S. 53.
16 Zur gelehrten Diskussion des 17. Jahrhunderts vgl. unter anderem Richard H. Popkin, Predicting, Prophecying, Divining and Foretelling from Nostradamus to Hume, in: History of European Ideas 5 (1984), S. 117–135.
17 So zuletzt Paul Michel, Physikotheologie. Ursprünge, Leistung und Niedergang einer Denkform, Zürich 2008.

sikotheologie primär einen Versuch dar, die Vereinbarkeit, ja sogar Übereinstimmung von mechanistisch gewordener wissenschaftlicher Naturauffassung und biblischer Überlieferung unter Beweis zu stellen. Sie setzt deshalb in der Breite erst in den letzten zwei bis drei Jahrzehnten des 17. Jahrhunderts ein und hat um die Mitte des 18. Jahrhunderts das meiste ihrer Überzeugungskraft verloren. Eine ganze Reihe von Physikotheologen dieses Zeitraums sind keine professionellen Wissenschaftler. Sie sind Wissenschaftsenthusiasten, fast alle Protestanten, viele von ihnen Pfarrer. Wohl die meisten favorisieren das sogenannte *argument by design* und exerzieren dies an Fischen, Vögeln, Meerestieren, aber auch den Gestirnen usw. durch. Ich nenne nur ein paar wenige Beispiele in chronologischer Reihenfolge: »Theobotanologia« (William Westmancott), »Astrotheologie« (William Derham, 1715), »Hydrotheologie« (Johann Albert Fabricius, 1734), »Insectotheologia« (Friedrich Christian Lesser, 1738), »Ornithotheologie« (Alexander Peter Nahuys, 1751; Peter Kalm, 1754).[18]

4. Mikro- und Makrokosmos

In der Wissenschaftsgeschichte der Frühen Neuzeit hat sich in den letzten Jahrzehnten so manches verändert: Der Begriff der »wissenschaftlichen Revolution« ist hinterfragbar geworden, die Geschlechtergeschichte hat Fragezeichen hinter die männliche Meisterdenkergalerie der traditionell-internalistischen Wissenschaftsgeschichte gesetzt,[19] der Einbezug des soziokulturellen Kontextes ist mit Erfolg angemahnt worden, es darf neuerdings von der »social history of truth« gesprochen werden, als ob die historische Wahrheit sich vielleicht doch nicht einfach im Steinbruch der vorfindbaren historischen Fakten verberge.[20] Dennoch: die These des Alexandre Koyré aus den 1950er Jahren, daß der wissenschaftliche

---

18 Nach Michel, Physikotheologie (wie Anm. 17), S. 4f.
19 Zum Verhältnis von Externalismus und Internalismus in der Wissenschaftsgeschichte vgl. die Überlegungen von Mathias Pohlig, Konfessionalisierung und frühneuzeitliche Naturwissenschaft, in: Heinz Schilling/Stefan Ehrenpreis (Hg.), Frühneuzeitliche Bildungsgeschichte der Reformierten in konfessionsvergleichender Perspektive. Schulwesen, Lesekultur und Wissenschaft, Berlin 2007, S. 231–268, hier S. 232, der vorsichtig folgert, daß »man die frühneuzeitliche Naturwissenschaft vielleicht in höherem Maße als die der Moderne in einer externalistischen Weise beschreiben« könne, weil die Ausdifferenzierung gesellschaftlicher Subsysteme im Sinne Niklas Luhmanns in der Frühen Neuzeit noch nicht abgeschlossen sei. Dieser interessanten Überlegung wäre freilich hinzuzufügen, daß Geschichtswissenschaft in einem dialektischen Verhältnis zu ihren Forschungsgegenständen steht, und Letztere auch von sich aus definiert.
20 Steven Shapin, A Social History of Truth. Civility and Science in Seventeenth-Century England, Chicago 1994.

Umbruch des 17. Jahrhunderts im Wesentlichen auf einem Wechsel von qualitativen Anschauungsweisen zu geometrisch-quantitativen Methoden beruht habe, hat ihre Gültigkeit trotz dieser Veränderungen bis heute nicht verloren.[21] Seither ist jedoch deutlicher geworden, daß mit dem wissenschaftlichen Umbruch des 17. Jahrhunderts auch neuplatonisch-hermetische und paracelsische Strömungen verwoben waren, die lange Zeit als wissenschaftsgeschichtlich irrelevant abgetan worden sind. Im späteren 17. Jahrhundert, im Werk Isaac Newtons, konvergierten diese unterschiedlichen Strömungen, Alchemie und Atomismus, auf eigentümliche Weise.[22] In der akademisch etablierten Medizin wirkten paracelsische Vorstellungen bis weit ins 18. Jahrhundert nach.

Kern des neuplatonisch-hermetischen und des paracelsischen Weltbildes genauso wie des bis mindestens weit ins 17. Jahrhundert hinein verbreiteten und von den Universitäten hochgehaltenen aristotelisch-scholastischen Weltbildes war das, was Arthur Lovejoy seinerzeit als »the chain of being« bezeichnet hat, die Vorstellung einer in die Hierarchie des Kosmos gleichsam eingebetteten Abhängigkeit zwischen dem Makrokosmos der Sterne und den Engelshierarchien, über welchen Gott präsidiert, und dem menschlichen Mikrokosmos.[23]

Der englische Hermetiker Robert Fludd (1574–1637) hat in seine Darstellung dieser Abhängigkeit freilich neuplatonische Vorstellungen der Emanation alles Seienden aus dem göttlichen Einen einfließen lassen. Seine Sphären in dieser bildlichen Darstellung (Abb. 1) sind eigentlich gar keine, denn wir haben es mit einer Spirale zu tun, in welche ganz oben Gottes Geist (*mens*) einfließt. Auch der Fixsternhimmel (*caelum stellatum*) markiert keinen deutlichen Abschluß der für uns Menschen mit unseren Sinnen erkennbaren Welt nach oben. Den sublunaren Bereich stellt sich Fludd dann durchaus traditionell aus der Hierarchie von Feuer, Luft, Wasser und Erde zusammengesetzt vor.

Vergleichsweise elaboriert und nicht in Spiralform dargestellt – auch hier der ptolemäische Kosmos – ist die sogenannte Kette der Lebewesen in Abbildung 2. Diese Kette reicht hinunter bis zum Natur nachmachenden Affen, der hier ausschließlich mit positiven Konnotationen versehen ist. Die oberhalb des Bildzentrums stehende Frau ist die Weltseele, die *anima mundi*. Sie bewegt die Sphären der Sterne und reguliert den Einfluß der Planeten auf die sublunare Sphäre, sie ernährt die Kreaturen der vergänglichen sublunaren Welt durch ihre Brust, die gleichzeitig die wahre Sonne darstellt, während ihr Schoß das Symbol des

---

21 Alexandre Koyré, Von der geschlossenen Welt zum unendlichen Universum, Frankfurt a. M. 1969.
22 Vgl. unter anderem Kaspar von Greyerz, Alchemie, Hermetismus und Magie. Zur Frage der Kontinuitäten in der wissenschaftlichen Revolution, in: Hartmut Lehmann/Anne-Charlott Trepp (Hg.), Im Zeichen der Krise. Religiosität im 17. Jahrhundert, Göttingen 1999, S. 415–432. [Vgl. den Beitrag in diesem Band].
23 Arthur O. Lovejoy, The Great Chain of Being. A Study of the History of an Idea, Cambridge 1936.

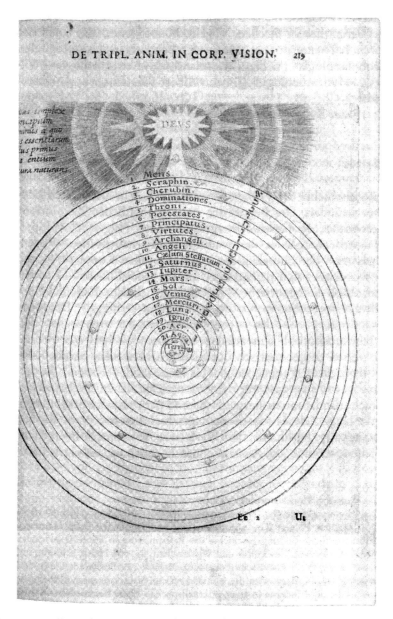

Abb. 1: Darstellung des Ursprungs alles Seienden im göttlichen Einen nach Robert Fludd (1619). Robert Fludd: Tomus secundus de […] microcosmi historia, in tractatus tres distributa, Oppenheim: Theodore de Bry, 1619, 219.

Mikro- und Makrokosmos 235

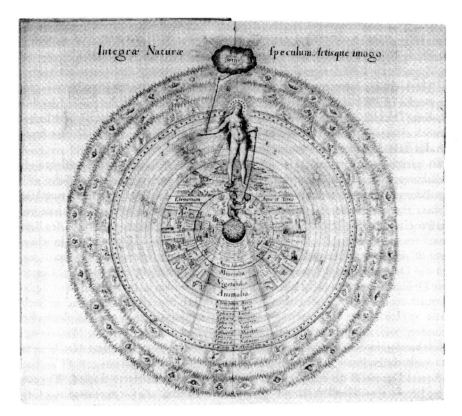

Abb. 2: Die »Kette der Lebewesen« nach Robert Fludd (1617). Robert Fludd: Tomus secundus de [...] microcosmi historia, in tractatus tres distributa, Oppenheim: Theodore de Bry, 1619, 219.

Mondes trägt und als Symbol der Fruchtbarkeit mit dem Zentrum der Erde in Verbindung steht. Mann und Frau, links und rechts des Bildzentrums, werden in einer komplizierten Emblematik innerhalb der Kategorie »Animalia« mit bestimmten Tieren assoziiert. Über allem thront, in Wolken verhüllt, Gott, welcher den rechten Arm der Weltseele lenkt. Über ihre linke Hand ist die Weltseele mit dem Affen verbunden, einer emblematischen Figur, die die menschliche Kunstfertigkeit symbolisiert.

Fludds »Tractatus Secundus de Natura Simia Seu Technica macrocosmi historia«, 1618 in Oppenheim veröffentlicht, macht deutlich, welche Bewandtnis es mit dem Affen im Zentrum der bildlichen Darstellung der gesamten Natur (integrae naturae) hat. Um Fortschritte in unseren Wissenschaften zu machen, sollen wir Menschen die Natur recht eigentlich nachäffen. Der Kern dieser Nachäfferei ist die Mathematik, auch dies ein Hinweis darauf, daß sich neuplatonisch-hermetische Tradition und Orientierung am vorsokratischen Atomismus in ihren Grundanliegen keineswegs fremd waren. Auf die Mathematik folgen Geometrie, Perspektive, Malerei, Festungsbau, Ingenieurskunst, Zeitmessung, Kosmographie, Astrologie, Geomantik und Musik.[24]

Der Affe, so die Implikation der Kosmologie Fludds, ist als Nachäffer auch Gottessucher. Er perfektioniert seine Künste durch das Studium der Schöpfung. Er ist jedoch nicht nur Suchender, sondern auch Empfangender, so die Implikationen der weit über den zeitgenössischen Neuplatonismus, Hermetismus und Paracelsismus hinaus bestehenden Anerkennung der Zusammenhänge zwischen menschlichem Mikrokosmos und planetarischem Makrokosmos.

Während diese Vorstellungswelt in der hier präsentierten, neuplatonisch eingefärbten Form Kritik auf sich zog, betonte sie doch gleichzeitig sehr stark die Einheit und Harmonie von göttlicher Schöpfung und menschlichem Wissensdrang. Zwei prominente Kritiker Fludds waren der französische Minimenpater Marin Mersenne (1588-1648) und der Astronom und Astrologe Johannes Kepler (1571-1630). Für Mersenne waren Fludds Überlegungen inakzeptabel, weil sie die Grenzen zwischen Wissenschaft und Gottesglauben nicht respektierten.[25] Kepler wandte sich gegen Fludds Pythagoreismus, gegen seine Auffassung, daß die der Schöpfung eingegebene Zahlenstruktur magisch-okkulte Qualitäten besitze. Für Kepler war der Kosmos kein göttlicher Organismus.[26] Daher auch seine Erklärung in der »Astronomia nova« von 1621 zur Beschaffenheit der Sonne: »Wenn man statt des Wortes *Seele* als Wort *Kraft* [lat. *vis*] setzt, hat man gerade das Prinzip, auf dem [meine] Himmelsphysik grundgelegt [...] worden ist.«[27]

5. Die Kausalitätsdiskussion

Keplers Bemerkung steht am Beginn der sogenannten Mechanisierung des wissenschaftlichen Weltbildes, die sich durch fast das gesamte 17. Jahrhundert hindurch zog und von Anfang an eng verwoben war mit der Frage nach den Eigengesetzlichkeiten der Natur, die mancherlei Befürchtungen hinsichtlich der

---

24 Nach Joscelyn Godwin, Robert Fludd. Hermetic Philosopher and Surveyor of Two Worlds, London 1979, S. 76.
25 William B. Ashworth, Jr., Catholicism and Early Modern Science, in: David C. Lindberg/Ronald L. Numbers (Hg.), God and Nature. Historical Essays on the Encounter between Christianity and Science, Berkeley 1986, S. 136-166, hier S. 138f. Vgl. auch Frances A. Yates, The Rosicrucian Enlightenment, London 1975, S. 147-150; Louis Châtellier, Les espaces infinis et le silence de Dieu. Science et religion, XVIe-XIXe siècle, Paris 2003, S. 32f.
26 Paolo Rossi, Die Geburt der modernen Wissenschaft in Europa, München 1997, S. 117.
27 Wie Anm. 26.

Beschneidung der göttlichen Souveränität mit sich brachte. Es handelte sich um eine zunächst vor allem (in unserem heutigen Sinne des Begriffs) philosophische Diskussion, bevor sie sich um die Mitte und im späteren 17. Jahrhundert deutlicher um die Frage der Beschaffenheit von Materie und ihrer Eigengesetzlichkeit beziehungsweise ihrer fortdauernden Abhängigkeit von Gott dem Schöpfer zu drehen begann.

Die Debatte über das Verhältnis zwischen naturphilosophischen Kausalitätserwägungen und dem überlieferten Gottesglauben setzt in aller Breite mit Francis Bacons »The Advancement of Learning« von 1605 ein, wo der englische Naturphilosoph direkt die Auswirkungen auf den persönlichen Glauben der Unterscheidung zwischen erster Ursache, nämlich Gott, und sekundären Ursachen, der Eigengesetzlichkeit der Natur, anspricht. Er bezweifelt nicht, daß diese Unterscheidung beim Anfänger eine Distanz zu Gott bewirken kann, aber er verwirft die Vorstellung, daß fortgeschrittene Naturphilosophen Atheisten sein könnten: »[...] but when a man passeth of farther, and seeth the dependence of causes, and the works of Providence; then, according to the allegory of the poets [der hier gemeinte Dichter ist Homer, K. v. G.] he will easily believe that the highest link of nature's chain must needs be tied to the foot of Jupiter's chair.«[28] Auch hier findet sich das Bild der bereits angesprochenen sogenannten *chain of being*.

Etwa gleichzeitig begannen in der europäischen Wissenschaftsgeschichte die Anleihen an den antiken Atomismus als Alternative zur aristotelischen Scholastik zuzunehmen. Die Hinwendung einer wachsenden Zahl namhafter Naturphilosophen zum Atomismus intensivierte die Fragen nach der Verträglichkeit von Wissenschaft und Religion. Spätestens mit der 1644 erschienenen Physik des René Descartes (1596–1650), deren Resonanz in der zweiten Hälfte des 17. Jahrhunderts in positiver wie negativer Hinsicht kaum zu unterschätzen ist, verlagerte sich die Debatte auf das kausale Verhältnis zwischen Gott und Materie. Gegenüber Descartes wurden nicht nur Atheismusvorwürfe erhoben wegen der fragilen Vermittlung in seinem System von mechanischem Körper und menschlicher Seele, deren Sitz er in der Hypophyse vermutete, sondern auch aus kosmologischen Gründen, weil die beiden grundlegenden Parameter seiner Physik, Materie und Ausdehnung, in den Augen vieler Zeitgenossen Gott gleichsam aus dem Universum verbannten.[29]

Während Descartes die Möglichkeit des leeren Raumes aufgrund seiner Korpuskulartheorie ausschließen mußte, ging Isaac Newton (1643–1727) in seiner Gravitationslehre von durch den leeren Raum hindurch vermittelten Bewegungs-

---

28 Francis Bacon, The Advancement of Learning, hg. v. George William Kitchin, London 1973, S. 8.
29 Vgl. unter anderem Margaret C. Jacob, The Cultural Meaning of the Scientific Revolution, New York 1988, S. 54–67.

impulsen aus. Es gibt gute Gründe zu vermuten, daß ihm bei der Entwicklung seiner entsprechenden Vorstellungen die Alchemie, mit welcher er sich bis an die Wende zum 18. Jahrhundert intensiv beschäftigte, zu Hilfe kam. Die unbequeme Frage nach dem Verhältnis von Materie und Kausalität vermochte er jedoch durch seine dezidiert antikartesianische Naturphilosophie nicht aus der Welt zu schaffen.

Er weigerte sich, der Materie Eigengesetzlichkeit zuzusprechen: »That gravity should be innate inherent and essential to matter«, betonte er 1693 gegenüber dem Theologen Richard Bentley, »is to me so great an absurdity that I believe no man who has in philosophical matters any competent faculty of thinking can ever fall into it. Gravity must be caused by an agent acting constantly according to certain laws, but whether this agent be material or immaterial is a question I have left to the consideration of my readers.«[30] Darin äußerte sich sein Festhalten an herkömmlich providentialistischen Vorstellungen von der Souveränität Gottes, dem er das Recht vorbehielt, in seine eigene Schöpfung von Zeit zu Zeit zu intervenieren, um die Harmonie der Welt wiederherzustellen. Es ging dabei allerdings nicht mehr um den gleichen Gott, den Francis Bacon zu Beginn des 17. Jahrhunderts verehrte. Newtons Gott war ein arianischer und kein trinitärer Gott. Man kann diesen Wandel durchaus als Folge der Kausalitätsdiskussionen des 17. Jahrhunderts verstehen, die sich einseitig auf den Schöpfergott konzentrierten.[31]

Newtons Vorstellung eines ebenso souveränen wie interventionistischen Gottes hatte unangenehme Auseinandersetzungen unter anderem mit Gottfried Wilhelm Leibniz (1646–1716) zur Folge, der von Newton wissen wollte, was denn das für ein Gott sei, der sich nicht als fähig erweise, seine Schöpfung perfekt zu gestalten – statt als periodisch reparaturanfälliges Werk.[32] Newton starb 1727 in hohem Alter. Nicht lange nach seinem Tod ging auch die große Zeit der Physikotheologie zu Ende, die ähnliche Interessen verfolgt hatte. Ich werde darauf zurückkommen. Zunächst aber zum direkten Korrelat der Diskussionen über die Kausalitätsfrage, zum Verhältnis von Bibel und Naturphilosophie.

---

30 Newton. Texts, Backgrounds, Commentaries, hg. v. I. Bernard Cohen und Richard S. Westfall, New York 1995, S. 337 (Newton an Bentley, 25. Februar 1693).
31 Vgl. Richard S. Westfall, The Rise of Science and the Decline of Orthodox Christianity. A Study of Kepler, Descartes, and Newton, in: Lindberg/Numbers (Hg.), God and Nature (wie Anm. 25), S. 218–237, hier S. 230.
32 La correspondance Leibniz-Clarke, hg. v. André Robinet, Paris 1957; A. Rupert Hall, Philosophers at War. The Quarrel between Newton and Leibniz, Cambridge 1980.

6. Biblische Überlieferung und Naturphilosophie

Es gibt bekanntlich eine Reihe von Bibelstellen, die nicht mit dem kopernikanischen Heliozentrismus übereinstimmen. Dazu gehören namentlich Josua 10, 12–14, Habakuk 3, 11, Samuel 1, 18, und Psalmen 19, 104. Weitere Textstellen standen bereits zu einem früheren Zeitpunkt im Widerstreit mit anerkannten wissenschaftlichen Erkenntnissen, so daß bereits der Kirchenvater Augustinus empfahl, im Fall eines tatsächlichen Interpretationskonflikts der entsprechenden Bibelstelle eine allegorische Interpretation angedeihen zu lassen.[33]

Sowohl Thomas von Aquin wie Johannes Calvin waren der Überzeugung, daß die Bibel für das Volk geschrieben worden sei und daher bildliche Ausdrucksweisen und Gleichnisse verwendet worden seien. Im Falle eines Konflikts zwischen biblischer Überlieferung und naturphilosophischer Erkenntnis sollte daher nicht auf einer literalen Lektüre entsprechender Bibelpassagen bestanden werden.[34] Während unter den bekannten Kopernikanern des späten 16. und frühen 17. Jahrhunderts Giordano Bruno (1548–1600) und Johannes Kepler (1571–1630) biblische und naturphilosophische Aussagen auf völlig unterschiedlichen Ebenen anzusiedeln und voneinander zu trennen versuchten, war Galileo Galilei (1564–1642) unter dem Einfluß sowohl der Methodendiskussion seiner Paduaner Vorgänger wie auch seiner Fernrohrentdeckungen nicht zu dieser Trennung bereit.[35] Galileo, so Robert Westman, »committed himself to a strict notion of proof in science, according to which true conclusions must be deduced necessarily from true premises, which are themselves self-evident. No other Copernican had locked himself into such a tight position.«[36] Der dadurch an der römischen Kurie ausgelöste Vorgang der intensiveren Auseinandersetzung mit dem Verhältnis zwischen naturwissenschaftlicher Erkenntnis und biblischer Überlieferung sollte jedoch nicht als grundsätzlicher Konflikt zwischen Wissenschaft und Kirche mißverstanden werden, zumal Galilei gar nicht in der Lage war, unwiderlegbare Beweise für die Bewegung der Erde zu liefern. Es ging dabei in erster Linie um die Frage der Interpretation strittiger Bibelstellen, wobei die konservativen Gegenspieler Galileis schließlich die Oberhand behielten.[37]

---

33 Edward Grant, Science and Theology in the Middle Ages, in: Lindberg/Numbers (Hg.), God and Nature (wie Anm. 25), S. 49–75, hier S. 64 f.
34 Fueter, Geschichte der exakten Wissenschaften (wie Anm. 15), S. 24; Gary B. Deason, Reformation Theology and the Mechanistic Conception of Nature, in: Lindberg/Numbers (Hg.), God and Nature (wie Anm. 25), S. 167–191, hier S. 171.
35 Zu Bruno und Kepler Robert S. Westman, The Copernicans and the Churches, in: Lindberg/Numbers (Hg.), God and Nature (wie Anm. 25), S. 76–113, hier S. 90–92.
36 Ebd., S. 98.
37 Vgl. dazu David C. Lindberg/Ronald L. Numbers, Introduction, in: Dies. (Hg.), God and Nature (wie Anm. 25), S. 1–18, hier S. 11 f.; Châtellier, Les espaces infinis (wie Anm. 25), S. 13 f.; Ernan McMullin (Hg.), The Church and Galileo, Notre Dame (IN) 2005.

Die Verurteilung Galileis durch die römische Kurie im Jahre 1633 war sicherlich ein folgenreicher Fehler, der sich im weiteren 17. Jahrhundert vor allem lähmend auf die Naturwissenschaft in Italien auswirkte.[38] Von dieser Einschätzung müssen allerdings entschieden die wissenschaftlichen Aktivitäten innerhalb des Jesuitenordens ausgenommen werden. Im katholischen Europa außerhalb Italiens waren die Auswirkungen der Verurteilung längst nicht überall so deutlich wie in Italien. In Frankreich schwang sich der Minimenpater Marin Mersenne 1634 in seiner Korrespondenz sogar zur kühnen Frage auf: »Le jugement des inquisiteurs romains est-il un article de foy?«[39] Der *casus* Galilei eignet sich deshalb nicht für die Behauptung einer generellen, nach 1633 anhaltenden katholischen Wissenschaftsfeindlichkeit. Ich bin mit der Einschätzung von Mathias Pohlig vollkommen einig, daß im Fall Galilei vielmehr eine Haltung besonders exemplarisch aufscheint, »die in allen drei Konfessionen aufzufinden war: nämlich eine grundsätzlich skeptische bis ablehnende Haltung der Repräsentanten der Religion gegen eine allzu autonome und selbstbewußte Wissenschaft«.[40] Im entschiedenen Widerstand im weiteren Verlauf des 17. Jahrhunderts gegen die Physik des René Descartes unterschieden sich die drei Konfessionskirchen kaum. In der »Formula Consensus« des schweizerischen reformierten Protestantismus von 1675 wurden sogar die hebräischen Vokalzeichen im Alten Testament für göttlich inspiriert erklärt, um jeglichen Versuchen einer allegorischen Bibelinterpretation im Voraus präventiv ihre Legitimität zu entziehen, unter anderem mit dem Resultat, daß in Zürich Johann Jakob Scheuchzer noch 1721 durch die Zensur daran gehindert wurde, sich offen zu seinem Kopernikanismus zu bekennen.[41]

7. Makrotheorien zum Verhältnis von Religion und Wissenschaft

Die letzten beiden Abschnitte meines Beitrags haben die frühneuzeitlichen Konfliktzonen zwischen Religion und Naturbetrachtung beleuchtet. Aufs Ganze gesehen dürfte jedoch deutlich geworden sein, daß von einem inhärenten Gegensatz zwischen Religion und Naturwissenschaft keine Rede sein kann. Dennoch hat sich genau diese ausgesprochen oberflächliche Meinung generationenübergreifend gehalten, seit die beiden Amerikaner John William Draper (1811–1882)

---

38 Ashworth, Catholicism and Early Modern Science (wie Anm. 25), S. 152 f.; William R. Shea, Galileo and the Church, in: Lindberg/Numbers (Hg.), God and Nature (wie Anm. 25), S. 114–135, hier S. 132 f.
39 Zitiert nach Châtellier, Les espaces infinis (wie Anm. 25), S. 53.
40 Pohlig, Konfessionalisierung und frühneuzeitliche Naturwissenschaft (wie Anm. 19), S. 247.
41 Fueter, Geschichte der exakten Wissenschaften (wie Anm. 15), S. 23.

und Andrew Dickson White (1832–1918) in den Jahren 1874 und 1896 ihre programmatischen Werke mit den Titeln »History of the Conflict between Religion and Science« beziehungsweise »A History of the Warfare of Science with Theology in Christendom« veröffentlichten.[42]

Seither haben sich Historiker, Soziologen und Theologen von Werner Elert über Robert Merton und Charles Webster bis zu Gary B. Deason – um nur ein paar wenige Namen zu nennen – mit Thesen hervorgetan, welche die ursächliche Verknüpfung zwischen wissenschaftlichem Fortschritt in der Frühen Neuzeit und einer spezifischen Konfession in den Vordergrund zu stellen versuchen. Von den vier erwähnten Wissenschaftlern hat Gary B. Deason zuletzt (1986) relativ vorsichtig in einem Aufsatz davon gesprochen, daß der mechanistische Glaube an die Passivität der Materie – im Unterschied zur Vorstellung einer beseelten Materie im zeitgenössischen Hermetismus und in der Alchemie – im 17. Jahrhundert Zustimmung gefunden habe »in part because of the recognized affinity between it and the Protestant doctrine of the radical sovereignty of God«.[43] Wenn jedoch unter anderen Newton als Garant für die Richtigkeit dieser These herangezogen wird, dann wird einseitig sein unerschütterlicher Glaube an Gott als souveränen Weltenherrscher auf Kosten seines großen Interesses an alchemistischen Fragestellungen hervorgehoben. Während Deason vorsichtig formuliert (»*in part* because of the recognized affinity«), verfielen frühere Interpreten in einen ziemlich fragwürdigen Konfessionalismus. So meinte der Kirchenhistoriker Werner Elert 1927 in einem Aufsatz über die »Wirkungen der lutherischen Abendmahlslehre in der Geschichte der Weltanschauungen«, »daß nahezu die gesamten Fortschritte über Kopernikus hinaus durch mehrere Generationen hindurch von Lutheranern gemacht wurden«.[44] Robert S. Westman hat seither wesentlich kompetenter davon gesprochen, daß sich zwischen 1543, dem Erscheinungsjahr von Kopernikus' »De revolutionibus orbium coelestium«, und 1600 in Europa nur zehn einigermaßen bekannte Kopernikaner ausmachen lassen. Vier unter ihnen waren Deutsche, zwei Italiener, zwei Engländer, einer Spanier und einer Niederländer.[45]

Im Übrigen läßt sich die notorische These von wissenschaftlich reaktionärem Katholizismus versus fortschrittlichen Protestantismus auch umkehren, wenn der durch die Einführung des gregorianischen Kalenders im Jahre 1582 entstandene Kalenderstreit in die Betrachtung mit einbezogen wird.[46] Bekanntlich wurde der neue, präzisere Kalender in protestantischen Gebieten im alten Reich und in der Schweiz erst im Jahre 1700 angenommen, und einzelne kommunale

---

42 Vgl. dazu Lindberg/Numbers, Introduction (wie Anm. 37), S. 1–3.
43 Deason, Reformation Theology (wie Anm. 34), S. 170.
44 Zitiert nach Fueter, Geschichte der exakten Wissenschaften (wie Anm. 15), S. 242, Anm. 9.
45 Westman, The Copernicans (wie Anm. 35), S. 85.
46 Pohlig, Konfessionalisierung und frühneuzeitliche Naturwissenschaft (wie Anm. 19), S. 261 f.

Widerstandsnester in Graubünden konnten sogar erst zu Beginn des 19. Jahrhunderts zur Annahme des gregorianischen Kalenders gezwungen werden.⁴⁷

In Bezug auf England hat Max Webers These von den Affinitäten zwischen Calvinismus und dem Geist des Kapitalismus im Bereich der Wissenschaftsgeschichte Schule gemacht.⁴⁸ In einer 1938 veröffentlichten Monographie hat der amerikanische Soziologe Robert K. Merton Puritanismus und wissenschaftliche Revolution miteinander verknüpft.⁴⁹ Ich gehe hier nicht näher darauf ein, außer dem Hinweis, daß Merton sowohl sein viel zu allgemeiner Puritanismusbegriff sowie sein einseitiger utilitaristischer Wissenschaftsbegriff vorgeworfen worden sind.⁵⁰ Weder Mertons These noch die deutlich differenziertere von Charles Webster, die sich ebenfalls mit Puritanismus und Wissenschaft im England des 17. Jahrhunderts beschäftigt und insbesondere der Bacon-Rezeption nach Francis Bacons Tod im Jahre 1626 nachgeht, haben sich in der Forschungsdiskussion durchgesetzt.⁵¹

Die hier notwendigerweise nur skizzenhafte Vorstellung der verschiedenen konfessionsgeschichtlichen Zuordnungsversuche von wissenschaftlichem »Erfolg« und »Fortschritt« zeigt meines Erachtens, daß solche Zuordnungen für das 16. Jahrhundert und auch weitgehend für das 17. Jahrhundert scheitern müssen – einmal abgesehen davon, daß die Kategorien »Erfolg« und »Fortschritt« historiographisch durchaus hinterfragbar sind. Wie wir bereits gesehen haben, hat zwar William B. Ashworth, Jr., betont, daß in der Naturwissenschaft von Katholiken des späteren 17. Jahrhunderts eine gewisse Erlahmung des Forschergeistes festzustellen sei,⁵² aber er bezieht diese Beobachtung ausschließlich auf Italien und schließt den Jesuitenorden ausdrücklich davon aus. Mit Blick auf das Werk einer Reihe von bekannteren katholischen Wissenschaftlern des 17. Jahrhunderts (Mersenne, Gassendi, Descartes, Pascal, Steno sowie Malpighi, Borelli, Redi, Torricelli und Galilei), die mit Ausnahme des gebürtigen Dänen Niels Stensen beziehungsweise Nicolaus Steno italienischer oder französischer Herkunft waren, zieht er den Schluß, daß sich keine konfessionellen Gemeinsamkeiten erkennen lassen: »It means that nothing was inherently denied to the

---

47 Felix Maissen, Der Kalenderstreit in Graubünden, 1582–1812, in: Bündner Monatsblatt 1960, S. 253–273.
48 Zusammenfassend zu diesem Abschnitt Kaspar von Greyerz, Vorsehungsglaube und Kosmologie. Studien zu englischen Selbstzeugnissen des 17. Jahrhunderts, Göttingen 1990, Kap. 7.
49 Robert K. Merton, Science, Technology and Society in Seventeenth-Century England, New York 1970 [zuerst 1938].
50 Vgl. dazu Lindberg/Numbers, Introduction (wie Anm. 37), S. 5.
51 Zu Webster vgl. unter anderem seine Verteidigung gegenüber seinen Kritikern und Kritikerinnen: Charles Webster, Puritanism, Separatism and Science, in: Lindberg/Numbers (Hg.), God and Nature (wie Anm. 25), S. 192–217.
52 Ashworth, Catholicism and Early Modern Science (wie Anm. 25), S. 153.

Catholic scientist by his personal faith. He could be, and was, rationalist, empiricist, skeptic, mechanical philosopher, mystic, natural theologian, atomist, or mathematizer. And the lack of a Catholic pattern considerably weakens the case for a Protestant one.«[53]

Wenn wir uns am traditionellen Kriterium der »bedeutendsten Entdeckungen« des späteren 16. und der ersten Hälfte des 17. Jahrhunderts orientieren, wie dies Eduard Fueter 1941 getan hat, so treten für die Schweiz der Toggenburger Mathematiker und Präzisionsuhrmacher Jost Bürgi (1552–1632), der St. Galler Paul (Habakuk) Guldin (1577–1643) sowie der Luzerner Johann Baptist Cysat (1586–1657) in den Vordergrund, ein Protestant und zwei Jesuiten.[54]

Die wissenschaftlichen Leistungen von Mitgliedern der Societas Jesu – weit über das für die katholische Wissenschaft ominöse Datum 1633 hinaus – sind in der Tat bemerkenswert, auch wenn nicht auf den häufig sozusagen als Vorzeigejesuiten zitierten Athanasius Kircher verwiesen wird. Ein Kenner wie Ashworth hat an der jesuitischen Wissenschaft des 17. Jahrhunderts namentlich ihren Eklektizismus kritisiert, den er gerade auch im Werk Athanasius Kirchers lokalisiert: »Kircher, for example, in his ›Mundus Subterraneus‹, sandwiches descriptions of fossil fish between accounts of gems bearing the images of cities and stones in the shape of John the Baptist, and he can sustain such a mélange for hundreds of pages.«[55] Nur ist dies eben eine Argumentationsweise, die sich sehr stark an der Vorstellung einer wissenschaftsgeschichtlichen Meisterdenkergalerie orientiert und die *rank-and-file*-Wissenschaftler demzufolge für ihre Unzulänglichkeiten kritisiert. Aus der Perspektive einer Geschichte des Wissens sieht dies etwas anders aus. Im 17. Jahrhundert zeichnen sich zahlreiche Wissenschaftler und vor allem auch Wissenschaftsenthusiasten, sogenannte *virtuosi* (diesem Typus entsprachen auch manche Jesuiten), sowohl katholischer wie protestantischer Provenienz durch Eklektizismus aus. Für protestantische Engländer wie John Aubrey und Elias Ashmole gilt dies genauso wie für Athanasius Kircher, Christoph Scheiner, Giambattista Riccioli oder Kaspar Schott. Die wissenschaftliche Beschäftigung mit der Natur ist vom 16. bis zum frühen 18. Jahrhundert in den meisten Fällen auch eine Form von Gottessuche. Die vielfältigen Formen derselben sperren sich jedoch gegen eine funktionalistische konfessionelle Zuordnung.

---

53 Ebd., S. 147.
54 Fueter, Geschichte der exakten Wissenschaften (wie Anm. 15), S. 6. Bei Guldin verweist Fueter auf dessen Schwerpunktsbestimmungen, bei Cysat auf dessen astronomische Beobachtungen (Orionnebel, Kometenbahnen).
55 Ashworth, Catholicism and Early Modern Science (wie Anm. 25), S. 155.

Erscheinungsnachweise

Die in diesem Band wiederveröffentlichten Aufsätze sind ursprünglich in folgenden Zeitschriften und Sammelbänden erschienen:

1. La Préréforme à Colmar, 1535–1555. Continuité ou rupture?
Bulletin de la Société de l'Histoire du Protestantisme français 122, 1976, S. 551–66. (Erschienen im Selbstverlag der Société de l'Histoire du Protestantisme français).

2. Basels kirchliche und konfessionelle Beziehungen zum Oberrhein im späten 16. und frühen 17. Jahrhundert
Martin Bircher/Walter Sparn/Erdmann Weyrauch (Hg.): Schweizerisch-deutsche Beziehungen im konfessionellen Zeitalter. Beiträge zur Kulturgeschichte, 1580–1650, (=Wolfenbütteler Arbeiten zur Barockforschung, Bd. 12), Wiesbaden: Harrassowitz, 1984, S. 227–252.

3. Lazarus von Schwendi (1522-1583) and Late Humanism at Basel
Manfred P. Fleischer (Hg.): The Harvest of Humanism in Central Europe. Essays in Honor of Lewis W. Spitz, St. Louis, Missouri: Concordia Publishing House, 1992, S. 179–95.

4. Portuguese Conversos on the Upper Rhine and the Converso Community of Sixteenth-Century Europe
Social History, 14, 1989, Nr. 1, S. 59–82. (Erschienen bei der Taylor and Francis Group).

5. Städtische Gesellschaft und Reformation in Oberdeutschland
Reformation und katholische Erneuerung in Oberschwaben (=Themenheft der »Heimatkundlichen Blätter für den Kreis Biberach«), Biberach: Biberacher Verlagsdruckerei, 1999, Sp. 10–19.

6. Der alltägliche Gott im 17. Jahrhundert. Zur religiös-konfessionellen Identität der englischen Puritaner
Pietismus und Neuzeit 16, 1990, S. 9–28. (Erschienen bei Vandenhoeck & Ruprecht).

7. Secularization in Early Modern England (1660-c.1750)
Hartmut Lehmann (Hg.): Säkularisierung, Dechristianisierung, Rechristianisierung im neuzeitlichen Europa. Bilanz und Perspektiven der Forschung, Göttingen: Vandenhoeck & Ruprecht, 1997, S. 86–100.

8. Äußere Bedrängnis, innere Befreiung. Der reformierte Widerstandsdiskurs des späteren 16. Jahrhunderts
Albrecht Grözinger/Georg Pfleiderer/Georg Vischer (Hg.): Protestantische Kirche und moderne Gesellschaft. Zur Interdependenz von Ekklesiologie und Gesellschaftstheorie in der Neuzeit (=Christentum und Kultur, Bd.2), Zürich: Theologischer Verlag, 2003, S. 71–94.

9. Erfahrung und Konstruktion. Selbstrepräsentation in autobiographischen Texten des 16. und 17. Jahrhunderts
Susanna Burghartz/Maike Christadler/Dorothea Nolde (Hg.): Berichten, Erzählen, Beherrschen. Wahrnehmung und Repräsentation in der frühen Kolonialgeschichte Europas, (=Zeitsprünge. Forschungen zur Frühen Neuzeit, Bd. 7), Frankfurt a. M.: Vittorio Klostermann, 2003, S. 220–239.

10. Ego-Documents: The Last Word?
German History 28, 2010, S. 273–282. (Erschienen bei Oxford University Press).

11. Grenzen zwischen Religion, Magie und Konfession aus der Sicht der frühneuzeitlichen Mentalitätsgeschichte
Guy Marchal (Hg.): Grenzen und Raumvorstellungen (11.–20. Jahrhundert) (= Clio Lucernensis, Bd. 3), Zürich: Chronos Verlag, 1996, S. 329–343.

12. Alchemie, Hermetismus und Magie. Zur Frage der Kontinuitäten in der wissenschaftlichen Revolution
Hartmut Lehmann/Anne-Charlott Trepp (Hg.): Im Zeichen der Krise. Religiosität im 17. Jahrhundert, Göttingen: Vandenhoeck & Ruprecht, 1999, S. 415–432.

13. Religion und Natur in der Frühen Neuzeit. Aspekte einer vielschichtigen Beziehung
Sophie Ruppel/Aline Steinbrecher (Hg.), »Die Natur ist überall bey uns«. Mensch und Natur in der Frühen Neuzeit, Zürich: Chronos Verlag, 2009, S. 41–68.

Schriftenverzeichnis

Monographien

The Late City Reformation in Germany. The case of Colmar, 1522–1628, Wiesbaden 1980.
Vorsehungsglaube und Kosmologie. Studien zu englischen Selbstzeugnissen des 17. Jahrhunderts, Göttingen 1990.
England im Jahrhundert der Revolutionen, 1603–1717, Stuttgart 1994.
Religion und Kultur. Europa, 1500–1800, Göttingen 2000.
Religion et culture. Europe, 1500–1800, übersetzt von Eliane Kaufholz-Messmer, Paris 2006.
Religion and Culture in Early Modern Europe, 1500–1800, übersetzt von Thomas Dunlap, Oxford 2008.
Passagen und Stationen. Lebensstufen zwischen Mittelalter und Moderne, Göttingen 2010.

Herausgeberschaften

Religion and Society in Early Modern Europe, 1500–1800, London 1984.
Peter Blickle /Hans-Christoph Rublack/Winfried Schulze, Religion, Politics and Social Protest. Three studies on early modern Germany, London 1984.
(Gemeinsam mit Hans Medick und Patrice Veit) Von der dargestellten Person zum erinnerten Ich. Europäische Selbstzeugnisse als historische Quellen (1500–1850), Köln 2001.
(Gemeinsam mit Werner Meyer) Platteriana. Beiträge zum 500. Geburtstag von Thomas Platter, Basel 2002.
(Gemeinsam mit Manfred Jakubowski-Tiessen, Thomas Kaufmann und Hartmut Lehmann) Interkonfessionalität – Transkonfessionalität – binnenkonfessionelle Pluralität. Neue Forschungen zur Konfessionalisierungsthese, Heidelberg 2003.
(Gemeinsam mit Kim Siebenhüner) Religion und Gewalt. Konflikte, Rituale, Deutungen (1500–1800), Göttingen 2006.
Selbstzeugnisse in der Frühen Neuzeit. Individualisierungsweisen in interdisziplinärer Perspektive, unter Mitarbeit von Elisabeth Müller-Luckner, München 2007.
(Gemeinsam mit Thomas Kaufmann und Anselm Schubert) Frühneuzeitliche Konfessionskulturen, Heidelberg 2008.
(Gemeinsam mit Peter W. Heer und Franziska Guyer) Vom Weissgerber zum Bundesrat. Basel und die Familie Brenner, 17.–20. Jahrhundert, Basel 2009.
(Gemeinsam mit Thomas Kaufmann, Kim Siebenhüner und Roberto Zaugg) Religion und Naturwissenschaften im 16. und 17. Jahrhundert, Heidelberg 2010.
(Gemeinsam mit Gerhard Hotz und Lucas Burkart), Theo der Pfeiffenraucher. Leben in Kleinbasel um 1800, Basel 2010.
(Gemeinsam mit Anne Conrad) Handbuch der Religionsgeschichte im deutschsprachigen Raum, Bd. 4: 1650 bis 1750, Paderborn 2012.

Aufsätze

La Préréforme à Colmar, 1535-1555. Continuité ou rupture?, in: Bulletin de la Société de l'Histoire du Protestantisme français 122 (1976), S. 551-66.

Basels kirchliche und konfessionelle Beziehungen zum Oberrhein im späten 16. und frühen 17. Jahrhundert, in: Martin Bircher u. a. (Hg.), Schweizerisch-deutsche Beziehungen im konfessionellen Zeitalter. Beiträge zur Kulturgeschichte, 1580-1650, Wiesbaden 1984, S. 227-52.

Religion und Gesellschaft in der frühen Neuzeit. Einführung in Methoden und Ergebnisse der sozialgeschichtlichen Religionsforschung, in: Schweizerische Gesellschaft für Wirtschafts- und Sozialgeschichte (Hg.), Religiosität- Frömmigkeit – Religion Populaire, Lausanne 1984, S. 13-16.

Introduction, in: Kaspar von Greyerz (Hg.), Religion and Society in Early Modern Europe, 1500-1800, London 1984, S. 1-14.

Religion in the Life of German and Swiss Autobiographers (sixteenth and early seventeenth centuries), in: Kaspar von Greyerz (Hg.), Religion and Society in Early Modern Europe, 1500-1800, London 1984, S. 223-41.

Stadt und Reformation. Stand und Aufgaben der Forschung in: Archiv für Reformationsgeschichte 76 (1985), S. 6-63.

Portuguese Conversos on the Upper Rhine and the converso community of sixteenth-century Europe, in: Social History 14 (1989), S. 59-82.

Der alltägliche Gott im 17. Jahrhundert. Zur religiös-konfessionellen Identität der englischen Puritaner, in: Pietismus und Neuzeit 16 (1990), S. 9-28.

Quelques aspects européens de la politique ibérique envers les minorités religieuses. Des conversos portugais en Haute Alsace en 1547, in: Revue d' Alsace 117 (1990), S. 1-18.

Vom Ancien Régime zur Revolution. Voraussetzungen und Ursachen des Umsturzes von 1789, in: Frank Büttner (Hg.), 1789 – Aspekte des Zeitalters der Revolution. Eine Ringvorlesung der Christian-Albrechts-Universität zu Kiel, Kiel 1990, S. 22-35.

Lazarus von Schwendi (1522-1583) and Late Humanism at Basel, in: Manfred P. Fleischer (ed.), The Harvest of Humanism in Central Europe. Essays in Honor of Lewis W. Spitz, St. Louis l992, S. 179-95.

Die englischen und französischen Brotaufstände des 18. Jahrhunderts und die Anfänge der Französischen Revolution, in: Monika Hagenmaier/Sabine Holtz (Hg.), Krisenbewußtsein und Krisenbewältigung in der Frühen Neuzeit – Crisis in Early Modern Europe. Festschrift für Hans-Christoph Rublack, Frankfurt am Main l992, S. 99-ll2.

La vision de l'autre chez les auteurs autobiographiques anglais du XVIIe siècle, in: Robert Sauzet (éd.) Les frontières religieuses aux XVIe et XVIIe siècles, Actes du XXXIe colloque international d'études humanistes, Paris l992, S. 59-68.

Biographical Evidence on Predestination, Covenant and Special Providence, in: Hartmut Lehmann/Guenther Roth (ed.), Weber's Protestant Ethic: Origins, Evidence, Contexts, Cambridge 1993, S. 273-84.

Die Französische Verfassung von 1791, in: Rudolf Jaworski (Hg.), Nationale und internationale Aspekte der polnischen Verfassung vom 3. Mai 1791, Frankfurt am Main 1993, S. 104-16.

The Reformation in Switzerland, in: Bob Scribner et al. (ed.), The Reformation in National Context, Cambridge 1994, S. 30-46.

Gottesbild und »Mechanisierung« des gelehrten Weltbildes im England des 17. Jahrhunderts, in: Michael Erbe u. a. (Hg.), Querdenken. Dissens und Toleranz im Wandel der Geschichte. Festschrift zum 65. Geburtstag von Hans R. Guggisberg, Mannheim 1996, S. 377-92.

Confession as a social and economic factor, 1600-1800, in: Sheilagh Ogilvie (ed.), Germany. A New Social and economic history, Bd. II: 1630-1800, London 1996, S. 309-49.

Grenzen zwischen Religion, Magie und Konfession aus der Sicht der frühneuzeitlichen Mentalitätsgeschichte, in: Guy Marchal (Hg.), Grenzen und Raumvorstellungen (11.–20. Jahrhundert), Zürich 1996, S. 329–43.

Spuren eines vormodernen Individualismus in englischen Selbstzeugnissen des 16. und 17. Jahrhunderts, in: Winfried Schulze (Hg.), Ego-Dokumente. Annäherung an den Menschen in der Geschichte, Berlin 1996, S. 131–45.

L'autoformation spirituelle en Angleterre (XVIIe siècle), in: Histoire de l'Education 70 (1996), S. 49–63.

Secularization in Early Modern England (1660-c.1750), in: Hartmut Lehmann (Hg.), Säkularisierung, Dechristianisierung, Rechristianisierung im neuzeitlichen Europa. Bilanz und Perspektiven der Forschung, Göttingen 1997, S. 86–100.

Religion und Gesellschaft am Ende des Dreißigjährigen Krieges, in: Urban Fink/Hilmar Gernet (Hg.), 1998 – Das Ende von Religion, Politik und Gesellschaft? Eine Annäherung an das Jubiläumsjahr, Solothurn 1997, S. 23–44.

Die Schweiz während des Dreißigjährigen Krieges, in: Klaus Bussmann/Heinz Schilling (Hg.), 1648 – Krieg und Frieden in Europa, 3 Bde., Bd.I, München 1998, S. 133–40.

Liber orte seditionis inter nonnullos contra senatum... Die Colmarer Unruhen vom Dezember 1524/Januar 1525 aus der Sicht des Stadtschreibers Johannes Hummel, in: Heinrich R. Schmidt u. a. (Hg.), Gemeinde, Reformation und Widerstand. Festschrift für Peter Blickle zum 60. Geburtstag, Tübingen 1998, S. 371–89.

Politik und Gesellschaft in der Schweiz im 17. Jahrhundert, in: Jean-François Bergier (Hg.), 1648/1998: 350 Jahre nach dem Westfälischen Frieden, Zürich 1998, S. 65–84.

Alchemie, Hermetismus und Magie. Zur Frage der Kontinuitäten in der wissenschaftlichen Revolution, in: Hartmut Lehmann/Anne-Charlott Trepp (Hg.), Im Zeichen der Krise. Religiosität im 17. Jahrhundert, Göttingen 1999, S. 415–32.

Städtische Gesellschaft und Reformation in Oberdeutschland, in: Heimatkundliche Blätter für den Kreis Biberach, Sonderheft 1999: Reformation und katholische Erneuerung, Spalten 10–19.

Die Konfessionalisierung der Apokalyptik, in: Urban Fink/Alfred Schindler (Hg.), Zeitstruktur und Apokalyptik. Interdisziplinäre Betrachtungen zur Jahrtausendwende, Zürich 1999, S. 163–79.

Deutschschweizerische Selbstzeugnisse (1500–1800) als Quellen der Mentalitätsgeschichte. Bericht über ein Forschungsprojekt, in: Klaus Arnold u. a. (Hg.), Das dargestellte Ich. Studien zu Selbstzeugnissen des späteren Mittelalters und der frühen Neuzeit, Bochum 1999, S. 147–63.

Reformation, Humanismus und offene Konfessionspolitik, in: Georg Kreis/Beat von Wartburg (Hg.), Basel: Geschichte einer städtischen Gesellschaft, Basel 2000, S. 80–109.

(Gemeinsam mit Fabian Brändle, Lorenz Heiligensetzer, Sebastian Leutert und Gudrun Piller) Texte zwischen Erfahrung und Diskurs: Probleme der Selbstzeugnisforschung, in: Kaspar von Greyerz/Hans Medick/Patrice Veit (Hg.), Von der dargestellten Person zum erinnerten Ich. Europäische Selbstzeugnisse als historische Quellen (1500–1850), Köln 2001, S. 3–31.

Was it Enjoyable? Attitudes towards pleasure of English and German Early Modern Autobiographers, in: Kaspar von Greyerz/Hans Medick/Patrice Veit (Hg.), Von der dargestellten Person zum erinnerten Ich. Europäische Selbstzeugnisse als historische Quellen (1500–1850), Köln 2001, S. 183–98.

Religiöse Erfahrungsräume im Reformiertentum, in: Paul Münch (Hg.), »Erfahrung« als Kategorie der Frühneuzeitgeschichte, München 2001, S. 307–16.

Wissenschaft, Endzeiterwartungen und Alchemie im England des 17. Jahrhunderts, in: Anne-Charlott Trepp/Hartmut Lehmann (Hg.), Antike Weisheit und kulturelle Praxis. Hermetismus in der Frühen Neuzeit, Göttingen 2001, S. 205–17.

Un moyenneur solitaire. Lazarus von Schwendi et la politique religieuse de l'Empire au XVIe siècle tardif, in: Matthieu Arnold/Rolf Decot (Hg.), Frömmigkeit und Spiritualität. Auswirkungen der Reformation im 16. und 17. Jahrhundert – Piété et spiritualité. L'impact de la Réformation aux XVIe et XVIIe siècles, Mainz 2002, S. 147–60.

(Gemeinsam mit Fabian Brändle) Basler Selbstzeugnisse und die neuere historische Forschung, in: Werner Meyer/Kaspar von Greyerz (Hg.), Platteriana. Beiträge zum 500. Geburtstag des Thomas Platter (1499?-1582), Basel 2002, S. 59–75.

Erfahrung und Konstruktion. Selbstrepräsentation in autobiographischen Texten des 16. und 17. Jahrhunderts, in: Susanna Burghartz u. a. (Hg.), Berichten, Erzählen, Beherrschen. Wahrnehmung und Repräsentation in der frühen Kolonialgeschichte Europas, Frankfurt am Main 2003, S. 220–39.

Äußere Bedrängnis, innere Befreiung. Der reformierte Widerstandsdiskurs des späteren 16. Jahrhunderts, in: Albrecht Grözinger u. a. (Hg.), Protestantische Kirche und moderne Gesellschaft. Zur Interdependenz von Ekklesiologie und Gesellschaftstheorie in der Neuzeit, Zürich 2003, S. 71–94.

Konfessionelle Intoleranz und Konfessionalismus im Europa der Frühen Neuzeit, in: Aram Mattioli u. a. (Hg.), Intoleranz im Zeitalter der Revolutionen, Europa 1770–1848, Zürich 2004, S. 57–73.

The Reformation in German-speaking Switzerland, in: Ronnie Po-chia Hsia (ed.), A Companion to the Reformation World, Oxford 2004, S. 86–101.

Vom Nutzen und Vorteil der Selbstzeugnisforschung für die Frühneuzeithistorie, in: Jahrbuch des Historischen Kollegs 2004 (2005), S. 27–47.

Barock als Sakralisierung Europas? Ein Diskussionsbeitrag, in: Peter Blickle/Rudolf Schlögl (Hg.), Die Säkularisation im Prozeß der Säkularisierung Europas, Epfendorpf 2005, S. 211–21.

Basel zur Holbein-Zeit, in: Christian Müller u. a. (Hg.), Hans Holbein d. J. Die Jahre in Basel 1515–1532, München 2006, S. 72–78 [Englische Übersetzung: Basel in Holbein's Day, in: Christian Müller et al. (ed.), Hans Holbein the younger. The Basel years 1515–1532, München 2006, S. 72–78].

Von Mediatoren und Multplikatoren. Kommentar zu den Beiträgen von Hermann Wellenreuther und Hans-Jürgen Schrader, in: Hartmut Lehmann (Hg.), Transatlantische Religionsgeschichte, 18. bis 20. Jahrhundert, Göttingen 2006, S. 64–71.

(Gemeinsam mit Kim Siebenhüner) Einleitung, in: Dies. (Hg.), Religion und Gewalt. Konflikte, Rituale, Deutungen (1500–1800), Göttingen 2006, S. 9–25.

Tagebuch und Zeitbewußtsein im 17. Jahrhundert. Englische Beispiele, in: Arndt Brendecke u. a. (Hg.), Die Autorität der Zeit in der Frühen Neuzeit, Münster 2007, S. 119–31.

Einführung, in: Kaspar von Greyerz (Hg.), Selbstzeugnisse in der Frühen Neuzeit. Individualisierungsweisen in interdisziplinärer Perspektive, unter Mitarbeit von Elisabeth Müller-Luckner, München 2007, S. 1–9.

Balance im Zentrum, Dynamik am Rande: Die Schweiz, in: Heinz Schilling/Heribert Smolinsky (Hg.), Der Augsburger Religionsfrieden 1555, Heidelberg 2007, S. 359–75.

Probleme einer Religionsgeschichte des Reformiertentums der frühen Neuzeit, in: Emder Beiträge zum reformierten Protestantismus 11 (2008), S. 47–64.

Basel um 1600, in: Peter W. Heer u. a. (Hg.), Vom Weissgerber zum Bundesrat. Basel und die Familie Brenner, 17.–20. Jahrhundert, Basel 2009, S. 17–28.

(Gemeinsam mit Franziska Guyer), Der erste Basler Brenner – Hans Brenner-Baur/Allemann (ca. 1585–1660), in: Peter W. Heer u. a. (Hg.), Vom Weissgerber zum Bundesrat. Basel und die Familie Brenner, 17.–20. Jahrhundert, Basel 2009, S. 29–42.

(Gemeinsam mit Peter W. Heer), Exponenten des Radikalpietismus in Basel – Wilhelm Brenner (1723–1781) und Susanna Ochs-Brenner (1725–1810), in: Peter W. Heer u. a. (Hg.), Vom

Weissgerber zum Bundesrat. Basel und die Familie Brenner, 17.–20. Jahrhundert, Basel 2009, S. 121–40.

»Erzpietist«, Pädagoge, Judenmissionar – Carl Brenner-Sulger (1806–1838), in: Peter W. Heer u. a. (Hg.), Vom Weissgerber zum Bundesrat. Basel und die Familie Brenner, 17.–20. Jahrhundert, Basel 2009, S. 161–77.

Religion und Natur in der Frühen Neuzeit. Aspekte einer vielschichtigen Beziehung, in: Sophie Ruppel/Aline Steinbrecher (Hg.), »Die Natur ist überall bey uns«. Mensch und Natur in der Frühen Neuzeit, Zürich 2009, S. 41–68.

L'histoire religieuse (Religionsgeschichte) dans l'historiographie de langue allemande, übersetzt von C. Duhamelle, in: Philippe Büttgen/Christophe Duhamelle (éd.), Religion ou confession. Un bilan franco-allemand sur l'époque moderne (XVIe-XVIIIe siècles), La Rochelle 2010, S. 73–101.

Ego-Documents: The Last Word?, in: German History 28/3 (2010), S. 273–82.

Religion und Wissenschaft im 16. und 17. Jahrhundert: Eine Einführung, in: Kaspar von Greyerz/Thomas Kaufmann/Kim Siebenhüner/Roberto Zaugg (Hg.), Religion und Naturwissenschaften im 16. und 17. Jahrhundert, Heidelberg 2010, S. 9–31.

Das Nachdenken über die Apokalypse im England des späteren 17. Jahrhunderts, in: MorgenGlantz. Zeitschrift der Christian Knorr von Rosenroth-Gesellschaft 21 (2011), S. 15–38.

Calvin und der monarchomachische Widerstandsdiskurs des 16. Jahrhunderts – insbesondere bei Theodor Beza, in: Marco Hofheinz u. a. (Hg.), Calvins Erbe. Beiträge zur Wirkungsgeschichte Johannes Calvins, Göttingen 2011, S. 207–221.

Das Reformiertentum, in: Kaspar von Greyerz/Anne Conrad (Hg.), Handbuch der Religionsgeschichte im deutschsprachigen Raum, Bd. 4: 1650 bis 1750, Paderborn 2012, S. 309–410.

Wie dominant und kohärent ist der ›alteuropäische‹ Aristotelismus?, in: Christian Jaser u. a. (Hg.), Alteuropa – Vormoderne – Neue Zeit. Epochen und Dynamiken der europäischen Geschichte (1200–1800), Berlin 2012, S. 179–189.

Der Umgang mit Hexen in protestantischen Territorien, in: Mariano Delgado u. a. (Hg.), Schwierige Toleranz. Der Umgang mit Andersdenkenden und Andersgläubigen in der Christentumsgeschichte, Fribourg 2012, S. 121–141.

Artikel in Nachschlagewerken

Kurzbiographien von Peter Falck, Guillaume Farel, Aegidius Hasebart, Werner Huyn, Jacobus Omphalius, Leonhard Priccard, Matthäus Schiner, Johann Schönraid und Johann Sudermann, in: Peter G. Bietenholz/Thomas B. Deutscher (Hg.), Contemporaries of Erasmus. A Biographical Register of the Renaissance and Reformation, 3 Bde., Toronto 1985–87.

Art. »Hof(f)meister, Jean« (1509/10–1547), in: Nouveau Dictionnaire de Biographie Alsacienne, fasc. 17, Straßburg 1991, S. 1636–37.

Art. »Jud, Leo« (ca.1482–1542), in: Lexikon für Theologie und Kirche, 3. Aufl., Freiburg i. Br. 1996, S. 1022–1023.

Art. »Bucer, Martin«, in: Historisches Lexikon der Schweiz, Bd. 2, Basel 2003, S. 770 f.

Art. »Wolsey, Thomas« (1472–1530), in: Theologische Realenzyklopädie, Bd. 36, Berlin 2004, S. 284–287.

Art. »Großbritannien« [Frühe Neuzeit], in: Historisches Lexikon der Schweiz, Bd. 5, Basel 2006, S. 724–726.

(Gemeinsam mit Franz Xaver Bischof) Art. »Konfessionalismus«, in: Historisches Lexikon der Schweiz, Bd. 7, Basel 2008, S. 348–350.

Art. »London«, in: Historisches Lexikon der Schweiz, Bd. 8, Basel 2009, S. 38 f.

Art. »Münster, Sebastian«, in: Historisches Lexikon der Schweiz, Bd. 8, Basel 2009, S. 859.

Miscellanea

Beiträge zur Tagungsdiskussion abgedruckt in: Lewis W. Spitz (Hg.), Humanismus und Reformation als kulturelle Kräfte in der deutschen Geschichte, Berlin 1980.

Quellentexte zur Geschichte der Reformation in Colmar, in: Jean Lebeau/Jean-Marie Valentin (Hg.), L'Alsace au siècle de la Réforme, 1482–1621, Nancy 1985, S. 174–79.

Von der Werktags- zur Sonntagsreligion. Kirche und Religion im Leben des Samuel Pepys (1633–1703), in: Journal für Geschichte (1988), S. 25–33.

Der Rhein wäscht rein: Thomas Platter, Oswald Myconius und Zwinglis Herz, in: Thomas Kuhn/Martin Sallmann (Hg.), Religion in Basel, Basel 2001, S. 31–34.

(Gemeinsam mit Claudia Ulbrich) Selbstzeugnisse in transkultureller Perspektive, in: Eine Welt – Eine Geschichte?, Berichtsband 43. Deutscher Historikertag in Aachen 2000, München 2001, S. 48–55.

Nachwort, in: Ulrich Im Hof, Geschichte der Schweiz, 7. Auflage, Stuttgart 2001, S. 156–57.

Contributions to a Round Table Discussion, in: Simone Mazauric (Hg.), L'histoire des sciences: Table ronde, in: Annales de l'Est 1 (2002), S. 11–26.

Zum Gedenken an Prof. Ulrich Im Hof, in: Schweizerische Zeitschrift für Geschichte 52 (2002), S. 69–71.

Laudatio auf Natalie Zemon Davis, gehalten an der Universität Basel, 29. April 2002, in: L'Homme. Z.F.G. 13/2 (2002), S. 257–61.

Werner Meyer als Hochschullehrer, in: Schweizerischen Burgenverein (Hg.), Wider das »finstere Mittelalter«. Festschrift für Werner Meyer zum 65. Geburtstag, Basel 2002, S. 9–10.

Laudatio auf Beat Rudolf Jenny, in: Günter Frank/Sebastian Lalla (Hg.), Fragmenta Melanchthoniana. Gedenken und Rezeption – 100 Jahre Melanchthonhaus, Bd.2, Heidelberg 2003, S. 15–17.

Réformes et protestantismes dans l'Europe moderne. Conférences de M. Kaspar von Greyerz, in: Annuaire EPHE, Section des sciences religieuses 111 (2002/03), 313–14.

Diskussionseinlage, in: Rudolf Lenz (Hg.), Leichenpredigten als Quelle Historischer Wissenschaften, Bd. 4, Stuttgart 2004, S. 371–76.

Tres reflexiones en torno a los escritos personales, in: Cultur Escrita & Sociedad 1 (2005), S. 67–69.

Nachwort, in: Ulrich Im Hof, Geschichte der Schweiz, 8. Auflage, Stuttgart 2007, S. 156–58.

Tempests and *Stürme* in Reformation Studies. Some Scholarly and Personal Observations, in: Christopher Ocker (ed.), Politics and Reformation. Histories and Reformations: Essays in Honor of Thomas A. Brady, Jr., Leiden 2007, S. 1–10.

Register

Ortsregister

Aachen 55
Aalen 55, 100, 106
Adrianopel 72
Ägypten 72
Amboise 145
Ancona 72, 83, 87, 91
Ansbach, Markgrafschaft 177, 179
Antwerpen 9, 72–74, 77, 79 f., 83–87, 89 f., 92
Aragon 69
Ashton-in-Makerfield (Lancashire) 114
Augsburg 22, 55, 58, 78 f., 100, 204

Bad Homburg 190
Baden im Aargau 31
Baden 31, 96
Baden-Durlach 31, 36–37, 41–46, 48
Badenweiler 44
Balkan 72
Bärenegg 228
Basel 8, 28–46, 48–51, 53, 55, 59–67, 75, 79, 84, 97, 160, 172, 175, 187, 191, 205–206, 213, 215
Bath 195
Bayern 77
Berlin 185, 187
Bern 7, 36, 46, 49
Biberach 100
Breisach 61
Breisgau 35, 61
Breslau 213
Brüssel 54
Burkheim 61, 62

Cambridge 216
Cevennen 129
Colmar 7–9, 15–18, 20, 23–26, 45–48, 54–55, 61, 64, 74, 76–79, 82–83, 85–86, 88, 93, 100–101, 106

Deutschland 10, 54, 55, 58, 61, 68, 74, 76, 96, 103–105, 130, 183–184, 200
Dinkelsbühl 100
Donauwörth 105

Dortmund 55
Dundee 153
Durlach 42, 45

Eidgenossenschaft 8, 29, 32–33, 48 f., 51, 200
Elsass 11, 16–17, 20, 30, 35, 41, 54, 68, 96, 106–107, 116
Emmendingen 42
Emmerich 208
England 61, 112 f., 118, 125, 127, 131, 135, 142, 160, 182, 200, 226, 229, 242
Ensisheim 16–17
Erbach 31
Essen 55
Europa 65, 71, 74, 92–93, 125, 182, 226
Évora 71

Ferrara 72, 84 f.
Flandern 73
Florenz 60
Frankfurt a.d.O. 200
Frankfurt a.M. 63
Frankreich 54, 57, 65, 143, 145 f., 153, 160, 200, 226
Freiburg i.Br. 79, 91
Fulda 200

Genf 63, 129, 160
Granada 70
Grossbritannien 182, 184

Hachberg 42, 43
Hagenau 17, 55, 66, 100, 213
Hamburg 90
Hauingen 36
Heidelberg 31–32, 37–41, 60
Heilbronn 104, 105
Heiliges Römisches Reich Deutscher Nation 15, 18, 22, 56 f., 59, 63, 241
Heiligkreuz (Sainte-Croix-en-Plaine) 74, 76, 78, 82 f., 91
Herrlisheim 74, 76, 78–80, 82, 85–87

Ortsregister

Hessen 66
Horbourg 17, 26

Isny 98, 104
Italien 41, 70, 72f., 76, 79, 82, 84, 86, 184

Kassel 65
Kastilien 68f.
Katalonien 69
Kattenhochstatt 177
Kaufbeuren 106
Kempten 104
Kientzheim 61- 64, 66
Kirchofen 61
Köln 85, 206
Konstantinopel 72, 84
Konstanz 97, 99, 104f.
Kurpfalz 8

Leeds 110
Leutkirch 98
Levante 72, 85, 87
Lindau 98, 104
Lissabon 9, 70f., 74, 80, 84
London 7, 85, 118, 129, 132
Luzern 204, 243
Lyon 63

Madera 86
Magdeburg 143f.
Mainz 7
Manchester 120
Mantua 73
Memmingen 97, 104, 106
Milan 73, 83, 87, 91
Mittelbiberach 53
Mömpelgard (Montbéliard) 30
Monforte 80, 83
Montpellier 31
Mulhouse 36, 43, 48–50, 75, 105,

Niederlande 54, 57, 60f., 71, 75, 84, 130, 153, 182f., 188, 206, 226
Nimes 206
Nördlingen 98, 104
Nürnberg 38

Oberdeutschland 11
Oberrhein 8, 25, 28–30, 37, 48, 50, 54, 59, 61, 66, 68, 74

Osmanisches Reich 72, 77, 84
Österreich 55, 183
Oxford 155

Padua 60
Palästina 72
Paris 146
Perth 153
Pfalz 31–32, 37–38, 41, 48, 50, 56
Pfalz-Zweibrücken 48
Pforzheim 42
Portalegre 80
Portugal 68, 70f., 80, 82–83, 86, 88–90, 92
Prag 61, 63, 65, 213, 215

Rappoltstein 30
Ravensburg 99–101, 106
Regensburg 76
Reichenweier 30
Reutlingen 104f., 107
Rom 60
Rothenburg an der Tauber 105
Rötteln 36, 43f.
Rottweil 106
Rye 207

Saloniki 72, 84
Saverne 20
Savoyen 83
Schaffhausen 40f., 49
Schlesien 42
Schopfheim 43
Schottland 140, 153f.
Schwaben 11, 53, 96, 98, 106
Schwäbisch Gmünd 99, 106
Schwäbisch Hall 42, 105
Schweiz 32, 130, 183, 241
Sélestat 24
Sissach 43
Spanien 57, 68, 70f., 82, 84, 89f., 157, 184, 202
Speyer 16, 54, 56
St. Gallen 32, 228, 243
Stams im Tirol 98
Strassburg 20, 26, 34, 37, 39, 41, 45, 47, 53, 59, 60f., 66, 97–99, 104, 138, 160, 213, 215
Sulzburg 43

Toledo 69f.
Trier 41
Troppau 42

Tübingen 34, 36, 44f.
Türkei 72, 87

Überlingen 99, 106
Ulm 97f., 104, 229
Ungarn 53f., 62
Utrecht 75, 153

Venedig 9, 60, 72, 84–86, 92

Waadtland 205–206
Wallis 175
Wedelsheim 177

Weil (in der Herrschaft Rötteln) 44
Wetterau 66
Wien 54–55, 61, 65, 98
Wimpfen 20
Wittenberg 26
Worms 77
Württemberg 17, 37, 47, 106, 205

Yorkshire 114

Zürich 30f., 37f., 41, 49, 79f., 85, 104, 160, 172f., 175, 240
Zypern 72, 84

Personenregister

Abraham (AT) 87
Abrays, Jane 99
Adams, Henry 188
Albrecht Christian von Brandenburg 176
Albris, Agnes 86f.
Amelang, James S. 189–190
Amerbach, Bonifacius 25
Andreae, Jacob 34, 36
Anne, Königin von Grossbritannien 141
Aquin, Thomas von 156–58, 239
Arndt, Johann 179
Arnold, Gottfried 175
Arragos, Guillaume (William Aragosius) 65–67
Ashmole, Elias 198, 243
Ashworth, William B., Jr. 226, 242
Aubrey, John 198, 243
Augustinus, Aurelius 172, 239

Bächtold-Stäubli, Hanns 198
Bacon, Francis 137, 202, 237–238
Bader, Karl Siegfried 104
Baillet, Lina 58
Bapst, Theobald 79, 91
Barclay, William 143
Bardet, Jean-Pierre 184
Battista, Don Gian 205
Bäumler, Johannes 40
Baxter, Richard 110, 114, 117, 132
Beard, Thomas 120
Beatus Rhenanus 25–26
Becker, Howard S. 93

Behar, Pierre 221
Bellarmin, Robert 157
Bentley, Richard 238
Berlingeto, Francisco 84
Berner, Hans 33, 35, 61
Betulejus, Emanuel 46, 47
Beza, Theodor *alias* Stephanus Junius Brutus 109, 118, 126, 145–150, 154, 158f.
Blake, William 136
Blarer von Wartensee, Jacob Christoph 37
Blarer, Ambrosius 97
Blarer, Gerwig, Abt von Weingarten 99
Blarer, Thomas 97
Blickle, Peter 101f., 104f.
Blotius, Hugo 60
Bodenstein, Adam von 213
Bodin, Jean 58, 199
Böhmer, Johann Samuel Friedrich 200
Boner, Jérôme 23–26
Bongars, Jacques 39
Bonjour, Edgar 29
Boquin, Pierre 31, 32
Bösch, Alexander 208
Bothwell, James Hepburn, Early of 154
Boucher, Jean 155–157
Boyajian, James C. 89
Boyle, Robert 10, 137–139, 198, 222, 224
Brady, Thomas A. 8, 97, 99, 104f.
Brahe, Tycho 228
Brand, Bernhard 44
Brand, Sara 44
Brandão, Duarte 84

Braudel, Fernand 164
Brecht, Martin 8, 104
Brückner, Wolfgang 208
Brudo, Manoel 85
Brunner, Johannes 32
Bruno, Giordano 60, 216, 239
Bucer, Martin 26, 97, 103, 105
Buchanan, George 153, 154
Bücking, Jürgen 17
Bullinger, Heinrich (1504–1575) 30–32, 34, 37
Bunting, Jabez 135
Bunyan, John 110, 116, 135
Burckhardt, Jacob 11
Bürgi, Jost 243
Burkitt, Ian 169
Burton, Robert 134
Butterfield, Herbert 220
Buttler, Judith 171, 186

Calvin, Johannes 109, 116, 118, 126, 148f., 151, 239
Canisius, Petrus 204
Canning, Kathleen 170, 186
Canonicis, Lavinia de 36
Capito, Wolfgang 98
Capps, Bernard 200
Cäsar, Gaius Julius 188
Casimir, Johann, Pfalzgraf von Pfalz-Simmern 38f.
Castellio, Sebastian 61f.
Charleton, Walter 225
Clark, Stuart 199
Clarke, Samuel 135
Clifford, Lady Ann 115
Colli, Hippolyt von (1561–1612) 41
Collinson, Patrick 122, 127
Crafftheim, Johannes Crato von 60, 62
Croll, Oswald 212
Cromwell, Oliver 136
Cysat, Johann Baptist 243
Cysat, Renward 204

d'Ewes, Sir Simonds 114
Darnley, Henry Stuart, Lord 154
Darrell, John 202
Davis, Natalie Zemon 9, 186f.
de Luna, Beatrice vgl. Mendes, Gracia
de Nis, Felipe *alias* Solomon Marcos 85
de Nis, Tomé 85
de Proensa (Deprosense), Diogo 85
de Proensa, Lope 85
de Torre, Clara 85
Deason, Gary B. 241
Dee, John 60, 217
Dekker, Rudolf 182, 184, 188–189
Delaval, Lady Elizabeth 114f.
Dennert, Jürgen 148
Dents, Arthur 118
Derham, William 231–232
Derridas, Jacques 169
Descartes, Rene 237, 240
Dias, Enrique 87
Dias, Gracia 83
Dias, Isabel 86
Dias, João 82
Dias, Jordin 86
Dias, Senebra 87
Diderot, Denis 212
Disney, Gervase 113–115, 119
Dobbs, Betty Jo Teeter 223
Draper, John William 240
Duplessis-Mornay, Philippe 147
Durkheim, Emile 195

Edwards, Mark 102
Eglinger, Werner 44
Eglon (AT) 161
Egmont, Lamoral von 54, 57
Ehem, Christoph 31, 39
Ehud (AT) 161
Eichinger, Christoph 43
Elert, Werner 241
Elisabeth I. von England 124, 154, 160
Emes, Thomas 129
Enderle, Wilfried 102, 105f.
Enriques, Nuñes 84
Erasmus von Rotterdam 25
Erastus, Thomas 31–32, 36, 60, 67, 199
Erb, Matthias 30
Ernst Friedrich, Markgraf von Baden-Durlach 42, 45
Erzberger, Heinrich 36, 48
Este, Herzoge von 72
Evans, Robert J. W. 60, 211, 222
Eyre, Adam 114
Ezekiel 74

Fabri, Johann 98
Fabri, Johannes 20

Fabricius, Erasmus 17
Fabricius, Johann Albert 232
Farckall, Armand 16
Fatio, Nicolas 129
Ferdinand *alias* Mahumeth Abdullas, Kovertit aus Antwerpen 77
Ferdinand der Katholische 69
Ferdinand I., Kaiser 77, 107
Fernandes, Alfonso 86
Fernandes, Gil 82
Fernandes, Gracia 86
Fernandes, Pedro 86
Ficino, Marsilio 64, 197
Flach, Friedrich 49
Fludd, Robert 199, 221, 233
Foucault, Michel 168f., 180, 185, 212, 214
Fox, George 120f.
Foxe, John 124
Franz II., König von Frankreich 154
Frazer, James 211
Freud, Sigmund 191–192
Friedrich III., Kurfürst von der Pfalz 31f., 37
Friedrich IV., Kurfürst von der Pfalz 38
Fritsch, Jean 18
Fueter, Eduard 243
Fugger, Marx 204
Furttenbach, Joseph 229

Galen 64
Galilei, Galileo 227, 239–240
Gassner, Johann Joseph 202
Gebhardt, Lux 46
Geertz, Hildred 141, 199
Geiger, Max 33
Geizkofler, Lucas 204
Gellner, Ernest 218, 222
Gentillet, Innocent 63
Georg Friedrich von Baden-Durlach 43–45
Georg I. von Württemberg 30
Gerhard, Ute 180
Gillespie, Neal C. 139
Gilly, Carlos 61f.
Ginsburger, Moses 88
Ginzburg, Carlo 165, 169
Glauser, Christoph 228
Goertz, Hans-Jürgen 102, 104
Goldast, Melchior 39
Gomes, Fernando 83f.
Gomes, Gonçalo 83, 87

Goodman, Christopher 159f.
Gordon, George 137
Grataroli, Guglielmo 67
Greenham, Richard 118
Grew, Nehemiah 135, 138
Grotius, Hugo 39
Grünrade, Otto von 39, 40
Grynaeus, Johann Jacob 35–44, 47–50, 60
Grynaeus, Maria 42
Grynaeus, Simon 59
Grynaeus, Theophil 43
Grynaeus, Thomas 35
Guggisberg, Hans Rudolf 61
Guise, Henri de Lorraine, Herzog von 155
Guldin, Paul (Habakuk) 243
Güntzer, Augustin 207
Güntzer, Matthieu 23–26

Habermas, Rebecca 201
Hagenbach, Rudolf 45
Halley, Edmund 227
Hans von Schweinichen 205, 208
Hans, reformatorischer Prediger in Colmar 16, 102
Harris, John 138
Hattstatt, Friedrich von 76
Haydon, Colin 133, 137
Heinrich III. Valois, König von Frankreich 155, 158
Heinrich IV. von Navarra, König von Frankreich 146, 155, 158
Hellu, Balthaser von 79
Henricpetri, Sebastian 64
Hensler, Bartholomäus 101
Hesse, Mary 217, 221
Hessen, Philipp von 105
Heyd, Michael 133
Heywood, Oliver 114, 117, 132
Hiemeyer, David 47
Hobbes, Thomas 162
Hoby, Margaret 115
Hoffmeister, Jean 20–22
Hohenheim, Theophrast von 214, 228
Hooke, Robert 138
Horn, Philippe de Montmorency, Graf von 54, 57
Horton, Robin 218
Hotman, François 65, 67, 146, 155
Hubert, Conrad 26
Hunter, Michael 9, 224

Personenregister 257

Huser, Johann 215
Hutchinson, Lucy 124

Illyricus, Matthias Flacius 34, 144
Irving, David 164
Isaak (AT) 87
Isabella von Aragon und Kastilien (Elisabeth von Spanien) 70
Israel, Jonathan I. 89, 92

Jacob III., Markgraf von Baden-Hachberg 42
Jacob, Margaret C. 139
Jakob (AT) 87
Jakob I. von England 111, 123, 157
Jancke, Gabriele 187, 190
Jeake, Samuel 207
Jeckelmann, Magdalena 191
João III. von Portugal 71, 84 f.
Jollie, Thomas 120
Jugel, Christoph Andreas 38

Kalm, Peter 232
Karl I. Stuart 123, 136
Karl II., Markgraf von Baden-Durlach 34, 42 f.
Karl IX., König von Frankreich 146
Karl V., Kaiser 53, 58, 71–73, 76, 99, 144
Katharina von Kastilien, Königin von Portugal 85
Katharina von Medici, Königin und Regentin von Frankreich 145
Keill, John 138
Kepler, Johannes 137, 217, 221–222, 236, 239
Kessler, Johannes 228
Kieckhefer, Richard 196
Kircher, Athanasius 243
Kitlitz, Johannes von 38
Knappen, Marshall M. 127
Knoblauch, Hubert 167
Knox, John 153, 159 f.
Koch, Huldrych (Coccius) 34–36, 42
Konstanzer, Konrad 99, 101
Kopernikus, Nikolaus 210
Koselleck, Reinhart 166
Koyre, Alexandre 232
Krawarick, Hans 111
Kroettlin, Gabriel 99
Krusenstjern, Benigna von 183
Kuhn, Thomas S. 219

L'Hôpital, Michel de 58
Languet, Hubert 60, 147
Laubenberg-Wagegg, Hans Wilhelm von 101
Laud, William 123
Leibniz, Gottfried Wilhelm 225, 238
Leone Ebreo 64
Lesser, Friedrich Christian 232
Lichtenberger, Johannes 74
Lind, Johannes 49
Lingelsheim, Georg Michael 39, 41
List, Elisabeth 170
Locke, John 130, 162 f.
Loefenius, Michael 41
Lopes, Beancona 86
Lopes, Catarina 79
Lopes, Diogo 83
Lopes, Fernando 83
Lopes, Gabriel 80, 83 f.
Lopes, Isabel 83
Lopes, João 83, 87
Lopes, Nuño 83
Lovejoy, Arthur 233
Lowe, Roger 114
Loxau, Georg von 76
Lucius, Ludwig 45
Luckmann, Thomas 195
Lüdtke, Alf 168
Ludwig I., Graf von Sayn-Wittgenstein 40
Ludwig VI., Kurfürst von der Pfalz 37 f.
Ludwig, Herzog von Württemberg 47
Luther, Martin 21, 74, 102–105, 144, 203

MacDonald, Michael 134
Macfarlane, Alan 205
Machiavelli, Niccolò 54 f., 58, 151
Maeder, Kurt 24
Magnus, Johann Georg 47
Mair, Jean 158
Malinowski, Bronislaw 140
Manoel I. von Portugal 70 f., 85
Marbach, Johann 34–37
Marbach, Philipp 39
Margarete von Valois, Königin von Frankreich 146
Maria Stuart, Königin von Schottland 153 f.
Maria Tudor, Königin von England 123, 160
Mariana, Juan de 158 f.
Marius, Theodor 32
Martindale, Adam 121

Marx, Karl 164
Mason, Roger A. 154
Matthioli, Andrea 63
Maximilian II., Kaiser 53, 55, 58, 65, 106
McNay, Loys 186
Mead, George Herbert 169
Meinel, Christoph 211, 219–220
Melanchthon, Philipp 105
Melantrich, Jiri 63
Melville, Andrew 153
Mendes, Diogo 84
Mendes, Francisco 84
Mendes, Gracia *alias* Beatrice de Luna 84
Mendes, Isabel 87
Merglion, Luis 83
Mersenne, Marin 236, 240
Merton, Robert K. 241 f.
Meuthen, Erich 66 f.
Mieg, Matthäus 41 Miquez, João *alias* Joseph Nasi, Herzog von Naxos 83, 88
Mirandola, Pico della 64
Moeller, Bernd 8, 103
Mohrmann, Wolf-Dieter 58
Molina, Luis de 157, 159
Mondunado, Converso 85
Montaigne, Michel de 186 f.
Montesquieu, Baron von (Charles de Secondat) 164
More, Henry 222 f.
Mossmann, Xavier 88
Muggleton, Ludowick 135
Mulligan, Lotte 225
Münch, Paul 166
Münster, Sebastian 15
Murphy, Terence R. 134
Myconius, Oswald 33, 173, 175

Nahuys, Alexander Peter 232
Nasi, Joseph vgl. Miquez, João
Naujoks, Eberhard 100
Nettesheim, Heinrich Cornelius Agrippa von 64
Newcome, Henry 114, 120, 121
Newton, Isaac 135, 138 f., 198, 210, 216, 222–223, 225, 227, 231, 233, 237, 241
Niccollier-de Weck, Béatrice 147
Nipperdey, Thomas 201
Nostradamus 228
Nuñes, Enriques 84 f.
Nuñes, Fernando 80, 83, 87

Ockham, Wilhelm von 162
Oldenburg, Henry 222
Olevian, Caspar 31 f.
Opitz, Martin 39
Oranien, Wilhelm I. von 54, 57

Padua, Marsilius von 162
Pagel, Walter 211
Pappus, Johann 34
Paracelsus 62, 64, 198, 213–214, 216, 228
Pastenaci, Stephan 174
Patrizi, Francesco 64
Paul IV, Papst 72
Paulus, Nikolaus 22
Pepys, Samuel 111
Peres, Gabriel 85
Peres, Gaspar 85
Perkins, William 118
Perna, Pietro 62, 64
Peters, Jan 190
Philesius, Ringmann 23
Philipp II. von Spanien 54
Philipp III. von Spanien 158
Pico della Mirandola, Giovanni 197
Piller, Gudrun 186
Pitiscus, Bartholomäus 40
Platter, Felix 31, 64, 191
Platter, Thomas d. Ä. 31, 172–175, 177, 191
Pledger, Elias 114
Plessen, Volrad von 38 f., 41
Plotin 64
Pohl, Hans 90, 92
Pohlig, Mathias 240
Polanus von Polansdorf, Amandus 33, 42, 44
Polanus, Valerius 45
Ponet (Poynet), John 159–161
Poole, Matthew 134
Porter, Roy 132
Press, Volker 39, 41, 50
Presser, Jacob (Jacques) 185, 187–188, 190
Prokop von Templin 206
Pufendorf, Samuel von 162
Pullan, Brian 92

Quind, Eckehard 158

Ravelasco, Ieronimo 86
Ray, John 138 f., 231
Reeve, John 136

Reibstein, Ernst 158
Reuchlin, Johannes 64
Révah, Israel S. 88- 92
Riccioli, Giambattista 243
Rivkin, Ellis 91
Rocholl, Heinrich 22
Rodrigues, Denis 85
Rodrigues, Fabian 85
Rodrigues, Manoel 86
Rogers, Richard 113, 124, 127
Roper, Lyndal 170, 186
Roth, Cecil 88
Rotondò, Antonio 61, 67
Rousseau, Jean-Jacques 163
Rublack, Hans-Christoph 8, 98
Rublack, Ulinka 171
Rudolf II. Kaiser 55
Ruggiu, Jean-François 184

Saraiva, António José 70, 91
Sarasin, Philipp 168, 185
Sarpi, Paolo 39
Saruc, Chaim 89
Sassoferrato, Bartolus da 162
Schappeler, Christoph 97
Scheiner, Christoph 243
Schepper, Cornelis 73
Scheuchzer, Johann Jakob 230 f., 240
Schmidt, Heinrich Richard 101, 103 f.
Schmidt, Johannes 28, 48
Schnur, Roman 58 f.
Schoepf, Thomas 46
Schopper, Jacob 39
Schott, Kaspar 243
Schouer, Joannes 228
Schulze, Winfried 185, 190
Schwendi, Lazarus von 8, 53–67
Schwendi, Ruland von 53
Scott, Joan W. 167, 180, 185 f.
Scribner, Robert 9
Scultetus, Abraham 40
Seaver, Paul 121
Selim II., Sultan des Osmanischen Reiches 84
Serinus, Christian 46, 47
Serinus, Leonard 47
Shaftesbury, Antony Ashley-Cooper, 3rd Earl of 129 f.
Sidney, Philip 60
Sloterdijk, Peter 170

Socin, Ambrosius 44, 47 f.
Sommerville, Charles J. 141 f.
Spelman, Henry 134
Spener, Philipp Jacob 178
Spitz, Lewis W. 7, 56, 58
Sprat, Thomas 133
Stähelin, Ernst 42
Staufen, Argula von 103
Stayer, James 104
Steno, Nicolaus 242
Stensen, Niels 242
Steward, Larry 138
Stout, William 135
Stuart, Königshaus 133
Sturm, Hans Wilhelm 60
Sturm, Johannes 59 f.
Suarez, Francisco 157, 159, 162
Sulzer, Simon 33–38, 41–43, 46, 48, 50, 61
Swift, Jonathan 130

Tambiah, Stanley 224
Tanner, Jakob 186
Tersch, Harald 183
Theophrast von Hohenheim 228
Thomas, Keith 131, 140 f., 205
Thomasius, Christian 199 f.
Thompson, Edward Palmer 136
Thoresby, Ralph 110 f., 114, 123
Thornton, Alice 114 f.
Tiepolo, Antonio 88
Tilianus, Thomas 99
Tossanus, Paul 40
Toussain (auch: Tossanus), Daniel 30, 39 f.
Toussain (auch: Tossanus), Pierre 30
Toxites, Michael 213
Tremellio, Emanuel 31
Troeltsch, Ernst 108, 127
Trosse, George 114

Ulbrich, Claudia 187
Ulbricht, Otto 171
Ulmer, Johannes 40
Ulrich, Herzog von Württemberg 106
Underdown, David 127
Ursinus, Zacharias 31 f., 34, 38 f.

Vadian, Joachim 228 f.
Valla, Lorenzo 169
Valois, Königshaus 63
Vas, Isabel 87

Velten, Hans Rudolf 172
Vetter, Anna 172, 175–180
Vetter, Johann Michael 177
Vickers, Brian 217 f., 221
Vitoria, Francisco de 157
von Rosheim, Josel 89
Vuystinck, Johann 73, 75–77, 80, 87, 91, 93

Waldburg, Georg von 107
Waldkirch, Konrad 64
Wallington, Nehemiah 118 f.
Ward, Samuel 113, 127
Weber, Max 11, 108 f., 114, 127, 164, 201, 211, 242
Webster, Charles 198, 216, 241 f.
Wecker, Johann Jacob 46, 64
Wehler, Hans-Ulrich 164
Weininger, Johann 44
Weiss, Richard 201
Wencken, Apollonia 53
Wesley, John 135
Westfall, Richard 138, 198
Westheimer, Bartholomäus 26, 46
Westman, Robert S. 239, 241
Westmancott, William 232

Weyers, Johann 199
Weyrauch, Erdmann 99
Wharton, Goodwin 194–195, 197, 205, 208
Wharton, Philip Lord 194
Wharton, Thomas 194
Whiston, William 135, 138
White, Andrew Dickson 241
Whitefield, George 135
Wilhelm III von Oranien 194
Winckler, Valentin 32
Winthrop, John 119
Woodward, John 138
Wurstisen, Christian 26, 37

Yates, Frances 216

Zanchi, Girolamo 35, 39
Zetzner, Lazarus 215
Zimmermann, Wilhelm 39
Zwick, Johannes 97 f.
Zwick, Konrad 97
Zwinger, David 49
Zwinger, Jacob 65
Zwinger, Theodor 48, 62–67, 174 f., 213, 215
Zwingli, Huldrych 30, 103, 105, 149, 172–174